모든 단계에서 린 지도자를 양성함

실용적 지침서

Copyright © 2014 Jeffrey Liker

All rights reserved.

제프리 K. 라이커 박사

조지 트래칠리스와 함께

K. 맥니 역

모든 단계에서 린 지도자를 양성함

제프리 K. 라이커는 이 저서의 저작권 판권을 소유합니다. 1976 년 미국 저작권법 107 또는 108 항목에서 허용된 범위를 넘어서서, 저작권 저자와 출판사의 서면 허가 없이, 기계적 또는 전자적으로 이 저서의 어떤 부분도 복제하는 것은 불법입니다. 국제 저작권 법률도 적용됩니다.

ISBN: 978-0-9914932-7-2

Published By: Lean Leadership Institute Publications
V.P. of Publications: Daniel J. Stanley AAP
Published in the United States of America
First Edition – English

본문은 케이. 맥니에 의해 영문원서로부터 번역되었다. 그는 서울 생으로 서울대학교 자연과학대를 졸업하였고, 린 아이티(Lean IT)에서 린(Lean) 실전 훈련 코스를 지원하고 있으며 린(lean)의 재무계획이 관심분야이다.

실용적 지침서   iii

목차

머리말	vii
저자에 대해	xiii

1 장

린(lean)과 린(lean) 지도력   1

린(lean) 지도력에 대한 개요와 추천하는 학습접근	1
린(lean) 지도력이란 무엇인가?	9
도요다 방식의 역사	13
진정한 티피에스 (TPS)란?	16
무엇이 진정한 도요다 생산 시스템인가?	21
린(lean) 과정을 시스템화하기	28
문제해결을 통해 뛰어난 인력양성	36
린(Lean)이 재정의됨.	39

2 장   41

문제해결, 개선 그리고 A3 사고   41

이상적 상태를 향하여 문제해결하며 가기	41
도요다 사업 실행: 하나의 기업, 하나의 개선과정	46
도요다 사업실행: 실험과 습득	54
아프터 서비스 삭감을 위한 도요다사업실행	56
다섯 번의 왜로 근원에 다가감	64
인력양성을 위한 대책과 문제해결	70
왜 피디시에이는 (PDCA) 드물게 실행되는가?	75
왜 많은 기업들이 피디시에이(PDCA)에서 피시에이 (PCA)를 생략할까요?	78
A3 사고로 문제해결을 천천히 함	83
다른 A3 이야기들	89
개선 카타, 다른 접근	102
린 지도자들의 지속적 개선을 위한 분투	107

3 장

기준화, 기준화된 공정, 그리고 시각적 경영

기준화된 공정과 시각적 경영	111
비 주기 직무를 위한 공정기준화 문서	115
기준과 지속적 개선	118
린(lean)의 핵심 지도력 모델	122
격차를 보는 시각적 경영: 기준 대 실제	125
비전통적인 린(lean)실례: 멘로 이노베이션	129
멘로에서의 시각적 경영과 팀워크	134
시각적 경영이 협력적인 문화를 지원함	140
시각적 경영에 대해 무엇을 배웠는가?	142

4 장

자기개발에 전념함

자기개발을 위해 무엇을 시도할 것인가?	145
어떻게 린(lean) 지도자가 될 수 있는가?	152
지도력 자기개발 학습주기(피디시에이)	155
어떻게 린(lean) 지도자들이 개발하고 승진하는가?	159
쉬-하-리 단계를 통한 깊은 전문기술	162
고위간부도 자기 개발이 필요한가?	166
탁월한 기업내에서 지도자 성공의 중요 요인	171

5 장

타인을 코치하고 양성하기를 배움

자기개발을 하며 타인 양성하는 법을 배우기 시작함	175
타인을 코치하고 양성하는 시작단계	181
어떻게 겜바에서 타인을 코치하고 양성하는가	186
카타를 사용하여 한 번에 한 사람씩 코치함	190
린(lean) 지도자가 배워야 하는 세 부분의 처방전	194
어떻게 이를 조직 내 타인 양성에 적용할 것인가?	198

실용적 지침서　　　　　　　　　　　　　　　　　　　　　v

6 장　　　　　　　　　　　　　　　　　　　　　　　205

일일 가이젠 지원　　　　　　　　　　　　　　　　205

- 린(lean)지도력을 실무 그룹으로 가져옴　　　　　　205
- 도요다 현장그룹은 지속적 개선의 심장부임　　　　209
- 시각적 관리와 안돈 시스템 보조 개선　　　　　　　213
- 린(lean) 사고하는 사람들을 대량으로 만들어 내는 선생을 창출함.　216
- 현장 그룹을 보충하는 도요다의 B-노동의 역할　　219
- 자재흐름의 혁명을 창출함 (미노미 실례)　　　　　221
- 미노미 프로젝트 결과　　　　　　　　　　　　　　226
- 현장그룹에서 가이젠을 지원하기 위한 기준 직무　227
- 지도자의 기준화된 직무란 무엇인가?　　　　　　　234
- 함께 묶기　　　　　　　　　　　　　　　　　　　241
- 당신의 조직의 현 상태는 어떠합니까?　　　　　　244

7 장　　　　　　　　　　　　　　　　　　　　　　　247

호신 간리를 통해 이상을 창출하고 목표를 맞춤　　247

- 이상과 역량을 창출함　　　　　　　　　　　　　　247
- 정렬된 학습 주기에 집중한 *호신간리*　　　　　　250
- 도요다에서의 *호신간리*　　　　　　　　　　　　　251
- 사람들을 수평적으로 수직적으로 정렬함　　　　　257
- 어떻게 *호신간리* 와 일일 경영이 함께 작용하는가?　259
- *호신간리* 의 원리　　　　　　　　　　　　　　　264
- 목표에 따른 경영과 *호신간리* 비교　　　　　　　266
- 급격한 린 변화: 다나 새시 부품공급자　　　　　　270
- 올바른 원리로 함께 성장함　　　　　　　　　　　287
- 마지막 피드백: 의도적인 연습은 재미있지 않음　　291

8 장

전략을 탁월한 운영과 연결시킴: 사이온 실례   297

    모든 개선은 도전으로부터 시작함   297
    사이온 판매-마케팅 접근   300
    목적과 결과를 연결함   305
    사이온의 전략적 혁신과 탁월한 운영의 관계   306
    행동 시 도요다 방식 원칙   308

린(LEAN) 지도자 양성: 추가 독서 목록   311

실용적 지침서   vii

머리말

제 이름은 조지 트래칠리스이며 캐나다에 거주하는 전문적인 엔지니어입니다. 여러 해 동안 린(lean)사고 도구와 기술을 많은 나라에서 지역적으로, 국제적으로 이행하면서 명백히 떠오르는 한 가지 공통적인 주제가 있었습니다. 그것은 바로, "린(lean)은 예상한 것처럼 잘 되어가는 적이 드물다," 는 것입니다. 그러한 생각을 확인하면서 책을 덮으시기 전에 좀 더 읽어보십시오. 실망하시지 않을 것입니다.

제 의견을 정당화할 필요가 있는데, 확실히 린(lean)은 성과를 올립니다. 이행 초기의 놀라운 변화를 목격한 적이 있습니다. 이러한 변화는 일반적으로 물질적인데, 이를테면, 정돈한다거나, 기계를 가까이 배치하거나; 직원들 사이의 더 나은 의사소통을 위하여 사무실 배치를 하는 등, 많은 예가 있습니다. 이 모든 것들이 과정의 효율성을 높이고 어떤 경우에는 기업 전체의 효율성도 높입니다. 종종 기업들은 위기에 봉착했을 때 린(lean)을 시도합니다. 위기는 비용삭감을 하지 않으면 일 년 후에 사업을 접어야 하는 경우에서부터, 너무 일이 많아 비효율적인 과정을 고치지 않으면 더 이상 일을 할 수 없는 경우에 이르기까지 다양합니다. 두 가지 경우에, 제가 최선을 다해 도우면 린(lean)은 첫해에는 훌륭하게 성과를 봅니다. 문제가 무엇일까요? 제가 깨달은 때는 캐나다 알버타의 정부기관이 제게 기업들에게 린(lean) 사고를 교육시키는 온라인 코스를 만들도록 요청했을 때였습니다. 그들은 제게 조직 내 지도력에 집중하도록 요구했습니다. 그들은 지방 내 기업들이 *유지할 수 있는 변화* 를 위해 분투해야 하며 이는 단지 린(lean) 도구를 적용함으로써 빨리 얻을 수 없다는 것을 깨달았던 것입니다.

모든 단계에서 린 지도자를 양성함

2012 년 6 월에, 라이커 박사가 린(lean) 회의에서 강연하기 위해 캐나다 위니펙을 방문했습니다. 하루 사이에 그를 공항에서 픽업하여, 강변유람선을 타고, 다시 회의장으로 모셔서 그가 강연을 한 시간 동안 한 후에 다시 공항까지 배웅했습니다. 그 사이에 그와 훌륭한 대화를 나누었는데, 그 중 두 가지가 제게 각인되었습니다. 첫 번째는 유람선 상에서 캐나다 인권 박물관(당시 미완성이었음)에 대해 논의했는데, 예산을 훨씬 넘어섰고 이미 비용이 3 억 5 천만 달러에 육박하며 2 년 늦게 진행되고 있다는 것이었습니다. 저희는 린(lean)이 어떻게 모든 산업에, 건설업을 포함하여, 적용될지를 논의했습니다. 두 번째는 그의 강연 후에였습니다. 많은 매니저들이 라이커 박사의 최근 저서인 *린(lean)지도력을 향한 도요다 방식* 에 저자 서명을 받기 위해 줄 서 있었습니다. 그 중의 한 사람이 질문하기를, "라이커 박사, 무엇 때문에 린(lean) 사고가 많은 기업에서 유지되지 않을까요?" 라이커 박사는 그를 주시하며 답변하기를, "지도력 때문입니다." 이 대화는 저로 하여금 실종된 연결고리에 대해 사고하도록 만들었습니다. 저의 경우에, 확실한 것을 발견하면, 그를 초점으로 둘러싸고 목표를 정합니다. 그렇게 함으로 올바른 방향으로 전진합니다. 이것이 올바른 방향임을 저는 알았습니다.

그 후 몇 달에 걸쳐, 저는 제프와 친분을 쌓아, 제 조직에서 하는 웹미나를 그가 맡도록 했습니다. 이것이 나중에 린(lean) 지도력에 대한 온라인 코스가 되었습니다 www.ToyotaWaytoLeanLeadership.com. 그 후에 저희는 이 정보가 너무나 귀중해서 비디오 형태로만 둘 것이 아니라고 결정했습니다. 저서를 통해서 세계 도처에 확산하는 것이 최선이라고 결정했습니다. 이제 이 저서가 당신이 눈 앞에 보시는 *모든 단계에서의 린(lean) 지도력 양성* 입니다.

20 년간 린(lean) 사고를 이행하면서 라이커 박사가 제 고향에서 강연하기 전까지, 린(lean) 세계에 이런 종류의 기여를 본 적이 없습니다. 당신이 린(lean)에 대해 초보자이거나 25 년의 경험이 있는 노장이거나

실용적 지침서

당신이 아셔야 하는 것을 이 저서로부터 배우실 것입니다. 저는 언제나 린(lean)이 사람에 대한 것이라고 알아왔습니다. 하지만, 어떻게 사람들이 린(lean)이 성과를 올리도록 할까요?

제프는 핵심적 기술, 가치, 행위, 형태 그리고 지도자가 장기적 성공을 위해서 따라야 할 과정에 대해 심도 있게 묘사합니다. 그는 이러한 성공을 코치를 사용하여 기술을 개발하는 음악인, 체육인의 성공과 비교합니다. 그는 또한 코치가 어떻게 약점을 체계적으로 인지하여 학생이 개선하고 목표에 이르도록 개발을 가속화하는지를 묘사합니다. 직장 밖에서 기술을 늘리고 싶다면 코치를 사용해야 하며, 이는 직장 내에도 마찬가지로 적용됩니다.

제프와 이 저서의 린(lean)세계에 대한 기여는 별에 버금 합니다. 정보가 만무한 세계에서, 제프는 그의 32년 간의 도요다 내부 작용에 대한 연구와 지식에 근거하여 어떻게 당신이 학생으로, 코치로, 매니저로, 최고 경영책임자로 어떤 사업이건 성공하기 위해 무엇을 해야 할지를 알 수 있도록 인도합니다. 이 강력한 습득의 예로, 저 자신도 린(lean)을 물질적 측면으로 접근하는 것에서 린(lean) 지도력 양성을 이행하는 것으로 변환했습니다. 조직의 핵심적 가치에서 시작합니다; 조직이 그들의 핵심적 가치를 명확히 정의하도록 코치합니다. 그리고 나서 첫 단계인 *린(lean)지도력 양성 모델: 자기 개발에 전념함* 으로 전진합니다. 조직 내 지도자들이 자기 개발의 필요를 인식하고 도움을 청할 때, 그들을 다음 단계로 인도하는 것은 용이합니다. 스스로 돕는 자를 도움입니다. 린(lean)지도력 양성 모델의 4 단계는 다음과 같습니다:

1. 자기개발에 전념함
2. 타인을 코치하고 양성함
3. 일일 *가이젠* (개선)지원
4. 이상창출과 목표 정렬

모든 단계에서 린 지도자를 양성함

린(lean) 지도자로서 저는 멈추지 않고 배워왔습니다. 이상을 가지고 그를 향하여 매일 매분 일하는 것입니다. 과거에도 라이커 박사의 저서를 통해 배웠고, 최근에는 친구인 제프에게서 배운 것은 당신이 목표조건에 다다르는 것을 방해하는 장애물을 하나씩 하나씩 제거한 후에 당신이 얼마나 전진했는지를 돌이켜 볼 수 있다는 것입니다. 라이커 박사와 제가 세계 도처에서 학생을 만나고 코치하는 온라인 협회에 참가하십시오. www.LeanLeadership.guru/Community.html. 당신의 목표조건에 다다를 때마다 언제나 다음 목표가 눈 앞에 있음을 이해하십시오. 그래서 린(lean)여정이라고 불리는 것입니다. 저는 제 여정을 지금까지 즐겨왔습니다. 일단 이 저서와 린(lean) 실행자들의 온라인 네트워크와 연결된 후에 당신의 사례를 경청하기를 기대해 마지 않습니다.

처음에 "린(lean)은 예상한 것처럼 잘 되어가는 적이 드물다,"고 언급했는데, 사실 많은 기업들에 있어서 그들 자신과 부하들의 기술을 개발하는 과정과 지도력 없이는 절대로 잘 되지 않습니다. 이 저서가 다른 저서들과 다르게 기여하는 이유가 여기 있습니다. 문제의 핵심인 당신 자신을 들여다 봅니다. 자기개발을 위해 무엇을 할 수 있습니까? 타인 양성을 위해 무엇을 할 수 있습니까? 어떻게 경쟁에 앞서가며 돌파구를 뚫는 목표 달성을 위해 지속적 개선의 문화를 개발할 것입니까? 이 모든 질문에 대한 훌륭한 통찰력을 가진 답변을 이 저서 안에서 발견하실 것입니다. 모든 답변이 실례에 의해 입증됩니다.

이러한 선물을 선사하고 저로 하여금 전파하는데 참여하도록 허락한 라이커 박사에게 감사를 돌립니다.

실용적 지침서

George Trachilis, P.Eng.
조지 트래칠리스

린(Lean) 지도력 협회 사장& CEO
www.leanleadership.guru
린(Lean) 사고의 OEM 원칙 의 저자
캐나다, 위니펙, 2014

모든 단계에서 린 지도자를 양성함

저자에 대해

제프리 K. 라이커 박사
는 미시간 대학의 산업 운영 엔지니어링 교수이며, 라이커 린(Lean) 고문이며, 린(Lean) 지도력 연구소의 수석 고문 겸 파트너이다. 그는 국제적 베스트 셀러인, *도요다 방식: 세계 최고 제조업체의 14 경영 원칙*, 2004 의 저자이며 도요다에 대한 일곱 가지 다른 저서들을 공동 저술했다. *도요다 문화*와 *도요다 생산 개발 시스템* 이 그 중에 포함된다. 그의 가장 최근의 저서는 2011 년의 *지속적 개선을 향한 도요다 방식* 과 *린(Lean) 지도력을 향한 도요다 방식* 이다. 그는 저서들을 통해 11 개의 싱고(Shingo) 상을 수상했으며 2012 년에, 탁월한 제조협회의 명예의 전당에 취임했다.

모든 단계에서 린 지도자를 양성함

실용적 지침서

지도자는 모든 것에 대해 생각하며, 가능한 만큼 배우기를 원하며, 위험을 감수하고 새로운 것을 실험한다. 지도자는 실패를 걱정하지 않으며 실수를 포용한다. 왜냐하면 그 실패와 실수들로부터 배운다는 것을 알기 때문이다.

워런 베니스, *지도자가 된다는 것에 대하여*, 1989

1 장
린(lean)과 린(lean) 지도력

린(lean) 지도력에 대한 개요와 추천하는 학습접근

이 책은 린(lean) 지도력에 대한 살아있고 즉각적인 토론장입니다. 저는 린(lean) 지도력에 대해 지난 30 년에 걸쳐 이해해왔고 전 북미 도요다 제조 운영장이었던 게리 콘비스와 린 지도력에 대한 도요다 방식을 공동 저술함으로 배워왔습니다. 그 책이 2011 년 가을에 출시된 이후로 제 동료들과 저는 지도자들을 양성하는데 관심 있는 개별 기업들과 함께 일하고 가르쳐 왔습니다. 그 과정에서 도요다에서 배운 지도력 개발 접근을 어떻게 적용할 지에 대해 많이 배웠습니다. 이 책은 그 경험을 반영하고 있으며 최고를 관심하는 이들, 지속적인 개선과 인간존중에 근거한 사내문화 창출을 갈망하는 능력 있는 지도자들을 양성하고자 하는 이들을 위한 책입니다.

온라인 코스가 먼저 시작되었고, 코스의 보조교재 겸 실용적 지침서로 이 책을 집필하게 되었습니다. 최대효과를 위해서는 먼저 코치를 발견하고 매 장마다 있는 연습지침을 따라 지도력 개념을 연습하는 것이 필요합니다.

저희의 목표는 어떤 형태의 조직에도 적용할 수 있는 검증된 원칙들에 근거한 린(lean) 지도력을 양성하는 것입니다. 린(lean) 지도자들은 적은 것으로 많은 것을 할 수 있습니다. 그들은 처음에는 가능해 보이지 않는 목표를 깨닫고 팀과 개인을 양성하고 불확실한 환경에 맞춰 과정을 조정합니다. 당신의 여정에 행운을 간구합니다!

집필 배경

먼저 게리 콘비스와 이 저서의 배경이 된 원저를 공동 저술하게 된 경위를 말씀 드리고 싶습니다. 저는 미시간 대학에서 산업 운영공학 교수로 30여년을 넘게 재직 중이었습니다. 그 동안 미국과 일본의 경영체계의 차이에 대해 집중 연구하였고, 2004년에 *도요다 방식*, 그리고 좀 더 구체적인 도요다 방식의 방면에 대한 시리즈를 저술하게 되었습니다. 최근에 게리 콘비스와 *린(lean) 지도력에 관한 도요다 방식*을 저술하였는데 도요다에서 배운 지도력양성이 4단계 모델로 요약되어 있습니다. 이 책에서도 그 구조를 기반으로 삼았습니다.

게리는 GM에서 일하기 시작해서 포드기업에서 약 20년간 품질관리, 엔지니어링 그리고 생산분야에서 근무하였습니다. 포드에서 일하는 동안 그는 포드 매니저로서는 특이한 근무습관을 보였습니다. 그는 대부분의 포드 매니저들에 비교하여 제작현장에 가서 직원들과 대화하며 문제의 근원을 찾는데 많은 시간을 보냈고 직원들과 함께 해결안을 개발했습니다. 게리는 1980년대의 포드에서는 들어보지 못한 일을 했는데 - 품질하자 시 실제로 생산라인을 중지시켰습니다. 그 당시 포드에서 생산라인을 중지시키는 것은 죄로 여겨질 정도여서 운영매니저들은 사무실로 돌아가 휴지통을 유리창문으로 던지는 과격한 반응을 보였다고 합니다. 게리는 초고속 승진을 했지만 더 나은 방식이 있을 것을 알았습니다. 그가 한 것은 도요다 방식과 비슷했지만 포드에서는 문제에 봉착할 수 밖에 없었습니다. GM과 포드에서 실망한 그는 신 연합자동차 제조회사(NUMMI)에 지원서를 냈습니다. 신 연합자동차 제조회사(NUMMI)는 도요다와 제너럴 모터스가 합작해서 캘리포니아에 세운 신흥 자동차 생산공장이었습니다. 게리는 위험도를 알면서도 가족과 함께 캘리포니아로 이주했습니다.

NUMMI에서 게리는 도요다 지도자로 양성되었습니다. 도요다는 캘리포니아공장을 도요다 생산시스템에 근거하여 운영하였습니다. NUMMI는

실용적 지침서

처음으로 도요다 생산시스템을 미국현지조립공장에 도입하였습니다. 게리는 NUMMI에서 승진한 후에 켄터키 조지타운에 있는 도요다 공장에 최초로 미국인 사장이 되었습니다. 그 후에 그는 계속 승진하여 은퇴할 당시에는 북미운영수뇌이자 일본에 있는 도요다 경영장 이었습니다.

게리가 도요다에서 은퇴할 당시, 아직 때가 아니라고 생각한 그는 다나 코포레이션의 임시부회장직을 맡아 불황기에 다나가 위기를 극복할 수 있도록 도왔습니다. 마침내 게리와 회장 존 데빈의 지도력으로 다나는 재정적으로 건재한 기업이 될 수 있었습니다. 저희는 이 사례를 린(lean) 지도력의 본으로 들었습니다. 게리는 그 후에 불름 에너지 코포레이션-친환경에너지에 집중한 고도기술회사- 의 최고운영 장으로 재직한 후 세 번째로 은퇴하게 되었습니다.

저는 게리가 도요다에서 은퇴를 고려할 당시에 그를 만났고 공동저술을 제안받았습니다. 그는 도요다에서 배운 경험을 범세계적으로 다양한 산업에 걸쳐 공유하고자 하였습니다. 저희는 도요다 - 린(lean), 린(lean) 식스 시그마, 그리고 도요다 방식을 배우고자 하는 다른 기업들- 의 성공의 열쇠는 바로 지도력이라고 결론을 내렸습니다.

교재와 코스의 학습모델

저희가 이 일을 시작했을 때 조지와 저는 고귀한 목표를 세웠습니다. 목적은 린(lean) 지도력의 진정한 원리를 가르치고자 하는 갈망에서 시작되었습니다. 원리는 기술과 다릅니다. 원리란 린(lean) 지도자로서 성취하고자 하는 이유와 원칙입니다. 게리와 저는 지속적인 개선을 장려하는 문화를 창조하려 고군분투하는 조직을 보아왔습니다. 여러 종류의 실행이 약간의 성과를 보이긴 하지만 지속적이지 못함도 보와 왔습니다. 저희가 내린(lean) 결론은 지도력의 부재였습니다. 린(lean) 지도력이 이사진에서 조장, 팀장 단계까지 확장되어야 합니다.

저희는 이러한 깨달음을 세계적으로 알리고 싶었으나 개별코스로는 한계가 있었습니다. 이 저서와 온라인 코스는 진정한 린(lean) 변화를 가속화하기 위해 준비되었습니다. 진정한 린(lean) 변화란 원리를 따르고 인재를 양성하고 문화를 장려하는 것입니다. 그리하여 환경에 적절하게 반응하며 사업목표를 꾸준히 성취하며 동시에 매일 조금씩 고객을 더 잘 섬기는 그러한 조직을 양성하는 것이 저희의 궁극적인 목표입니다.

린(lean) 지도력을 가르치는 것은, 특히나 대규모로 가르치는 것은 용이한 일이 아닙니다. 하지만 이 저서와 코스를 통해 습득한 관념과 현장에서의 실행을 조합한다면 가능하다고 믿습니다. 도요다 방식 원리는 대부분의 중요한 자기개발은 코치와 함께 일하며 습득하는 것이지, 비디오를 보고 책을 읽음으로 습득하는 것이 아닙니다. 도요다 교수방법을 고무하기 위해서는 코치와의 프로젝트가 필요합니다. 중요한 열쇠는 연습인데 겜바(사업장 또는 실제로 소비장)에서 실지적인 개선 프로젝트를 이끄는 걸 의미합니다. 연습은 반드시 강한 코치가 이끌어야 합니다- 코치의 질과 학생과의 관계는 관건입니다.

게리와 저는 온라인코스를 위하여 잘 양성된 린(lean)코치 네트워크를 구축하였습니다. 자격여건은 최소한 10년의 경험과 각자의 기업에서 기술을 개발하고 연구하여 린(lean) 지도자가 된 이들입니다. 그들의 역할은 학생들에게 일대일 지도를 하는 것입니다. 코스 없이 책만을 읽는 분들에게는 코치를 구하여 자기개발을 함께 하길 권장합니다. 그런 코치를 발견하고자 하는 헌신적인 노력이 필요합니다.

진북을 살아냄을 배움: 린(lean) 지도력 개발 모델

1983년 제가 처음 도요다를 연구하기 시작했을 때 도요다 방식이란 용어는 없었습니다. 조 후지오는 2001년에 도요다 사장으로 영입되었습니다. 그는 켄터키 조지타운 공장최초 사장으로 재직 당시 도요다 방식을 알릴 필요가 있다고 인식했습니다. 일본에서는 현장에서 배우고 도요다에서 거의 평생을 일하는 직원들이 있지만 일본 밖에서는 각자의 경영 팀 안에서의 깊은 이해가 없기에 좀 더 명확한 학습 방식이 필요했습니다. 묘하게도 간단한 이 모델은 오직 두 개의 기둥이 있을 뿐입니다: 지속적인 개선과 인간존중.

도요다는 누구나 어디서나 지속적으로 자신과 과정을 개선한다는 것이 정말로 꿈이라는 것을 인식합니다. 이 꿈을 "진북 (眞北)"이라 부르는데 이상적인 세상에서만 일어날 수 있는 도달할 수 없는 이상을 가리키기 때문입니다. 완벽할 수는 없지만 완벽을 추구할 수는 있습니다.

실용적 지침서

조 후지오는 도요다 방식을 "세계적인 도요다 조직원들을 위한 이상적이고, 평준화된 지침서" 라고 묘사했습니다. 하나된 도요다를 말한 것입니다. 도요다에 있는 모두가 진북 (眞北)의 똑같은 이상에 의해 인도되고 있다는 의미입니다. 그 기반은 지도력 양성 모델의 중심을 구축하는 가치들로 이루어져있습니다. 어떠한 인력양성도 가치와 목표로부터 시작됨을 알기 때문입니다. 예를 들어 기업의 목적은 지속적으로 변하는 환경에서 고객을 만족시키고 기쁘게 하는 것 그리고 건실하게 사업을 운영하는 것일 수 있습니다.

도요다 의 경우에 가치는 **도전**으로 시작됩니다. 도요다는 사람들은 도전을 받아야 한다고 그렇지 않으면 최대한으로 개선할 수 없다고 믿습니다. 더불어 다음 단계의 과제를 기꺼이 받아들일 수 있는 기술과 확신이 필요합니다.

그 다음 가치는 **가이젠 사고**의 양성입니다 – 자연적으로 개선에 대해 생각하실 것입니다. 어떤 불완전도- 어떤 낭비도, 이상에 맞지 않는 어떤 것도 공공연히 알려야 합니다. 이와 관련된 도요다 내의 신념은 지속적인 개선은 매니저가 직접 **가서 보는** 것에 달려있다는 것입니다. 사실을 알기 위해서는 겜바로 가야 합니다. 그곳이 일이 진행되는 곳이고, 고객이 생산품을 소비하는 곳이고, 공급자가 자재를 공급하는 곳입니다. 체계적인 관찰을 통해 현 상황에 대한 분명한 인식을 할 필요가 있습니다.

도요다는 **팀워크**를 믿습니다. 양성하는 자와 양성되는 자들이 함께 일하는 복잡한 팀워크입니다. 팀은 개개인보다 강하고 개개인이 배울수록 더 강해질것입니다. 팀 과 개인 양성은 함께 가는 것입니다.

마지막으로 **존중**입니다. 누구와 무엇을 하던 갖춰야 하는 가치입니다.

이 다섯 가지 가치는 저희 린(lean) 지도력 모델의 중심입니다. 이 가치들을 문화의 기본재질로 개발시키기 위해서는 네 단계로 조직을 진화시켜야 합니다.

완벽을 지향하기 위해서는 우리 자신을 개발하는데 먼저 헌신해야 하는데 이것이 첫 단계입니다. 한걸음 한걸음 배우고 진북의 가치를 살아 낼 필요가 있습니다. 바이올린(lean)을 초보 연주자에서 명장으로 하루 밤 사이에 변할 수 없듯이 말입니다. 어떤 조직에서는 지도자들을 대학으로 일 주일 내지 이 주일 코스를 보냅니다. 거기에서 미팅을 하고 다른 부서에서 일하는 과제에 임함으로 기업 전체의 관점을 가지게 합니다. 지속적인 개선과 인간존중에 필요한 기술개발에는 아무 시간도 배정하지 않은 채 말입니다.

자기개발을 시작하면서 두 번째 단계를, 코칭과 타인양성을 시작하게 됩니다. 타인양성은 지도자가 되는데 관건입니다. 린(lean) 지도자로서의 목표는 타인들로 하여금 자신의 방식을 따르도록 강요하는 것이 아니라 타인을 양성하여 그들이 조직에 올바르게 기여하도록 하는 것입니다. 그들이 가치를 깊이 이해하고 자기개발에 노력하도록 말입니다.

시간이 경과하면서 세 번째 단계인 일일 가이젠, 지속적인 개선에 도달할 것입니다. 그룹과 팀 지도자들이 양성됨에 따라 활동그룹은 점점 독립적으로 됩니다.

네 번째 단계에서는 이제 조직의 상부에서 하부까지 포괄하는 난해한 목표를 세울 수가 있습니다. 일본에서는 이 방법을 호신 간리 라고 부릅니다. 도요다에서만 사용하는 방법이 아닙니다. 이 방법은 품질 총괄관리 의 부분으로 도요다에서 매년 전 기업에 걸친 목표조정을 위해 도입했습니다. 이러한 목표를 성취하기 위한 기술과 지식 그리고 동기부여가 있는 사람들로 이루어진 조직이 아니고는 목표를 조정하고 결과를 기대 할 수 없습니다.

이상으로 저희가 가르치는 코스와 지도력 양성모델의 배경을 언급했습니다. 수련생들은 자신과 타인 개발을 위해 이 단계들을 밟게 될 것입니다.

자기개발을 위해 코치를 사용함에 대해

이 저서를 사용하나 코스를 밟지 않는 이들은 어떻게 과정을 따라 할지 고려해야 할 것입니다. 코스의 시작점은 바로 린(lean) 지도자의 특징이 무엇인지 명확히 이해하는 것입니다. 그리고 린(lean) 지도자가 되기 위해서 어떤 노력이 필요한지에 대한 대략적인 이해도 필요합니다. 그 후에 코스와 저서의 중요한 초점인 자기개발의 과정을 시작할 수 있습니다. 이는 타인양성, 일일 가이젠, 궁극적으로 *호신 간리*를 통한 조직정렬에 토대를 마련해 줄 것입니다.

실전에서 배우기 위해서는 겜바에서 실제 개선프로젝트를 이끌 필요가 있습니다. 문제해결과정을 이용하여 개선 프로젝트와 목표달성에 관심할 뿐만 아니라 지도력과정에 관심을 가져주기를 부탁합니다. 일일 단위로 무엇을 하고 있습니까?

어떻게 사람들과 교통하고 있습니까? 어떻게 정보를 수집합니까? 적절한 사람에게 과제를 맡기고 있습니까? 배움과 프로젝트 면에서 팀 자체가 전진한다고 확신하십니까? 이를 위해 일기를 적으십시오. 매일 간략하게 지도력경험에 관하여 요약하십시오. 코치와 일기를 공유하십시오. 이 기록이 린(lean) 지도자로 양성되는 과정을 분석하는 데 도움이 될 것입니다.

코치와 당신의 프로젝트의 전진을 공유하는 데는 A3 이야기가 중요한 도구로 쓰입니다. 단순히 가로 420 mm 세로 297mm 크기의 종이인데 상황설명을 시작에서 끝까지 한 쪽에 다 한다는 것입니다. 이야기는 한 자리에서 한꺼번에 하는 것이 아니라 과정을 거칠 때마다 조금씩 진화하는 것입니다. 문제해결에서는 피디시에이(PDCA) 과정을 거칠 터인데, 첫걸음은 문제진단입니다. 그 후에 코치와 점검하십시오. 코치가 질의와 추가과제를 제안할 것입니다. 그리고 코치가 피드백을 제공할 것이며, 새로운 접근을 할 때, 어떻게 하는지 보기 위해 방문할 것입니다. 이런 과정이 코치와의 중요한 관계를 형성하는데 도움이 될 것입니다.

코치는 저희가 정한 과정대로 인도할 것입니다. 상황파악에서 시작하여 문제해결과정을 따라가다가 당신에게 적절한 프로젝트를 정해줄 것입니다. 몇 달 안에 완성할 수 있으며 당신에게 의미가 있으며 지도력 양성에 도움이 될 프로젝트여야 합니다. 프로젝트의 실제 내용이나 결과조차도 당신이 지도력에 대하여 배우는 것보다 중요하지는 않습니다.

문제정의

첫 번째 문제정의 단계에서는 추상적인 관점에서 봐야 합니다. 다음은 프로젝트를 함께 수행할 팀을 꾸리는 것입니다. 이 팀에는 바로 당신이 성취하고자 하는 과정에서 만나는 장애물을 제거해 줄 수 있는 간부진의 후원자가 포함되어야 하는데 그들이 당신이 지도자로서 어떻게 실행하는지에 대한 추가적 피드백을 제공하는 사람입니다.

도요다의 문제해결 과정은 도요다 사업실행으로 알려져 있습니다. 이 여덟 단계 과정은 도요다 모든 단계에 해당하는 한 모델을 제시합니다. 도요다 과정을 사용할 필요는 없지만, 중요요소는 포함해야 합니다 예를 들어, 문제접근 시 조심스럽게 문제를 정의하고 근본이유를 이해하는 방향으로 해야 합니다.

마지막으로 코치들은 당신의 자기개발에 모든 관심을 기울여야 합니다. 린(lean) 지도력의 다른 세 방면에 대하여 배우겠지만 대부분이 문제를 해결하는 과정으로 이끌어 질 것입니다. **그것이** 자기개발입니다. 대부분의 노력이 여기에 쏟아져야 합니다. 이 프로젝트를 수행하는 동안 팀을 꾸려나가야 하는데 팀원들을 코칭하고 개발하는 역할도 주어질 것입니다.

그리고 겜바에서 하는 것을 유지하기 위해 초보적인 시각경영 시스템과 문제해결의 박자를 개발하는 법을 배울 것입니다. 또한 중요수행지표를 찾는 법과 문제해결의 다음 단계를 계획하는 법을 배울 것입니다. *호신간리*의 축소판입니다.

린(lean)의 원칙

린(lean) 지도력을 정의하기 전에 먼저 린(lean)과 린(lean)의 원칙들을 정의할 필요가 있습니다. 저희는 도요다 원리를 모델로 심고자 합니다. 자세한 도구들에 대해서는 언급하지 않겠습니다. 린 지도력 연구소에서 주관하는 *린 사고원칙* 에 관한 온라인코스 (www.Lean101.ca)가 있는데 린 엔터프라이즈 협회에서 출간한 많은 책들과 기본도구들을 다루고 있습니다.

린(lean)이 무엇인지, 도요다 안에서 어떻게 진화되어왔는지를 알아야 원칙을 이해할 것입니다. 2장에서는 문제해결과 A3 리포팅을 포함한 도구들을 제공할 것입니다. 또한 3장에서는 시각 경영과 기준화를 포함한 추가 도구가 제공됨으로 좋은 린(lean) 프로젝트를 수행하는데 도움이 될 것입니다. 기준화를 시각화함으로 제대로 프로젝트를 수행하고 있는지를 알 수 있을 것입니다. 기준화에서 빗나갔을 때 거기에 문제가 있다는 알 수 있을 것입니다.

그 후에 4단계 모델(4장~ 7장)을 거칠 것입니다: 자기개발, 타인양성, 그룹지원, 공동이상을 향한 목표조정

마지막으로, 8장에서 중요관념을 함께 묶어서 어떻게 도요다가 사이온 브랜드를 개발했는지 미국의 젊은이들을 도요다 그룹으로 영입했는지를 보여줄 것입니다. 도요다는 전략적인 단계에서 사이온을 창출했습니다. 그들은 고객을 이해하는데 시간을 투자했으며 사이온 브랜드의 핵심 조건이 미국 젊은이들을 만족시키는 것이라고 정의하였습니다. 그 후에 운영특징과 린(lean) 시스템을 정의하고

고객에게 약속한 대로 전달하기 위해 이를 행동화 했습니다. 어떻게 전체 과정이 전략에서 탁월한 운영으로 통합되었는지 볼 것입니다.

이상이 저서에 담긴 내용이지만, 이제 린(lean) 지도지가 되는 여정은 막 시작했을 뿐입니다. 저희는 당신을 시작부터 올바르게 인도하길 바랍니다. 저희는 운동과 좋은 식습관을 강권하는 개인훈련사 이상의 역할을 할 수는 없습니다. 저희는 당신이 이 기회에 사용할 수 있는 모든 자원을 가지고 지도자로서의 개발을 시작하고 또 계속하시기를 진심으로 바랍니다. 전 세계가 지속적으로 개선되기 위해서는 당신 같은 분들이 많아야 하기 때문입니다.

저희는 계속해서 당신을 지도하길 바랍니다. 코칭과 온라인 코스 이외에도 다양한 자원이 가능한데 그 중에 하나는 컨설턴트들의 온라인 네트워크인데, 아래 링크를 참조하십시오: www.LeanLeadership.guru/Community.html.

또한 제 동료 존 슈크가 저술한 *배우기 위한 경영* 을 구독하길 권장합니다. 그는 일본 도요다에서 오랫동안 근무하며 A3 문제해결과정을 전통적인 도요다 방식아래서 배웠습니다. 또 마이크 로터의 다른 저서 *도요다 가다* 는 린(lean)을 실습하는 뼈대를 제공해 줍니다. 링크딘과 페이스북에도 도요다 방식토론 그룹이 있습니다. 이런 다양한 자원을 마음껏 활용하시길 바랍니다.

린(lean) 지도력이란 무엇인가?

이 저서에서 언급하는 중심적인 질문은 " 린(lean) 지도력이란 무엇이며 어떻게 개발해야 하는가?" 입니다. 배경지식으로 *도요다 방식* 과 그 안에 언급된 4P 모델에 대한 개요를 말씀 드리겠습니다. 이는 도요다 지도력을 이해할 수 있는 내용을 제공합니다.

그림 1-1. 도요다 방식

그림 1-2. 좋은 기업을 넘어 위대한 기업으로

*도요다 방식*의 끝에 짐 콜린스의 저서에 대한 언급이 있는데 거기에 5 단계 지도력에 대해 간략하게 요약이 되어 있습니다. 제가 *도요다 방식*(그림 1-1)을 저술하고 있을 때 박사과정 학생이 저에게 "*좋은 기업을 넘어 위대한 기업으로*를 읽은 적이 있으세요? 5 단계 지도력에 대해 읽으셔야 해요. 도요다 지도력과 아주 똑같거든요". 그래서 저는 읽고 마지막 장에 첨부했었습니다. 나중에 기회가 닿아 전체를 읽고 난 후 마치 계시가 온 느낌이었습니다. " 이런, 도요다에 대해 설명하고 있네!"

사실, 짐 콜린스는 도요다나 다른 일본 기업을 연구하지 않았습니다. 그는 위대한 미국 기업들이 경쟁자들보다 몇 십 년간 어떻게 재정적으로 잘 운영했는지를 묘사했습니다. 게다가 그는 이런 질문을 했죠: "무엇이 그들을 위대하게 만들었는가? 양호한 기업과 위대한 기업은 무엇이 다른가?"

그는 그 책에서 일련의 특징들을 조합했는데 저는 그들이 도요다 방식의 원칙과 아주 잘 들어맞는다고 생각했습니다. 도요다는 고객에 초점을 맞추어 시작합니다. 짐 콜린스도 고객에게 가치를 전달하는 열정에 대해 이야기합니다. 위대한 기업들은 거기에서 시작한다고 이야기 합니다. "이 사분기에 얼마나 돈을 벌었나?" 라고 시작하지 않습니다. "뭐가 히트가 될 상품일까?"라고 시작하지 않습니다. "누가 우리 고객인가, 고객의 문제해결을 위해 무엇을 해야 할까, 고객이 예상하지

실용적 지침서

못한, 경쟁기업들보다 훨씬 나은 방법으로 가치를 추가하기 위해 무얼 해야 할까?" 고객이 언제나 초점입니다!

사내에서 위대한 기업들은 단기 이익을 초월하는 핵심 가치를 만듭니다. 물론 첫 번째 가치는 사업하는 이유인 고객만족입니다. 두 번째, " 팀 구성원들이 자라고 양질의 삶을 누리기 위해 어떤 환경을 조성해야 하는가? 팀 구성원들이 입사했을 때보다 퇴사시 더 발전되도록 만들어야 한다."

그리고는, 위대한 기업의 경우에는 종종 창업자이기도 한 최고 경영책임자로부터 시작하여 탁월함에 대한 열정을 가지고 있습니다. 예를 들어 디즈니의 창업자인 월트 디즈니는 항상 이런 질문에 사로잡혀 있었습니다. "어떻게 하면 나를 초월하여 내 유산이 될 위대한 것을 만들 수 있을까?" 그의 꿈을 실제로 실현하기 위하여는 많은 일을 하여야 했습니다. " 나는 꿈꾸고, 그 꿈을 내 신념에 거슬러 시험한다. 위험을 감수하며 꿈의 실현을 위해 내 이상을 이행한다." 그는 사업 이상의 것, 자신을 초월한 유산을 건축했습니다.

그 유산을 지속하기 위해 그들은 그들이 기업에 대해, 고객에 대해, 그들이 창조한 문화에 대해 똑같은 열정을 가지고 있는 지도자들을 양성하여 대를 잇도록 했습니다. 단지 주가를 단기적으로 올리기 위해 이사장을 다른 기업에서 영입해서는 그 수준의 이해, 열정 그리고 헌신을 양성하기가 아주 어렵기 때문입니다.

상위 지도자들은 사업에 생활을 헌신할 필요가 있습니다. 일 외에는 생활이 없다는 의미가 아니지만 승진함에 따라 사무실에서, 직장에서 보내는 시간이 점점 많아지고 가족과 보내는 시간이 줄어듦을 알게 될 것입니다.

그들은 환경을 연구하고 그에 적응하는데 사로잡혀야 합니다. 연구는 아주 중요합니다. 당신이 만약 월트 디즈니기업에서 일한다면 다른 놀이공원 경쟁자가 있을 것입니다. 경쟁자들에 대해 모든 것을 알아야 합니다. 그들이 무엇을 생각하는지 어떻게 생각하는지 장차 무엇을 할 지를 알아야 합니다. 자동차 산업이나 반도체 산업이나 병원에 대해 상관하는 것이 아니라 당신의 사업에 관심해야 합니다. 어디나 가서 무엇이든 운영하는 꽂으면 작동되는 일반적 이사장이 아니기 때문입니다.

콜린스는 "아니면"이라는 사고 대신 "그리고"라는 사고를 사용하는데 이는 가이젠의 열쇠인 도요다 방식관념입니다. 당신이 만약 도요다 상사에게 생산성 아니면 품질을 원하는 지 묻는다면 그는 이렇게 물을 것입니다, "두 가지를 다 가질 수는 없습니까? 무엇 때문에 품질을 생산성으로 대치하려고 하십니까?" 그 지도자는 많은 경험 속에서 두 가지를 모두 성취함이 가능함을 알고 있기 때문입니다. 월트 디즈니는 다음의 인용구로 유명합니다. "당신이 꿈꿀 수 있다면 할 수도 있습니다."

콜린스의 위대한 기업의 실험하며 배우는 혁신의 특징은 저를 매우 놀라게 했는데 혁신의 전형적인 예는 개인 발명가이기 때문입니다. 개인 발명가는 "바로 이거다!"라는 순간에서 원형을 만들고 상업화 과정을 거쳐 시장으로 상품을 도입합니다. 시초는 어떤 천재가 훌륭한 생각을 해내는 데에서 시작됩니다. 짐 콜린스가 말하고자 하는 것은 위대한 기업은 시도와 실험을 통해 배운다는 것입니다. 월트 디즈니는 또 이렇게 말했습니다. "시작하기 위해서는 말하기를 멈추고 행동해야 한다." 린(lean)에서 저희는 가장 중요한 돌파구가 겜바에서 온다고 믿는데 빠른 실험을 통해 무엇이 되고 안 되는지에 대한 깊은 이해를 얻기 때문입니다. 추상적인 생각에서 모든 위대한 혁신을 기대하기에는 세계는 너무 복잡하기 때문입니다.

위대한 기업들은 능력 있고 스스로 동기부여를 하는 인재의 가치에 대해 동요하지 않는 믿음이 있습니다. 도요다는 인재야말로 유일하게 등귀(騰貴) 하는 자산이라고 말하고 있습니다. 다시 말하면, 인재야말로 감가상각(減價償却) 대신에 가치가 올라가는 유일한 부분이라는 것입니다. 다른 부분들은 기자재나 심지어 지적 재산도 가치가 떨어지기 때문에 갱신해야 합니다. 사람들은 실지로 더 영리하게 될 수 있고 높은 수준의 기술을 습득할 수 있습니다. 십 년 동안 일한 사람은 일반적으로 일 년 일한 사람보다 더 숙련되었다고 볼 수 있습니다. 요점은 사람들에게 장기 투자를 해야 한다는 것입니다. 첫째로 사람들을 오래 유치하며 둘째로 그들을 양성하는데 투자를 하지 않으면 특별한 십 년 동안 일한 사람을 양성해 낼 수 없기 때문입니다. 사람들은 자연적으로 놀라운 기술을 스스로 개발해 내지 않기 때문입니다.

마지막으로 결론은 강하고 일관성 있고 단결력 있는 문화가 있어야 한다는 것입니다. 강하다는 것은 문화, 가치, 그리고 신념이 기업 전체에 걸쳐 공유되고 있다는 것입니다. 일관성이 있다는 것은 명확하고 이해하기 쉬어 누구와 대화해도 비슷한 이야기를 나눌 수 있다는 것입니다. 단결력이 있다는 것은 서로를 잘 알지 못해도 하나의 팀으로 이 위대한 기업에서 함께 일하며 같은 고객을 섬긴다는 점에서 결속력이 있다는 것입니다. 콜린스의 위대한 기업 창업자 중 하나인, 제이 윌라드 매리엇트는 "위대한 기업은 사업을 개선하기 위해 쉬지 않고 사고하는 사람들에 의해 건축된다,"라고 말했습니다. 그는 또 이렇게 말했습니다. "직원들을 보살피십시오. 그러면 그들이 고객을 보살필 것입니다."

도요다 방식의 역사

제가 위대한 미국기업의 지도자들의 사고방식을 연구했을 때 도요다 문화와의 유사점은 놀라울 정도였는데 위대한 지도력은 범 우주적임을 보여줍니다. 이제 위대한 기업으로 발전한 도요다의 역사를 살펴보고자 합니다.

그림 1-3. 초기 자동 직조기의 사진과 발명자 사키치 도요다

어디에서 기업에 대한, 과정개선에 대한, 지도자의 역할에 대한 도요다 방식의 사고가 시작되었는가? 그것은 도요다 자동직조기회사의 창업자인 사키치 도요다 에서 시작되었습니다 (그림 1-3 참조).

모든 단계에서 린 지도자를 양성함

사키치 도요다의 목재 직기(織機)와 발명 동기에 대해 들어보셨을 것입니다. 그는 외진 농촌의 가난한 목수의 아들이었습니다. 그는 여인들이 뼈빠지게 직물을 짜서 생계를 이어가는 것을 관찰했습니다. 그의 사명은 직물을 짜는데 필요한 노동량을 줄여 여인들을 돕는 것입니다.

그가 목수였고 목재를 잘 알았기에 직조기를 발명할 수 있었습니다. 공예지식이 있었고 상상력이 풍부했고 명석한 해결을 생각해 낼 수 있었고 그 다음에 직접 실행에 옮길 수 있었습니다. 처음에 만든 직조기는 아주 단순하게 중력을 이용한 것이었습니다. 그는 여인들이 북을 앞뒤로 당기는 것(씨실)을 관찰했습니다. 그리고는 손으로 나무조각을 밀어 실을 죄었습니다 (치기). 그 후에는 실을 앞뒤로 당겨서 직물을 조이는 것이었습니다. 그는 아마도 북을 앞뒤로 당기는 것을 중력으로 할 수 있을 거라고 생각했습니다. 그는 목재 활송(滑送) 장치와 페달을 만들었습니다. 페달로 북이 활송장치를 오르락 내리락 하면서 노동량이 적어도 절반으로 감소되었습니다. 결과적으로 여인들은 3 배가량 생산성이 늘었습니다.

이는 좋은 가이젠 입니다. 실제 필요에서 왔음을 주목하십시오. 목재기술이 있고, 직조기를 연구하고, 공예지식을 가진 자가 있었기에 실제로 만들어 낼 수 있었습니다. 그런 다음 그는 계속 개선을 거듭했습니다. 그는 완전 자동 직조기에 대한 이상이 있었습니다. 38 년 후에 사카치 도요다는 영국 플랫 브라더에게 세계 최초 완전 자동 직조기인 G 형직조기를 생산할 수 있는 권리를 팔았습니다. G 형 직조기는 당대를 초월하는 선진기술이었습니다. (어떻게 작동하는지를 다음에서 시청하실 수 있습니다 http://youtu.be/1SBxxlbeMgU)

그가 발명한 것들은 모두가 특정한 문제에 대한 해결방안이었는데 전부가 빠른 실험을 통한 것이었습니다 – 저희가 피디시에이 (PDCA) 라고 지칭하는 것입니다. 게다가 그는 전무(前無)에서 세계최초의 완전자동 직조기를 만든 것입니다. 이는 훌륭한 통찰력 때문이 아니라 무수한 문제를 동료들과 끊임없이 해결하였기 때문입니다. 그는 당면한 문제를 벗어나 어떻게 완전자동 직조기를 만들게 될지를 알지 못했으나, 계속 문제를 해결하다 보면 결국에는 그 이상에 접근하리라는 것을 알았습니다.

그의 가장 잘 알려진 혁신도 이 같은 문제들 중에서 나왔습니다. 직조기가 동력화되고 반자동이 되면서 사람들은 점점 작은 역할을 맡게 되었는데, 대부분

실용적 지침서

실이 떨어지거나 직조기가 고장 나면 고치는 등이었습니다. 실 한 오라기가 날실에서 끊어지면 전체 직물이 불량품이 됩니다. 그걸 발견한 사람이 기계를 멈추고 불량천을 제거하고 가계를 고쳤습니다. 그래서 항시 사람들이 기계 옆에 서서 지켜봤어야 했는데, 사키치는 그것이 개인의 소중한 시간을 많이 낭비하는 것이라 생각했습니다.

그의 대책은 저희라고 지도가 라고 칭하는 것입니다. 실 한 오라기가 끊어지면, 추가 떨어지면서 기계가 자동적으로 멈춥니다. 이렇게 되면 한 사람이 여러 기계를 관장할 수 있게 되었습니다. 사람은 문제해결사이지 아이 보는 이가 아닙니다. 이것은 도요다의 유명한 안돈체계의 토대가 됩니다: 기준에서 벗어난 상황 발생시 줄을 당겨 생산을 중지시킴. 그리고는 왜 문제가 발생했는지 어떻게 대처해야 할지 생각함.

사키치 도요다가 살아냈던 중심가치는 여전히 현 시점에도 도요다의 토대입니다: 사회공헌, 고객 우선, 인간존중, 본인의 사업을 철저히 알기, 궂은 일 마다 않기, 열심히 일하기, 고유의 품질, 훈련, 팀워크, 그리고 이상을 향한 항시적인 혁신.

사키치는 그의 아들에게 직조기를 넘어서서 사회에 위대한 기여를 하도록 임무를 부여했습니다. 기치로는 자동차 사업을 선택했는데 그것은 아주 커다란 과제이었습니다. 왜냐하면 그들은 거의 아무것도 없는 상태에서 시작했어야 했고, 포드 같은 미국 자동차기업들이 이미 전 세계를 장악하고 있었기 때문입니다. 기치로는 한 연설 중에서 언급했습니다.:

> 저는 저희 직무과정에서 태만한 시간을 대량 축소할 예정입니다.... 기본원칙으로 "시간 맞추기" 접근을 장려할 것입니다.

지금처럼, 컨설턴트 군대들이 뒷받침하고 있고, 린(Lean)에 관한 책들이 있고 누구나 시간 맞추기가 무엇인지 정확히 알고 있다면 그렇게 말함이 가능할 수 있습니다. 하지만, 그때는 1939 년이었고 시간 맞추기의 개념은 있지도 않았습니다. 그가 만들어낸 것입니다. 그것은 자동 직조기처럼 어떻게 성취해야 할지도 모르는 이상에 불과했습니다. 이 이상을 실제화시킨 사람은 제조업의 천재인 다이치 오노였습니다 (그림 1-4 참조).

다이치 오노와 그의 팀은 사키치 도요다처럼 문제해결을 통해 도요다 생산 시스템을 하나 하나 개발하기 위해 쉬지 않고 일하며 기치로 도요다의 도전을 받아들였습니다.

그림 1-4. 다이치 오노 사진

그와 그의 팀은 시간 맞추기를 성취하기 위해 기치로의 과제를 받아들이고 또한 포드의 생산력을 3년 안에 따라잡기 위해 목표를 늘렸습니다. 그 당시 포드는 생산성이 9배 이상이었고 일년에 백만 대 이상을 생산해 내고 있었습니다. 도요다는 몇 천대를 생산하고 있었습니다.

진정한 티피에스 (TPS)란?

다이치 오노의 초기 실험 중 하나는 유(U)자 형 기계실을 만드는 것이었습니다. 그의 목표는 어떤 양에서도 동일한 생산성유지와 고객요구에 유연하게 적응하는 것이었습니다. 그는 한 두 직원 또는 때에 따라 여섯 직원과 다른 종류의 기계실을 운영했습니다. 그러나 그는 곧 장애에 부딪혔습니다. 그가 팀 직원들에게 여러 가지 일을 하도록 요구했을 때 그들은 원하지 않았습니다. 한 가지 기계의 전문자가 되는데 만족했기 때문입니다.

이는 어떻게 사람들에게 영향을 끼치고 동기부여를 하는지에 대한 오노의 교육을 진보시켰습니다. 그는 현장에서 사람들과 있으며, 관찰하고, 질문하고, 도전을 던지며 그리고 코치가 되는 법을 배워야 함을 깨달았습니다. 이것이 도요다 생산 시스템 (TPS) (그림 1-5 참조)의 시작입니다. 그는 나중에 믿을 수 있는 기계실을 갖추기 위해서는 기준화가 필요함을 알았습니다. 교육방법도 필요합니다. 그는 나중에 산업 내 훈련(TWI) 라고 불리는 미국식 직업훈련 방법을 발견하고 채택했습니다.

이제 그 기계실과 좀 떨어져 있는 기계실에 있는 과정과 연결해야 합니다. 그리고는 적은 양의 재고를 보유하고 풀(pull)시스템을 사용하여 보충해야 합니다. 거기에 덧붙여 안정된 기계실과 풀 시스템의 토대는 균등한 일정(*heijunka*)을 성취하는 안정된 운영입니다. 오랜 세월 동안 반복되는 과정에서 도요다 생산

시스템은 점차 자리를 잡아가기 시작했습니다. 마침내, 다이치 오노의 초기 반대는 있었지만 문서화가 되었습니다.

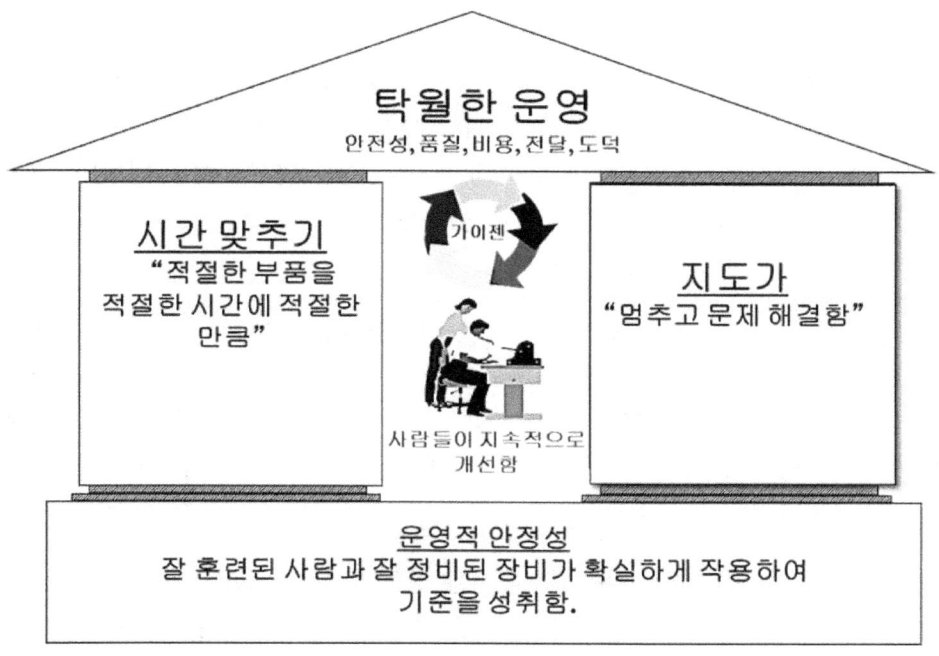

그림 1-5. 도요타 생산 시스템 보기(TPS)

왜 이런 단순한 그림에 반대를 했을까요? 오노의 관점에서는, 도요타 생산 시스템은 살아있고, 숨쉬며, 진화하는 지식입니다. 겜바에서 약점을 발견하며, 개선 과정을 통해 그 약점들을 극복하며 배우며, 스스로의 역량을 개발하는 사람들의 생각들입니다. 그는 문서화가 되면 정체화가 되고 가이젠이 끝난다고 염려했습니다. 그는 누군가가 도요타 생산 시스템을 그림으로 그리면, 찢으며, "종이에 적는다면, 그걸 죽이는 것이다!"라고 말한 것으로 알려져 있습니다.

말년에 오노는 부드러워져서 사람들이 그것을 집으로 표현하도록 허락했습니다. 집은 하나의 시스템이기 때문입니다. 지붕을 받치는 구조를 제거하면 지붕이 무너질 것입니다. 지붕이 약하면, 샐 것입니다. 토대가 허약하면 집 전체가 무너집니다. 모든 부분이 시스템이 돌아가기 위해서 필요합니다. 시스템의 중앙에서는 사람들이 지속적으로 개선하고 있습니다.

모든 단계에서 린 지도자를 양성함

당신은 이제 두 기둥이 사키치 도요다와 기치로 도요다의 기여라고 인식하실 것입니다. 사키치 도요다는 지도가를 도입했는데, "멈추고 고치기" 또는 "문제를 표면화시키고 해결하기"로 번역될 수 있습니다. 사키치에게는 그것이 문제 발생시 스스로 멈추는 인간의 지능을 지닌 직조기였습니다. 그 후에 기치로 도요다의 "시간 맞추기": 적절한 부품, 적절한 시간, 적절한 양을 최소한의 낭비로 고객에게 전달하기. 이상은 한 조각 흐름으로 완벽한 품질을 고객에게 제공하는 것인데, 실지로 생각해 보신다면 불가능한 꿈입니다. 만약 어떤 종류의 서비스든 당신이 100% 원하는 대로 제공된다면, 제가 보아온 것들보다 나은 것을 가지신 것입니다.

목표는 단지 시간 맞추기를 수행하는 것이 아닙니다. 목표는 시간 맞추기가, 지도가가 무결함을 지향하는 이상이 되는 것입니다. 무엇을 하든 완벽하게 하는 것입니다. 이 이상이 *가이젠을* 움직이는 것입니다. *가이젠은* 완벽을 위해 분투하며 끝나지 않습니다. 왜냐하면 완벽에 도달할 수 없기 때문입니다.

집의 토대는 운영적 안정입니다. 이것은 훈련 받은 사람들이 기준화된 일을 따르는 것을 포함합니다. 이는 잘 유지된 장비가 필요하고 또 예방된 정지를 하고 각 기계가 멈출 때마다 문제해결을 하면서 배운 잘 훈련 받은 사람들이 필요합니다. 생산 조절은 균등한 일정(heijunka), 양과 섞임의 균등을 만드는 역할이 있습니다. 그러나, 헤이준가는 일정에서, 사람에서, 그리고 과정에서의 변동을 끊임없이 감소시킴으로 성취해지는 또 다른 이상입니다. 시스템의 기준화는 하면 할수록 더 어려운 과제인 것입니다.

왜 사람들이 중앙에 있는지 아실 것입니다. 사람들은 동기부여와 훈련이 있어야만 가이젠을 통한 시스템의 모든 방면을 성취하고 새 기준을 따라갈 수 있습니다. 만약 사람들이 사고를 멈추고 단지 전문가가 시키는 대로만 수행한다면 상황이 바뀔 때 그 시스템은 실패하고 말 것입니다. 현장 사람들이야말로 지속적으로 과정을 적용할 수 있는 유일한 창조력입니다.

예를 들어, 항공기 조종사가 비행기 이륙 전에 어떤 일이 생겨도 변경 없이 무조건 계획만을 따르라고 지시 받았다고 합시다. 폭풍을 만나도 그저 계획만을 따른다면 그 비행기는 추락할 것입니다! 대부분의 경우에는 기준을 따르지만, 적용할 수 있는 조종사가 필요할 것입니다.

실용적 지침서

사람들이 TPS 의 중심에 있으며 그들을 북돋아 줘서 열심히 기준을 따르고 개선하게 하는 지도자가 필요합니다. 아주 극소수의 사람들만이 자기훈련으로 지속적으로 자기개량을 할 수 있습니다.

린 (Lean)은 현재 세계적인 움직임입니다. 린(Lean), 식스 시그마(Six Sigma), 그리고 린 식스 시그마(Lean Six Sigma)가 있지만, 안타깝게도 저희가 볼 수 있는 것은 대부분 도요다 방식이나 도요다 생산 시스템의 그림자일 뿐입니다. 예를 들어, 공장이나, 사무실, 병원을 방문해 보면 포스터와 도표 등을 볼 수 있습니다. 문화적 용어를 쓰면 단지 가공품에 지나지 않습니다. 1 세기에 만들어진 꽃병을 가지고 이것이 무슨 뜻이 있는지 해석하려는 것과 같습니다. 저희가 이런 가공품과 행동의 저의가 무엇인지 파고 든다면, 규범과 가치에 다다르게 됩니다.

규범과 가치는 종종 "규칙을 따르십시오. 도달목표를 달성하십시오" 라고 번역됩니다. 이들은 검정 띠를 가진 프로젝트를 이끄는 전문가에 의해 만들어지고 강요됩니다. 이걸 저희는 관료주의라 부릅니다. 경직된 관료주의는 프레데릭 테일러가 과학적 경영에서 만들어 낸 것입니다. 그는 오직 산업 엔지니어만이 사고할 수 있고 경영진은 직원들에게 산업 엔지니어가 세운 기준에 따라 일하도록 지시해야 한다고 주장하고 있습니다. 사람들이 사고하지 않는 그런 시스템에서는 산업 엔지니어가 제안하지 않는 이상, 적응이란 있을 수 없습니다. 지속적으로 무언가를 개선한다 해도 종종 여러 공장에 걸쳐 한꺼번에 많은 일을 하려고 합니다.

도요다 생산 시스템의 오역으로 가는 근본적인 추측은 인간존중의 중요한 부분이 주주존중이라는 것입니다. 그들은 기업의 주인이며, 매 사분기 실적을 기대합니다. 그렇기 때문에 주가가 올라가야 하며, 어떤 인력양성이나 과정개선도 명확한 투자수익률을 보장해야 합니다.

투자수익률을 거둘 수 없다면, 하지 말아야 합니다. 그것은 직접적으로 원인 결과가 나타나는 프로젝트만을 선별해 수행해야 한다는 것입니다. 결과를 위해서만 투자하며, 얼마나 절약하였는지를 주주들에게 보고해야 합니다. 가장 명백한 비용절감은 노동력 절감이므로 많은 직원들을 해고해야 합니다. 이것은 강한 역량을 건축하고 완벽의 이상을 위해 분투하는 것과는 너무나 다릅니다. 도요다가 말하고지 하는 것은 완벽을 향해 분투하며, 지속적으로 생산품과 서비스를 개선하고, 많은 생산품을 적은 가격에 제공하고, 고객을 만족시킨다면,

이익은 따라오게 되어있다는 것입니다. 한 편으로는 고객을 만족시키면 이익을 얻을 것입니다. 다른 한 편으로는 같은 가이젠으로 비용을 절감할 것입니다. 물론, 안전성, 품질 그리고 인력자원개발에 대한 목표가 있을 것입니다. 결함을 제거하고 낭비를 제거하고 비용을 줄이십시오. 안전성 문제를 제거하고 낭비를 제거하고 비용을 제거하십시오. 하지만 너무 성급히 나서 개선이 비용을 줄일 수 있는지 확신하기 전에는 아무 것도 하지 않겠다고 말하면, 인력, 과정 그리고 생산품에 투자를 하지 못하게 될 것이며, 고객을 만족시키지 못할 것이며, 결국은 파산에 이르게 될 것입니다.

모든 직원의 지속적 개선의 사고

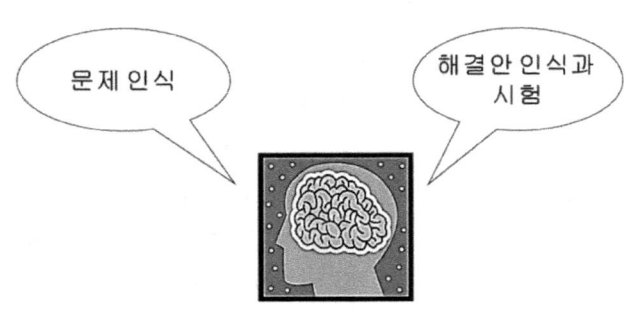

제공:마이클 베일

그림 1-6. 사고생산 시스템(TPS)

도요다 생산 시스템에 대해 무엇을 이야기 할 수 있을까요? 즉각적으로 공장, 도구, 기계를 떠올리나, 그런 것들은 티피에스가 대표하는 것이 아닙니다. 다이치 오노의 학생 중의 하나가 말하기를, "도요다에서 실수를 한 것이 있는데, 절대로 도요다 생산시스템이라 부르지 말았어야 합니다. 그 대신 사고생산 시스템이라 불렀어야 합니다. 모든 것의 초점은 사람들로 하여금 사고하게 하는 것이기 때문입니다." 심지어 간단한 간판(Kanban), 물건이나 정보가 필요할 때 쓰는 시각적 신호에도 사고과정이 필요합니다. 간판이 각 용기에 있는데 만약 간판이 없는 용기를 보면 생각해야 합니다. *왜 용기가 간판 없이 움직였나?* 10 개의 재고용기에서 하나의 간판을 제거하면, 이제 9 개의 재고용기가 남았다. 이제 내 과정은 문제가 발생했을 때 좀 더 빨리 멈출 수가 있게 된다. 다시 말하면 사람들로 하여금 사고하게 합니다. 티피에스의 본질은 한 편으로는 문제인식이고 다른 한 편으로는 배우며 지속적으로 개선할 수 있도록 해결방안을 인식, 시험하는 것입니다 (그림 1-6 참조).

무엇이 진정한 도요다 생산 시스템인가?

도요다 방식 2001

기업들의 사례를 보고 위대한 기업들을 나머지들과 비교한 짐 콜린스와는 달리 저는 한 기업을 심도 있게 연구하고 린(lean) 개념을 적용하면서 배우고 관찰하면서 모델을 세웠습니다. 무엇이 도요다를 위대하게 만들었을까요? 시작은 기업의 원리인데, 짐 콜린스가 언급했던 특징들을 많이 공유하고 있습니다: 고객을 위한 열정, 위대한 기업을 건축하고자 함, 직원들을 존중함, 그리고 장기적으로 그들을 양성함. 이 모든 것이 장기적으로 기업을 고려할 때 잠재적인 핵심가치로 요구됩니다.

그림 1-7. *도요다 방식 2001* (도요다 자동차 회사)

이 원리는 2004 년에 제 저서가 출간되기 전인 2001 년 도요다에 의해 처음 쓰여졌습니다. *도요다 방식 2001*(그림 1-7 참조)는 이미 언급한 대로 지속적인 개선과 인간존중이라는 두 기둥이 있습니다. 이 둘은 온전히 엮어져 있어 분리할 수가 없습니다. 지속적인 개선이란 말 그대로 매사에 항상 개선을 하는 것입니다. 부품을 포장할 때, 어떻게 포장할지를 개선합니다. 다음 캠리 모델을 개발할 때 개발과정을 개선합니다. 이는 고객 피드백을 수집하는 과정, 고객의 피드백을 디자인 특징으로 전환하는 과정, 제조하기 쉽도록 설계하는 과정을 개선하는 것이 포함됩니다.

실용적 지침서   23

기업 내 모든 역할-회계, 재정, 판매 그리고 정보기술- 이 지속적으로 개선되도록 격려됩니다. 이 원리는 현 상태를 지속적으로 반영하고, 더 나아지고자 하는 것입니다., 개선하기 위해서 누가 심각하게 사고할 것입니까? 슈퍼 컴퓨터나 로봇이 할 수 없습니다. 다만 사람들이 할 수 있습니다. 지속적인 개선을 하기 위해서는 가치를 공유하고 기업과 하나되는 한 무리의 사람들이 필요합니다. 그래서 **인간존중**이 필요한 것입니다.

이제 도요다의 존중에 대한 관점은 '잘 대해드리고, 고함지르지 않고, 폭력도 없을 것이며, 작업환경이 쾌적해질 것입니다' 보다는 더 한 의미가 있습니다. 실질적으로 '당신이 자기개발을 계속할 수 있도록 격려할 것입니다. 왜냐하면 자기개발을 통해 기업에 값진 기여를 할 수 있고 당신 자신도 더 나은 사람이 될 것이기 때문입니다'는 의미입니다. 그 대가로 기업은 좋은 봉급과 직업안정을 제공할 수 있을 것입니다. 다섯 가지 핵심 가치가 그 토대인데 좀 더 상세히 설명하겠습니다.

첫 번째는 **도전**입니다. 상위 지도층에서 현장직원에 이르기 까지 기업의 모든 이가 지속적으로 자신을 개선하고 과정을 개선하도록 정기적으로 도전을 받아야 하는 것입니다. 도전은 특정의 목표나 표적에서, 현 상황과 비교해서 어디로 가야 할 지에 대한 명확한 이해에서 나옵니다. 분마다 또는 시간마다 또는 매일 매일 어떤 과제이든 헤쳐나간다는 자세가 필요합니다.

2011 년에 역사에 기록될만한 일본에 최악의 지진이 와서 500 부품이 입수 불가능하고 공급처들이 폐허가 되었을 때, 도요다는 도전에 맞서 문제파악과 공급처를 어떻게 도울 지를 알아내는 과정을 거쳐야 했습니다. 차례로 공장이 온라인으로 부품을 구입하도록 도왔습니다. 그 동안 어떻게 세계에 걸쳐 부품을 공장에 할당할 지를 고안해야 했습니다. 그 여파에서 그들은 재난에서 배운 것을 어떻게 공급처 가이젠으로 이끌지를 자문했습니다. 예를 들어, 어떤 경우에는 결정적인 부품을 제조하는 곳이 오직 한 곳이라는 것을 깨달았습니다. 그래서 공급처와 긴밀히 일하며 다른 위치에 이차 부지를 세우도록 권유했습니다.

도요다에서 문제해결 이라고 부르는 *가이젠* 에는 특정한 과정이 있습니다. 문제에 대한 도요다의 관점은 단지 그 날 무엇이 잘못된 점이 아니라 이상적인 상태와 현 상태와의 격차를 의미합니다. 문제해결은 열망할 만한데 현 상태보다 높은 수준의 수행을 성취하기 때문입니다. 2 장에서 도요다 사업실행, 여덟 단계 문제해결과정을 서술할 것입니다. 문제해결과정이 도요다 안에서 핵심 사업실행으로까지 승격된 것은 흥미롭습니다. 그건 어떤 조직이든 개선하려고, 환경변화에 적응하려고, 고객을 좀 더 만족시키려고, 사회와 좀 더 동역하려고 한다면 도요다 사업 실행의 사고의 본을 따라야 하기 때문입니다.

이것은 데밍의 계획-시행-점검-실행의 모델을 따른 것인데 도요다에서 피디시에이 (PDCA)를 항상 들을 수 있습니다. 피디시에이의 구조는 어디로 갈지, 다음에는 어떤 문제를 해결할 지, 어떤 대책을 시도할 지에 대해 성급한 결론으로 뛰어드는 것을 방지해 줍니다. 이것은 예상과 비교하여 실제 무슨 일 일어났는지를 그리고 그 시도에서 무엇을 배웠는지를 반영합니다. *도요다 카타*에서 마이크 로더는 문제해결이 개선과정을 통해 포부적인 목표를 향해 분투한다기보다는 고치느라 바쁜 것으로 비쳐지고 있다고 지적했습니다. 도요다에서 문제해결이란 명확한 이상을 향해 방식을 개선하는 것입니다.

겐지 겐부쯔 는 가이젠과 긴밀히 연관되어 있습니다. *겐지/ 겐부쯔*는 실제로 일이 일어나는 곳으로 가서 문제를 이해하는 방식을 의미합니다. 디자인을 하는 곳일 수도 있고, 고객이 차량을 사용하는 곳일 수도 있고, 차량 시험장일 수도 있습니다. 일이 일어나는 현장에서 현 상태를 연구하고 장단점을 이해하려 시도하는 것이 개선의 출발점입니다. 하지만 그것만으로는 부족합니다. 지향하는 이상이 필요하지만 그 이상을 실제에 세우므로 현 상황과 이상적인 상황과의 격차를 볼 수 있어야 합니다. *겐지/ 겐부쯔*는 말 그대로 실제 부품, 실제 장소로 때때로 겜바로 일반적으로 불리기도 합니다.

존중은 인간존중이 무엇인지 상세히 보여줍니다. 주주에 대한 존중, 상호 신용과 책임, 그리고 진지한 책임을 포함합니다. 책임은 "우리는 독립적으로 일하는, 최선을 다하기 위해 진지하게 노력하는, 그리고 언제나 수행약정을 중히 여기는 책임 을 받아들입니다," 로 표현될 수 있습니다.

팀워크는 팀으로 함께 일하는 것입니다. 약간 보통과 다르게 느껴지는 것은 도요다가 팀워크를 이야기할 때 개인 개발과 팀워크를 분리해서 말하지 않는다는 것입니다. 그들은 최고의 팀은 항시 도전 받고, 자라고, 더 나은 팀원이 되고 그러면서 팀의 공동목표를 향해 함께 일하는 개개인으로 이루어졌다고 믿습니다. 우승팀을 원한다면 선별과정을 거칠 것입니다. 많은 훈련을 시키고,

실용적 지침서

최고의 선수를 원하며, 그 선수들이 함께 일하길 원할 것입니다. 개인 개발과 팀 개발은 얽혀 있습니다. *도요다 방식 2001* 에서 언급한 것처럼, "저희는 개인적이고 전문적 성장을 장려하고 개발의 기회를 공유하고 개인과 팀의 수행을 극대화합니다."

이 집이 도요다에게 어떤 의미가 있을까요? 실행할 수 있는 조리법일까요? 각각 얼마나 잘하고 있는지 가늠할 수 있는 연관된 도구나 측정수단이 있나요? 그들은 이 다섯 가지 기본적 가치를 측정하는 시스템이 있어 직원들을 비판할 때 사용합니다. 하지만 가장 중요한 역할은 진북의 이상, 이상향 그리고 인도하는 지침을 제시하는 것입니다.

지속적인 개선이 불가능한 꿈이라는 것을 그들은 너무나 잘 알고 있습니다. 언제나 하루 중의 어떤 때는 기업의 어떤 부분을 개선하지 않는 때도 있습니다. 또한 인간존중도 불가능한 꿈이라는 것을 깨달을 것입니다. 십만 명의 사람들이 있을 때 그 중의 어떤 사람들은 경의를 표하지 않을 수 있을 것입니다. 가변성을 제거하는 것도 불가능합니다. 그러나 목표는 가변성을 감소시켜 차츰 차츰 진북이상으로 다가가는 것입니다.

린 (lean)에 대해 이야기할 때 무엇을 성취하고자 하십니까? 안타깝게도 종종 협소하고 특정적인 목표로 인식되고 있습니다. 누구에게는 노동을 삭감함으로 비용을 절감하는 것입니다. 또 누구에게는 재고비용을 삭감함으로 현금을 활성화하는 것입니다. 또 어떤 이들에게는 전달이 큰 문제여서 해결해야만 하는 것입니다. 만약 병원이라면 환자가 병원에 들어와서 떠날 때까지 걸리는 시간을 생각해 볼 수 있습니다. 이 시간을 줄인다면 환자들이 더 만족할 것이며, 더 효율적인 시스템을 만들 수 있을 것입니다.

이들은 다 논리적인 과제이며 제대로 쓰였을 때 린(lean)의 개선과정은 이런 목적을 성취할 수 있습니다. 그럼에도 불구하고 저희는 린(lean)을 넓은 맥락에서 봅니다. 정말로 바라는 것은 온전히 고객을 여러 방면으로 만족시키기 위해 분투하는 것이며, 여러 방면으로 비용을 절감하며, 팀원들에게 양질의 삶을 제공하는 것입니다. 그림 1-8 에서 보통 사고와는 조금 다른 몇 가지 예를 보여드렸습니다. 고객의 사용문제를 해결하는 생산품을 설계하는 것은 논리적인 린(lean)의 목표입니다. 리드 타임도 비용절감도 아닙니다. 혁신과 독창성에 관한 것이기 때문입니다. 하자 없는 제품을 설계하고 제조할 수 있다면, 이는 고객을 만족시킬 것입니다. 아래에 광범한 지속적인 개선에 사람들을 연관시킴으로 도달할 수 있는 광범위한 목표들을 예로 들었습니다.

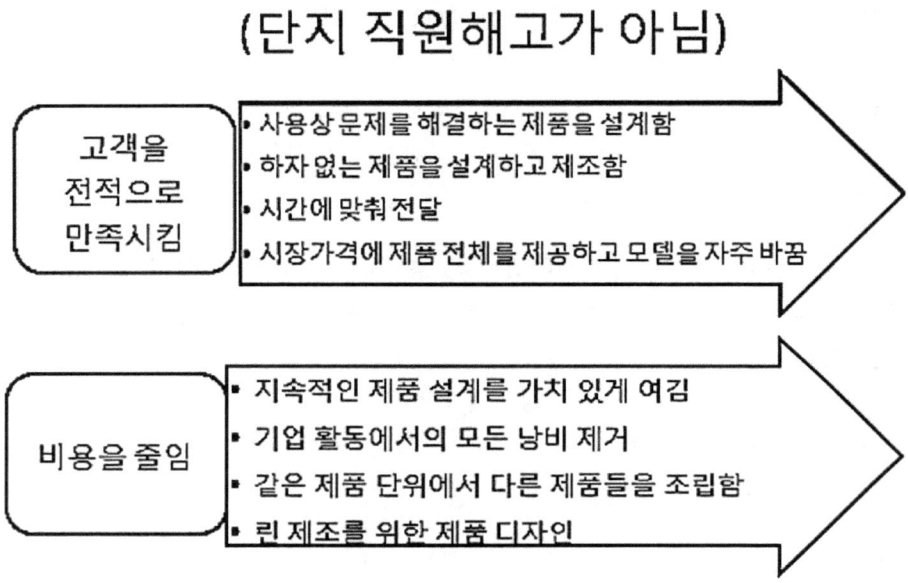

그림 1-8. 전형적인 린 목표- 고객 만족과 비용삭감

이 예들을 보면 왜 제가 짐 콜린스가 위대한 기업에서 발견한 점들과 동일시했는지 아실 것입니다. 이는 낭비를 제거함으로 리드 타임을 줄이는 단순한 생각보다 더 광범위한 린(lean)을 보여줍니다. 이는 기업의 모든 부분을 만지며 기업의 가치창출의 역량을 증가시킵니다.

안타깝게도 린(lean)은 종종 낭비삭감 도구로 여겨집니다. 제거의 이상으로까지 나아갑니다. 낭비되는 단계 제거; 낭비되는 일의 제거 그리고 다른 낭비로 나아갑니다. 이것이 사키치 도요다가 한 일인가요? 그가 공장에 가서 낭비를 찾아 제거함으로 세계 최고 직조기를 발명했습니까? 명백히 아닙니다. 그는 이상을 향해 창조적으로 혁신했습니다.

실용적 지침서

4 피(P) 모델이 원리, 과정, 사람 그리고 문제 해결을 연결함

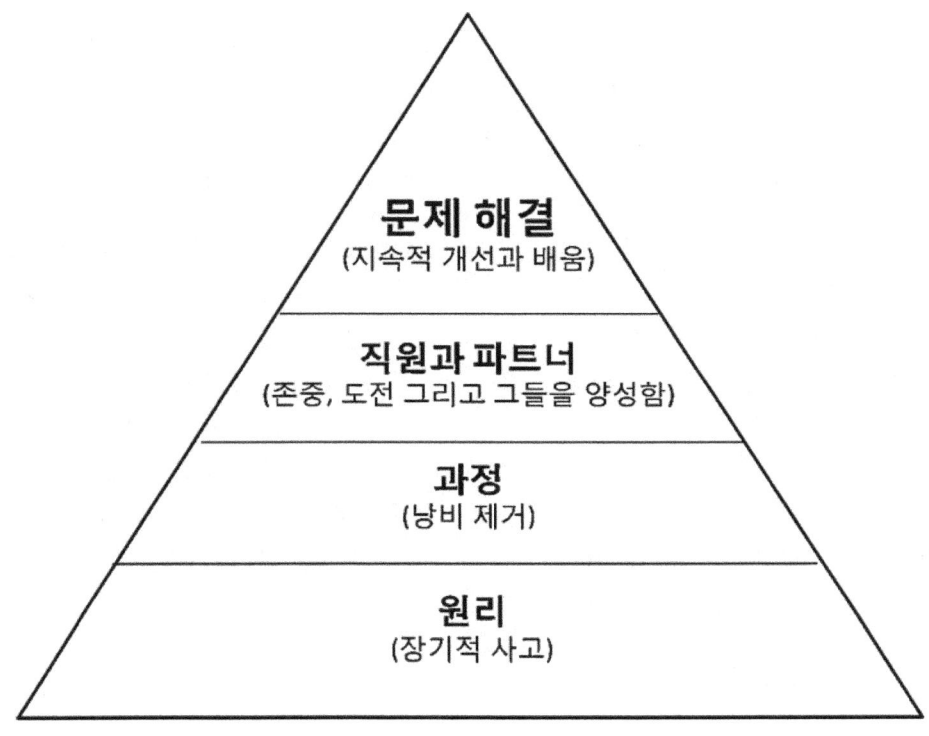

그림 1-9. 도요다 방식의 라이커 피라미드 (4Ps)

도요다는 도요다 방식을 의미하는 집이 있습니다. 저는 피라미드를 개발했습니다 (그림 1-9 참조). 저는 기업의 토대-원리에서 시작했습니다. 이는 장기적인 것입니다. 위대한 기업을 건축하고 있는 것입니다. 전 부서에 걸친, 고객이 원하는 것에 집중하는 훌륭한 과정을 통하여 건축하는 것입니다. 도요다 방식 2001 전체가 이 바로 도요다의 원리입니다.

과정이란 흔히 생각하는 것과 달리 저절로 돌아가는 물질적인 것이 아닙니다. 자동화된 과정일지라도 끊임없이 모니터하고, 점검하고, 조절하며 개선해야 하는데 이는 솜씨가 필요하며 그래서 사람들과 문제해결이 도입되는 것입니다.

린(lean) 과정을 시스템화하기

원리는 기업이 장기적으로 생존하며 위대하게 되는 데 무엇이 필요한지를 아주 광범위하게 보여줍니다. 그런 다음에 고객만족에 대한 생각을 할 것이고, 이제 어떻게 실현해야 할지 방도를 강구해야 합니다. 전달방법이 필요할 것이며 그것은 어떤 조직이든, 고객의 요구가 어떠하든 조직 내에서 일련의 과정입니다.

보건업에서는 다수 다양한 과정이 고객에게 직접적인 영향을 미치고 가치를 부가합니다. 예를 들어 혈액검사 후에 빨리 결과를 얻으면 진단과 심각한 경우에 수술로 이어집니다. 다른 환자들이 일반의에 의해 진료받는 사이에 말입니다. 게다가 많은 보조과정이 있습니다. 수술실 준비, 혈액을 랩으로 운반, 복잡한 진단 장비 작용, 수술복 세탁, 처방전 조제 등등을 하는 이들이 있습니다. 모든 부가가치와 보조과정들은 개선될 수 있습니다. 리드 타임을 줄이고, 가변성을 줄이고 좀 더 예측 가능한 제품을 만듦으로 개선할 수 있습니다. 과정과 린(lean)의 몇몇 도구들이 과정개선을 하여 고객들에게 가치를 전달하는 것을 도와줄 수 있습니다.

수직적 과정과 수평적 과정

복잡하게도 이런 과정들은 전형적으로 전 부서에 걸쳐서 진행됩니다. 수직적 조직에서는 아주 쉽습니다. 제가 사장이라면 뭘 원하는지 압니다. 구매할 때 저렴하면서도 양질의 부속이 제때에 도착하길 원합니다. 공급처가 저렴하게 공급해 주길 원합니다. 그러면 평가가 아주 쉬우며, 부하직원이 제대로 하고 있는지 판단할 수 있습니다. 부하직원으로서는 자신이 어떻게 평가될지 재량권 안에서 무얼 해야 하는지 정확히 압니다. 저렴한 부품이 필요하면 공급처와 협상할 줄 압니다.

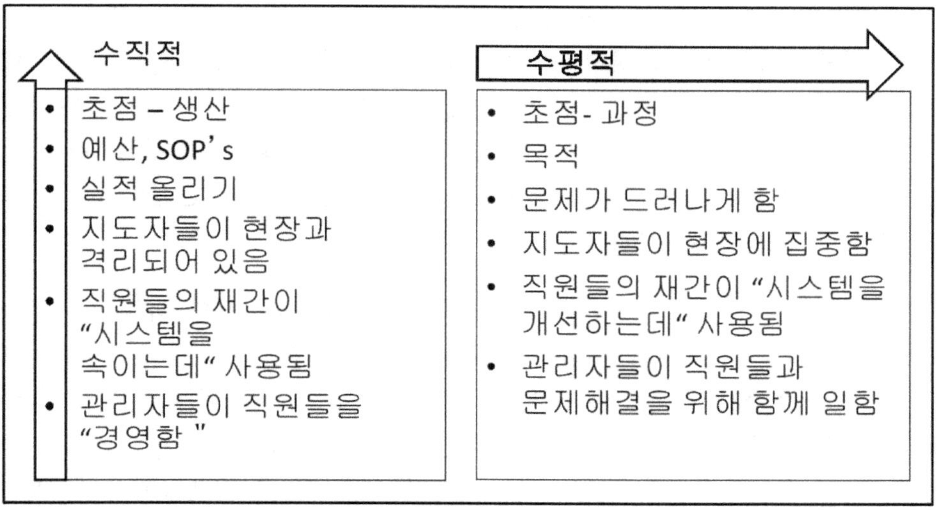

실용적 지침서

수직적 ↑	수평적 →
• 초점 – 생산 • 예산, SOP's • 실적 올리기 • 지도자들이 현장과 격리되어 있음 • 직원들의 재간이 "시스템을 속이는데" 사용됨 • 관리자들이 직원들을 "경영함"	• 초점 - 과정 • 목적 • 문제가 드러나게 함 • 지도자들이 현장에 집중함 • 직원들의 재간이 "시스템을 개선하는데" 사용됨 • 관리자들이 직원들과 문제해결을 위해 함께 일함

그림 1-10. 수직적 대 수평적 조직

관리자들은 직원들을 특정목표에 배치하고 몇 가지 단순한 것을 측정함으로 관리가 잘 되고 있다고 생각합니다. 직원들은 실적을 좋게 보이게 하려고 합니다(그림 1-10 참조). 이제 이것이 실제로 문화가 됩니다. 실적을 만들고, 승진하며 판매나 구매의 문화가 되어버립니다. 고객은 솔직히 공급처와 어떤 게임을 하든 상관하지 않습니다. 그들은 단지 어떤 제품을 제공하는지, 비용, 품질, 디자인의 혁신에, 문제 발생시 어떻게 해결하는지 그리고 전체적인 서비스에 관심합니다. 본인들에 영향을 미치는 것에 관심합니다.

고객에 영향을 미치는 것은 단지 한 부서에 발생하지 않습니다. 종종 부서들간의 협동에 달려 있습니다. 예를 들어, 구매부서가 최저가로 부품을 구입하려 애쓰고, 설계부서에서는 고객의 특정한 문제를 해결하기 위해 애쓰는데 아주 적은 공급처에서만 구할 수 있는 부품이 필요하다고 합시다. 설계부서는 구매부서와 대립할 텐데 구매부서가 저가 공급자 을 원하는 반면 설계부서는 특정한 부품을 제조하기 위해 양질의 공급자를 원할 것이기 때문입니다. 수평적으로 발견할 수 있는 것은 가치 흐름에 걸쳐서 일어나는 갈등인데 고객에게 전달하는 가치에 부정적인 영향을 미칩니다.

수직적 초점은 고객만족의 목표를 염두에 두고 부서들간을 관철합니다. 총체적 품질, 비용, 전달 그리고 물론 안전에 이르기까지입니다. 다뤄야 할 가변성이 크고, 보고하지 않는 직원들과 함께 일해야 하기 때문에 쉽지 않은 일입니다. 사고해야 하는데, 사고는 흥미롭지는 않고 어렵습니다. 많은 사람들과 대화하고 동역해야 합니다. 특히 고객을 위해 올바르게 하는 것과 당신이 측정되고 보상받는 것과 모순될 경우에 아주 곤란해집니다.

이제 오랫동안 수직적 시스템에서 어떻게 대처해야 하는지를 아는 사람들과 수평적으로 협력하기를 원합니다. 이것은 커다란 문화변화입니다. 사람들의 솜씨를 방향전환시켜야 합니다. 과정이 형편없어도 실적을 좋게 보이게 할 수 있었던 바로 그 솜씨를 위대한 과정을 만드는데 이용해야 하는 것입니다. 관리자는 실적으로 직원들을 통제하는 대신 문제해결을 위해 협동해야 합니다.

사고방식의 극적인 변화임을 아실 것입니다. 조직을 전환하여 어떻게 사고하는지, 무얼 하는지, 어떻게 서로 연결하는지, 기업 내 역할에 대해 어떻게 생각하는지를 변화시켜야 합니다. 이는 사소한 문제가 아닙니다. 가치 흐름 도표화하기는 제대로 쓰인다면 많은 사람들로 하여금 현 상황을 이해하고, 조직 전체적으로 얼마나 협동이 안 되고 있는지, 어디서 낭비가 일어나고 있는지를 이해하는데 도움을 줍니다. 그 후에 고객만족을 위해 더 효과적으로 일하기 위한 미래 상황을 개발하는데 도움이 됩니다. 물론 미래 상황은 가치흐름의 모든 점이 행동으로 전환될 때만이 실제화됩니다.

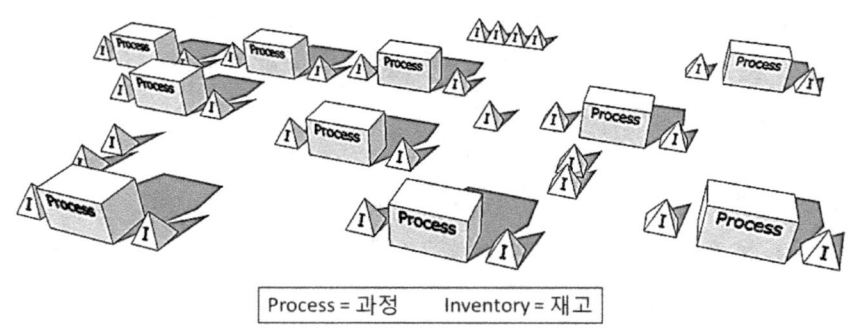

출처: *지속적인 개선을 향한 도요다 방식*
그림 1-11. 분리된 과정과 재고가 문제를 감춤

분리된 과정이 문제를 감춤

린(lean)의 사고방식은 이런 것입니다. 과정이 무엇인가? 라는 질문으로 시작합니다. 무언가를 집어넣고 무언가를 빼는 것입니다. 입력과 출력이 있습니다. 전통적인 과정에서는 입력은 다발 또는 재고의 형태입니다. 박스에 쌓인 이메일이나 설계부서나 실험실에서 보내는 보고서 다발을 받습니다. 그 후에 스스로의 논리에 의해 뭐가 사용가능한지 우선적인 것이 무엇인지 만들어내고 정보, 제품, 서비스를 출력합니다. 그리고 누군가가 선택해서 사용할 때까지 기다립니다. 재고가 들어오고 재고가 나가는 과정입니다 (그림 1-11 참조)

실제 기업 안에서는 많은 과정이 있습니다. 그것들은 대체로 독립적으로 움직입니다. 구매부서는 구매부서대로 스탬핑 부서는 강철을 특정한 형태로 만듭니다. 페인트 부서는 칠을 합니다. 회계부서는 보고서를 작성합니다. 분리된 과정들이 있을 때, 전부 재고에서 일하고 재고를 산출합니다.

재고에 대해 알아야 할 것은 다이치 오노에게서 배운 대로, 재고는 문제를 감춘다는 것입니다. 그가 말하기를, "재고가 많을수록, 실제로 필요한 것을 갖는 경우가 적습니다". 바쁘고 고객과 직접 연결되지 않는 이상, 만족하고 무지할 수 있습니다. 정보를 제대로 제공하지 못하고 있는 것을 알 필요가 없습니다. 만들어내고 있는 낭비에 대해 무지하며, 바쁘고 생산목표를 맞추는 한에서 훌륭한 일을 하고 있다고 생각할 것이기 때문입니다

열심히 일할 때 좋은 직원인 것입니다. 재고와 과정들로부터의 분리는 사람들로 하여금 사일로에 머물게 있게 합니다. 완충제가 클수록 -물질적 완충제나 또는 보고서나 분석 결과의 완충제이든- 문제해결이나 고객에게 부정적 영향을 끼치지 않고 뒤로 물러서는 숨을 돌릴 여지가 많은 것입니다.

연결된 과정은 문제를 표면화시킴.

문자 그대로 한 조각 흐름에 다다르면 정확히 다음 단계가 필요한 것을 필요할 때 생산하게 됩니다. 내부 고객으로서, 필요한 것을 정확히 얻게 되고 누군가가 멈추면 모든 것이 멈춥니다. 눈에 확연하게 드러나며 갑자기 모두가 과정을 멈추게 한 사람을 주시할 것입니다. 문제가 가시화되는 것입니다. 그림 1-

12에서 한 조각 흐름을 보여주지는 않지만, 작은 완충제가 풀(pull) 시스템에 의해 통제되는 것이 보입니다. 하나가 당겨지면 보충할 하나를 만듭니다. 완충제가 작을수록 더 빨리 문제가 표면화됩니다.

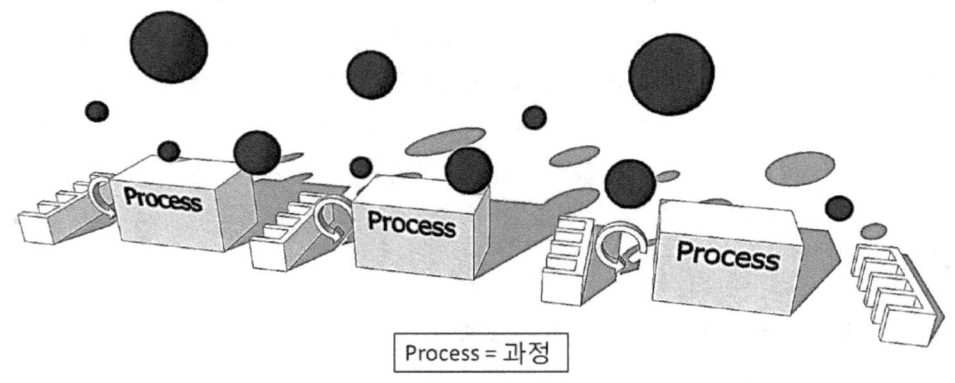

출처: *지속적 개선을 위한 도요다 방식*
그림 1-12. 연결된 과정이 문제를 표면화시킴.

문제가 너무 많음으로 집중해야 함

크고 작은 문제들이 있을 수 있는데 큰 문제는 전 조직을 일정에 맞춰야 하는 애로점이 있습니다. 작은 과정 단계에서는 부품이 올바로 맞춰져 있지 않아 잘못 맞추면 반대방향으로 놓아버리는 문제일 수도 있습니다. 문제가 많으므로 이들을 우선화해야 합니다. 우선화한다는 것은 단순히 큰 문제에 집중하고 작은 문제를 무시하는 것이 아닙니다. 이 또한 할당의 과정입니다.

누가 개선화에서 일할지도 할당할 뿐만 아니라 문제에 우선순위를 매겨야 합니다. 작은 문제는 현장 그룹에게 보내질 수 있습니다. 좀 더 큰 문제는 상위 경영진이나 계획부서 같은 특별 조직으로 보내질 수 있습니다. 구분하고 할당하고 나면 사람들이 책임을 지고 문제해결 과정을 밟아나가야 할 것입니다 (그림 1-13 참조).

실용적 지침서

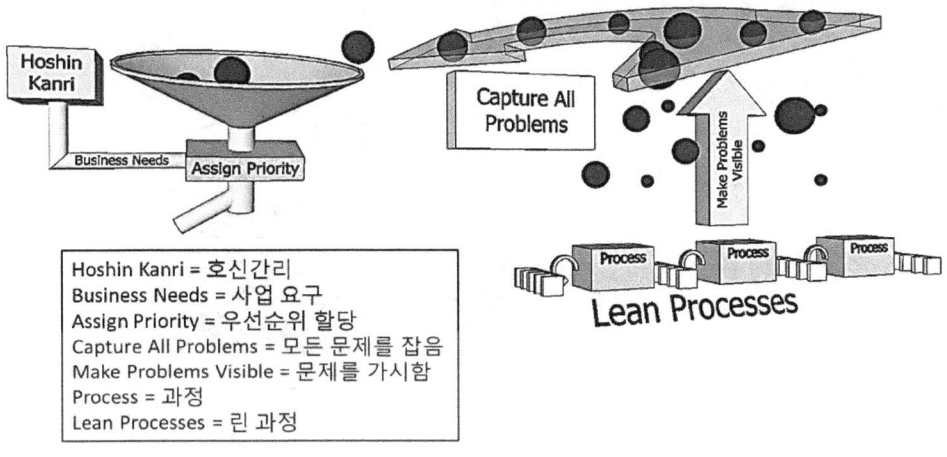

출처: *지속적 개선을 향한 도요다 방식*
그림 1-13. 문제를 잡고, 분류하며 우선순위를 할당함

좀 더 성숙기에 이르면 7장에서 다룰 호신 간리를 이용하여 전체 사업 전략을 지지하기 위해 문제를 우선화할 수 있습니다. 이는 조직의 모든 단계에 연 목표를 제공합니다. 이것은 일년의 계획으로 무엇에 집중해야 할지를 결정하는데 도움을 줌으로 무엇이 더 중요한지를 알려줍니다. 우선적인 일을 할당 받으면 피디시에이 원반에서 보여지는 Plan-Do-Check-Act 사이클에 삽입합니다 (그림 1-14). 직접적으로 최종 품질이나 내외 안전에 연관되어 있지 않는 이상 우선순위가 낮은 문제를 제쳐둘 필요가 있습니다. 우선순위에 집중하게 위해 의도적으로 문제를 무시하는 것입니다.

출처: *지속적 개선을 향한 도요다 방식*
그림 1-14. 첫 번째 우선순위(PDCA) 문제와 두 번째 우선순위 문제

계획-시도-점검-실행 은 지속적인 개선의 원동력

다음 단계는 계획-시행-점검-실행인데 두 가지 일을 합니다. 먼저, 과정자체를 좀 더 린(lean)하고 지속적이고, 나은 품질로 시간에 맞춰 개선합니다. 두 번째로 사람들을 개선합니다. 사람들이 문제 해결을 합니다. 시각적 운영을 한다면 (그림 1-15 참조), 같은 정보가 수행상황에 따라 명확히 적색 (목표에 뒤처짐), 황색 (목표 뒤처져 있으나 대책이 진행 중), 또는 녹색 (적정 속도로 진행 중)으로 구별함을 볼 수 있습니다. 그렇다면 어디에 문제가 있는지 명확해지며, 올바른 지도자와 올바른 사람들이 체계적인 문제해결 과정을 시작하며 현 상황을 이해하고, 대책을 계획, 시험하고, 배운 것을 점검하고, 어떤 것을 공유할 지 결정하고 개선을 유지하기 위해 노력할 수 있습니다.

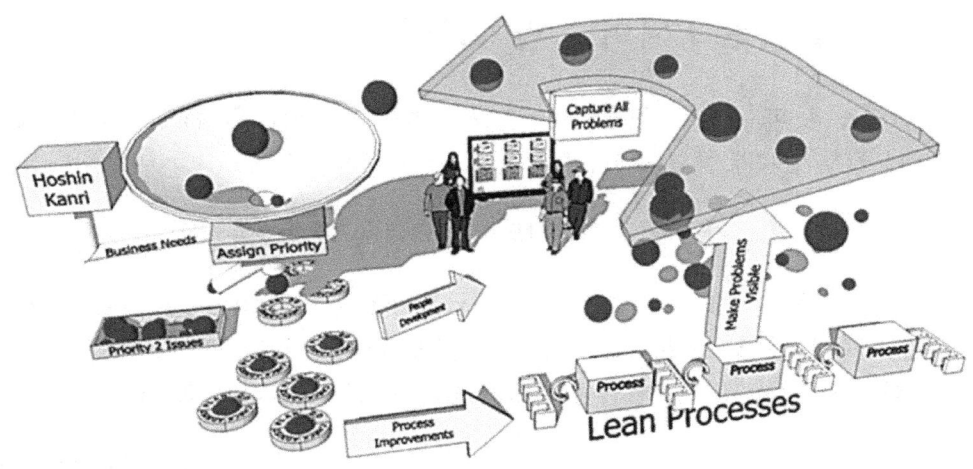

출처: *지속적 개선을 향한 도요다 방식*
그림 1-15. 온전한 린 시스템

어느 시점에서 시스템이 상대적으로 안정되고 문제가 적게 발생할 것입니다. 그 때에 재고를 삭감하고, 과정들을 더 긴밀히 연결하여, 더 많은 문제가 표면화되도록 시스템을 밀어 부칠 것입니다.

이제 일주일이 아니라 하루 안에 마쳐야 합니다. 그것이 수월해지면 반나절에 할 수 있을 것이고, 어떤 시점에서는 한 시간에도 가능할 것입니다. 과정을 압축함에 따라 과정들도 더 긴밀히 연결될 것이며 문제도 더 빨리 발생할 것입니다. 저희가 종종 볼 수 있는 것은 린(lean)프로젝트가 큰 문제에만 집중하고, 결과는 적으며, 작은 문제는 무시하는 것입니다. 지속적인 개선의 길을 꾸준히 가야 합니다. 큰 문제를 해결했다면 더 작은 문제로 파고 들어가야 합니다. 예를 들어, 기준화된 일도 아주 상세하게 명시되어야 합니다. 전체 일정이 큰 문제를 다루는 것이라면 이것은 아주 작은 문제입니다. 그러나 궁극적으로 이런 작은 문제로까지 내려가야 실지로 린(lean) 기업이 성취하고자 분투하는 정밀한 전달을 할 수 있는 것입니다.

문제해결을 통해 뛰어난 인력양성

제가 처음 4 피 모델을 만들었을 때, 사람들은 세 번째 단계였습니다. 그때 도요다 간부가 제게 물었습니다, " 파트너는 어디 있습니까?"

제가 대답하기를, " 사람들 안에 포함되어 있습니다."

그가 말하기를," 저희는 그들이 부품 공급자이건 기계판매인이건 변호사이건 소매업자이건, 외부 파트너와 어떻게 거래할 지에 특별한 관심을 쏟습니다. 독립적인 사업들이고 직원들만큼 저희의 성공에 아주 중요하기 때문입니다."

그의 제안은 직원들과 더불어 파트너를 따로 구분해서 생각하라는 것이었습니다. 두 부류의 사람들을 존중해야 하는데, 제가 언급했듯이 친절히 대하는 것이 아니라, 문제제기하고 자라게 하는 것입니다. 외부 파트너가 더 잘 되도록 도와야 한다는 것입니다.

저는 *도요다 방식*에서 피닉스 그 해의 인물로 뽑힌 변호사의 예를 들었습니다. 제가 그를 인터뷰했을 때 그의 법률회사는 훌륭히 성장하고 있었습니다. 그는 개인적으로 이 해의 인물로 뽑혔는데 새로운 암 치료 연구를 위한 비영리 단체를 설립했기 때문입니다. 그는 도요다 지도자로부터 배워서 자신을 재건한 것이라며 도요다에게 모든 공로를 돌렸습니다. 그는 도요다와 일하지 전까지는 어떻게 변호사로서 일하는지 이해하지 못했다고 했습니다. 도요다는 아무도 질문하지 않았던 질문을 너무 많이 하여, 법대를 다시 다니는 느낌이었다고 합니다. 변호사도 이런 상호작용에서 배웠습니다. 대부분의 기업에서 발견하기 어려운 정도로 사람들과 파트너에게 투자를 해야 합니다.

사람들과 파트너에게 투자

조지 질문 - 도요다가 하는 만큼 인력양성에 투자하는 것이 대부분의 기업들에게는 이상하다고 했는데 무엇이 그리 이상한가요?"

라이커 답변 - 좋은 질문입니다. 어느 기업이든 훌륭하고 뛰어난 사람들이 기업에 전념하길 원하지 않습니까? 맞습니다. 어떤 기업 사훈(社訓)에도 그렇게 적혀 있을 것입니다. 그러면 실제로 어떻게 하고 있는 지 내부를 들여다 볼

실용적 지침서

필요가 있습니다. 도요다 지도력 책에서 실제로 도요다가 사람들에게 투자하기 위해 무엇을 하는지 말해주고 있습니다.

전형적인 기업은 사람들을 훈련으로 보내고, 그것을 사람들에 대한 투지로 간주합니다. 40 시간 훈련을 했다면, 10 시간 훈련한 것보다 4 배는 잘 훈련 받았다는 것입니다. 포드 노동조합이 훈련 시간을 늘이기 위해 경영진과 논쟁했던 것을 기억합니다.

도요다는 그걸 믿지 않았습니다. 언제나 실지로 중요한 것은 훈련시간이 아니라 사람들이 배운 것을 기술로 전환하는 것이라 믿었습니다. 새로운 사고방식의 습득과 기술의 습득이 필요합니다. 강의실에 앉아만 있어서는 기술습득도 근본적인 사고 전환도 안 된다는 것입니다. 기술개발의 최악의 환경이 강의실입니다. 최고의 환경이 *겜바* 입니다. 골프를 배우려 할 때, 호텔에 앉아서 강사가 골프대를 휘두르는 것을 지켜보지 않죠. 골프 연습장이나 골프장에 가서- 겜바- 많은 공을 쳐야 합니다.

도요다의 관점은 거의 모든 중요한 배움이 근무 중에 일어난다는 것입니다. 오제이디(OJD) 라는 용어를 쓰는데 근무하며 개발하기입니다. 전체적인 구조 파악을 위해 잠시 강의실 내 훈련을 시키고는 즉시 겜바 로 향합니다. 거기에서 강화 훈련을 합니다. 물론 하고 있는 것이 잘못 되었다면, 무조건 겜바를 하는 것은 유용하지 않습니다. 기술개발을 위해서는 개발하고자 하는 기술을 터득할 때까지 모니터 받고 코치 받는 것이 관건입니다. 한 공과를 터득할 때까지 연습하고 다음 공과로 넘어가고, 또 다음으로. 배움 자체가 지속적인 과정이 됩니다.

제가 방문하는 조직들에서 아주 자주 듣는 것은, "저희는 린(lean) 부서가 따로 있어서 사람들을 뽑아 대학이나 기관에서 제공하는 린(lean) 훈련에 보냈습니다. 그들은 자격증과 검은 띠 보유자들입니다." 이에 대한 제 답변은 거의 모든 유용한 배움은 현장훈련에서 나옵니다. 실지로 프로젝트를 해야 합니다. 프로젝트의 범위가 클수록 더 많은 기술이 필요합니다. 개별과정을 위해 기준화를 개발하는 것처럼 작은 범위에서 배우기 시작하는 것이 더 효과적일 것입니다. 개별과정을 위해 기준화를 개발하는 것도 큰 기술입니다. 기준화를 이해하는데 더 심도 있게 배울 수 있습니다. 이런 개별적인 기술을 배워야 하며 또한 어떻게 사람들을 모아 협동하게 하게 하는지, 전 부서에 걸친 협동과정을 어떻게 이끌지에 대한 더 큰 그림을 배워야 합니다. 터득해야 할 전문적 사회적 기술이 너무나 많아서 평생의 배움이 필요한 것입니다.

그 후에 제가 이렇게 질문합니다, "훈련은 조금만 합시다. 5일 동안 40시간 하는 대신 주당 2시간으로 줄이고 일년에 걸쳐서 하는 것이 가능한가요?"

간부 - "아니요, 그건 가능하지 않습니다."

"왜 가능하지 않나요?"

간부 - "비용을 고려해 볼 때 사람들을 그렇게 짧은 시간 동안 모아둘 수가 없습니다."

"그러면, 저희가 사람들이 있는 곳으로 가면 어떤가요? 거기서 작은 그룹과 일할 수 있고 그들은 계속 프로젝트를 할 수 있고, 저희가 다시 방문 점검할 수 있습니다."

간부 - "그러면 저희가 당신의 시간과 여행을 감수해야 하니 너무 비싸집니다."

"어찌 할까요?"

간부 - "그냥 5일 코스를 하면 안될까요?"

"2일 반 코스를 하고 그들 나름대로 겜바를 한 후에, 2주가 지나고 또 2일 반 코스를 하면 어떤가요?"

간부 - "좋습니다. 할 만합니다."

올바른 습득의 방식이라고 알고 있는 것과 비교하면 많이 타협 하게 됩니다. 짧은 기간에 정보를 퍼붓는 것은 실제 기술로 전환은 커녕 장기 기억으로 흡수될 수가 없습니다. 계속적인 코칭, 실행, 시도, 반영 그리고 습득이 가능하지 않게 때문입니다.

문제해결이 도요다 방식의 활력

마지막 피(P)는 문제해결(problem solving)입니다. 먼저 언급한 대로 도요다가 문제해결이라 부르는 것은 명확한 목표를 향해 분투하는 것입니다. 목표는 현 상황과 이상적인 상황과의 격차입니다. 당신이 있는 곳 (현 상황) 과 가고자 하는 곳 (이상적 상황)이 있습니다. 기업 내 모두의 창조적인 관심은 어떻게 개선과정을 이용해 도전적인 목표-그것이 차세대 연료 효율적 자동차를 디자인 하는 것이든 비용 효율적인 수소 연료 셀을 만들려고 하는 것이든 아니면 낭비를 제거하려고 하는 것이든- 를 성취하느냐입니다.

저는 문제해결을 "도요다 방식의 활력" 이라고 부르는데 왜냐하면 현 상황에서 더 나은 상황으로 가는 것은 문제해결을 통해서이기 때문입니다. 문제해결의 기본 원리는 데밍박사가 제창한 계획-시행-점검-행동, 또는 계획-시행-점검-조정 또는 계획-시행-연구-행동인데 바퀴모양이어서 일본에서는 "데밍의 바퀴"라고 불리고 있습니다. 끊임없이 움직입니다. 끊임없이 하는 것은 시도하기 전에 계획하고, 현 상황을 이해하고, 목표를 정의하고, 원인을 확인하고, 대책을 강구하고, 대책을 시도하고, 그리고 과정을 점검하고 무엇을 배웠는지 다음에 무얼 할지 반영하는 것입니다. 당신이 배운 것을 공유하면 유용할 것입니다. 하나의 피디시에이 (PDCA) 주기는 자연적으로 다음 문제를 확인하고 계획하는 데로 나아갈 것입니다. 크고 작고간에 여러 피디시에이 (PDCA) 주기를 통해 일련의 문제를 해결해야 합니다. 2 장에서 지속적인 개선의 관건인 이 핵심에 대해 상세히 설명할 것입니다.

린(Lean)이 재정의됨.

어떻게 린(lean)을 정의할까요? 좋은 기업에서 위대한 기업으로, 탁월한 기업, 문제해결, 원리, 사람, 그리고 좋은 과정들을 논의했습니다. 린(lean)이 낭비 삭감이라고 이야기할 수도 있습니다. 아주 쉽게 낭비를 발견하고 제거할 수 있습니다. 하지만 그것이 탁월함으로 이어질까요?

사람들이 서로 의사소통이 안 되고, 고객이 원하는 것에 대한 명확한 이상이 없고, 시스템 안에서 안주하며 실적만을 올리려고 하는 빈약하게 조직된 기업들을 체험했을 것입니다. 낭비제거를 위한 개별 프로젝트를 한다고 합시다. 문건 작성하고 과정을 재정의하고 새 기준화 과정을 문건화했습니다. 과연 근본적으로 기업을 변화시켜서 건전한 이익을 올리는 동시에 고객에게 더 나은 가격으로 가치를 전달하도록 했습니까? 대답은 아닙니다. 낭비제거로만은 위대하게 될 수 없는 것입니다.

> **린(Lean) 은**
>
> 명확히 정의된 가치에 근거하여 안전성, 도덕, 품질, 비용, 그리고 생산성을 지속적으로 개선하는데 직원들을 참여시키는 탁월한 운영을 위한 전략

린(lean)의 이상은 명확히 정의된 가치관에 기반하여 사람들을 지속적인 개선에 참여시키며 탁월한 운영을 성취하는 것이라 믿습니다. 목표는 일반적으로 안전, 도덕, 품질, 비용 그리고 생산성으로 압축될 수 있습니다. 이들을 성취한다면 기업으로서 성공할 것이며, 고객을 만족시킬 것이며, 계속 번창할 것입니다.

이 모든 것들을 해야 합니다. 린(lean)은 비용에 관심하고 안전 프로그램은 안전을 관심하는 것처럼 단순한 것이 아닙니다. 이 모든 목표의 근저에는 같은 기본 핵심개념이 있는데, 문제해결, 가정제기, 독창적인 대책 마련, 대책 시도, 조직 전체로서의 안전개선, 품질개량, 비용삭감, 고객만족 등을 배우기입니다. 피디시에이 (PDCA) 의 활력이야말로 진정한 위대함으로 가는 핵심에 자리잡고 있습니다.

실용적 지침서 41

2 장

문제해결, 개선 그리고 A3 사고

이상적 상태를 향하여 문제해결하며 가기

이 책의 제일 중요한 장에 다다른 것을 환영합니다. 이 장에서는 문제해결과 A3 리포팅 또는 A3 이야기로도 불리는 문제해결을 시각적으로 표현하는 방법에 대해 이야기할 것입니다. 그리고 A3 사고에 대해서도 이야기할 것입니다. 이것은 종이 위에 정보를 문건화하는 방법이라기보다는 개선에 대한 과학적인 사고방식입니다. 또한 도요다 카타라는 도전을 향한 최신의 개선접근 을 요약하겠습니다.

이 장이 제일 중요한 장인 이유는 *도요다 방식* 에서 문제해결이 지속적인 개선과 인간존중을 위한 추진력이기 때문입니다. 이것은 모든 핵심가치들 안에 나타나는데, 가장 직접적으로는 도전, 가이젠 그리고 겐지 겐부쯔에서 입니다. 이야말로 린 지도자의 핵심기술이며 대부분의 지도자들이 강하지 않은 기술입니다. 도요다방식의 문제해결이 전형적으로 생각하는 문제해결 방식과는 아주 많이 다르다는 것을 진행하는 동안 보실 수 있을 것입니다.

예를 들어, 문제해결을 생각할 때 떠오르는 단어들을 적어내려 가 보십시오. 화재 진압이라고, 위기가 있다라고, 무언가 고장 나서 고쳐야 함이라고 적으실 수 있을 것입니다. 반면에 도요다에서는 문제해결이라는 말을 들으면, **현 상태와 이상적인 상태와의 격차가 있다** 라고 듣습니다. 세계에서 최고의 품질과 가장 안전한 자동차 제조업체가 되고자 하는데 경쟁업체와의 격차가 줄어들고 있다. 더 나아짐으로 그 격차를 벌여야 한다. 그들에게는 문제해결은 포부적이며 개선입니다. 단순히 매일의 문제를 화재를 진압하듯이 대응하는 것이 아닙니다. *도요다 카타* 에서 마이크 로더는 문제해결이라는 구절대신 개선 카타 라는 용어로 대치했습니다.

이상적 상태를 향하여 문제해결하며 가기는 도요다가 지속적인 개선을 하는 방식입니다. 이것은 조립하는 사람의 낭비와 찾는 시간, 걷는 시간을 줄이기 위해 부품 컨테이너를 재정리하는 것처럼 아주 작은 것일 수 있습니다. 또는 사이온 (Scion-8 장에서 분석함) 같은 새 브랜드를 시작하는 것처럼 거대한 것일 수 있습니다. 혁신해야 하는 것일 수 있습니다. 몸체를 틀로 찍어내기 위해 다이스를 디자인하고 제조하는 데 걸리는 시간을 반으로 줄여야 하는 것일 수 있습니다. 그럼으로 작은 개선(가이젠)과 돌파적인 개선(가이가꾸)을 합병합니다.

문제해결이란 이상적인 상태로 가는 도중의 목표를 향해 일련의 단계-지속적인 개선이라 불리는-를 거치는 것으로 생각하실 수 있습니다. 그러면 이상적인 상태를 정의해야 합니다. 도요다는 도요다 방식 2001 에서 나타낸 것처럼 기업 전체에 대한 아이디어가 있습니다. 특정한 경우에-사이온의 예에서처럼- 자동차 산업의 젊은 소비자를 도요다 가족으로 영입하는 것일 수 있습니다.

현 상태에서 목적지로 어떻게 가는지 에 대한 모델을 세움으로 시작하려고 합니다. 목적은 **사업적 목적** 그리고 **사람들 목적** 모두이어야 합니다. 다시 말하자면, 재정안정을 보장하며 주주를 보상할 수 있도록 재정적 이윤을 얻는 것이 시업적 목적입니다. 도요다가 고객을 위해 품질향상과 안전을 개선한다고 하면 팀원들을 더 자극할 수는 있겠지만 여전히 사업적 목적인 셈입니다.

그러고 나면, 내부적으로 집중하는 것이 사람들 목적인데, 사람들을 모든 단계에 걸쳐 개발하여 더 나은 문제해결사가 되도록, 지속적인 개선을 더 잘하도록, 더 자신감을 가지도록, 어떻게 성취해야 할지 모르는 목표를 받아드리며, 자신의 발전과 복지를 가족들에게 기여하도록 하는 것입니다. 그 외에도 또한 자선사업과 같이 도요다가 함께 사업하는 사회에 기여하는 외부적인 사람들 목적이 있습니다. **사업목표와 사람 목표는 아주 일반적입니다**. 사업과 직원들, 그리고 외부 파트너와 사회에 대한 전체적 목적들이 있습니다.

그러고 나면 이상적인 상태를 정의합니다. 완벽해지고 나면 어떤 모습일까? 완벽을 성취할 수 없다는 것을 알고 있습니다. 도전적이지만 성취할 만한 목표를 이상적인 상태를 지향하며 세워야 합니다. 사업장의 설계나 새로운 브랜드 출고 또는 기업전체를 위한 진북일 수도 있습니다. 흥미롭게도 진북이라면 어떤 것들은 전혀 필요하지 않게 될 수도 있습니다. 예를 들어,

실용적 지침서

간판은 풀(pull)에 의한 재고완충운영방식인데, 진북에서는 완충이나 간판이 필요 없기 때문입니다.

이상적인 상태와의 격차는 좀 더 구체적이고 성취할 만한 도전들로 분해되어야 합니다. 후에 들을 예 중의 하나는 게리 콘비스가 미국의 아프터 서비스 비용을 60% 만큼 줄이도록 요청 받았을 때였습니다. 그 시점에 도요다는 벌써 최저 아프터 서비스 비용으로 업계 최고였습니다. 불가능한 과제로 보였지만, 게리는, "예, 해보겠습니다," 라고 답변했고 문제해결 과정을 시작했습니다.

특정한 목표는 마이크 로더가 *도요다 카타* 에서 정의한 대로 결과와 목표 조건일 수 있습니다. 예를 들어, 결과적으로는, 제 시간에 예산 안에서 특정한 품질과 생산성 목표를 가진 유동적인 신 공장을 착수하려 하는 것일 수 있습니다. 조건으로는, 생산성의 변동 없이 고객요구율, 탁(takt)에 따라, 쉽게 조정할 수 있는 혼합 모델 조립실을 만들고자 하는 것일 수 있습니다. 이는 측정할 수 있고, 관찰할 수 있게 시각적이어야 하는데 원하는 결과로 이끌 수 있도록 분투하는 과정조건을 제공합니다. 어떤 이들은 목표에 따른 운영이 아니라 과정에 의한 운영을 이야기 한 바 있습니다. 그들이 뜻하는 것은 성급히 결과에 뛰어든다기 보다는 원하는 결과를 성취하기 위한 과정의 특징에 대해 사고해야 한다는 것입니다. 행동화하기 위해서는 추상적인 이상향이 구체적인 도전으로 분해되고, 빠른 실험을 통해 전진할 수 있도록 좀 더 분리된 단기 목표조건으로 분해되어야 합니다.

계획-시행-점검-행동이 문제해결과정

어디로 가고자 하는 지를 알고 난 후에는 시작점, 현 상태를 이해해야 합니다. 린(lean)에서는 겐지 겐부쯔나 겜바로 가기를 강조합니다. 가서 보고 현 조건을 깊이 이해하기를 강조합니다. 데이터를 조사하는 것, 보유하고 있지 않은 데이터를 수집하는 것, 사실을 직접 관찰하는 것, 사람들과 대화하고 관찰하는 데 시간을 쓰는 것들을 포함합니다.

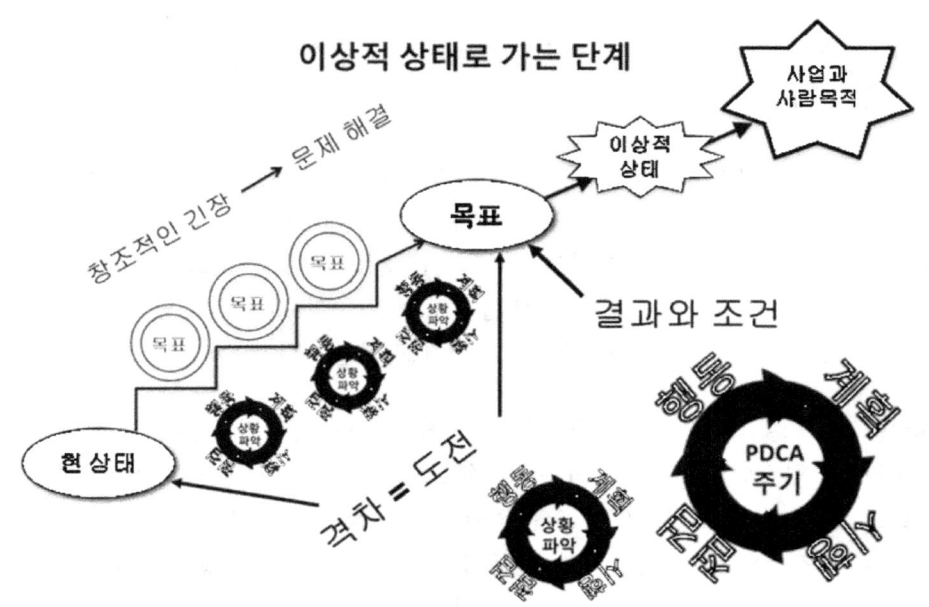

출처*지속적 개선을 향한 도요다 방식*
그림 2-1. 이상적 상태를 향하여 문제해결하며 감

현 상태와 비교하여 목표를 이해하면, 도전이 될 격차를 식별할 수 있습니다 (그림 2-1 참조). 도전을 성취할 방식은 계획-시행-점검-행동 (PDCA) 을 통해서입니다. 계획-시행-점검-행동은 혁신과 배움에 있어서의 과학적 방법입니다. 사고방식이며 원리이기도 합니다. 계획으로 시작할 것을 제안하며 이는 대책으로 이어집니다. 도요다에서는 해결대신 "대책"이라 부르는데 시도해서 가정을 점검하기 전까지는 해결했는지 알 수 없기 때문입니다. 점검과 거기에서 배운 점에 근거하여 다음 행동을 어떻게 취할 지를 결정합니다.

피디시에이를 통해 현 상태에서 이상적 상태로 나아갈 것이며 중간 목표 조건을 세움으로 할 것입니다. 원하는 결과를 성취하기 위해 어떻게 과정을 세워야 할까요? 조립공일 경우에, 품질하자를 일년 안에 절반으로 줄이는 목표를 세울 수 있을 것입니다. 그럴 경우에 일년에 걸쳐 목표를 분산할 것입니다. 한번에 한가지 공정을 택해 먼저 목표의 품질하자를 25%로 줄이고, 그 다음에는 50%, 다음엔 75%, 목표의 100%를 달성할 것입니다. 개선 카타에서는 더 나아가 품질하자율을 낮추기 위해 원하는 공정패턴을 위한 목표 조건을 연구할 것입니다. 그리고 난 후에 다음 공정으로 넘어갑니다. 마치 야심적으로 몸무게 조절 목표를 가진 사람처럼 문제해결과정을 단계별로 시간에 걸쳐 분산하는 것입니다.

목표를 향해 단계별로 차근차근 배워가는 피디시에이(PDCA)와 절대적으로 따라야 하는 자세한 14 단계의 지도를 제시하는 것과는 엄청난 차이가 있습니다. 이것 이야말로 도요다의 사고방식과 전형적인 서구 사고방식의 차이입니다. 전형적인 서구 사고 방식은 많이 안다고 여겨지는 전문가가 설립한 자세한 계획을 따릅니다. 도요다 방식에서는 제일 많이 아는 현장 일꾼이 필요하며, 지방적 지도력과 경영진과 전문인의 약간의 지침으로 매일 실험하면서 점차적으로 목표조건에 접근하고, 또 다음 목표조건에 접근하여 궁극적으로는 목표에 다다르는 것입니다.

아마도 이것이 *가이젠* 에 대해 혼동하는 이유일 수 도 있습니다. 지속적인 개선 또는 *가이젠* 이란 많은 작은 변화들을 말합니다. 그렇다면, "커다란 변화들은 무엇인가요?" 때때로 *가이젠* 대신에 *가이가꾸* 라고 부릅니다. 제 경험에 의하면 가이가꾸가 한 걸음으로 완성되는 경우는 드뭅니다. 북미 전역의 아프터 서비스 60% 격감은 게리 콘비스에게 가이가꾸였습니다. 그러나 그는 많은 가이젠-많은 작은 단계, 피디시에이를 통해서 가이가꾸를 성취했습니다.

배움으로 목표에 다가가기

피디시에이(PDCA)는 커다란 과정-현 상태에서 목표를 향한 하나의 전체적인 피디시에이(PDCA)가 있음-이면서 또한 많은 작은 피디시에이(PDCA)들입니다. 목표가 다다르기 어려워 보이고 현 상태에 비추어 보아 의욕적으로 보일 때, 긴장하게 됩니다. 이런 긴장은 혁신으로 이끌 수 있는데, 오직 배우는 자가 목표를 받아들이며 개선, 확신, 동기부여를 위한 정해진 과정과 좋은 코치를 가졌을 때만이 가능합니다.

존 에프 케네디가 러시아에 앞서 달에 착륙하려 한 목표를 생각해 봅시다. 창조적인 긴장이 많이 요구되는 상황이었습니다. 나사(NASA)는 그 목표를 성취했을 뿐만이 아니라 현재 쓰이고 있는 많은 것들을 발명했습니다. 무선도구,

오래가는 타이어, 고 저온에 견디는 경 섬유, 자외선 코팅 안경 등등. 이 모든 발명 또는 창조적인 에너지는 필사적으로 성취하려는 목표와 현 상태에 대한 이해 사이의 긴장에 의해 야기되었습니다.

조지: "제프, 큰 피디시에이(PDCA) 사이클과 세 개의 작은 주기들을 모(母)A3 와 세 자녀 A3 로 부를 수 있을 까요?"

제프: 큰 피디시에이 사이클을 어머니로, 작은 피디시에이를 자녀로 보는 것은 재미있는 사고 방식인데, 은유적으로 본다면 문제는 없겠습니다.

예를 들어, 도요다가 차세대 캠리를 개발하기 시작했다고 합시다. 전체적으로 캠리를 개발하는 과정은 모(母)피디시에이입니다. 고객이 원하는 것이 무엇인지, 문제가 무엇인지, 자동차에 대한 이상이 무엇인지, 고객을 놀라게 하고 기쁘게 하며 경쟁자동차보다 캠리가 앞서갈 수 있는 새로운 특색이 무엇인지를 정의하는 과정이 있습니다. 그리고는 실행하고, 점검하고, 배움과 반영이 있음으로 새로운 자동차에 관하여 더 잘할 수 있을 것입니다.

하나의 큰 피디시에이(PDCA)는 몇 년에 걸쳐 실행되지만, 분리되어져야 합니다. 자동차 범퍼에 관련한 엔지니어라면 범퍼를 위한 많은 피디시에이(PDCA)를 거칠 것입니다- 다시 말하면, 시작부터 끝까지는 하나의 큰 피디시에이(PDCA)이며, 강도 개선과 사고 방지를 위한 범퍼를 디자인하는 많은 작은 피디시에이(PDCA)가 있는 것입니다.

도요다 사업 실행: 하나의 기업, 하나의 개선과정
피디시에이 (PDCA) 문제 해결의 4가지 방면

피디시에이(PDCA)의 4 가지 방면은 문제를 정의하는 데에서 시작하는 계획으로 시작합니다(그림 2-2 참조). 다시 말하자면, 문제는 되고자 하는 것과 현 상태와의 격차에 근거해야 합니다. 그리고 난 후에 격차의 근원을 찾는 것입니다. 그 다음에는 대책들을 강구해야 하는데 독창적이면서도 많은 노력을 기울여 하나 이상의 대책들 중에 선별할 수 있도록 해야 합니다.

실용적 지침서   47

가능한 대책들을 알고 나면, 시행해야 합니다. 그러기 위해서는, 누가 할지 무엇을 할지 언제 할지를 포함한 실험과정을 시작할 계획을 개발하고 수행해야 합니다. 계획에 대해 의사소통을 해야 하고 계획을 시행해야 합니다. 진행과정을 감독해야 하는데 점검의 첫 단계입니다. 점검할 때 실질적으로 실행하는 것이기도 합니다. 점검하면서 계획을 조정하기도 합니다. 목표를 이루었다고 믿기까지 시행, 점검, 조정하며 많은 피디시에이(PDCA)과정을 거칠 것입니다.

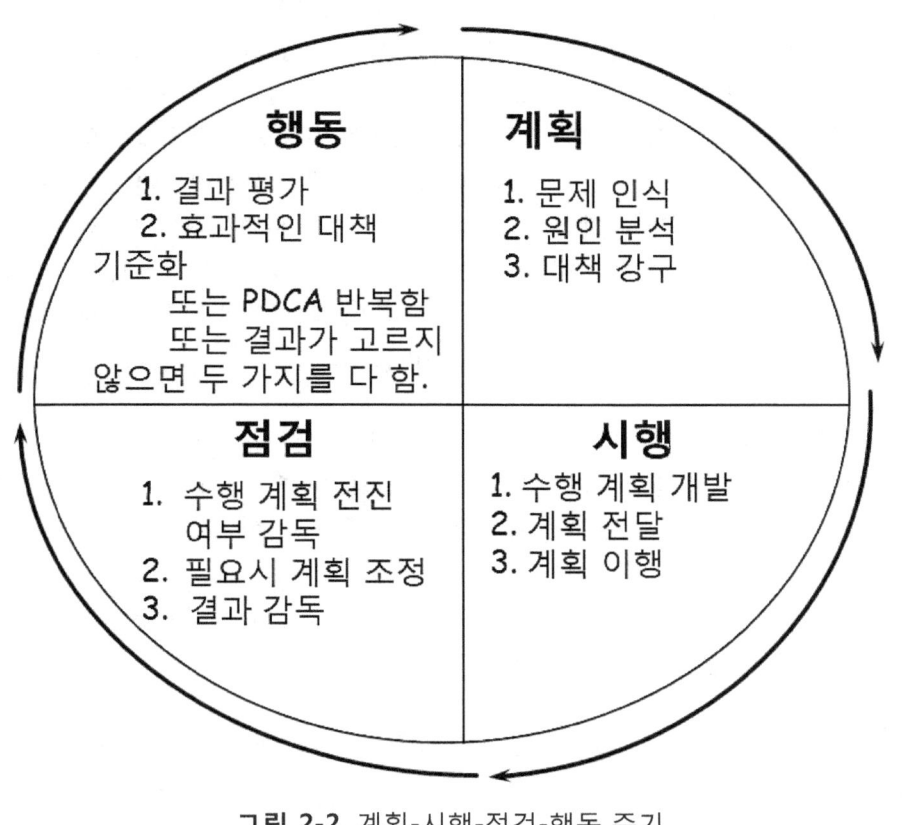

그림 2-2. 계획-시행-점검-행동 주기

행동 단계에서 마지막 결과평가를 합니다. 결론으로 이른 것들을 이제 기준화하고 안정화하며 가르치고 연습하여 일상이 되도록 합니다. 어떤 경우에는, 실패했다고 판정하고 처음부터 다시 시작해야 할 것입니다. 어떤 경우에는 약간은 기준화하고, 다른 부분을 다시 시작해야 할 수도 있습니다.

행동단계에서는 또한 자신이 배운 점과 타인이 배운 점에 대해 의사소통함으로써 다음 문제를 위해 피디시에이(PDCA)를 계획할 때 이용할 수 있을 것입니다.

조지: "도요다 직원들이 피디시에이(PDCA)라는 용어를 씁니까? 이런 단계들을 찾습니까? 단계들 밑에 열거한 단계들을 실제로 그렇게 부릅니까? 아니면 자연적으로 나온 것입니까?"

제프: 도요다는 실제로 제가 열거한 대로 피디시에이(PDCA)의 개념을 사용하며 좀 더 진보한 문제해결사들에게는 자연적일 수도 있습니다. 굳이 그렇게 부르지 않더라도 말입니다. 나중에 다루겠지만, 도요다 사업실행은 일반적으로 언급한 방식과 약간 다른 피디시에이(PDCA)를 따르는 일련의 단계들입니다. 확연한 개선을 위해 공식적으로 사용됩니다. 예를 들어, 매번 생산라인이 멈출 때마다 그룹 지도자가 무엇이 계획이고, 무얼 해야 하며, 무얼 점검해야 하며 무얼 배웠는지 생각하며 문제를 해결하는 것을 볼 수 없습니다. 많은 매일의 문제를 단지 시스템을 기준화시킴으로 풀 수 있으며 피디시에이(PDCA)를 충분히 따르다 보면 이것은 자연스러운 사고방식이 됩니다.

다른 방면으로는 의도적으로 프로젝트를 할 때에는 A3 에 문건화합니다. 지식과 연습을 새롭게 할 필요가 있는데 습관이 되어버릴 수 있기 때문입니다. 어떤 기술을 배우더라도 높은 단계를 유지하기 위하여는 기본으로 돌아가 연습해야 합니다.

너무 많은 것을 짊어지는 것의 함정

흔한 실수 중의 하나는 조직의 필요를 정확히 이해하지 않은 채 다음 단계의 개선으로 연결하는 것입니다. 많은 기업들이 과정 단계에서 역량이나 안정을 갖추기 전에 직접 기업단계의 개선으로 뛰어들기를 원합니다.

제가 러시아기업과 일한 적이 있는데 그들은 탄광에서 천연자원을 가져와 발전소를 위해 물품가공을 하는 기업이었습니다. 도요다 선생과 함께 일하고 있었습니다. 사장끼리의 합의하에 최고 선생 중의 하나를 도요다에서 무료로 제공한 것이었습니다.

도요다 선생이 최고 경영책임자와 만났을 때, 그는 탄광에서 발전소까지의 가치흐름 지도를 보여주며 자랑했습니다. 아주 거대하고 복잡한 지도였습니다. 최고 경영책임자가 그룹과 함께 만들어 낸 것으로 그는 최고경영진으로 린(lean)을 실천하고 있다고 자부했습니다. 그런데 도요다 선생의 반응은 다소 놀라왔습니다. 미묘한 야유가 섞인 반응이었습니다. "이런, 이런, 문제가 너무 많군요, 너무나 많아서 도대체 어디서부터 시작하시려고요?"

물론, 그와 직원들은 불쾌해 했습니다- "어떻게 이 사람이 우리를 비판할 수 있는가? 그는 린(lean)을 하는 사람이고 우리도 린(lean)을 하니 잘하고 있는 것이 맞을 텐데." 이 선생이 염려하는 것은 그들이 너무나 넓은 범위를 포함함으로 실제로는 어떤 문제도 자세히 파악하지 못했다는 것입니다. 문제를 우선화하는 방식이 없었습니다. 제일 오래 걸리는 리드(lead time)타임을 연구했지만, 그것이 제일 큰 사업문제가 아닐 수도 있는 것입니다. 종종 도요다 선생에게서 이런 질문을 받습니다. "어떻게 이것이 제일 큰 문제라는 것을 아십니까? 이 문제를 해결하면 사업상 인력양성상 실지로 조직을 이롭게 할 수 있는지 어떻게 아십니까?" 선생이 첫 해에 하고자 정한 것은 티피에스를 시스템으로 이해할 수 있도록 한 공장에서 한 생산라인에서 배울 수 있는 한 모델을 개발하는 것이었습니다. 기업 내 지도자들이 이를 이해하기 전까지는 어떤 프로젝트도 효과적이지 않다고 믿었습니다.

도요다 사업 실행 (TBP): 계획 단계

도요다 사업 실행 (TBP)은 예전에 인가된 개선 과정입니다. 물론 매일 대하는 소소한 문제를 해결하는데 적용할 필요는 없으며 피디시에이(PDCA)를 머릿속으로 행하는 것으로 충분합니다. 3 개월이나 6 개월짜리 공식 프로젝트나 품질하자를 절반으로 줄이는 프로젝트를 한다면, 몇 개의 A3 가 필요하며 티비피(TBP)는 철저히 따라야 합니다.

다시 한 번 강조하는 것은 도요다가 개선과정을 기준화한다는 것인데 이는 특정한 해결안이나 흔히 칭하는 "최고의 실행"을 기준화하는 것이 아닙니다. 도요다 내에서는 과도 기준화로 가이젠이 사장될 것에 대한 염려가 많습니다.

개선과정을 상세히 명시하는 것에 대해서는 문제가 없습니다. 개선하고자 하는 특정 내용은 기업 내 부분마다 다 다릅니다. 어느 누구도 개선과정을 적용하고 대책을 인지하지 않은 채 최고의 실행을 맹목적으로 따르지 않을 것입니다.

도요다 사업실행은 8 단계 과정입니다 (그림 2-3 참조). 누군가는 왜 8 단계 개선과정이 단순히 문제해결과정이라 불리지 않고 도요다 사업실행이라 불리는지를 질문할 수 있습니다.

조 후지오가 도요다 방식 2001 을 소개한 직 후, 그는 도요다 사업실행을 도요다 방식을 행동화하는데 구체적인 방법으로 소개했습니다. 도요다 방식은 원칙들을 모아 놓은 것으로 행동화될 필요가 있습니다. 도요다 사업실행은 도요다 방식을 도요다 문화 내에서 기초적인 가치를 포함하여, 살아있는 실제로 만드는 방법입니다 .

지속적인 개선은 도요다 방식의 한 기둥으로서 인간존중이라는 두 번째 기둥과 함께 실행되어야 합니다. 이것은 기업의 강하고 기본적인 가정을 반영하는데, 항시 변동하며 새로운 도전을 제기하는 환경에 대응하는 유일한 길은 기업의 모든 부분이 피디시에이(PDCA)를 사용해 끊임없는 적용과 개선을 통해서라는 것입니다. 도요다 사업실행은 이를 실행하는 개선을 위한 본입니다. 그 똑같은 패턴이 어떤 크기의 문제에도, 역사상 최악의 지진으로 부품 품절이 된 것부터 한 작업장을 효율적으로 만드는 것에 이르기까지 적용됩니다.

실용적 지침서

계획   일 단계: 이상적 상태에 비교해 문제를 명확히 함.
              [문제와 진북을 명확히 함]

계획   이 단계: 현 상태 파악과 격차를 봄
              [좀 더 명확히 하기 위해 문제를 실제화함]

계획   삼 단계: 문제 분해와 목표 설정
              [운영 가능하도록 문제 분해 그리고 목표와 수치 설정]

계획   사 단계 : 원인 분석
              [근원 규명]

계획   오 단계 : 대책 개발
              [무엇을 언제 누가 할지 인식]

시행   육 단계 : 대책 시행
              [계획을 따르며 변동을 기록함]

점검   칠 단계 : 결과와 과정 점검
              [결과와 목표 점검]

행동   팔 단계 : 기준화하고 확산함
              [효과 유지를 위한 행동함 그리고 다른 분야로 배움을 확산함]

그림 2-3. 도요다 사업 실행(TBP)에 관련된 여덟 가지 단계

계획-시행-점검-행동이 위에서 보여진 8 단계옆에 명시되어있는데 도요다에서 정의한 것으로 도요다의 그림과 모델에 계속적으로 등장합니다.

계획   **일 단계**: 이상적 상태에 비교해 문제를 명확히 함.
              [문제와 진북을 명확히 함]

그림 2-4. 계획 일 단계

일 단계는 (그림 2-4 참조) 문제를 이상적 상태와 대비시켜 명확하게 하는 것입니다. 진북의 이상을 가져야 하며, 기업의 진북은 기업의 이상적 상태인데 예를 들어, 도요다의 경우에 고객을 위해 해결안을 제공하는 세계최고기업이 되는 것입니다.

또한 특정한 과정을 위해 이상적 상태가 필요합니다. 작업장이라면, 이상적 상태는 항상 완벽한 품질을 낭비 없이 제공하는 것입니다. 다시 언급하면 진북은 성취할 수 없습니다. 100%의 완벽을 성취할 수 없지만 적어도 개선의 방향을 정의할 수 있는 것입니다.

계획　　**이 단계** : 현 상태 파악과 격차를 봄
　　　　　　　　[좀 더 명확히 하기 위해 문제를 실제화함]

그림 2-5. 계획 이 단계

이 단계에서 (그림 2-5 참조), 현 상태를 파악하고 격차를 볼 수 있어야 합니다. 이제 실제로 문제를 수립해야 합니다. 고상한 이상적 상태와 현 상태와의 격차는 협곡과도 같습니다. 이것은 쉽게 뛰어넘을 수 있는 작은 틈이 아닙니다. 이는 도요다에게도 마찬가지입니다. 심각하고 정직하게 완벽을 정의한다면, 이상적 상태와의 격차는 언제나 거대합니다. 이 사실은 그들을 겸손하게 만들고 개선으로 나아가게 합니다.

계획　　**삼 단계** : 문제 분해와 목표 설정
　　　　　　　　[운영 가능하도록 문제 분해 그리고 목표와
　　　　　　　　수치 설정]

그림 2-6. 계획 삼 단계

완벽과의 격차를 볼 때 어디서부터 시작해야 할 지 알 수가 없습니다. 그래서 삼 단계 (그림 2-6 참조) 로 가서 거대한 협곡을 정의된 목표를 가지고 개선할 수 있도록 작고 행동화 가능한 분야로 분리해야 합니다. 이상향에 비하면 보잘것 없지만 여전히 도전적이고 의욕적인 목표들입니다. 이 시점에서 이런 질문을 받을 수 있을 것입니다, "왜 이 문제를 선택했습니까? 이상적 상태와 현 상태를 잘 이해하고 나서 그 격차를 알면서 왜 이 문제를 선택했습니까? 어떻게 우선화한 거죠?" 도요다에서는 이런 질문을 받았을 때 이유가 있어야 합니다.

실용적 지침서

계획　　　**사 단계 : 원인 분석**
　　　　　　　　　[근원 규명]

　　　　　　그림 2-7. 계획 사 단계

사 단계에서(그림 2-7 참조) 이제 성취하고자 하는 집중 분야와 목표를 알게 되었는데, 예를 들면, 관할 하에 있는 공정의 그룹 지도자로서 품질하자를 절반으로 줄이는 것입니다. 그러면, 근저에 깔린 원인이 무엇인지 질문하기 시작합니다. 모든 격차의 가능한 모든 원인을 찾을 필요는 없습니다. 개선하고자 하는 한 분야의 원인을 찾고자 합니다. 왜를 다섯 번 질문함으로 찾고자 합니다. 반드시 다섯 번일 필요는 없는데, 첫 번의 인상이-예를 들어, 누군가가 계속 실수를 한다-표면적인 이유라면 좀 더 깊은 이유-부품들이 쉽게 맞춰지도록 디자인 되지 않았다-가 종종 있다는 것입니다.

계획　　　**오 단계 : 대책 개발**
　　　　　　　[무엇을 언제 누가 할지 인식]

　　　　　　그림 2-8. 계획 오 단계

오 단계 (그림 2-8 참조)는 대책의 개발입니다. 대책들을 강구했다면 성공확률이 높고 비용이 비싸지 않으며 쉽게 시도할 수 있는 대책들을 우선화하여 선별해야 합니다. 가능하면, 큰 투자나 새 장비나 소프트웨어를 갖추기 위해 오래 기다리는 것을 피해야 할 것입니다. 목표에 접근할 수 없다면 다른 대책들로 돌아가거나 새 아이디어를 강구해야 할 수도 있습니다. 그리고 나면, 계획을 개발하고 누가 언제, 어떻게 시행할 지를 결정해야 합니다. 누가 언제 어떻게 가 시행의 부분인지 계획의 부분인지 논쟁 할 수 있을 터이나 도요다 사업실행의 모든 방면에는 계획하는 것이 새겨져 있습니다.

도요다 사업실행: 실험과 습득

시행, 점검, 행동

이제 "시행"할 차례입니다. "무조건 시행!" 이라는 말을 듣는 때입니다. 종종 "무조건 시행"이 계획을 무시하고 무작위로 무언가를 하는 걸로 생각합니다. 때에 따라서는 그렇게 해야 할 때도 있을 것입니다. 팀이 곤경에 빠져 변화하기를 두려워 할 때, 그들을 구해주고 싶을 때가 있을 것입니다. 코치가 도전을 지시하며 "무조건 시행"하도록 짧은 가이젠 을 만들어야 할 것입니다.

도요다가 다른 기업들과 일할 때, 선생으로부터 큰 도전을 받아 빨리 행동화하는 것은 흔한 일입니다. 미시간 주의 자동차 공급처인 그랜드 헤이븐 스탬프 프러덕트에서 일어난 일을 예로 들겠습니다. 첫 방문에서, 선생은 제조현장을 찾아 분리된 과정들을 발견했습니다. 그는 즉각적이고도 극적인 과제를 부여하기로 결정했습니다. 그는 작업실을 갖추도록 요구했는데, 공장 한 편에서 다른 한 편으로 용접 로봇을 움직이는 것을 포함했습니다. 그는 다음 날 어떻게 작업실이 운영되고 있는지 방문하겠다고 했습니다. 이것은 "무조건 시행"이었습니다. 아주 큰 과제였습니다. 사장을 포함해서 전체 경영진이 공장에서 이 로봇을 밀어 제 위치로 움직였습니다. 이는 선생이 추천하는 장차 기업이 개선하는 방식은 아니었지만, 곤경에서 구하는 방식이었습니다.

시행 단계는 계획을 따르고 필요에 따라 계획에서 벗어나는 것 또한 포함하며, 벗어남도 배우는 과정의 부분입니다. 모든 단계마다 피디시에이(PDCA) 주기가 있으며, 그 단계들도 더 큰 피디시에이(PDCA) 주기 안에 속해있습니다. 시행 단계에서 계획, 시행, 점검, 조정 그리고 계속 피디시에이(PDCA)를 목표에 다다르기까지 진행하는 것입니다.

그랜드 헤이븐 스탬프 프러덕트의 사례에서, 작업실은 처음에는 잘 돌아가지 않았습니다. 예를 들어, 로봇이 충분히 작동하지 않았고 그래서 작업이 멈추곤 했습니다. 작업이 균등화되어 있지 않았습니다. 다양한 제품과 다른 주기 시간을 다룰 수 없었습니다. 기준화된 작업도 없었습니다. 실지로 높은 수준으로 작업실을 운영할 때까지 많은 피디시에이(PDCA)를 거쳐야 했습니다. 선생은 그들이 문제를 직면할 것을 알았기에 작업실을 꾸리기 전에 재고를 미리 쌓도록 지시했습니다. 그리고 그는 도전을 부여함으로 그들이 제품생산을 하기 위해 문제해결을 하도록 만들었습니다. 그래서 더 나은 품질과 더 생산적인 운영으로 이끈 것입니다. 그들은 배움의 가치를 이사진과 경영진을 끌어들이고 시행함으로써 배웠습니다.

점검의 방면에서는 성취한 것과 성취하지 않은 것을 이해해야 합니다. *도요다 방식* 에서, 한세이 또는 반영이 언급되었는데 이 점검과정을 통해 계속 나타날 것입니다. 하나의 큰 한세이가 결과와 과정 모두에 관하여 반영할 이 점검 방면에 쓰일 것입니다. 운 좋게 하나의 아이디어가 맞아 들어가 결과를 성취했을 수 있지만 혼자의 아이디어일 경우에 아무도 개발되지 않았고 아무도 개입되지 않았다면, 결과가 좋아 보일 지라도 과정은 실패했다고 할 수 있습니다.

행동 방면에서는, 전체 과정에 대한 또 다른 반영을 할 것입니다. 그리고 나면 기준화시키고 확산할 것입니다. 도요다 에서는 "확산"을 *요고덴* 이라 부릅니다. 요고덴은 값진 식물을 한 곳에서 다른 곳으로 옮겨 심는 것에 대한 인상을 줍니다. 새로운 환경을 준비해야 하고 식물이 번성하는 조건을 이해하며 어떻게 그 조건을 맞춰줄 지를 알아야 합니다. 조경의 세부적인 것은 아주 다를 것입니다.

단순히, 맹목적으로 최선의 실행을 수행하지 않습니다. 조건에 대해 깊이 고려해야 합니다. "최선의 실행"이 유용한 대책으로 보인다면 거기에서 배워야 합니다; 그러나 다른 곳에서 잘 되었다 할지라도 조정과 개선 없이 그대로 적용한다면 안될 수도 있는 것입니다. 실지로 원래 팀이 배울 수 있는 아이디어를 제안하여 상호 소통을 하는 경우도 있습니다.

조지: "제프, 요고덴이란 단어는 환경을 준비한다는 뜻은 있지만 "확산"에는 그 뜻이 없습니다. 한가지 이상의 의미가 있기 때문에 일본어 용어를 이해해야 하는 좋은 이유가 되겠지요?"

제프: 요고덴이란 문자 그대로, "도처로 확산"인데, 그래도 도요다에서 해석되고 있는 방식은 아닙니다. 따라서 요점은 일본어를 깊이 파고 들어서 문자 그대로

번역할 수 있을 정도로 이해해야 하느냐입니다. 언어학자에게 묻는다면, "도처로 확산"이라고 할 것입니다. 이것은 도요다가 의미하는 것은 아닙니다. 용어 자체보다는 깔린 사고방식과 원칙을 이해하는 것이 중요합니다. 그래서 일본어 용어를 외우기를 제안하지는 않습니다.

아프터 서비스 삭감을 위한 도요다사업실행

미리 언급한 대로 게리는 북미 아프터 서비스 전폭적인 삭감이라는 도전에 직면했습니다. 이사회에서 나온 문제제기였습니다. 그때, 게리는 일본에서 북미 공장을 대표하는 전무이었고 또 북미 운영장이었습니다. 세계 품질관리 장이 게리에게 아프터 서비스를 60%로 줄이면 좋겠다고 제안했습니다. 이사회에서 제안할 경우에는 그저 좋은 아이디어로 여기는 것이 아니라 심각하게 여겨 실지로 행동으로 옮겨야 하며 게리도 친절한 제안이 아니라 기대로 받아들였습니다.

일본에서 돌아오는 길에 게리는 불안감에 사로잡혔습니다.

"어떻게 60%를 달성할 수 있을까? 이미 산업 내에서 최고이고 몇 십 년 동안 이미 아프터 서비스비용을 삭감해왔는데 어떻게 더 60%까지 줄일 수 있을까?"

한 가지 좋은 소식은 일년에 달성하지 않아도 된다는 것이었습니다. 6년 내지 7년에 걸쳐서 달성하면 되는 것입니다. 그렇다면 일 년에 10%는 60%보다 다룰 만한 것처럼 보였습니다. 첫 해 10% 삭감에 몰두하면 되는 것이며, 매달로 생각한다면 더 다루기 용이한 것입니다. 종종 스포츠에서 이렇게 말합니다, "선수권시합에 연연하는 것이 아니라 매번 다음 시합에 대해 생각합니다." 게리도 다음 시합에 대해 생각해야 했습니다.

당신이 만약 게리처럼 제조부의 수뇌장이라면 어찌 하시겠습니까? 이 일을 최고 엔지니어들에게 맡기려고 하겠지만 도요다에서는 그렇게 하지 **못합니다**. 게리에게 개인적으로 주어진 책임이기 때문입니다. 그가 하겠다고 한 이상 스스로 이 활동을 이끌어야 하며 부사장 급에서 다뤄야 할 정도로 큰 과제였습니다. 게리는 제조부 안에서 해결할 수 없는 과제라는 것을 알았습니다.

제품 엔지니어링 없이는 할 수 없기에 공급처와 거래가 있는 구매부로 가야 했습니다. 많은 디자인이 공급처에서 오기 때문입니다. 또한 아프터 서비스의 자료와 실제로 아프터 서비스를 다루는 판매부로도 가야 했습니다. 이제 그는 도요다 내에서 수평적으로 최고 단계의 지도력을 이끄는 것입니다. 공식적인 보상과 징계에 대한 공식적 권위를 사용하지 않고 인도하는 때입니다.

그림 2-9. 상황 파악이 피디시에이의 중심에 있음

그러면 게리가 취한 첫 단계는 무엇이었을까요? 당연히 도요다 사업실행의 용어를 사용해 문제를 정의해야 했습니다. 그 전에 해야 할 것은 상황파악(그림 2-9 참조)입니다. 이로써 문제정의 시 대체적인 범위를 알 수 있는 것입니다. 상황파악이란 아프터 서비스에 영향을 미치는 주요 부서 지도자들을 방문하는 것이었습니다. 그는 도요다 자동차 판매장과 미시간에 있는 도요다 기술 센타장과 품질 그룹 같은 다른 제조부의 부장들과 만났습니다. 그는 일본에 가서 일본 품질관리장과 만났고 엔지니어 장과도 만났습니다.

그는 단지 만나고 정보를 얻을 뿐 아니라; 나중에 언급할 네마와시를 하고 있었던 것입니다. 지지연합을 건축하기 시작한 것인데 방문한 사람들이 나중에 그의 특수 임무 부대의 일원들이 되었기 때문입니다. 모두가 게리의 동급이거나 상급이어서 지시하는 것이 아니었습니다. 단지 이 일이 중요하고 심각하며 함께 일하며 목표를 위해 기여할 수 있도록 애쓰겠다는 동의를 얻는 것이었습니다.

그 팀은 도요다 사업 실행을 통해 일하기 시작했습니다. 이상적인 상태는 고객이 온전히 행복해하며 보상 수리를 위해 자동차를 가져 올 필요가 없는 것입니다 -리콜의 경우는 다른 종류의 보상입니다. 이는 안전성에 얽힌 보상이지만 다른 보상문제인 것이기 때문입니다. 자동차를 가져오는 것은 귀찮은 일(그림 2-10 참조)입니다. 무료라 해도 시간이 걸리는 일이기 때문입니다. 자동차 없이 하루를 보낼 수 도 있고 앉아서 기다려야 할 수도 있습니다. 또한 이는 도요다에 대한 인상이 안 좋아지고 슬슬 걱정하게 될 수도 있습니다. 짧은 시간 안에 세내 번의 보상수리가 필요하다면, "이 자동차가 믿을 만한가? 이 기업이 믿을 만한가?"라고 자문할 것입니다.

> 이상적인 상태는 고객이 온전히 만족해 하는 것이다. 현재 어떤 고객들은 차량 문제로 인해 불편을 겪고 있다.

그림 2-10. 계획 일 단계: 이상적 상태와 비교해 문제를 인식함

현 상태(그림 2-11 참조)는 도요다가 다른 기업들보다 나을 지라도 충분히 낫지는 않다는 것입니다. 여전히 많은 고객이 보상수리를 위해 자동차를 가져옴으로 도요다에게 큰 비용이 드는 상황입니다.

> 너무나 많은 고객들이 도요다 차량을 보상수리를 위해 가져옴으로 그들의 시간이 낭비되고 도요다에게 비용이 듬.

그림 2-11. 계획 이 단계: 상황 파악과 격차를 봄

문제를 세분화(그림 2-12 참조)하는 것은 팀이 보상 문제점의 원인으로 인지한 두 분야로 문제를 국한하는 것입니다- 하나는 제조이고 다른 하나는 제품개발입니다. 제품 개발에서 쉽게 제조하기 어렵게 디자인했었을 수 있습니다. 예를 들어, 좌우 측경 미러를 혼동하지 않도록 제품 오차방지를 해야 했습니다.

실용적 지침서   59

> 제품 개발(예, 빈약한 오차 방지)에서 기원한 보상수리 문제는 제조(예, 오차)로 이어지고 현장에서 발견된다. 즉각적인 초점은 고객의 피드백과 반응을 통한 제조과정이다. 목표 = 60% 삭감.

그림 2-12. 계획 삼 단계 : 문제 분해와 목표 설정

이가 제대로 되지 않았을 경우 제조과정에서 문제가 발생함을 볼 것입니다. 또 제조 과정에서의 실수가 발생할 수도, 최종 점검에서 이를 감지 못하고 출고하게 될 수도 있는 것입니다.

즉각적인 관심은 문제의 경계선을 긋도록 결정했듯이, 새 브랜드 자동차 디자인을 시작하지 **않는** 다는 것입니다. 결과를 얻을 때까지 몇 년이 걸릴 것이기 때문입니다. 그 대신에 현재 제조되고 있는 자동차들을 연구했습니다. 제조하는 시점에서 고객이 피드백을 제시하고 어떻게 피드백이 제 자리-그것이 품질, 제조 또는 엔지니어링이든-로 가는 지를, 그리고 어떤 행동이 취해지는 지까지 관찰했습니다. 목표는 60%로 이미 세워졌고, 매년 10% 로 분할했습니다.

도요다는 커다란 보상 문제점을 인지해야 했고 이것은 쉬운 일이었습니다. 그러나 근저에 깔린 원인을 분석하는 것은 쉽지 않은 일이었습니다. 중간 매니저들과 엔지니어들로 상세한 일을 하도록 지시했을 때, 팀은 몇 백 명으로 불어났습니다. 그들이 측정하고 문제가 어디서 발생했는지 찾았을 때, 가장 큰 문제는 제조부가 아닌 바로 엔지니어링부에서 왔습니다. 그럼에도 불구하고, 제조부 내에서도 품질하자가 발생해서 각 공장들이 원인을 이해하기 위해 계속 일해야 했습니다(그림 2-13 참조). 예를 들어, 모든 자동차들이 거쳐 가는 최종 점검장에서 흥미로운 문제가 발견되었는데. 소음이 심한 곳이어서 점검사가 작은 진동을 감지하지 못할 수가 있습니다. 해결안은 상대적으로 간단했습니다. 방음장치가 된 공간에서 진동검사를 하게 했습니다. 켄터키 조지타운공장에서 이를 실행해 점검을 통한 품질하자의 즉각적인 감소를 이루었습니다.

엔지니어링에게는 그렇게 쉽지 않았습니다. 많은 문제가 있었고, 근원을 찾는 것이 아주 어려웠습니다. 기준화된 과정은, 자동차에 문제가 있을 때, 자동차를 정비소로 가져와야 합니다. 거기서 얼마 동안 시간을 보낸 후에 대부분의

경우에 문제가 고쳐진 자동차를 찾게 됩니다. 고장 난 부품을 돌려 받는 경우도 있습니다.

> 제조부-제조과정을 통해 잠재적인 오차를 잘 이해하지 못하고 점검에서 하자를 놓침.
> 피드백과 반응-문제점이 잘 분석되지 않고 전달되지 않고 변화요구가 산만하고 비효율적임

그림 2-13. 계획 사 단계 : 근원 분석

판매상이 도요다 컴퓨터 시스템에 자료를 입력하고 일을 끝냅니다. 아쉬운 것은 문제를 너무나 막연하게 설명한다는 것입니다. 많은 분류가 있어서 단순히 하나만을 선택할 때, 전자 시스템에 문제가 있다는 것은 알게 되지만, 왜 문제가 발생했는지는 알 수가 없습니다. 음향 시스템에 문제가 있다고 하면, 실제로 돼 문제가 발생했는지를 알 수 없습니다. 근원을 모르고 단지 어떤 부분이 고장 났다는 것만을 알 뿐입니다.

무슨 문제가 일어났는지는 엔지니어링에 그다지 유용한 정보가 아닙니다. 흔한 문제가 일어났을 때, 시간이 허락하는 한, 그것을 연구합니다. 게다가, 팀은 북미에서 도요다 모든 부분이 엔지니어링의 변화를 요구하고 있음을 주시했습니다. 이러한 요구들은 우선화되지도 않았고 엔지니어링을 압도했습니다. 문제는 이제 더 분류되었습니다: 어떻게 흔히 발생하는 보상수리 문제의 근원을 진단할 것인가? 엔지니어링에서 무엇이 급선무인지를 알도록 어떻게 품질하자를 우선화할 것인가?

제조부에서의 대책은 도요다에서 말하는, "품질이 장착된 소유의식" 인데, 절대로 문제가 발생한 곳을 떠나지 않도록 하는 사키치 도요다의 기본원칙으로 돌아가는 것입니다 (그림 2-14). 품질하자가 다른 곳으로 전달되지 않도록 하는 것입니다. 소유의식이란 문제발견 시 문제를 소유하고 책임짐을 의미합니다. 손가락 사이로 빠져나가게 하여 나중에 점검사가 염려하도록 할 수 없습니다. 당신의 과정의 입력, 특징 그리고 수작업에 쓰인 방법들을 고려할 필요가 있습니다. "장착된 품질" 이라는 생각은 몇 십 년간 기업의 초창기부터 있어 왔지만 이것은 새롭고 높은 수준의 기업심이었습니다. 부언하자면, 경각심을

불러 일으키기 위해서 **기본으로 돌아가야** 한다는 것입니다. 품질문제의 원인을 분석하기 위한 새로운 도구들을 생각해 내야 할 때가 된 것입니다.

방음실의 대책은 6년 간에 걸쳐 품질하자가 공장을 빠져나가지 못하도록 많은 공장들에서 만든 만가지 개선 중의 하나입니다.

제조부-매 공정 과정마다 품질이 장착된 소유권 + 개선된 점검 과정.
피드백과 반응-보상수리의 근원을 찾는 시스템과 피드백을 능률화함으로 적절한 디자인 설계로 이어짐.

그림 2-14. 계획 오 단계 : 대책 개발

엔지니어링에서 어떻게 보상문제의 근원을 찾는 것이 가능할까요? 딜러를 방문하여 고객의 부품을 보도록 요청하고 판매부로 배송해서 정비직원에게 더 상세한 체크 리스트를 개발하여 근원에 가까운 것을 점검하도록 할 수 있습니다. 그들은 더 나은 아이디어를 생각해 냈는데, 기업 내 있는 고객들이 있다는 것을 깨달았습니다. 도요다 직원들은 차량을 저렴하게 빌릴 수 있고, 도요다에서 근무하고 있어, 그들에게 차량을 가져오도록 요청할 수 있습니다. 이렇게 함으로, 하자가 있는 부품을 반품하여 문제의 근원을 진단할 수 있었습니다.

어떻게 했을까요? 그들은 몇 천 명의 직원들을 거느린 도요다 모토 세일을 선택했습니다. 직원들에게 이 프로그램에 참여하도록 권유했습니다. 직원들은 차량을 도요다 모토 세일로 가져와, 근무하는 사이에 차량정비가 가능하도록 했습니다. 고객 관리센터를 설치하여 하나씩 하나씩 모든 문제의 실제 근원을 진단했습니다.

책임을 지는 세계적 지도자들의 네트워크를 통해 전개함.

그림 2-15. 시행 육 단계 : 대책 시행

그들은 또한 도요다의 다른 부서들과도 이야기 했습니다. 도요다의 모든 부서들의 지도자들이 팀에 속해 있어서 어떤 엔지니어링 변화 요청도 이 고객관리센터를 통해 간다고 말했습니다 (그림 2-15 참조). 도요다 기술 센터나 일본 엔지니어 팀이나 공급처에 보내지기 전에 변화를 거르고 우선화할 것이었습니다. 가능한 한 근원 분석도 미국에서 할 것이며, 엔지니어링으로 보내지기 전에 문제들을 우선화할 것이었습니다.

> **지속적인 조정으로 칠 년 간 가까이 감독함**

그림 2-16. 점검 칠 단계

이것은 정제하고 개선하는 계속하는 과정입니다 (그림 2-16 참조). 그렇기에 궁극적으로 그들이 원하는 60%를 얻기 위해 7 년이 걸렸습니다. 계속적으로 과정을 조정했습니다. 게리는, 4 년째에, 기업에서 은퇴했습니다. 그때까지 도요다는 제조, 엔지니어링 그리고 판매부 내에서 새로운 과정들을 기준화 하는 데까지 전진했습니다. 근원에 대해서도 전진을 했는데 이 또한 계속되는 과정입니다. 이 새로운 과정이 새 습관이, 북미 내에서 사업하는 새로운 방식이 되는 것이 필요했습니다(그림 2-17 참조).

> 제조, 엔지니어링 그리고 판매부 내에서 새로운 과정들을 기준화함.
> 근원에 대해서도 전진함: 엔지니어들의 더 나은 훈련과 개발, 엔지니어링의 기준화, 제조부에서의 품질 장착된 소유권, 그리고 판매부에서의 개선된 보상수리 보고 시스템.

그림 2-17. 행동 팔 단계

실용적 지침서

북미 공장 전체 보상 수리 서비스

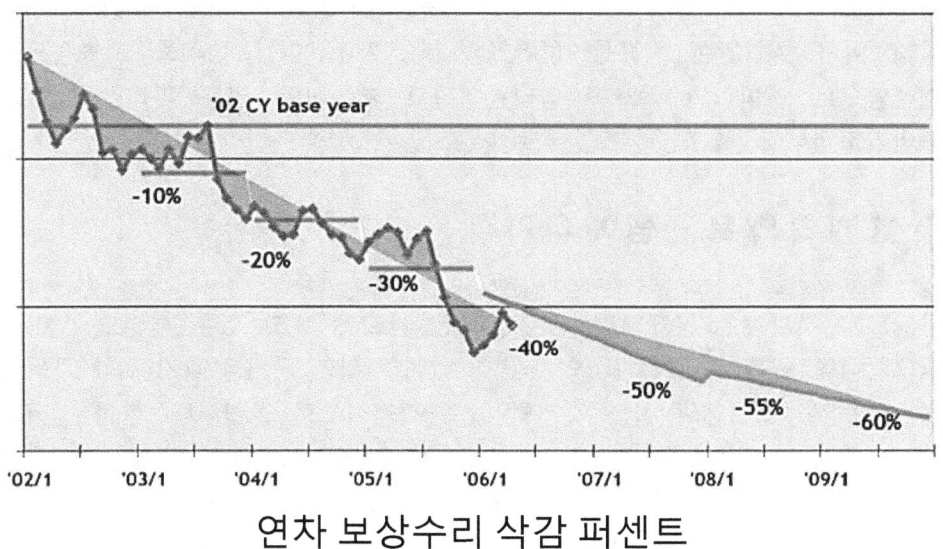

연차 보상수리 삭감 퍼센트

출처: 도요다 미국 엔지니어링과 제조회사
그림 2-18. 북미 공장 보상수리 서비스

이제 일이 진행되었는지 궁금하실 것입니다. 대답은 위에 묘사한 것처럼 아주 잘 진행되었습니다(그림 2-18). 매 수평선이 목표입니다. 보시는 바와 같이, 2002 년부터 매년 10%였습니다. 점선은 게리가 재직 시 성취한 것을 의미합니다. 4 년 후에 40%를 성취했고, 그가 떠난 후에 7 년째에 60%를 달성했습니다.

물론, 실제 보상 수리는 정확히 일 년에 10%씩 직선 하강하지는 않았습니다. 보시는 것처럼 어떤 때는 목표 이하를 어떤 때는 목표이상을 맴돌았습니다. 모든 피디시에이(PDCA)주기가 그렇듯이 –시도해서, 어떤 경우는 잘 돌아가고, 어떤 경우는 잘 되는 듯해서 일정을 앞서가는 듯 보이다가도 후진하고 큰 문제에 부딪히고 해결해야 하는 등 – 이도 그렇게 생각하시는 것이 좋을 것입니다.

이 과정은 다른 기업에서 종종 일어나듯이 게리가 모두에게 보상수리를 10% 삭감하라고 지시하는 문제가 아닙니다. 이사로서, 적극적으로 이사 팀을 이끈 이가 바로 게리였습니다. 수 백 명이 그 팀을 위해 일했고, 피디시에이(PDCA)를 통해 이런 놀랄만한 목표를 성취했습니다. 저는 이를 방식을 지속적으로 개선함으로 돌파적인 목표에 다다름이라고 부릅니다. 많은 가이젠을 통한 가이가꾸입니다.

다섯 번의 왜로 근원에 다가감

근원으로 다가감은 문제해결에서 가장 많이 오해 받고 있는 부분으로 아주 중요합니다. 근원은 마치 하나의 근원이 있어 정확한 근원을 찾기 위해 가능한 모든 방법을 동원해야 하는 것처럼 아주 과학적으로 들립니다. 현실은 언제 어디서나 문제해결을 할 때 근원파악에 온 시간을 소비하고 다른 것은 아무 것도 못할 수 있다는 것입니다. 지름길을 택할 필요가 있습니다. 어떤 때는 과녁을 명중하고 어떤 때는 그렇지 못한다는 것을 받아들여야 합니다. 궁극적으로, 그것이 최적의 추측이라면 실험을 통해 검사할 수 있을 것입니다.

다이치 오노는 다섯 번의 왜를 사용하여 근원문제 해결을 가르쳤습니다. 그는 성공의 최고 기회가 과정을 깊이 관찰하고, 사고하고, 계속 문제 제기하는 데 있다고 믿었습니다. 이것이 정말로 근원인가? 왜 발생했는가? - 일반적으로 이렇게 다섯 번을 하면 충분합니다. 자료를 보지만, 가장 복잡한 퇴행 분석이나 디자인 실험을 하지 않을 수 있습니다. 목표는 그럴 듯한 일련의 설명들을 가지고 검사해 보는 것입니다.

더 흔한 문제는 근원을 파헤치려는 노력의 부족이 아닙니다. 더 흔한 문제는 시도조차 안 한다는 것입니다. 문제가 뭔지 안다고 원인이 뭔지 안다고 즉각적으로 생각하며, 문제에서 결론으로 즉시 뛰어드는 것입니다.

실용적 지침서   65

그림 2-19: 물이 찬 수영장으로 다이빙하는 사람 (좌) 과 물이 없는 수영장으로 다이빙하는 사람(우)

수영장으로 뛰어드는 사람이 있을 때 (그림 2-19 참조), 수영장에 물이 차 있지 않은 상태에서 무조건 뛰어든다고 상상해 봅시다. 이런 일이 실제로 발생합니다. 문제를 볼 때, 문득 떠오른 멋진 생각들을 가지고 곧장 시행한다면, 눈 감고 비행하는 것과 같습니다. 작은 문제들은 그리 할 필요가 있을 수도 있습니다. 예를 들어, 게시판에 매 시간마다 사람들에게 목표달성 했는지를 적도록 했다고 합시다. 그렇지 못했을 때, 왜 못했는지를 질문하고 대책란에 적는다면 이것은 문제에서 해결로 뛰어드는 것입니다. 그러나 시간마다 일어나며 원인이 명백한 (부품이 기계에 끼었다거나, 명시대로 제조되지 않았다거나) 작은 문제들이라면 괜찮습니다. 문제들을 수집해서 커다란 문제를 발견했다면 결론에 뛰어들지 말고 근원분석을 해야 합니다.

다섯 번의 누구가 아닌 다섯 번의 왜

다이치 오노가 이렇게 말했습니다, "현장을 편견 없이 백지로 관찰하십시오. 매사에 "왜"를 다섯 번 반복하십시오." 그는 오노의 원(圓) 으로 아주 유명했는데, 원에 서서 무엇이 일어나는지 관찰하고, 문제와 근원을 이해하기 위해 왜를 계속 질문하는 것입니다. 두 시간 후에, 다시 와서 무얼 관찰했는지 점검합니다. 그리고 다시 두 시간 후에 같은 것을 반복했는데, 휴식시간 말고는 거의 하루 종일 원안에 서 있게 했습니다. 같은 것을 반복해서 관찰하는 것입니다. 매번 그가 다시 올 때마다 더 깊은 분석이 이루어지길 요구했습니다. 더 많은 문제를 언급하고 왜에 대해 더 깊이 생각할 수 있을 것입니다. 과실을 범한 사람을 찾으라고 요구하지 않았다는 것을 주목하십시오. 그는 다섯 번의 누가를 묻지 않았습니다. 종종 왜를 물었을 때, 첫 번째 왜는 실수를 한 사람을 들기 쉽습니다. 그러나 왜 그 사람이 실수를 했는가를 묻는다면 대부분 시스템 원인으로 가게 마련입니다.

과정을 협소화하고 집중함

큰 문제를 다뤄야 할 때, 그것이 아주 막연하고 문제의 증상만 보일 수 있습니다(그림 2-20 참조). 품질의 문제가 있습니다. 이 품질의 문제를 풀려고 합니다. 많은 원인들이 있을 것입니다. 어디서 시작해야 할지도 모를 수가 있을 것입니다. 더 명확하게 문제를 집중할 필요가 있습니다. 예를 들어, 2년 안에 특정한 고객 만족 지표에서 최고가 된다거나, 연말까지 품질하자를 80%까지 감소하겠다거나 하는 목표를 세울 수 있을 것입니다. 이러한 광범위한 문제를 다룰 때 가장 가능한 원인을 찾아서 깊이 파고 들어야 합니다. 그러면 그를 넘어서서 어디서 문제가 발생했는지 묻게 될 것입니다. 그러면 직접적인 원인을 발견할 수 있을 것입니다. 다섯 번의 왜를 질문하기 전에 원인의 시점-어디서 문제가 시작되었는지- 과 직접적인 원인을 발견해야 합니다.

실용적 지침서

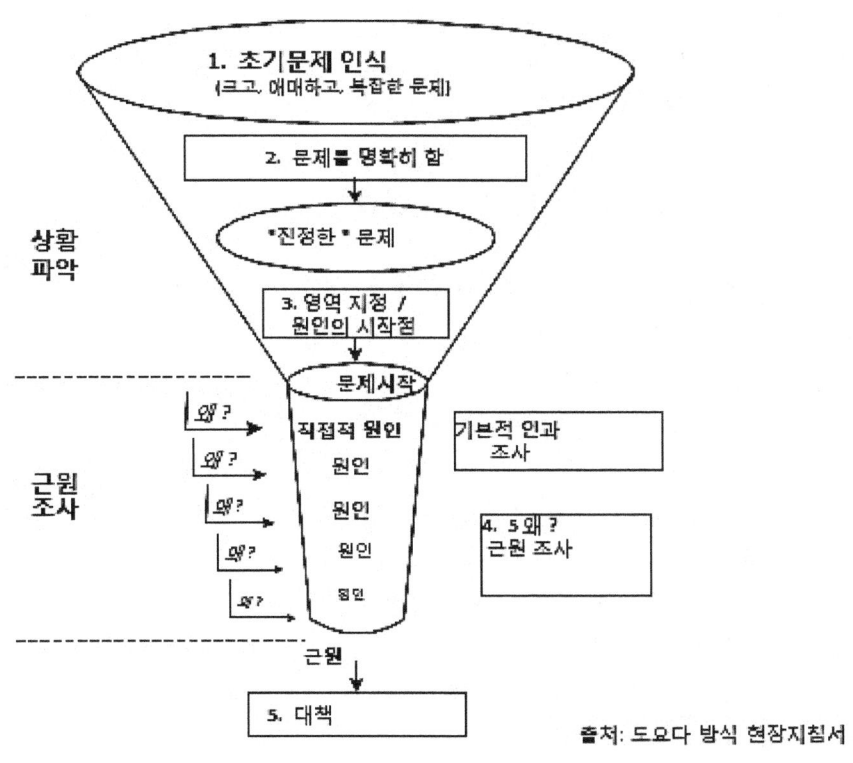

그림 2-20. 초점을 좁힘

유명한 다이치 오노의 이야기 중 그가 수제자 남파치 하야시에게 문제를 발견할 때까지 제조과정을 관찰하라고 한 적이 있었습니다. 하야시는 심각한 품질문제를 발견하고 해결하려고 한창 준비 중이었습니다. 그때 오노는, "어디서 문제가 발생했나?"라고 질문했습니다. 문제는 맞지 않는 부품이었는데 하야시가 다시 생각해 봤을 때, 이전에 제조되었을 때 발생했을 것이라고 깨달았습니다. 오노는 문제가 거기 있는데 왜 여기에서 문제를 해결하려 하는지 알기를 원했습니다.

하야시는 이전 과정으로 달려가려 했을 때, 오노는 그를 정지하며 어디로 가는지 질책했습니다. "문제가 발생한 제조과정으로 가서 보려고요," 하야시는 대답했습니다. 그러자 오노는, "조립하는 과정에서의 문제는 어떻게 하고? 조립이 제대로 안 되도록 방치할 건가?" 라고 질문했습니다. 그는 하야시가 심각히 문제를 사고해야 한다고 지적했습니다. 그러나 제조부에서 근원파악 전에 먼저 조립에서의 문제를 제한해야 한다는 것입니다. 오노는 쉽지 않은 사람이지만 아주 효율적으로 배울 수 있는 선생이었습니다.

흔한 다섯 번의 왜의 실수: 타인을 책망함

원인의 시점-어디서 발생했는지-을 찾아야 한다고 언급했습니다. 하나 주의해야 할 것은 다룰 수 있는 것에 집중해야 한다는 것입니다. 데이비드 메이어와 제가 도요다 방식 현장 지침서에서 묘사한 논리적인 다섯 번의 왜 분석을 소개하겠습니다. 문제는 품질하자율이 너무 높은 것-목표에 못 미치는-이었고 원인은 부품하자가 너무 많은 것이었습니다. 왜일까요? 부품이 조립과정에서 정확히 조립되지 않기 때문입니다. 종종 여기서 멈춰 운영자를 책망합니다. 왜일까요? 운영자가 실수를 했기 때문입니다. 왜 운영자가 실수를 했을까요? 부품이 제대로 맞춰지지 않았기 때문입니다. 왜 부품이 제대로 맞춰지지 않았을까요? 부품이 제대로 디자인 되지 않았기 때문입니다. 그러면 다른 장소 또는 다른 나라에 있는 엔지니어에게 가서 부품 디자인을 고쳐야 한다고 알려줘야 합니다.

왜? ⟶ 디자이너가 제대로 디자인하지 않았음

그림 2-21. 질문에 대한 첫 답변: 왜 부품이 제대로 맞춰지지 않는가?

직접적으로 영향을 미칠 수 없는 다른 사람들을 책망하기 시작하면 문제를 언급하는데 시간이 오래 걸립니다.-새 디자인을 몇 달이고 몇 년이고 보지 못할 수도 있습니다. 직접 통제가 가능한 왜에 대한 다른 답이 있는지 자문해봐야 합니다.

실용적 지침서   69

효과적인 근원 분석

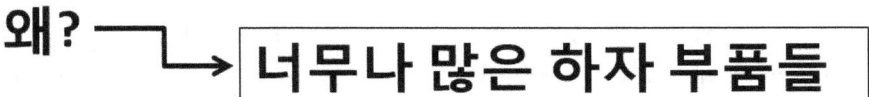

그림 2-22. 질문에 대한 답변: 왜 하자율이 너무 높은가?

이것이 효과적인 근원분석입니다. 여전히 운영자 실수가 있고 (그림 2-22 참조) 부품이 제대로 맞춰지지 않았지만, 이제 자문할 수 있는 것입니다, "조립선 안에서 부품을 제대로 맞추기 위해 무엇을 할 수 있을까?" 그러면, 왜 부품이 제대로 맞춰지지 않았는가?

그림 2-23. 질문에 대한 두 번째 답변: 왜 부품들이 제대로 맞춰지지 않는가?

부품이 다음 장소로 옮겨지는 것을 방지하는 오차방지 장치가 없었기 때문입니다 (그림 2-23 참조). 이는 고정장치같이 아주 간단하게 만들 수 있기는 하지만, 현재 맞지 않는 부품을 고객이 만족할 정도로 조립할 수 있는 방법이 필요했습니다. 여전히 엔지니어링 부와 소통하여 오차방지 디자인을 하고 조립하기 용이하도록 해야 했습니다. 문제를 제한하기 위해 조립부에서 발생하는 품질 문제를 멈추는 조치를 지금 취해야 합니다. 다른 부서로 책임을 돌리는 것은 아무 조치도 하지 않는 핑계에 불과하기 때문입니다.

근원을 찾은 후에는, 원인을 제거하는 아이디어를 생각해 내야 합니다. 이미 언급한 대로, 도요다는 이를 대책이라 부르는데 그것이 해결책인지, 최선책인지 알 수 없기 때문입니다. 오늘의 훌륭한 해답이 내일의 더 나은 해답으로 대체될 수 있습니다. 좋은 대책을 생각해 냈으면 실험함으로 과학적으로 증명해야 합니다. 이 대책을 이행하면 격차를 줄일 것이라는 가정이 되는 것입니다.

흔한 실수는 자신이 많이 알고 있다고 착각하는 것입니다. 답을 안다고 밀어붙이면 단기적으로는 약간 도움이 되겠지만 그것이 과연 최선의 답일까요? 아마도 그룹 중 누군가가 더 나은 답, 더 나은 대책을 가지고 있었을 수도 있습니다. 자만의 병은, 문제해결의 가장 커다란 장벽입니다. 이미 해결안을 안다고 생각한다면 문제해결과정을 표면적으로 따르게 될 것이기 때문입니다.

인력양성을 위한 대책과 문제해결

"네마와시"

문제해결과정의 매 과정에서 자주 등장하는 일본용어가 네마와시입니다. 몇 십 년 된 일본 경영에 관한 저서들에서 들었을 만한 용어인데, 도요다의 전용만은 아닙니다. 번역상으로는 나무를 심기 전에 토양을 준비하는 것입니다. 이 경우에 토양을 준비한다는 것은 관련된 모든 사람들이 당신이 공식적으로 제안을 하기 전에 미리 준비를 한다는 것입니다. 문서를 직접 돌리며 하나 하나 의견을 나누며, 토론하며, 생각을 경청하는 것입니다. 경청하고 토론하면서 어떤 아이디어가 고려되어야 하는지 이유를 언급하며, 그들의 의견을 통합하며, 동의를 건축하기 위해 당신의 사회적 기술을 사용하는 것입니다. 그래서 당신이 마지막으로 공식적 제안을 할 때에는 이미 모두가 동의한 상태인 것입니다.

개선 사양을 인지하고 선별함 (계획)

개선 사양을 인지하고 선택할 때 - 대책들은 여전히 계획 상에 있음 - 네마와시를 이용해 많은 아이디어를 만들 것입니다. 그 후에 효율성, 비용, 단순함, 그리고 신속히 수행할 수 있느냐에 따라 측정함으로 아이디어들을 간추릴 것입니다. 전체적인 카테고리를 적용해 점수를 매길 수 있으면 빠르게 측정할 수도 있습니다. 또한 판단력을 이용해 실험할 수 있는 몇몇의 아이디어를 찾을 수도 있습니다. 실험할 때라도, 결과를 보고하고 동의를

실용적 지침서

계속적으로 구하고, 계속 아이디어를 만들어 내십시오. 과정의 매 단계에서 네마와시를 계속적으로 할 것입니다. 이 장에서 나중에 언급할 것은 A3 가 네마와시의 유용한 도구라는 것입니다. 동의구축과정의 부분일 수 있는데 목표에 합당하게 씌었을 경우에 한해서입니다.

개선을 계획하고 수행함 (시행)

시행에서 근원을 발견할 때까지 기다리고 하자가 발생하도록 방관한 후에 8 단계 과정을 밟으려고 하면 안 됩니다. 미리 언급 한 대로, 먼저 문제를 제한해야 합니다. 예를 들어, 도요다 공장에서, 누군가가 줄을 잡아당기면 -안돈- 불이 켜지고, 팀 지도자가 달려옵니다. 그가 첫 번째 할 일은 문제를 제한하여 계속 차량을 생산하는 것입니다. 그리고 나서, 팀이 물러서서 장기적 대책을 강구하기 시작합니다. 첫 번째 시도는 피디시에이 (PDCA) 전에 하는 제한이며 그리고 나서 집중하고자 하는 더 큰 문제들을 피디시에이 (PDCA)를 통해 하는 것입니다.

징거만 우편주문창고에서 그들이 다른 생산품을 배송하는데 사용하는 여러 가지 크기의 컨테이너를 진열하기 위한 새 선반을 만드는 것을 보았습니다. 적절한 크기의 컨테이너를 선별하는 것이 운영자에게 가장 요구되는 기술이었습니다. 그들은 한 가지 선반을 가지고 운영자가 얼마간 사용하도록 하고, 의견을 수렴하고, 다른 운영자들에게도 사용하도록 하고, 컨테이너를 옮기기도 하고, 선반에 올리기도 하는 등 시간을 보냈습니다. 시행-점검-조정의 과정을 몇 주 동안 거치고 마침내 만족했을 때, 전 현장에서 사용하도록 했습니다. 시행은 실험, 반영 그리고 조정의 계속적인 과정입니다.

문제해결이 사람을 개발시킴

도요다 방식은 지속적인 개선과 인간존중이며 이 두 기둥은 온전히 얽혀있습니다. 사람들이 문제를 해결할 때 많은 기술을 습득하기 때문입니다. 이런 기술들에는 네마와시, 독창적인 아이디어를 짜내기, 생각을 확장하기, 깊이 관찰하기 사고하며 왜를 질문하기 등이 포함됩니다. 기술과 습관의 전체적인 목록을 개발합니다. 동시에, 실제 문제를 해결하며, 점점 더 나아집니다. 문제해결의 결과는 인력 양성입니다.

게리가 도요다의 최고인력과 함께 60% 보상수리 삭감하기 위한 분투를 했을 때, 아무도 60%를 성취할 수 있는지, 57%이면 충분한지 질문하지 않았습니다. 목표는 60%였습니다. 성취할 것이었습니다. 그들은 성취할 것을 알았습니다. 문제해결과정을 통해서라는 것을 알았지만 어떤 특정한 해결안인지는 알지 못했습니다. 과정을 통하여 모두들, 특히 게리는 높은 단계 개선 기술을 개발했습니다.

도요다 사업시행: 문제해결을 통해 인력을 양성함

도요다가 도요다 사업실행에서 한 것은 두 가지를 병행한 것입니다. 첫 번째는 질문을 던지는 것입니다: 문제를 풀기 위해서 취해야 할 구체적인 행동과 과정이 무엇인가? 두 번째 것은 과정을 거치는 동안 어떤 가치와 기술을 사람들에게 보강할 것인가 하는 문제의 답을 제공합니다. 이를 추진력과 헌신이라고 부릅니다 (그림 2-24 참조). 8 단계를 통하여 추진력, 헌신 그리고 실지 기술을 건축합니다. 예를 들어, 문제를 명확히 할 때, 고객을 우선에 놓아야 하는데 그러면 누가 고객인가?문제를 해결하기 위해 그들이 원하는 것이 무엇인가? 라는 질문으로 시작합니다. 대책을 개발할 때, 사실에 근거하여 판단하려 합니다. 관련자들을 연관시키며, 어떻게 그들에게 설명하는지, 어떻게 그들의 아이디어를 끄집어 내는지, 어떻게 그들을 설득하는지를 배우게 됩니다.

실용적 지침서

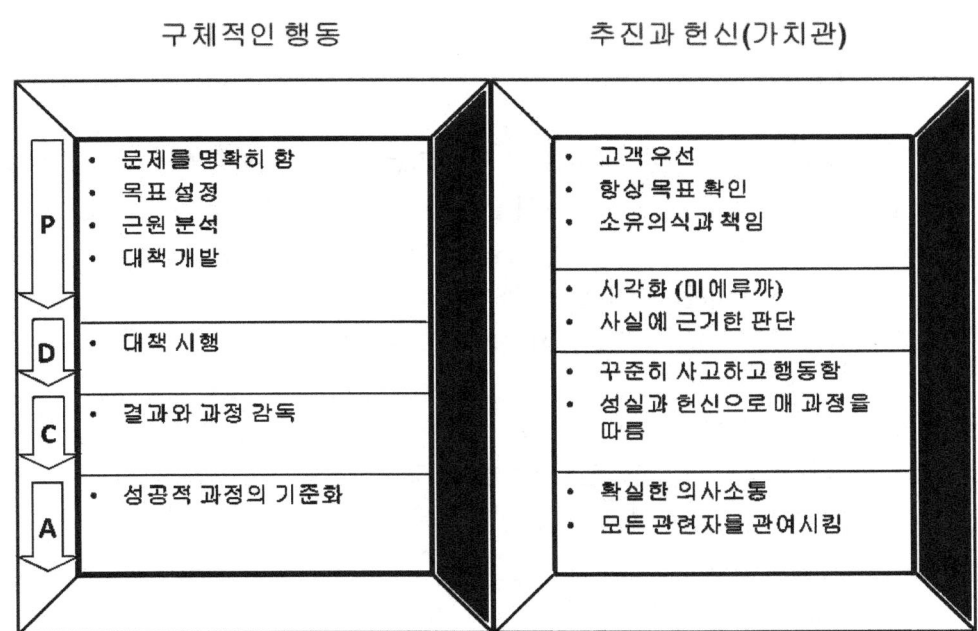

출처: 도요다

그림 2-24. 도요다 사업 실행- 문제해결 과정에 중심을 둠.

행동 계획은 책임에 관한 것

대책을 시험하기 위해 행동계획을 짤 때 어디서나 볼 수 있는 시각적 일정을 만들 것입니다. 전형적으로, 겜바에서 문제해결과정을 추적할 수 있는, 누가 무엇을 언제 하는지를 포함한 게시판을 운영할 것입니다.

언제나 개인의 이름을 명시해야 합니다 - 팀이나 그룹에 의한 것이 아닌 - 매 단계에서, 그 단계에 대한 책임진 개인이 있을 것입니다. 점검과정의 부분은 그 사람이 미팅에서 보고하는 것을 포함합니다. 무언가를 해야 할 때, 안 했다거나 조심스럽게 처리하지 않았다면, 그것이 명백하게 드러납니다. 매번 사람과 만나고 매번 그 사람이 보고할 때, 그 사람이 의견 수렴을 받고 문제해결 기술을 개선하는 기회가 됩니다. 그러므로, 행동 계획은 책임감에 대한 것이며 또 다른 인력 양성의 도구입니다.

점검은 배움임

피디시에이 (PDCA)의 점검 단계를 계속 하겠는데, 이는 또 다른 인력 양성의 기회입니다. 상황을 관찰함으로 코치를 받을 것입니다. 만약 와서, "이 훌륭한 결과를 보시오," 라고 말하고 수치만을 보여 준다면, 선생은 이렇게 질문할 것입니다, "가서 과정을 관찰했습니까? 얼마나 오래 관찰했습니까? 사람들과 대화했습니까?" 그들은 당신을 다시 겜바로 보낼 것입니다.

조정하도록 준비해야 합니다. 종종 승리를 너무 일찍 포고하고 점검에서 행동으로 가려 하는데, 그러면 단계들이 모호해집니다. 관찰하면서 배우고 실험할 새로운 대책들을 만들어내야 하기 때문입니다.

많이 진보했으나 아직 다다르지는 않았습니다. 좀 더 해야 합니다. 다시 점검해야 하고 좀 더 조정해야 합니다. 이 전체의 과정은 사람을 개발하고 조직이 배우도록 디자인되었습니다. 그래서 배운 것을 점차 전파하는 것입니다. 때때로 오해하는 바와 같이 최선의 시행을 전파하는 것이 아니라, 배움을 전파하는 것입니다. 그러면 당신의 기여가 받는 사람들에 의해 사고방식으로 전환하는 것입니다.

미래의 행동은 깊은 반영임

피디시에이 (PDCA)에서 마지막 행동은 깊은 반영인데 과정이 안정화되었다고 확신할 때까지 계속됩니다. 종종 해결안을 유지하지 못했음을 듣습니다. 몇 달 후에 방문했을 때 처음 시작했을 때와 다르게 운영되고 있음을 봅니다. 사람들이 기준화된 방법을 따르지 않는데 문제는 충분히 시간을 두고 점검하고 코치하고 보조해서 새 과정이 관습 - 새로운 방식 - 이 될 때까지 지켜보지 않아서입니다. 해결안을 유지하고 개선을 계속하는데 문제의 소유자로서 책임이 있습니다.

종종 기업이 린 (lean)의 모델 (때때로 "등대" 프로젝트라 불림)을 세우는 걸 봅니다. 한번에 한 영역을 하고 성공적이었으면 경영진에서 다른 곳으로

실용적 지침서

판박이처럼 전파하도록 지시하고 처음 영역은 돌아보지 않게 됩니다. 모델의 가치는 배우는 데 있습니다. 끊임없이 배우고 끊임없이 전진할 수 있지만, 대부분 배운 것들을 너무 바삐 전파하느라 배움이 일찍 멈추고 상태가 후진하게 됩니다. 그 와중에 따라 한 영역은 그리 성공적 이지가 못한데 그 이유는 다음과 같습니다. 첫 번째, 상세한 해결안이 다른 상황에서는 잘 안 맞을 수 있기 때입니다. 두 번째, 당신이 "최선의 실행"을 전파한 사람들은 시행하면서 배우는 과정을 거치지 못했고, 계속 개선하는데 필요한 근저에 깔린 일과를 모두 받아들일 만큼 모델을 충분히 이해하지 못하기 때문입니다.

왜 피디시에이는 (PDCA) 드물게 실행되는가?

출처: *지속적 개선을 향한 도요다 방식*
그림 2-25. PDCA (계획–시행–점검–행동 또는 조정) 바퀴 또는 데밍의 바퀴

피디시에이 (PDCA)가 제가 묘사한 대로 자주 일어날까요? 이것이 전형적으로 사람들이 사용하는 개선책일까요? 결국에는 1980 년대와 1990 년대를 통해 대부분의 기업들이 품질혁명을 거쳤습니다. 이제는 모두가 품질 전문가여야 합니다. 코스 중 어디서 피디시에이를 (그림 2-25 참조), 기본적 문제해결 도구를, 원인결과 도표를 배웠을 것입니다. 그러면 이건 구식에 불과한 걸까요?

이론적으로 따지면 구식입니다. 생전 들어보지 못한 것을 말하는 것이 아닙니다. 하지만 실제로 매일 일어나는 상황이 그림 2-26 에 묘사되어 있습니다.

출처: *지속적 개선을 향한 도요다 방식*
그림 2-26. 시행만 있는 PDCA 바퀴- 되도록 하시오!

시행만 반복해서 하고 계획, 점검, 행동과 조정은 뒷전으로 돌리는 화재진압 자세에 들어갑니다. 왜 이런 일이 발생할까요? 배운 대로라면 피디시에이를 해야 마땅한데 실제로 과정을 점검하고 사람들이 일하는 것을 관찰하면 대부분의 시간을 "시행"하는데 소비합니다. 왜 이런 일이 발생할까요?

화재진압 자세는 악순환인데 시스템이론 용어로 사용할 수도 있을 정도입니다. 하강하는 반복 주기입니다. 고장이 나서 시스템을 조정합니다. 다른 문제가 발생하면 그것을 고칩니다. 그 와중에 고치지 않았던 문제가 다시 나타납니다. 그 문제는 눈덩이처럼 커져서 지속적으로 진압해야 합니다. 시스템은 더 나아지지 않고 악화됩니다. 한 번 이 악순환에 들어가게 되면 갇힌 느낌일

실용적 지침서

것입니다. 계획, 점검 또는 조정할 시간이 없기 때문입니다. 단지 그날 그날의 화재만을 진압할 시간이 있을 뿐입니다.

일단 피디시에이(PDCA)의 주기로 전환한 후에는 작동이 더 잘 될 것입니다. 더 안정화됨으로 계획하고 점검하고 조정하는 데 시간을 투자할 수 있습니다. 특히 모두가 생산 선에 있는 대신 팀 지도자가 여분의 재원으로 존재한다면 문제해결을 하는데 더 용이할 것입니다. 문제해결을 올바르게 할 때에 모든 것이 더 나아집니다. 가이젠을 할 수 있는 여유가 생길 것입니다. 자가개선 주기나 자가파괴 주기들 중에 많은 기업들이 자가파괴 주기에 봉착하게 됩니다.

조지: "이제, 제프, 무엇이 이런 주기에 봉착한 기업들을 위한 당신의 대책입니까? 어떻게 그들이 데밍의 바퀴에 대해 사고하도록 할 수 있습니까?"

제프: 가장 간단한 답은 지도력입니다. 누군가가 화재를 진압해야 하며 능동적인 문제해결을 시작해야 합니다. 누군가가 이끌어야 하는데, 매니저나 감독자 중에 이렇게 말하는 사람이 있을 것입니다, "더는 이 상태로는 안 됩니다. 퇴근하면서도 일 때문에 화가 나서 가족들에게도 화풀이를 하는 지경입니다. 무언가 다른 조치를 해야 합니다. 린(lean)에 대해 배울 기회를 잡아서 인도하는 방식을 바꿔야겠습니다."

제게 이런 이메일을 보내는 사람들이 있었습니다 - "당신의 책을 읽었고 제 영역에 그 원칙들을 적용하기 시작했습니다. 멈추고 문제가 무엇인지를 묻고 왜를 다섯 번 물었습니다. 문제를 풀기 시작했고 린(lean)의 도구들을 사용했습니다. 상황은 점점 나아졌고 진짜 문제를 풀 수 있는 시간도 생겼습니다. 이제 경영진이 저에게 뭐가 다른지, 왜 조직의 다른 부서를 추월해 가는 지 묻습니다. 동료들은 제가 상위 경영진만을 위한다고 생각하여 저를 비웃고 모함하기까지 합니다. 어찌 해야 할까요? 경영진은 제가 무얼 하는지 이해 못하고, 동료들은 화내고 질투합니다; 저에게서 배우려고 하지 않습니다."

이건 실제 문제이지만, 조금만 참고 계속 옳다고 믿는 것을 실천하면 결과적으로는 다른 이들도 동의할 것입니다. 더 나은 상황은 상위에 있는 사람이 필요를 느끼는 것입니다. "더 이상은 참을 수가 없습니다.

바꾸어야겠습니다. "*지속적인 개선을 향한 도요다 방식*"에서, 헨리 포드 보건시스템에서 실험실을 운영한 리차드 자르보 박사가 한 장을 기술했습니다. 그는 몇 십 년 전에 데밍에 의해 훈련을 받았는데 마침내 거울 속의 자신을 보고 이렇게 말했습니다: "데밍 박사가 가르친 것을 어떤 것도 따르고 있지 않다. 실험실에서부터 바꾸어야 하겠다." 그들은 극적으로 바꾸었는데 리차드 자르보가 자신을 바꾼 데에서 시작되었습니다. 지도력 모델에서 보듯이 린 지도자의 첫 걸음은 자기개발입니다. 변화를 원해야 합니다. 조직의 한 부분에서 오직 컨트롤할 수 있는 부분만을 변화시킬 수 있습니다.

많은 사람들이 제게 이런 질문을 합니다, "어찌 해야 할까요? 경영진의 지원이 없고 동료들의 지원도 없습니다." 제 대답은 계속 하던 대로 하시라는 것입니다. 아마도 행복하게 퇴근할 것이며, 더 나은 아버지, 남편 또는 아내 그리고 사회의 일원이 되기 때문입니다. 지금이 더 행복한데 돌아갈 필요가 없지 않습니까?

그 와중에, 더 오래 이렇게 하고 더 결과를 얻을수록, 상위의 누군가가 당신에게서 무언가를 배워야 한다고 알아차리는 확률이 더 높아집니다. 종종 그런 일이 생깁니다. 어디선가 시작은 해야 하는데, 그것이 하위직일 수도, 중간직일 수도, 상위직일 수도 있습니다. 가장 효과적인 것은 최고층에서 변화하고자 하는 열정을 갖는 것입니다. 이는 종종 외부압력에 의해 일어납니다. 예를 들어, 특허권이 있다고 합시다. 100% 수익마진을 취하는데 그 특허권 사용이 끝났습니다. 경쟁자가 있는데 그들은 15% 수익마진을 취합니다. 변화하지 않으면 살아남을 수가 없는 상황입니다. 7 장에서 보는 다나의 경우처럼, 위기는 최고지도자들을 배움으로 안내할 수 있습니다.

왜 많은 기업들이 피디시에이(PDCA)에서 피시에이 (PCA)를 생략할까요?

다시 한번 질문하겠습니다: 왜 사람들이 계획, 점검 그리고 행동을 건너뛰고 시행으로 갈까요? 왜 문제를 보고, 특히 상위 경영자일수록 금방 해결안을 생각해 내야 한다고 할까요? 문제를 받았으면, 해결안을 내야 하고 그것이 최고

실용적 지침서

해결안이어서 모두가, "문제를 풀었으니 영웅이네요,"라는 칭찬을 받으려고 합니다. 왜 그럴까요?

실제로 이를 이해하도록 많은 조사가 이루어졌습니다. 뇌의 화학적 상태로까지 연구조사가 이루어졌는데 다니엘 카네만의 *빠르고 느린 사고* 란 베스트 셀러가 있습니다. 그는 인식 심리학자로 사람들이 추론하고 결정하는 방식에 대해 오랫동안 연구했으며, 그와 그 동료들은 이로 인해 노벨상을 받았습니다.

이 새로운 저서에서, 가장 단순하게 그는, "당신의 뇌가 두 독립적인 부분을 갖고 있다고 생각하십시오" 라고 말했습니다. 실제 일어나는 것은 아니고, 간단화된 관점입니다. 두뇌 안에 두 가지 컴퓨터 프로세서가 있는데, 하나는 문제에서 해결로 곧장 뛰어들기를 잘 합니다. 빨리 사고하고 빨리 반응합니다. 틀에 박힌 생각은 빠른 사고에서 옵니다. 사람을 보면 곧장 가정을 내립니다. 이 사람은 영리해 보인다. 이 사람은 게을러 보인다. 이 사람은 하급직원이다. 이 사람은 성공적인 경영인이다. 과거의 경험에 근거한 많은 특징들을 사람을 보자마자 - 직업이나 외모에서 - 연관 짓습니다. 이것이 가능한 한 빨리 결론을 지으려는 두뇌의 빠른 사고 부분입니다. 그 부분을 느리게 하는 것은 고통스럽고 짜증나는 일입니다.

두뇌의 다른 부분이 이렇게 말합니다, "잠깐만요, 제프. 어떻게 그걸 알죠? 막 이제 이 사람을 만났지 않나요? 몇 가지 질문을 하고 그에 대해 알아보지도 않고 어떻게 그에 대해 안다고 할 수 있죠? 조금만 천천히 합시다." 이제 두 부분의 두뇌가 서로 싸우는데 빠른 부분은 즉시 고치고 나아가길 원하고, 느린 부분은 멈춰서 반영하고 점검하고 자료 수집을 하려고 합니다. 빠른 부분은 이렇게 말합니다, "이러고 있을 시간이 없어. 문제를 풀어야 해. 현실을 직시해." 느린 부분은 이렇게 말합니다, "문제에 봉착하기 전에 천천히 해야 해. 차분히 생각하도록 천천히 할 필요가 있어."

카네만이 그의 실험을 통해 보여준 것 중의 하나는 정보가 희박할 때 첫 번째 시스템은 - 빠른 사고 부분 - 은 결론으로 뛰어드는 기계로 운영합니다. 빠른 부분은 정보가 없을 때 유용합니다. 빠른 부분은 이렇게 말합니다, "확실히 아는 것이 없으니 옳다고 여겨지는 것을 그저 할 것이다." 더 많은 정보가 있고 사용 가능하고 보여졌을 때, 느린 부분이 논쟁에서 이길 수가 많고 빠른 부분을 느리게 합니다.

린(lean)에서 배운 것 중 하나는 시각적 경영인데, 간단히 말하면, 과정이 관리가 되는지 아닌지 볼 수 있는 것을 뜻합니다. 이것은 절대적으로 결정적인 정보로서 빠른 부분이 쉽게 의의를 제기할 수 없습니다. 고장 난 것을 알면 생산라인을 멈춥니다. 빠른 부분이 문제를 제한하고 이제 느린 부분에게 사고하도록 넘깁니다. 왜 이 일이 발생했는가?

조지: "아주 흥미로운데요. 그렇다면 이 저서가 단지 독서에 좋은 건가요 아니면 알아야 할 점을 지금 말씀하신 것에서 모두 배운 건가요?"

제프: "많이 배우셨다고 생각됩니다. 몇 백 쪽이 넘고 학자가 저술한 책이지만, 아주 훌륭하게 씌어서 뉴욕타임즈의 10 최고베스트 셀러 중의 하나로 일 년 넘게 자리잡았습니다. 몇 백만 명이 이 책을 구입하고 대부분이 읽었을 것입니다. 개인적으로 많은 사람들이 책을 전부 읽지는 않았다고 생각합니다. 저도 전부 읽지는 않았지만, 흥미로운 실험에 대해 다채롭게 기술되어 있어서 쉽게 끌리는 책입니다.

조지: "시각적 시스템에 대한 언급은 아주 유용했습니다. 이렇게 설명되리라고는 생각도 못했지만, 정보도 없이 결론으로 뛰어들고자 하는 인간적인 면과 싸우기 때문에 어떻게 이것이 결정적인지를 설명하는 훌륭한 방식입니다.

제프: "맞습니다. 만약 매니저가 내려 와서 무얼 하는 지 보고, 질문을 함으로 느리게 하는데 도움이 됩니다. 아주 훌륭한 도구입니다. 그것이 카네만과 그 밖의 두뇌 과학자들로부터의 결론이기도 한데 - 사람은 천연적으로 시각적인 피조물이라는 것입니다. 자료가 3 단계 밑에 묻혀 있다면, 쓸모 없는 것이고, 너무 많아도 쓸모 없는 것입니다."

실용적 지침서

격차를 보여주는 명확하고도 집중적인 정보가 필요합니다. 문제가 있고 시간을 들여 문제를 풀어야 합니다. 3장에서 시각적 경영에 대해 상술할 것입니다.

다른 암시는 - 두뇌 과학에서 보여진 대로 - 대부분의 사람들은 천연적으로 빠른 사고를 선호한다는 것입니다. 기분이 좋고 엔도르핀이 생성되기 때문입니다. 문제를 풀었고, 지금 진행되고 있습니다. 언제 속도를 늦추고 이것이 과연 옳은 문제인가 라고 질문하기 시작했습니까? 기억을 작동시키는 것은 힘이 듭니다. 새로운 것을 배우는 것도 힘이 듭니다. 깊이 사고하는 것도 힘이 듭니다. 카네만이 "최소의 정신적 수고의 법칙"이라 명명했는데, 빠른 사고는 최소의 정신적 수고인 것입니다.

카네만이 제시하고 두뇌 과학자들이 배운 긍정적인 것은 느린 부분을 더 많이 쓸 때, 더 강해진다는 것입니다. 마치 몸을 훈련하면 더 강해지듯이. 팔 굽혀 펴기를 다섯 번 하는 것은 아주 어렵지만, 계속 연습하다 보면, 어느 새 25번도 할 수 있게 됩니다. 두뇌의 느린 부분을 훈련하며 배우면, 실제 근원을 발견하고 풀어내면서 과거의 작은 빠른 부분에서 얻었던 것보다 더 큰 기쁨을 맛봅니다. 좋은 뉴스는 두뇌가 더 느리게, 깊게, 그리고 체계적으로 사고하도록 훈련하면서 힘든 습득과정을 거치면 그 끝에 가서 유익한 점이 있다는 것입니다.

출처: 도요다 조지타운 공장
그림 2-27. 시각적 경영 게시판

느린 사고를 권장하는 도구로 시각적 경영을 이용하는 것이 중요합니다. 도요다 켄터키 공장에서 그룹지도자들을 위한 시각적 회합장소를 보십시오 (그림 2-27 참조). 공장 전체를 포괄할 정도로 정교해 보이지만 사실은 그룹지도자 한 사람을 위한 것입니다. 켄터키 조지타운에서는 전형적으로 한 지도자가 25 팀원을 총괄하는데 6천명의 직원이 있다면, 게시판이 아주 많을 것입니다. 한 장 한 장 인쇄해 게시판에 붙입니다. 자세히 들여다 보시면 빨간 색 X 표가 보일 텐데, 주의를 기울여야 하는 부분입니다. 문제가 있는 곳이기 때문입니다. 문제라면 정도에서 벗어났다는 것입니다. 이것이 이번 주에 해야 할 일이고 품질 개선과 안전 개선과 비용 삭감에서 달성해야 할 것인데 첫 번째 근무에서 안전면에서 달성하지 못해서 문제가 생겼습니다. 코치의 지원이 필요한 때입니다. 최고 경영진이 내려와서 보고 논의합니다. 공장을 가로 질러 팀과 게시판 앞에서 만나서 질문을 함으로 돕고자 합니다. 6장에서 효과적인 현장그룹을 논의할 때 이 게시판을 다시 언급할 것입니다.

실용적 지침서

A3 사고로 문제해결을 천천히 함

A3 보고서는 린(lean) 도구들에 기준적인 부분이나 의도했던 것만큼 자주 사용되지는 않습니다. A3 과정이 할 수 있는 것 중의 하나는 느리게 사고하는 부분을 도와주는 것입니다. 보고서 자체는 A3 크기의 종이에 문제해결과정을 칸 안에 적는 것입니다. 올바르게 하려면 코치와 함께 과정을 거치면서 한 칸씩 적어내려 가는 것입니다. 예를 들어, 문제해결에서 코치가 다음 단계로 인도하기 전에 문제를 정의하는데 - 첫 번째 칸 - 몇 주를 소비할 수도 있습니다

A3 의 역사는, 어찌 보면 실망스러울 수 있는데, 갑자기 누군가, "유레카! A3 를 발견했다. 도요타 방식의 핵심적인 도구이다,"라고 말하며 무언가 커다란 돌파구를 발견한 것으로 생각하고 싶으실 것입니다. 그러나 그렇게 시작되지 않았습니다. 일련의 인식으로부터 시작되었습니다.

한 인식은 네마와시의 부분으로서, 과정이 진행되면서 그 과정을 문서화할 필요가 있었습니다. 사람들에게 보여주어야 할 것이 있어야 했고 그 때에 가능한 한 명확하고 간단하게 보여주는 것이 중요했습니다. 짧을수록 더 좋았습니다. 대량의 내용과 도표로 복잡한 보고서를 보내는 것은 절대로 아니었습니다. 40 쪽의 보고서를 다 읽을 것이라 기대하십니까? 아마도 회합 전에 잠깐 훑을 수는 있지만 결정적인 요점을 다 보지는 못할 것입니다. 그래서 주요요약이 필요한 것입니다.

A3 는 한 장의 종이에서 가장 결정적인 아이디어를 얻는 방식이며, 코치가 즉시 주요 요점을 파악하고, 사고과정을 따르고 피드백을 돌려줄 수 있는 것입니다. 왜 A3 일까요? A3 는 29.7cm X 42cm 로 그 당시 팩스기에 맞는 가장 큰 크기의 종이였습니다. 팩스를 보내는 것이 외부 사람과 소통하는 주요 방법이어서,효율적인 종이 크기를 연구한 것이 아니라 단지 팩스기에 쓰이는 제일 큰 종이 크기였던 것입니다.

도요타에서 A3 는 이야기로 통하는데, 이야기는 무언가를 알려주는 것이기 때문입니다. 보고서는 보통 모든 것이 끝났을 때 마지막에 하는 것입니다. 그

때에는 너무 늦을 수 있는데 이야기가 잘 구성되지 않았거나 실패했을 수 있기 때문입니다.

네 가지 종류의 A3 이야기

A3 보고서에 대한 도요다에서 공식적으로 나온 것 중의 대부분은 미국인들에 의해 개발되었습니다. 예를 들어, 1990 년대에 앤 아보에 있는 도요다 기술 센터에서 미국 매니저들이 문제해결에 관하여 제대로 훈련 받지 않았다는 것을 깨달았습니다. 이는 상당히 가정에 근거한 것이었습니다. 원래 직원들은 일대일 일본 코치가 있었고 그들은, "한 장의 종이 한 면에 보고서를 작성하세요. 이렇게요. 하도록 도와드리죠,"하며 직접 보여줬습니다. 미국인들은 그렇게 부르지는 않았지만 A3 에 대해 배우고 있었던 것입니다.

연구개발 센터가 커지면서 새 직원이 많이 채용되었지만 일본직원에게서 배우지는 않았습니다. 그래서 훈련 그룹이 배운 것을 공식화하기 위해 코스를 개발했는데 일본에서는 하지 않았던 일 입니다. 네마와시에 대한 코스를 개발했고 문제해결에 대한 코스를 개발했고, 그 둘을 필수로 하는 A3 코스를 개발했습니다. 그들은 공식적으로 다른 종류의 A3 이야기를 정의 했습니다. 그림 2-28 은 네 가지 다른 유형의 A3 이야기를 현 상태에 문제가 있다는 초기의 의식에서부터 논리적 순서로 보여줍니다.

실용적 지침서

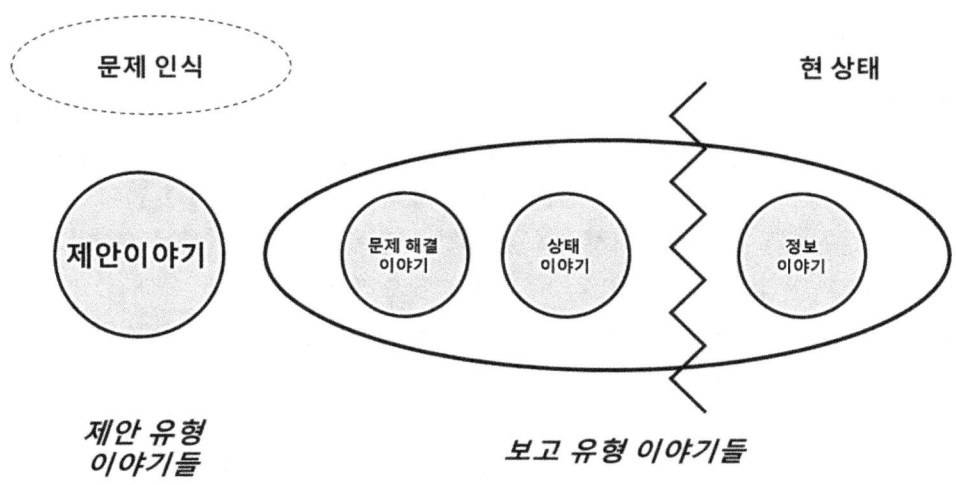

출처: 도요다 기술 센터
그림 2-28. 네 가지 유형의 A3 이야기들

제안 이야기는 문제가 있고 문제를 위해 일하도록 승인이 필요하다고 인식하는 것입니다. 승인 되고 나면, 문제해결 이야기를 시작하고 도요다 사업실행을 거칩니다. 문제해결의 다양한 시점에서, 매일의 용무에서, 생산, 품질, 또는 안전의 상태에 대해 보고를 해야 할 수 있습니다. 주요 자료를 보여주는 A3에 근거하여 의사소통하기를 원할 수도 있습니다. 이것은 현 상태와 상태 A3를 사용해야 하는 상태를 보여줍니다.

또 다른 면으로는 정보를 공유하고자 할 수 있습니다. 예를 들어, 몸체 엔지니어링에서 기술적인 것을 배웠는데, 다른 몸체 엔지니어들과 공유하고 싶을 때 A3 정보 이야기를 사용할 수 있습니다. 다시 말하면 한 장의 종이 한 면에 문제제시와 대책이 무엇인지 그리고 자료를 보여주는 것입니다.

이것들이 다른 A3 들입니다. 가장 친숙한 것은 문제해결 이야기인데 다른 것들도 간단히 다루겠지만, 주로 문제해결 이야기에 중점을 둘 것입니다.

A3 보고서: 요점을 계획함

종류를 막론하고 어떤 A3 이야기이든 일반적인 핵심 – 요점 -이 있습니다. A3 를 시작하기 전에 전체 상황을 파악하는 시간이 필요합니다. 이는 광범위한 자료출처를 고려하는 것, 게리가 했던 것처럼 다른 주요 지도자들을 개입시키는 것, 네마와시를 하는 것들을 의미하며 이로 인해 과정을 집행하며 이끌 팀을 꾸리는 방법이기도 합니다. 의견이 아니라 사실을 찾으려고 하십시오. 그래서 의견을 들으면 탐정처럼 진의를 구분해야 하고 또한 장기적 영향을 끼칠지 단지 단기적인 고침인지를 고려해야 합니다.

어떤 이야기를 하려고 하십니까? 네 가지 중 어떤 것이며, 청중은 누구이며 어떤 정보를 제공하는 것이 그들에게 유용할까요? 그리고 이 특정한 이야기가 전달하는 기업가치와 원리는 어떤 것입니까? 이러한 가치에 내용을 두고 이야기를 해야 합니다.

가치에 근거한 보고서의 예를 드리겠습니다. 몇 년 전에 아주 유명한 공표가 있었습니다. 도요다와 지엠의 합작이 끝난 후에, 이 거대한 공장이 비어있기에 도요다는 텔사에게 공장을 이용하도록 했습니다. 텔사는 상대적으로 작은 전기자동차 제작회사였는데, 아주 혁신적인 기업이어서 아끼오 도요다는 텔사에 투자하며 이런 공표를 했습니다, "텔사로부터 배우고자 하여 파트너를 할 것입니다." 도요다가 원한 것은 오랫동안 근무해 관료주의에 빠져 있었던 도요다 엔지니어들에게 혁신을 향한 동기부여와 헌신 그리고 자극을 주고자 함이었습니다.

라브 4 에 대한 프로젝트 보고서를 보았는데, 텔사 파워트레인을 라브 4 에 장착하는 데 그것의 전동장치와 작동이 되어야 했습니다. 해결해야 할 문제가 많았는데 그 중의 하나는 도요다와 텔사의 컴퓨터 모듈에서 기술 소유의 문제였습니다. 코드를 공유할 수가 없어서, 입력과 출력으로 어떤 과정을 거치는 지를 추측해야 했습니다. 빡빡한 최종기한이 있었음에도 이런 일들로 절반 이상의 시간을 보냈습니다. 팀은 A3 에서 목표를 텔사와 일하며 새로운 단계의 혁신과 팀워크를 배우는 것으로 삼았습니다. 물론 라브 4 를 시장에 출시해야 했습니다. 그것은 사업목표였고, 사람목표는 세계에서 최고 혁신인들이 되는 것이었습니다. 이것이야말로 아끼오 도요다가 텔사와 합동하면서 공표한 것처럼 얻고자 한 가치였습니다. 어떻게 목표를 시간 안에 달성했는지, 얼마나 혁신에 대해 잘 배웠는지, 타인과 공유할 것을 보고서에 실었습니다.

A3 보고서: 요점 집행

몇 가지 핵심요점을 고려 합시다. 다른 좋은 이야기처럼 흐름이 있어야 합니다. 이 특정한 경우에, 소설가처럼 상술하지 말고 문단이 아닌 요점만을 기술하고 그래프나 시각적인 것을 단어들보다 선호하는 것이 현명합니다. 명확히 기술해야 하고, 다른 사람들이 이해 못하는 특수용어 사용을 피해야 합니다. 타인들이 친숙하지 않은 두문자어(頭文字語) 사용도 피해야 합니다. 마치 예술가처럼, 보고서에 있는 매 칸들이 계획한 청중들에게 시각적으로 다가올지를 고려해야 합니다. 어떤 인상들은 받을지 정보가 확연히 눈에 들어 오는지 말입니다.

A3 제안 이야기 목적

다양한 A3 유형을 다룰 때 처음은 제안 이야기입니다. 이는 아직 목표나 목적이 없지만 기업가치가 서술되어야 하고 개선할 만한 것이 보일 때 사용하는 A3 입니다. 고객우선이 가치이고 고객의 체험을 더 재미있고 쾌적하게 하고자 하는 아이디어일 수 있습니다.

목표는 존재하나, 기업 가치나 정책이 변했다거나 환경이 변했을 수 있습니다. 그러면 이런 변화를 명시하는 계획이 필요합니다. 완전히 다른 방향이나 완전히 다른 정책일 수 있으며 그에 따른 목표가 필요할 것입니다.

예를 들자면, 예산을 제안할 수 있습니다. 한 번 도요다 기술 센터를 방문했을 때, 부사장을 인터뷰했는데, 그는 아주 기진맥진해 있었습니다.

그는 이렇게 설명했습니다, " 방금 4 주간에 걸쳐 준비한 큰 보고서를 마쳤습니다."

"무슨 보고서입니까?"

"몇 천 명을 포함한 도요다 기술센터 전체 예산에 대한 보고서입니다."

문득 떠 오른 생각에 질문했습니다, "A3 입니까?"

그는, "예, 물론이지요," 라고 답변했습니다.

종이 한 장의 도요다 기술 센터의 전체 예산을 상상해 봅시다. 그 당시에, 예산은 제안이며, 보고서를 검토하기 전에는 어떤 결정도 내려지지 않을 것입니다. 물론, 많은 문건이 뒷받침이 되겠지만, A3 의 논지는 분명하며 많은 사람들이 관련되어 있는 네마와시를 통해 개발되었습니다.

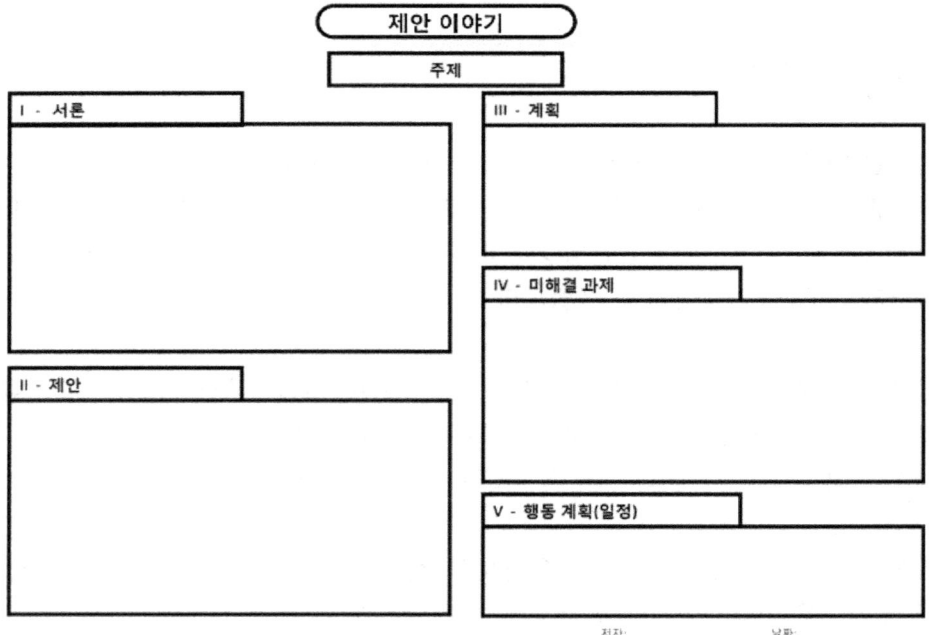

출처: 도요다 기술 센터
그림 2-29. 제안 유형의 A3 이야기

실용적 지침서   89

형식은 위와 같으며 (그림 2-29 참조), 모든 칸이 같은 크기나 형태라고 기준화된 보고서 방식에 까다롭게 맞출 필요는 없습니다. 제안 이야기나 상태 보고서 같은 특별한 경우에는 수정해야 합니다. 이 경우, 다른 책들처럼, 서론으로 시작합니다. 제안이 있고 흐름이 있고 계획이 있습니다. 보고하는 당시 미해결 과제가 있으며 어떻게 실천할 지에 대한 상세한 일정이 있습니다.

제가 언급한 예산이야기를 고려한다면, 이것과 똑같이 보이지는 않을 것입니다. 서론은 그다지 길 필요가 없습니다. 매년 반복되는 예산 계획주기임으로 단지 도요다 기술센터의 연 예산 제안이라고 제목을 붙이면 충분할 것입니다. 제안 자체는 예산과 이론적 근거일 것입니다. 계획은 예산을 승인하는 과정일 것입니다. 미해결 과제가 있다면, 언급해야 합니다. 어림짐작한 것이 있다면 명확하게 해야 합니다. 그리고 나면, 일정이 제시되고 마지막으로 예산이 승인되는 것입니다. 대부분의 보고서는 예산 자체일 것입니다.

제안 이야기의 단계는 계획을 개발하기 전에 시작하고-피디시에이 하기 전-상황을 파악하면서 시작됩니다. 이 제안을 무엇이라 명명할지, 배경 지식을 주고, 현 상황을 묘사하는 것으로 진행됩니다. 그리고 나면 계획은 추천이 됩니다. 만약 제안이 무엇을 구매하는 것이라면, 비용과 이점이 언급되어야 합니다. 그리고 나면 어떻게 실행할 지에 대한 구체적으로 설명해야 하며, 성공적인지 어떻게 후속할 지에 대한 명시가 아마도 있어야 할 것입니다. 행동까지는 가지 않을 터인데, 왜냐하면, 승인된 후 집행하기 위해 실제 피디시에이(PDCA) 주기로 이끌어질 것이기 때문입니다.

다른 A3 이야기들

A3 상태 이야기 목적

세 번째 유형의 이야기는 상황에 대한 것입니다. 문제해결은 지금은 건너뛰겠습니다. 호신 간리 (7 장)의 경우에, 항상 연중 검토와 연말 검토가 있는데, A3 상황 보고서 형태로 각 그룹에 의해 보고됩니다.

90   모든 단계에서 린 지도자를 양성함

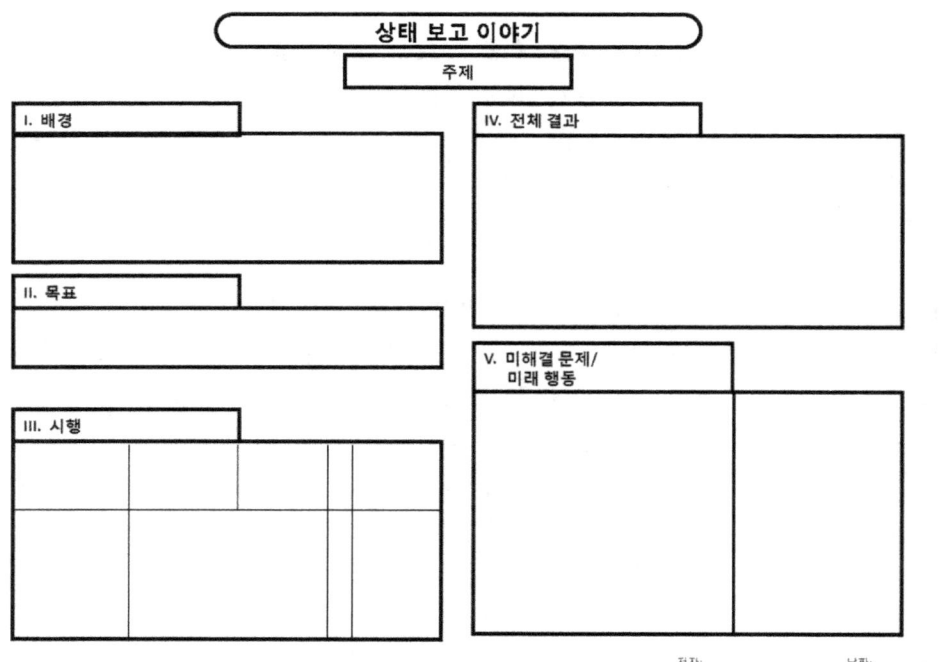

출처: 도요다 기술 센터
그림 2-30. 상태 유형의 A3 이야기들

이처럼 보일 것입니다 (그림 2-30 참조). 상태 보고서의 주제가 무엇입니까? 약간의 배경과 목적이 무엇인지 어떻게 비교할지를 알려줄 필요가 있습니다. 실행의 상황이 무엇인지 -때로는 녹색은 목표에 도달, 황색은 목표 미달이나 곧 달성할 것, 적색은 아직 대책을 강구해야 하는 상황이라는 등의 간단한 표시로 보여줄 수 있습니다. 그래프나 차트로 현재까지 진행된 전체적인 결과 그리고 미해결과제들, 닥쳐올 장애들에 대한 좀 더 큰 요약을 할 수도 있습니다.

A3 정보 이야기 목적

정보 이야기는 대체적으로 현 상황과 새 정보를 요약합니다. 평가할 필요가 없습니다. 문제를 인지하고 타인들로 하여금 인지하게 하고 유용한 정보를 공유하는 것입니다. 기술적 정보 이야기라면, 문제해결과정을 포함할 수도 있습니다 - 어떤 문제를 다루는지 조건과 경계가 무엇인지 - 이럴 경우에는 약간의 분석을 보일 필요가 있겠습니다. 다시 자문해야 할 것은, 누가 청중이고, 무얼 그들에게 전달할 것이며, 어떻게 하면 가장 간단하게 할 것인가 입니다.

A3 문제해결 이야기

문제해결 이야기는 가장 흔한 것인데 (그림 2-31 참조), 문제해결이 지속적인 개선과 인간존중의 핵심이라 할 때, 문제해결 A3 는 그 핵심을 보조합니다.

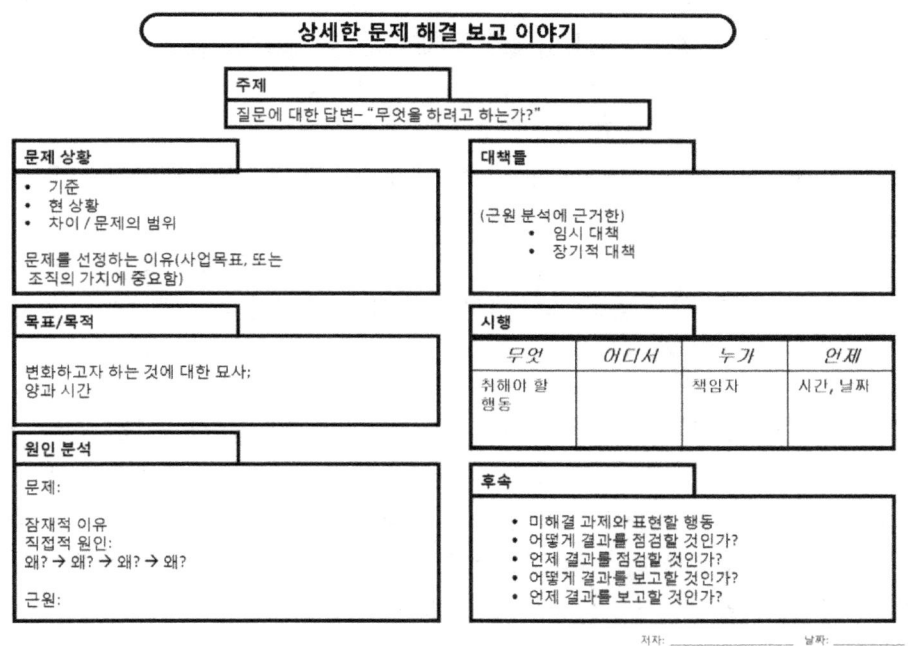

출처: 도요다 기술 센터
그림 2-31. 상세한 문제 해결 보고 이야기들

A3 문제해결 이야기 목적

A3 문제해결 이야기의 목적은 문제해결 자체가 목적입니다. 계획, 목표 또는 기준이 있는데 거기에 미치지 못하고 있는 것입니다. 다른 면으로는 현 기준에는 미치지만 새 기준을 요구 받았을 경우입니다.

이것은 강조하건대 문제해결 사례 양식입니다. 높은 단계의 양식이므로, 대부분의 피디시에이(PDCA) 과정을 이 안에 채울 수 있을 것입니다. 예를 들어, 도요다 사업실행의 8 단계를 이 여섯 개의 칸에 맞출 수 있습니다.

문제해결 접근을 할 때, 유연성이 있어야 합니다. 기업 내에 기준적 접근이 있다면 뭔가 빠진 것이 있지 않는 이상 그 접근을 사용하십시오. 문제정의가 필요하고 다다르고자 하는 목표가 있어야 합니다. 원인 분석과 한가지 이상의 대책이 있어야 합니다. 우선화하는 방식이 있다면 왜 이 대책을 선별했는지 보고서에 기재해야 합니다. 계획 실행과 후속이 필요합니다. 계획이 대책까지 진행되며 그리고 시행이 실행이며 후속이 점검이며 행동입니다. 이 특정한 보고서 양식은 점검하지 않았다고 가정하는데 점검에서의 결과를 포함할 수 는 있습니다. 또한 도요다 사업실행을 따라 8 칸을 만들어도 무방합니다. 칸의 개수는 그다지 중요하지 않습니다. 진정으로 계획-시행-점검-행동 의 과정을 전부 따르고 있느냐가 중요합니다.

각 칸에 약간의 설명이 따릅니다. 매 보고서가 어떻게 생겼는지는 전부가 아니라 약간의 지침을 주는 것에 불과합니다. 주제와 문제 보고, 문제의 묘사를 읽고 나면 무엇을 하려 하는지 이해가 가야 합니다. 문제 상황에서, 어떤 기준을 성취하려 하는 지와 현 상태를 이해할 수 있어야 합니다. 격차를 알아야 하고 왜 이 특정한 문제를 골랐는지에 대한 논리를 알아야 합니다.

목표를 언급하는 데에서 무엇이 얼마큼 언제까지 바뀌어야 하는지 알아야 합니다. 근원분석에서, 원인이 발생한 지점을 이해해야 하고 어떻게 파고 들고 어떤 방법을 사용했는지를 이해해야 합니다. 다섯 번의 왜라면 다섯 번의 왜입니다. 다섯 번의 왜와 근원을 볼 수 있습니다. 그리고 대책에서, 보고된 임시적 제한이 있는지 이해해야 합니다. 그리고 나면, 실험할 장기적 대책은 무엇인지 이해해야 합니다. 그리고 누가, 무엇을, 어디서, 언제 할지를 행동계획하고 일정을 잡습니다. 그리고는 후속으로 점검과 행동입니다. 부언하자면, 이 양식을 따라야 한다고 고집하지는 않지만, 이 질문들을 통과할 때, 이런 생각이 들 수 있습니다, "현 방법은 격차를 명시하거나 근원을 인지하는 데 적합하지 않은데…" 그렇다면, 그런 것들을 A3 보고서 방법에 첨부해야 합니다. 폐기하는 것이 아니라, 빠진 것들을 첨부하면 됩니다.

A3 문제해결 제조공장 이야기

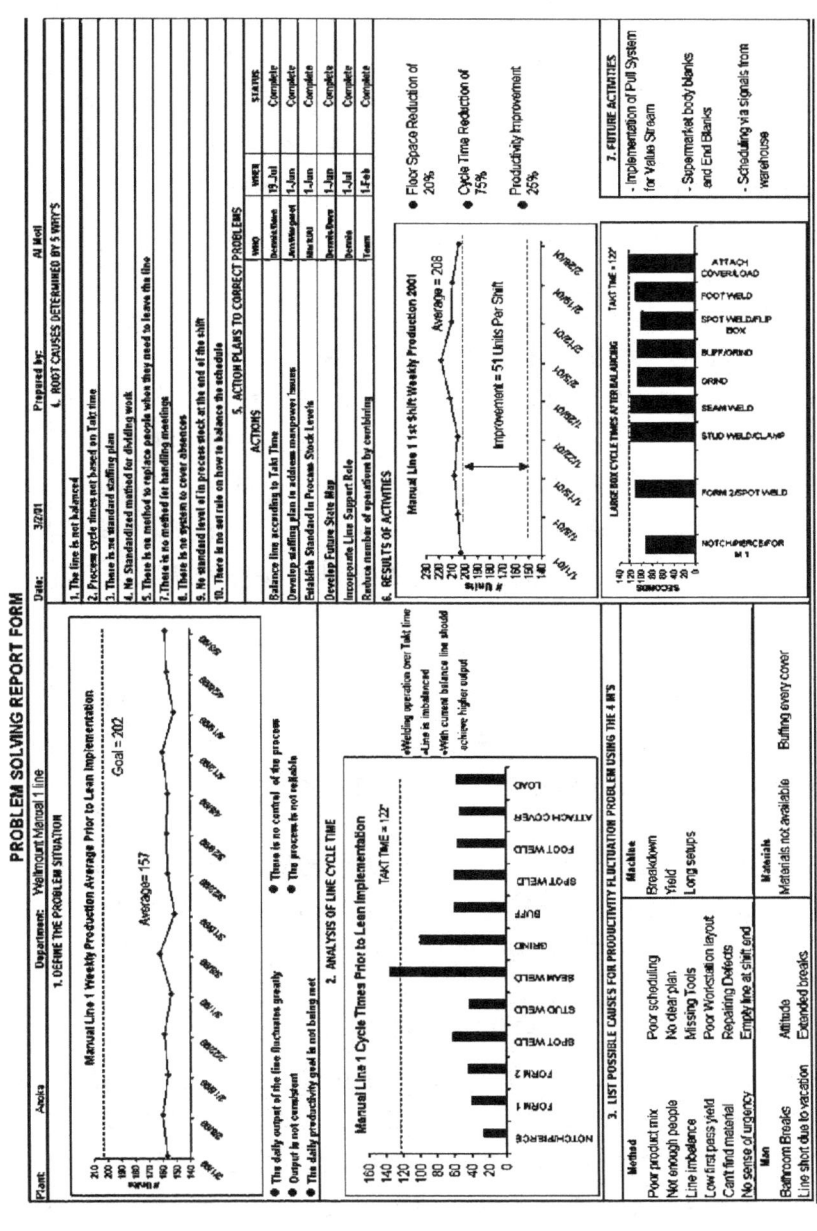

출처: 데이비드 메이어

그림 2-32. A3 문제 해결 이야기 – 제조 공장 이야기

이것은 *도요다 방식 현장 지침서* 에서 상세히 논의한 바 있는 제조 공장에서 가져온 예입니다 (그림 2-32 참조). 제 공동필자인 데이비드 마이어가 자동차 부품 공급처에서 일한 것입니다. 문제는 일정이 없었다는 것입니다. 꾸준히 생산량미달이었습니다. 원인을 이해하기 위해, 그들은 균등 차트를 이용했습니다. 다른 과정들을 검토하고 주기를 완성하는데 얼마가 걸리는지를 측정했습니다. 그러자 곧장 탁 (Takt)에 비해, 원하는 생산량에 비교할 때, 병목현상이 있었고, 어떤 과정은 충분히 활용되지 못하고 있음이 명백하게 드러났습니다.

이 경우에, 근원 분석을 더 깊이 하고 방법, 사람, 기계 그리고 재료를 주시했습니다. 4M 이나 5M 을 이용했습니다. 요점은 시야를 넓히는 것입니다. 기계에만 주시하고 사람들이나 재료는 간과할 수 있는데 재료가 내역에서 벗어나면 생산이 멈추게 되기 때문입니다. 집중해서 원인을 파고 들기 전에 다양하고 가능한 원인들을 넓은 시야에서 보기를 원했습니다. 대책은 행동계획안에 있는데, 누가 어떤 실험을 언제까지 하는 지를 보여줍니다.

그리고 나면 결과가 있는데 이는 문제 진술 - 근원 분석과 결과가 제시된 방식간의 직접적인 일치입니다. 생산량에 미달했는데 지금은 정기적으로 달성하고 있습니다. 공정간의 불균형이 있었지만, 지금은 균등화되었습니다. 병목현상이 없고 직원 전부가 완전 가동되고 있습니다.

낭비를 많이 제거했고 과정에 필요한 인수가 줄었습니다. 그리고 미래 행동이 준비되어 있습니다. 이는 아주 좋은 문제해결 A3 입니다. 제조에서는 공정이 좀 더 정례적이어서 엔지니어링 과정에서보다 좀 더 정확한 측정이 가능합니다.

한 가지 눈에 띄는 점은 이 특정한 A3 가 컴퓨터로 작성되었다는 것입니다. 파워 포인트로 작성되었는데, 아마도 연필로 작성해야 한다고 들으셨을 것입니다. 왜 연필을 사용할까요? 수정할 수 있도록 입니다. 이는 펼쳐지는 이야기로 지내면서 써 내려가는 이야기입니다. 초기에는 종이와 연필로 씌어졌지만, 공유하기 위해서 파워 포인트로 작성하기로 결정했습니다. 도요다의 A3 를 보면 종종 파워 포인트나 엑셀로 작성되었지만 종이에 씀으로 시작되었습니다. 이야기는 칸마다 일어나는 즉시 문건화되었습니다. 벽에 크게 작성했다가 나중에 A3 크기로 옮겨졌을 수도 있습니다.

처음에 문제를 정의하고 일하기 시작하는데 생산량에 미달한다는 자료가 제시될 수 있습니다. 이 경우에, 무언가 조치가 취해져야 하는 것이 명백합니다. 다른 경우에는 새 기술로 효율성을 개선하자는 제안이어서, 어떤 분석이나 행하기 전에 승인부터 받아야 할 수도 있습니다. 그럴 경우에 첫 칸에 어떻게 써야 할까요? 이것이 오늘의 문제입니까? IT가 필요한 문제입니까? 무엇이 문제입니까? 문제가 생산력을 개선해야 하는 것이라면, 그렇게 명시하십시오. 그러면 단순히 IT가 아니라 생산력 개선의 여러 가지 방식으로 나아갈 수 있을 것입니다. 한 칸씩 전진한다면, 진보가 있는 것입니다. 컴퓨터 앞에서 혹은 집에 앉아서 종이와 연필로 A3 전체를 다 작성한다면, 이야기를 살아내는 것이 아닙니다. 진정한 문제해결을 하는 것이 아니라 보고서 작성을 하는 것입니다.

도요다 기술센타 센터 직을 위한 구매 카드를 만드는 A3 보고서 예

이 구매 예 (그림 2-33 참조)는 이것이 제조 문제를 벗어나서 적용됨을 보여줍니다. 이는 도요다 센터에서 훈련 목적으로 사용된 실제 보고서입니다. 이 경우에, 직원들이 $500 이하의 물품을 구입하는데 사용하는 구매 신용카드에 대한 승인을 얻고자 하는 것입니다. 새 생산품을 출시하는 제안이 있을 때, 어떨 때는 몇 억짜리 장비를 구매해야 하고, 몇 달러짜리 사무용품을 사고자 하는 직원들이 있을 것을 상상할 수 있을 것입니다. 이 또한 몇 억짜리 장비와 동일한 승인 과정을 거쳐야 했습니다.

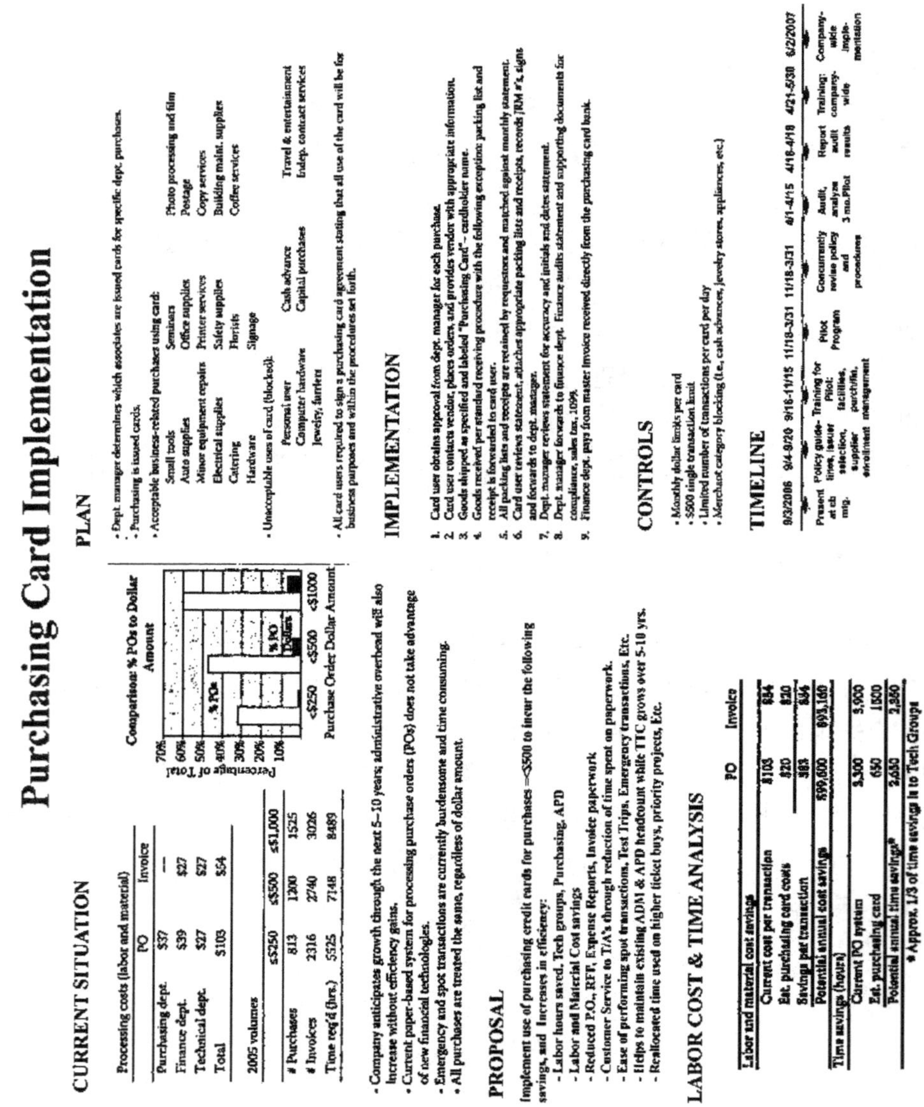

Purchasing Card Implementation

CURRENT SITUATION

Processing costs (labor and material)

	PO	Invoice
Purchasing dept.	$37	—
Finance dept.	$39	$27
Technical dept.	$27	$27
Total	$103	$54

2005 volumes

	≤$250	≤$500	≤$1,000
# Purchases	813	1200	1525
# Invoices	2316	2740	3026
Time req'd (hrs.)	5525	7148	8489

- Company anticipates growth through the next 5–10 years; administrative overhead will also increase without efficiency gains.
- Current paper-based system for processing purchase orders (POs) does not take advantage of new financial technologies.
- Emergency and spot transactions are currently burdensome and time consuming.
- All purchases are treated the same, regardless of dollar amount.

PROPOSAL

Implement use of purchasing credit cards for purchases =<$500 to incur the following savings, and Increases in efficiency:

- Labor hours saved, Tech groups, Purchasing, APD
- Labor and Material Cost savings
- Reduced P.O., RFP, Expense Reports, Invoice paperwork
- Customer Service to T/A's through reduction of time spent on paperwork.
- Ease of performing spot transactions, Test Trips, Emergency transactions, Etc.
- Helps to maintain existing ADM & APD headcount while TTC grows over 5-10 yrs.
- Reallocated time used on higher ticket buys, priority projects, Etc.

LABOR COST & TIME ANALYSIS

	PO	Invoice
Labor and material cost savings		
Current cost per transaction	$103	$54
Est. purchasing card costs	$20	$20
Savings per transaction	$83	$34
Potential annual cost savings	$99,600	$93,160
Time savings (hours)		
Current PO system	3,300	3,900
Est. purchasing card	650	1500
Potential annual time savings*	2,650	2,380

* Approx. 1/3 of time savings is to Tech Groups

PLAN

- Dept. manager determines which associates are issued cards for specific dept. purchases.
- Purchasing is issued cards.
- Acceptable business-related purchases using card:

Small tools	Seminars	Photo processing and film
Auto supplies	Office supplies	Postage
Minor equipment repairs	Printer services	Copy services
Electrical supplies	Safety supplies	Building maint. supplies
Catering	Florists	Coffee services
Hardware	Signage	

- Unacceptable uses of card (blocked):

Personal use	Cash advance	Travel & entertainment
Computer hardware	Capital purchases	Indep. contract services
Jewelry, furriers		

- All card users required to sign a purchasing card agreement stating that all use of the card will be for business purposes and within the procedures set forth.

IMPLEMENTATION

1. Card user obtains approval from dept. manager for each purchase.
2. Card user contacts vendor, places orders, and provides vendor with appropriate information.
3. Goods shipped as specified and labeled "Purchasing Card"– cardholder name.
4. Goods received per standard receiving procedure with the following exception: packing list and receipt is forwarded to card user.
5. All packing lists and receipts are retained by requestors and matched against monthly statement.
6. Card user reviews statement, attaches appropriate packing lists and receipts, records JRM #'s, signs and forwards to dept. manager.
7. Dept. manager reviews statement for accuracy and initials and dates statement.
8. Dept. manager forwards to finance dept. Finance audits statement and supporting documents for compliance, sales tax, 1099.
9. Finance dept. pays from master invoice received directly from the purchasing card bank.

CONTROLS

- Monthly dollar limits per card
- $500 single transaction limit
- Limited number of transactions per card per day
- Merchant category blocking (i.e., cash advances, jewelry stores, appliances, etc.)

TIMELINE

9/3/2006	9/4-9/20	9/16-11/15	11/18-3/31	11/18-3/31	4/1-4/15	4/16-4/18	4/21-5/30	6/2/2007
Present at cb mtg.	Policy guidelines, issuer selection, supplier enrollment	Training for Pilot: facilities, purch/fin, management	Pilot Program	Concurrently revise policy and procedures	Audit, analyze 3 mo.Pilot	Report audit results	Training: company-wide	Company-wide implementation

출처: 도요다 기술 센터

그림 2-33. A3 문제 해결 이야기– 구매 카드 시행

너무 과한 것처럼 보이지만, 그 당시 도요다 지도자들은 비용 조절을 철저히 하고자 했습니다. 아주 특별한 경우가 아니면 예산을 철저히 지켰습니다. 그래서 문제정의에서부터 심사 숙고한 계획을 원했습니다. 문제의 묘사는

실용적 지침서   97

그래프를 사용하여 대부분의 구매가 실지로 아주 작은 규모이며, 대부분의 시간이 작은 요구들을 처리하는데 소비되고 있음을 보여주었습니다. 직원들의 시간과 구매시간도 소비하고 있었는데 이는 낭비였습니다. 사무용품이 필요하면 나가서 구입할 수 있어야 했습니다. 그들은 어떻게 해야 할지 생각했습니다. 특수하게 신용카드가 사용되는 방식까지 연구했습니다. 특별한 통제로 단순히 외식하는데 사용되지 못하도록 하였습니다. 그 실행을 위해 일정표가 있었고, 이 구매카드를 실행했습니다. 반응이 좋았고, 예산관리자, 매니저 그리고 직원들을 흡족하게 했습니다.

A3 문제해결 이야기: 손 부상 감소

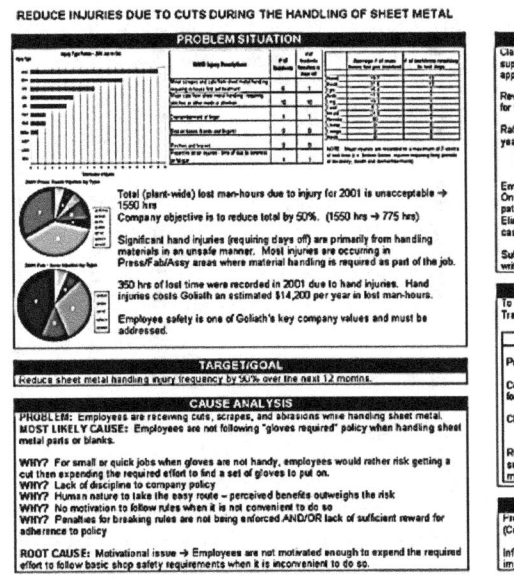
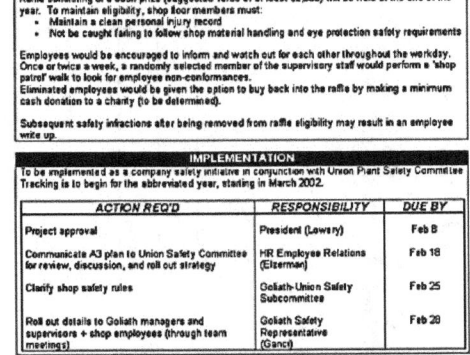

그림 2-34. A3 문제 해결 이야기– 다른 공장 이야기

다른 A3 문제는 안전성으로 어떻게 부상을 감소하게 할 것인가 입니다 (그림 2-34 참조). 이는 또 다른 제조의 예입니다. 이 제조 공장은 강철 부품을 스탬핑 하는 곳으로 손 부상이 잦았는데 날카로운 강철을 다룰 때 주로 베이는

상처였습니다. 그들은 당면한 문제를 문서화하고 얼마나 많은 시간이 부상으로 인해 낭비되고 있는지 차트로 보여줬습니다 (그림 2-35 참조).

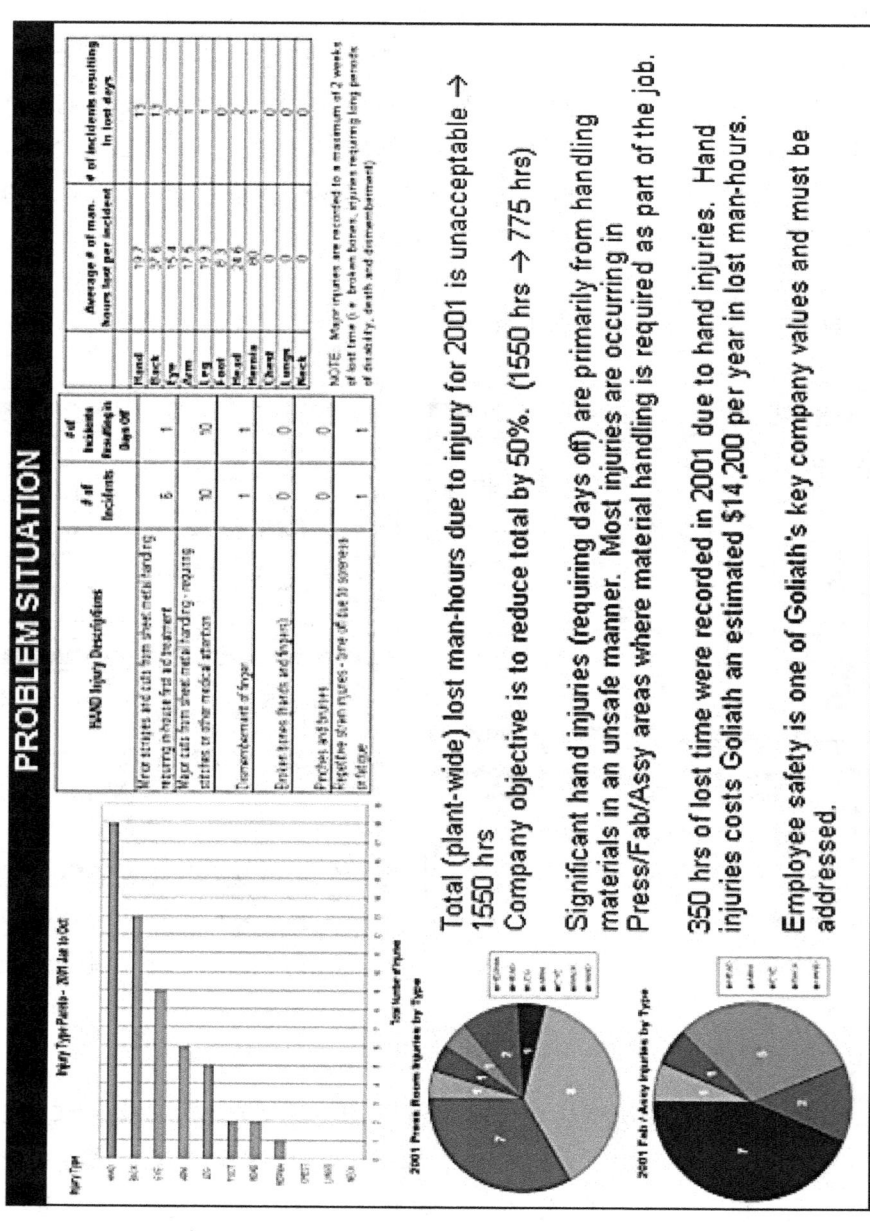

그림 2-35. 손 부상 감소 보고서 – 문제 상황

실용적 지침서

그리고 나서 목표를 언급했는데, 손 부상 빈도를 12 달 이내에 90% 만큼 줄이는 것이데 다소 야심적인 목표입니다. (그림 2-36 참조)

목표
다음 12개월에 걸쳐 강철을 다루면서 발생하는 부상 빈도를 90% 까지 줄임.
원인 분석
문제: 직원들이 강철을 다루는 동안 긁히고, 찰과상을 입음. 원인: 직원들이 강철을 다룰 때, "장갑 착용" 정책을 따르지 않음. 왜? 작은 공정일 때, 장갑을 쉽게 찾을 수 없으면, 직원들은 장갑을 찾는 노력 대신 차라리 상처를 입는 위험을 감수함. 왜? 회사 정책에 대한 훈련 부족. 왜? 쉬운 길을 택하는 본능- 편의가 위험을 넘어섬. 왜? 편리하지 않으면 규칙을 따를 동기가 없음. 왜? 규칙 위반 시 징계가 없고 규칙을 따를 때 보상이 없음. 근원: 동기 문제→ 직원들이 불편하더라도 기본 안전 조건을 따르는 노력을 기울일 만큼 동기가 부족함.

그림 2-36. 손 부상 목표와 원인 분석

다섯 번의 왜 분석을 했을 때, 마지막 왜에 대한 답변이 직원의 동기의식인 경우였습니다. 종종 말하기를 마지막 왜는 누군가에게 책임을 돌려서는 안 된다고 말해 왔습니다. 그러나 이 경우에는 특정 개인이나 사람들이 게으르다고 책임 전가하는 것이 아닙니다. 동기의식이 시스템에 보강되지 않아 직원들이 이미 알고 있는 기본 안정 수칙을 따르는데 노력을 기울이지 않는다는 것을 말하고자 하는 것입니다. 직원들에게 문제가 무엇인지 명확하게 알릴 필요가 있고, 직원들이 무엇을 해야 하는지 왜 해야 하는지에 대해서도 명확해야 했습니다. 이는 대책에 정의되어 있는데 (그림 2-37 참조), 현금보상을 포함한 동기부여도 서술되어 있습니다. 그리고 실행 계획이 있고, 실행까지는 아직 다다르지 않았음을 볼 수 있습니다.

대책들
조합 대표자들과 감독관들과 안전 규칙을 적용하는 정의와 조건을 명확히 함. 실용적으로 적용되도록 규칙을 다시 문건화하고 조정함. 기업 안전 규칙을 어김에 대한 징벌을 늘이는 대신에 보상 체계를 먼저 시행함. 현금 보상을 포함한 (적어도 2천 달러를 추천함) 추첨이 연말에 열림. 자격조건은: 　• 개인 부상 기록이 없어야 함. 　• 자재 다룸과 보호안전 조건을 항상 따라야 함. 직원들은 서로를 작업하는 동안 지켜보도록 장려됨. 일주일에 한 두 번 감독관들을 무작위로 선출해, 직원들이 잘 지키고 있는지 현장을 둘러 봄 자격요건이 안 되는 직원은 자선단체에 기부를 함으로 추첨에 참여할 수 있는 기회가 다시 주어짐. 계속적인 안전 위반한 직원의 이름이 게시판에 공고될 수 있음.

그림 2-37. 손 부상 대책

이 경우에, 대책을 제안하지만 실행까지는 가지 않는 제안 이야기와 문제해결 이야기와의 혼성입니다. 제안으로 계획하여, 점점 덧붙여 가며 90 퍼센트 목표에 다가감으로 (그림 2-38 참조) 어떻게 실행하는 지의 상황 이야기로 보여줄 수 있습니다. 보고서는 완성되지 않습니다. 완성하기 위해서는 점검과 행동 단계에서 배운 점들을 보고하며 다양한 대책들을 실험했어야 합니다. 가정의 경우는 옳지 않을 수 있기 때문입니다. 대책들 중 어떤 것은 목표에 다다르게 할 수도 또는 하지 않을 수도 있을 것입니다.

실용적 지침서

시행		
기업 안전을 수행하기 위해서 조합 안전회와 함께 일하며 2002년 3월부터 시작함.		
요구되는 행동	책임	완료일
프로젝트 인가	사장 (로어리)	2월 8일
A3 계획을 조합 안전회에 전달하여, 검토, 토론 그리고 전개 전략을 의사소통함.	인사부 (엘저만)	2월 18일
안전규칙을 명확히 함.	골리앗 – 조합 안전회	2월 25일
골리앗 매니저들과 감독관들과 직원들에게 팀 회합을 통해 알림.	골리앗 안전 대표(간시)	2월 28일

품질 시스템 팀 회합에서 수치 추적함으로 매달 상황 점검
(2002 진행을 '99 / '00 / '01 YTD 안전 자료와 비교함)
현장 감독관과 경영진을 대상으로 사분기마다 현장 안전 개선과 규칙이 지켜지는지 설문 조사함.

그림 2-38. 손 부상 대책-시행,검증 그리고 후속

이는 확산에 대해 이야기 할 수 있는 좋은 기회입니다. 이 경우에, 제조 공장에서 진행된 일이었는데 디트로이트 지역이었습니다. 그 지역에서는 경영진이 요구하는 대로 긍정적인 일을 하면 금전적 보상을 당연시 하는 문화가 만연했습니다. 금전이 동기의 통화였습니다. 도요다에서는 일반적으로 금전을 분배하는 것을 피합니다. 특별히 좋은 안전 기록을 성취한 부서별로, 백금상, 금상, 은상을 수여하고 상품을 각각 다른 테이블에서 고릅니다. 그들은 비록 본인의 안전을 위해 옳은 일임에도 불구하고 금전적 보상이 없으면 아무 것도 하지 않는다는 문화를 배제하려고 노력합니다. 이 특정한 디트로이트 지역에서 추첨식 보상을 생각해 냈습니다. 누구나 보상받지는 않지만, 선별된 사람들은 큰 상을 받게 됨으로 그들 문화에 맞는 방법이었습니다. 디트로이트 지역에서는 도움이 됐지만 그렇다고 다른 문화를 지닌 기업들이 똑같이 따라 해야 한다는 의미는 아닙니다.

개선 카타, 다른 접근

마이크 로더의 *도요다 카타* 에서 여러 가지 참조를 합니다. 카타는 무술에서 종종 쓰이는 용어인데 습관을 뜻합니다. 사람들이 피디시에이(PDCA)를 포함해 개선에 대한 좋은 습관을 개발하기를 원합니다. 목표추구에 대한 체계적인 접근에 대해 그의 저서와 안내서에서 상술되어 있으므로 상세히 언급하지는 않을 것입니다. 안내서를 보시려면 다음 링크를 참조 하십시오(http://www-personal.umich.edu/~mrother/Homepage.html). 개선 카타와 이 장에서 다룬 A3 접근과의 주요한 차이점들을 요약하고자 합니다. 사실, 저희는 이 문제를 다룬 슬라이드를 공유하도록 개발했습니다 (http://www.slideshare.net/mike734/a3-and-the-improvement-kata) .

개선 카타의 시작점은 너무나 많은 단순한 문제들이 제한된 시간과 관심을 빼앗고 있으며 문제를 쫓는 것은 이미 패전했음을 인식하는 것입니다 (그림 2-39 참조).

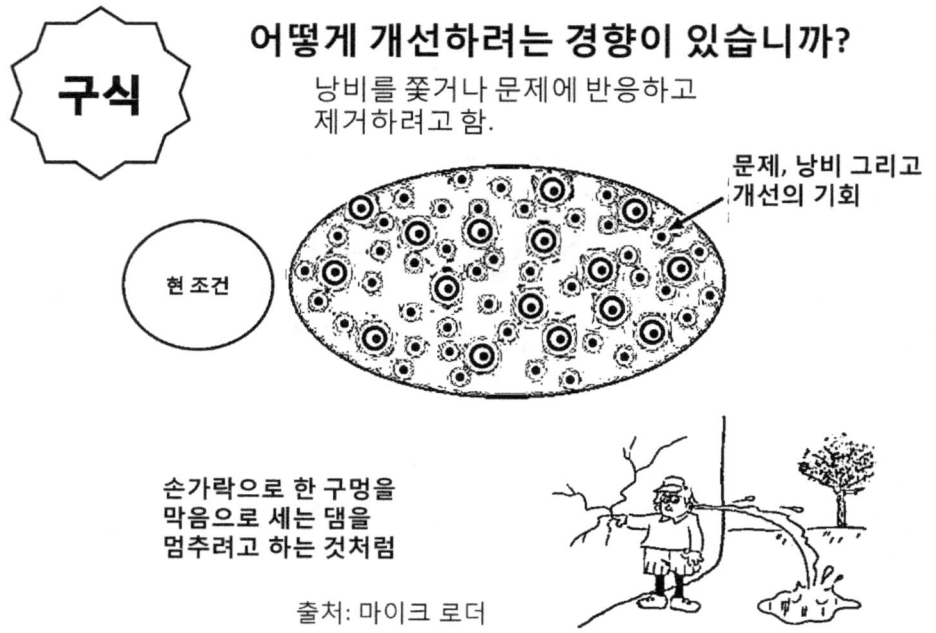

그림 2-39: 낭비를 쫓고 문제에 반응하는 것은 이미 패전한 것임.

실용적 지침서

도요다 선생이 가르친 것을 주의 깊게 연구하면, 그들은 언제나 개선노력으로 방향을 제시하는 도전으로 시작함을 볼 수 있습니다 (그림 2-40 참조). 그리고 학생들을 목표를 겨냥한 피디시에이(PDCA)를 통해 실험하도록 안내합니다. 목표에 다다르는데 집중하고자 의도적으로 많은 낭비를 무시하는 것을 주목하십시오. 이는 말에게 눈가리개를 씌어 산만해짐을 방지하는 것과 같습니다. 또 목표에 어떻게 도달할 지 알지 못함을 기억하십시오. 불확실 속에서 목표로 가는 길을 실험해야 합니다. 실험을 통한 집중된 탐색은 다음 목표 조건을 성취하도록 이끌며, 정의된 도전에 직면하도록 이끌 것입니다.

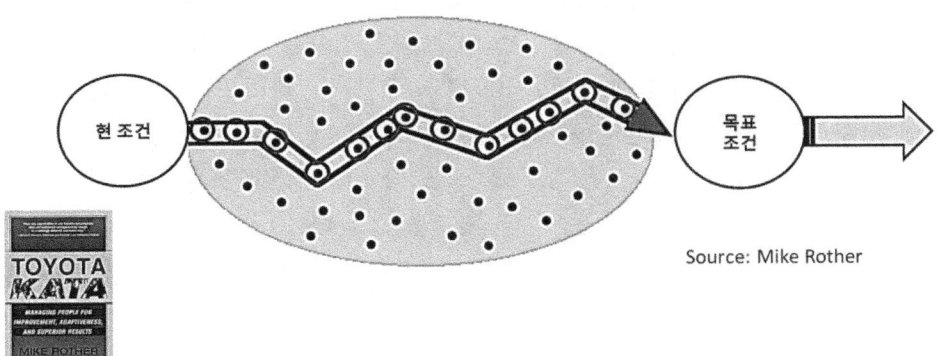

그림 2-40: 카타 개선은 목표 조건을 향한 실험에 집중함

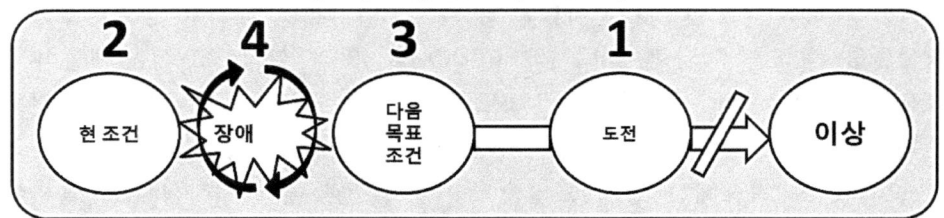

1 단계: 방향이나 도전을 고려함....
2 단계: 현 조건 파악
3 단계: 다음 목표 조건을 정의함.
4 단계: 목표 조건을 향해 반복적으로 다가감으로 일할 필요 있는 장애를 발견하게 됨.

출처: 마이크 로더

그림 2-41: 카타 개선의 4 단계

개선 카타의 네 단계는 도요다 사업실행을 간소화한 것인데 겹치는 부분도 있습니다 (그림 2-41 참조). 전형적으로 1-3 년을 바라보고 측정이 가능한 도전으로 시작합니다. 도전은 사업전략을 보조해야 합니다. 도전을 특정한 과정 특성(목표 조건)으로 분해하는데 도전의 방향으로 전진하도록 전형적으로 2-6 주의 목표 조건입니다. 이는 출력 지표를 조절하는 과정의 패턴입니다. 이 과정을 따라 하면 결과적으로 개선을 할 수 있다는 가정을 형성하는 것입니다.

논쟁의 여지가 있는 점은 "근원분석" 대신 "장애"라고 용어를 선택한 것입니다. 마이크는 많은 기업들이 근원을 찾느라 고생하며 소중한 시간을 허비함을 관찰했습니다. 대신 겜바를 실험하며 가정을 점검할 수 있었을 시간을 말입니다. 그래서 그는 단기적 목표조건으로 가기 위해 장애를 인지하고 대책을 시험하기를 제안합니다. 그 실험이 근원을 드러낼 것입니다.

도요다 카타는 개선 프로젝트를 이끄는 수련생과 그를 이끄는 코치를 구별합니다. 수련생은 과정의 4 단계를 기록하는 이야기 판을 사용합니다 (그림 2-42 참조). 개선 프로젝트를 인도하며 현재 발생하는 상황을 정확히 코치의 인도에 따라 카타에서 사용하는 기준 양식으로 이야기 판에 기록합니다.

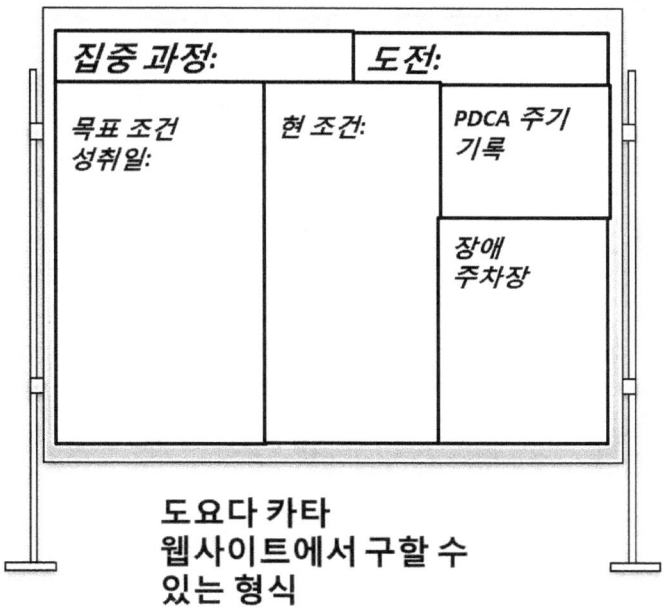

그림 2-42: 카타 개선 수련생을 코칭하는 이야기 게시판

A3 이야기에 전념한 어떤 기업들은 어떻게 개선 카타를 A3 와 융합할지 고심합니다. A3 를 수련생의 이야기 게시판에 기록된 상세한 정보의 순간촬영 요약으로 본다면 간단하게 할 수 있습니다 (그림 2-43 참조). A3 의 점검과 행동 단계는 현재까지 무엇이 일어났고 다음에 어디로 향하는지를 반영하는 주요 이정표입니다.

106 모든 단계에서 린 지도자를 양성함

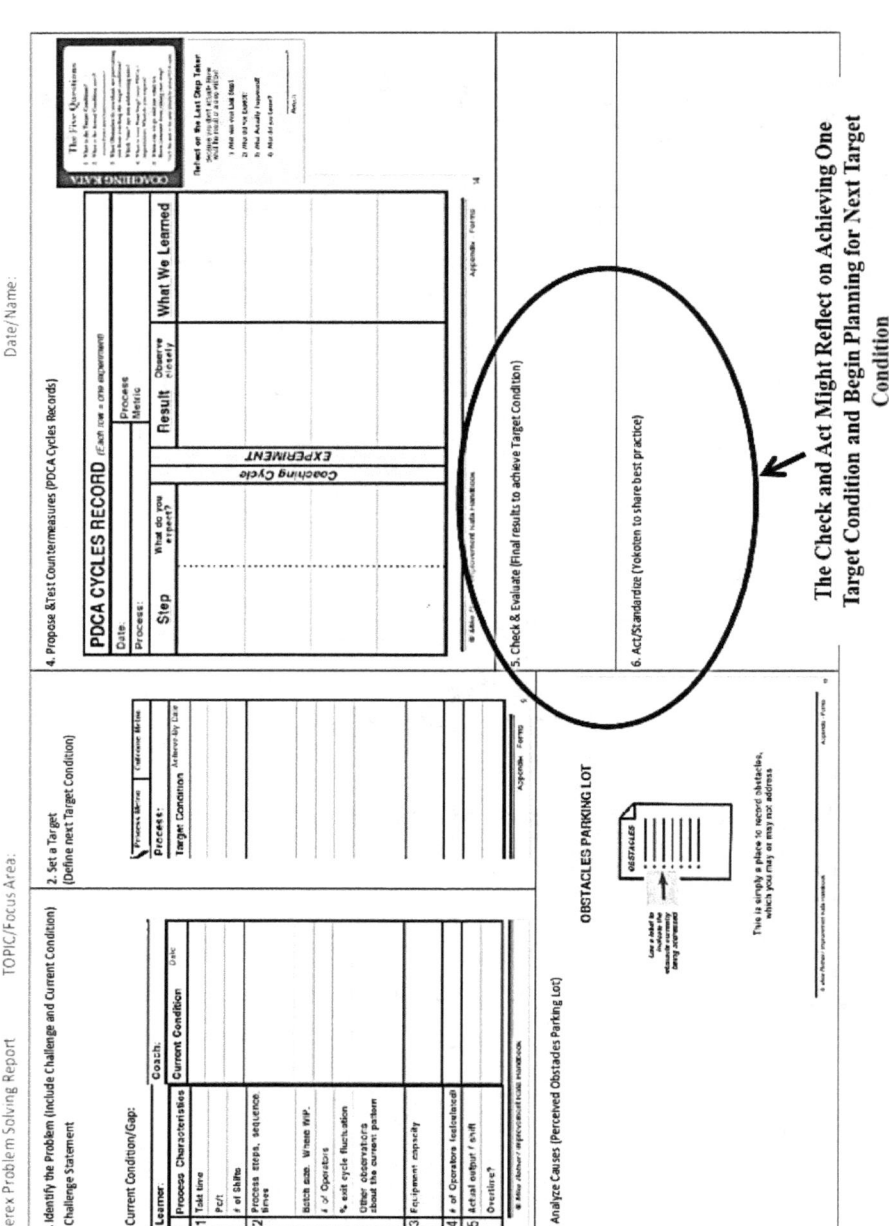

출처: 제니 스노우-보스콜로의 예

그림 2-43: A3 와 개선 카타가 같이 사용됨.

도요다 카타는 도요다 방식 원리를 대체하는 것이 아니라, 실지 행동으로 전환하는 실용적인 방법론을 개발하는 것입니다. 복잡한 기술을 배우는 것처럼 신중히 연습하도록 개선 과정을 작은 단계로 분해한 디자인입니다. 바이올린 초보자가 모차르트 협주곡을 연구하지 않을 것입니다. 활을 어떻게 사용하는지를 먼저 배울 것입니다. 적절한 기교를 가르치는 교사가 있고 정기교습을 받고 매일 연습하여 악기연주와 발전에 긍정적인 습관을 키울 것입니다. 기본을 배우고 나면, 카타 기본에 집중할 필요는 없고 음악을 해석하듯이 높은 단계의 기술에 집중할 수도 있습니다. 도요다처럼 안정된 개선 문화에서 매일 코치를 받지 않았다면, 곧장 도요다 사업실행이나 A3의 높은 단계로 뛰어드는 것은 초보자로서 너무 앞서 가는 것일 수 있습니다. 어떤 경우에든, 피디시에이(PDCA)의 원리, 큰 도전을 작은 단계로 분해하고 매일 무언가를 하고, 코치의 지도를 받고, 어려운 도전을 통해 배우는 것이 도요다 카타와 도요다 방식에서 흔히 볼 수 있는 것입니다.

린 지도자들의 지속적 개선을 위한 분투

요약하자면, 지속적 개선은 개선이 항시적이라는 것입니다. 한 번 수행하는 해결안이 아닙니다. *도요다 방식 현장 지침서*의 공동 저자, 데이비드 마이어와 제가 집필 끝낼 무렵, 그는 제게 아래 그림(그림 2-44 참조)을 보내오며 말하기를, "제프, 이 그림을 어딘가에 삽입해야 합니다. 이것이야말로 도요다의 선생에게서 제가 배운 지속적 개선의 방식이기 때문입니다."

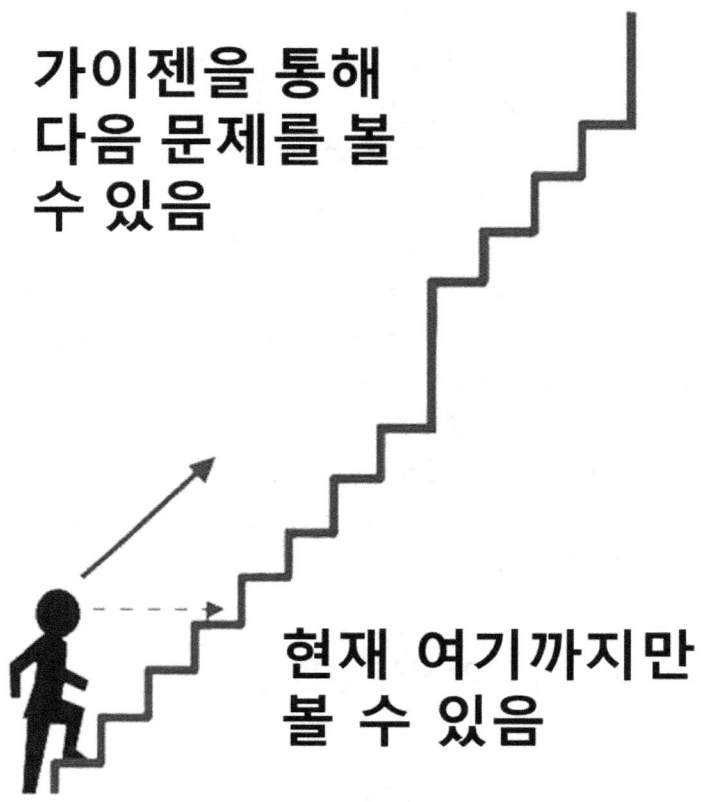

출처: 도요다 방식 현장 지침서
그림 2-44. 매일 계단 오르기

데이비드는 플라스틱 부서에서 그룹 지도자로서 화재 진압에 바빠 가이젠 할 시간을 찾을 수가 없었습니다. 그의 선생은 그를 칠판 앞으로 불러내 계단을 그리고 계단을 오르는 사람을 그렸습니다. 그리고 말하기를, "지금 여기에 있어서는 미래를 이 정도 밖에 볼 수 없습니다. 매일 가이젠을 해야 합니다. 그렇게 함으로 계단을 오르기 시작합니다. 새 계단을 오를 때마다, 좀 더 넓은 수평선을 볼 수 있습니다. 바닥에 있었을 때는 보이지 않았던 문제를 보게 될 것입니다. 매일 조금씩 오르다 보면 언젠가는 크게 오르게 될 것입니다." 그가 데이비드에게 강조하고자 하는 것은 완벽한 해결안을 발견하거나 오늘의 모든 문제를 풀고 시간이 남기를 기다리지 말라는 것입니다. 첫 걸음을 뗄 때까지는 다음 걸음을 보는 것이 가능하지 않기 때문입니다.

실용적 지침서 109

이는 성취하고자 하는 방향을 알아야 한다는 문제해결의 원리를 포함합니다. 진북을 알아야 합니다. 겨냥하는 현재의 명백한 목표가 있어야 하고 그 목표로 가는 길을 아직은 모른다는 것을 편안히 받아들일 수 있어야 합니다. 눈 앞에 펼쳐진 지도가 없습니다. 한 걸음씩 한 번에 어디로 가는지 알아내야 합니다....그리고 첫 걸음은 오늘 시작해야 합니다.

이것이 불확실함을 줄 수 있는데 많은 사람들이 불편해하는 점입니다. 그들은 계획을 원합니다. 여정을 시작하기 전에 이것이 통할지 미리 알고자 합니다. 그러나 실제로 독창적인 문제해결을 할 때는 미래가 어떻게 펼쳐지지 모릅니다. 이것이 통할 지, 유지될 지를 알 수가 없습니다. 그래서 동기와 헌신이 필요한 것입니다. 그래서 한 번의 개선이 아니라 지속적인 개선이 필요한 것입니다. 마이크 로더가 저술한 *도요다 카타* 는 어떻게 피디시에이(PDCA)를 따르는지, 어떻게 도전을 정의하는지, 어떻게 경영할 수 있는 부분으로 분해하고 매일 다음 걸음을 뗄 수 있는지를 자연적으로 배우도록 실행 습관을 제공합니다.

이것이 린(lean)의 본질입니다. 불행하게도, 린(lean)의 본질이 도요다 공장에서 본 린(lean)의 해결안을 복사하는 것으로 많이 알려져 있습니다. 문제에 대한 오늘의 대책은 변하기 마련입니다. 현재 다루는 문제가 무엇입니까? 문제는 언제나 있기 마련이며 몇 십만, 몇 백만 개가 있을 수도 있습니다. 무엇을 다룰지 우선화하고, 의미 있는 목표를 개발하고, 동의를 얻고, 팀을 꾸려야 합니다. 또한 이끌며, 걸음을 떼고, 반영하고, 다음 걸음을 떼는 책임을 져야 합니다. 피디시에이(PDCA), 피디시에이(PDCA), 피디시에이(PDCA) - 이것이 린(lean)의 본질인 것입니다.

데이비드가 그의 선생에게서 받은 가장 격려되는 조언 중의 하나는 다음과 같습니다, "데이비드 선생, 최선을 다하여 무언가를 시도하십시오. 제가 지원하겠습니다."

모든 단계에서 린 지도자를 양성함

3 장

기준화, 기준화된 공정, 그리고 시각적 경영

기준화된 공정과 시각적 경영

이 장에서는 제가 좋아하며 린(lean)에서 가장 논쟁거리 중의 하나인 기준화의 역할과 기준화된 공정을 다룰 것입니다. 먼저, 기준화와 기준화된 공정의 기본적 원칙과 유익을 재검토할 것입니다. 제조업뿐만 아니라 서비스업에서도 어떻게 적용되는지 이해해야 합니다. 서비스 과정은 콜 센터처럼 일상적인 업무일 수도 현지 판매 콜처럼 일상적인 업무가 아닐 수도 있습니다. 린(lean) 지도자들이 개발과 점검을 이끌며 기준화와 기준화된 공정을 개선하는데 책임이 있다고 논의할 것입니다. 이후에, 시각적 경영을 지도자들과 팀원들이 기준화와 실제 조건의 격차를 쉽게 볼 수 있도록 하는, 지속적 개선의 관건인 중요한 도구로 정의할 것입니다.

기준화와 지속적 개선의 원리

도요다 방식이나 린(lean)의 아이디어는 다른 많은 곳에서 온 것입니다. 일본은 차용국으로 알려져 있고, 도요다는 빌리는 것을 자랑으로 생각합니다. 그들은 단지 복사하는 것을 넘어서서 원칙을 이해하고 조심스럽게 이 원칙이나 방법이 그들이 건축하는 시스템 -도요다 생산 방식- 안에 어떻게 적합할지를 분석했습니다.

헨리 포드는 그들이 많이 본을 딴 중요한 선생이었습니다. 불운하게도, 몇 십 년 동안 포드 자동차 회사는 헨리 포드로부터 많이 배우지 못했습니다. 헨리 포드의 현명한 관찰 중의 하나는 기준화가, 아시다시피, 형식주의, 관료주의, 아무도 따르지 않는 율서, 설령 따른다 할지라도 아무 일도 성취하지 못하는 상태로 봉착하고 만다는 것이었습니다.

헨리 포드는 다음과 같이 저술했는데, "오늘의 기준화는 내일의 개선을 위한 필요한 기초이다." 이는 심오한 진술입니다. 그는 기준화가 지속적 개선을 위해 필요하다고 (충분하지는 않지만) 주장하고 있습니다. 기준화 없이는 지속적 개선을 할 수가 없습니다. 그는 또, "오늘의 최고 기준화가 내일 개선될 수 있다고 생각한다면, 우리는 전진할 것이다. 기준화를 한계로 생각한다면, 전진은 멈출 것이다," 라고 말했습니다.

이는 1926 년에 쓴 그의 저서 *오늘과 내일* 에서 발취한 것인데, 오늘날에도 대부분의 기업들이 기준화를 제한된 방식으로 사용함을 볼 수 있습니다. 관료부서에서 전문가들이 규율을, 좀 더 많은 규율을 만들어내 다른 사람들이 복종하도록 합니다. 그들은 규율들이 지켜지고 있는지, 과연 누군가 따른다면 결과는 무엇인지 가서 확인하지도 않는데, 아주 위험한 방식입니다. 경직된 기준화를 지키고 감시하는 검은 띠 소유자들이 있는 부서가 식스 시그마, 린, 린 식스 시그마 프로그램들을 종종 관료주위적으로 운영합니다.

그렇다면, 왜 기준화된 공정과 기준화가 필요한 걸까요? "반복은 기술의 어머니이다,"라는 격언이 있는 데, 어떤 복잡한 기술을 개발하는 방식은 연습을 통해서라는 것입니다. 충분히 연습해서 일과를 개발하면 사고할 필요도 없이 일관성 있게 일할 것입니다. 매일 아침 신발끈을 어떻게 묶을지 생각하지 않는 것처럼 말입니다.

물론, 나쁜 습관을 일관성 있게 개발할 수도 좋은 습관을 일관성 있게 개발할 수도 있지만, 기준화된 공정을 통해서 얻고자 하는 것은 좋은 습관을 일관성 있게 개발하는 것입니다. 이는 방향의 일관성을 포함하는데 그리하여 누가 일하더라도 그 일의 목적을 명확히 이해할 수 있도록 입니다. 수행의 일관성도 요구됩니다. 누구나 높은 수준의 품질에서 수행하며, 원하는 결과를 제공함으로 일관성 있게 고객을 만족시킬 수 있도록 입니다.

헨리 포드가 또 이렇게 말했습니다, "기준화가 있으면, 사람들이 그 기준화를 따를 것이며, 또 그 기준화를 고려해 봐서, 더 나은 아이디어가 있다면 기준화를 바꿉니다. 그리하면 더 나은 방식의 일관성이 생기며 이것이 지속적인 개선으로 이어집니다."

이 저서를 통해 주장한 것처럼, 더 나은 아이디어는 다른 많은 곳에서 나오지만, 일하는 그룹이 더 나은 방식을 여과하고 문서화하고, 공정 기준화로 주입하는 의미를 게을리한다면, 일관성은 없을 것이고 지속적 개선도 없을 것입니다.

반복적 일과 과정에서의 기준화된 공정

린(lean)의 경험이 있는 공장을 방문한다면, 각 작업대마다 어떻게 작업을 해야 하는지를 서술한 기준화 작업표가 비치되어 있음을 종종 볼 수 있습니다 (그림 3-1 참조). 이는 흔한 기준화 작업표의 종류이며, 특정 작업을 위한 단계별 목차를 볼 수 있습니다. 또한 가치 부가 작업을 하는데 소요되는 시간과 걷는데 소요되는 시간같이 낭비되는 시간도 보여줍니다. 애완견 산책이 일이라면, 걷는 것은 가치부가적이겠지만, 대부분의 일에서는 낭비입니다.

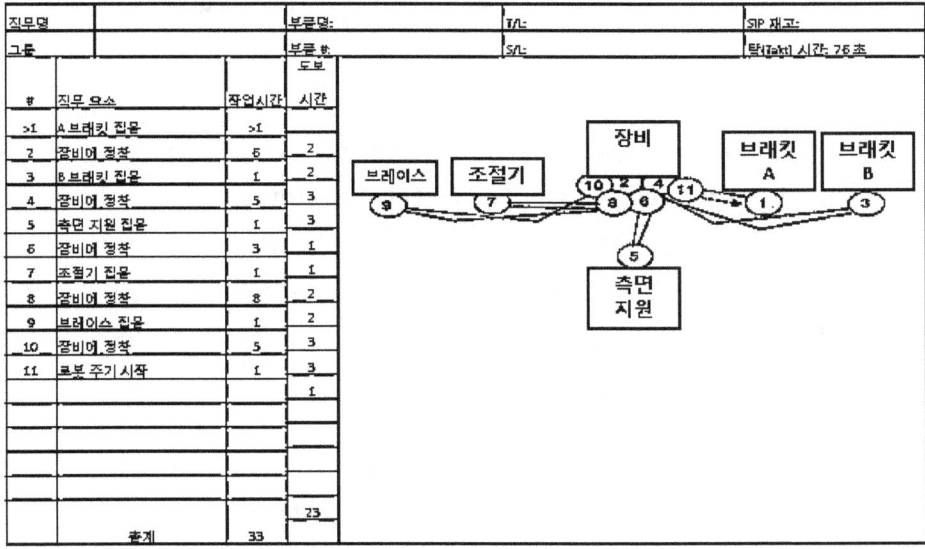

그림 3-1. 기준화된 작업표

이 도표에서 (그림 3-2 참조) 어떻게 사람이 현 배치에서 움직여야 하는지 보여주는 부분입니다. 이는 스파게티 도표로 알려져 있습니다. 확대해서 한 사람이 어떻게 한 주기 동안 움직이는지 알 수 있습니다. 한 문서가 어떻게 전체 조직을 통과해 움직이는지를 볼 수 있는 스파게티 도표도 개발할 수 있습니다. 한 사람이 복사기로, 다른 사무실로, 본인 사무실로 움직이는 동선을 그려서 패턴을 관찰할 수 있습니다. 사람이든, 물건이든 어떤 동선의 패턴도 이렇게 추적할 수 있는 것입니다.

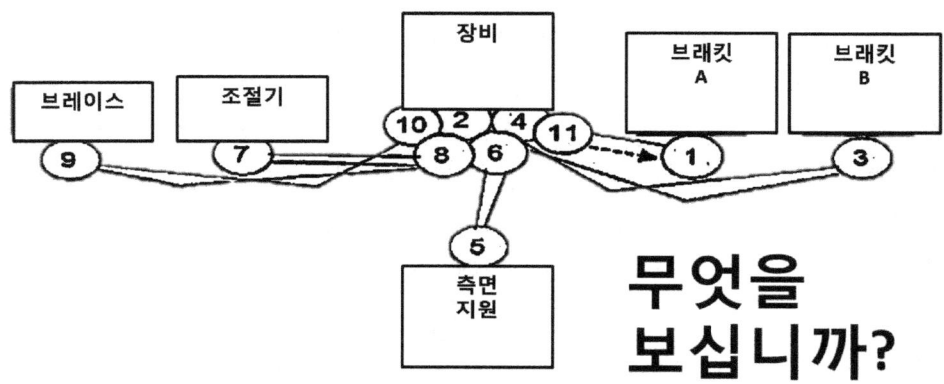

그림 3-2. 직무 흐름 단계

이 경우에, 한 사람이 기계에서 다른 기계로 움직이는 것을 볼 수 있는데, 중앙에 있는 기계로 왔다가 다른 기계로 가는 경향이 있습니다. 이 사람을 지켜보면서 많은 낭비가 있음을 볼 것이며, 왜 기계들 사이를 반복하며 걷는지를 자문할 것입니다. 이 걷는 시간을 줄이는 방법이 있을까? 이 도표가 하는 역할은 낭비가 보여지도록 하는 것입니다. 그리고 나면 개선을 할 수 있는 아이디어를 생각해내기 시작하는 것입니다.

이러한 종류의 공정기준화에 대해 특히 반복적인 직무인 경우에 확신을 가지고 이러한 스텝들이 진행되어야 함을 명시할 수 있습니다. 가장 좋은 방법은 순서대로 진행하는 것인데, 각 직무를 수행하는데 걸리는 시간을 예측하기 좋기 때문입니다.

다 합계를 해보면, 주기가 직무와 걷는 시간을 합한 것을 알 수 있습니다. 고객의 요구와 그 요구를 만족하기 위해 얼마나 많은 사람들이 필요한지를 비교할 수 있습니다. 좋아 보이지만, 반복적인 업무의 경우에만 가능한 것입니다.

실용적 지침서

6 장에서 직무 그룹에 관해 더 논의할 때에 일 분해(직무요소용지)라 불리는 문서가 있는데, 거기서 이러한 스텝들을 좀 더 세밀한 스텝으로 나누고, 매 스텝마다 어떻게 최적의 방법으로 행할지를 자문합니다. 예를 들어, 도구를 집을 때, 왼손을 사용할 지 오른손을 사용할 지, 손목을 상하지 않게 어떻게 도구를 다루어야 할 지를 자문합니다. 이러한 점들은 운영자에게 요점이 되어 훈련 때 사용됩니다. 이러한 상세한 스텝들, 요점들 그리고 이들이 필요한 이유들이 직무 지침 훈련의 기본이 됩니다. 이는 *도요다문화* 에 요약되어 있고, *도요다 재능* 에 더 자세히 기술되어 있습니다.

비 주기 직무를 위한 공정기준화 문서

주기 내에서 반복되는 스텝이 없는 공정은 어떻게 다루어야 할 까요? 확실히, 사무실에서 많은 직무가 이에 해당합니다. 문서를 묶을 수도, 전화를 받을 수도, 우편을 수집할 수도 있습니다. 약간은 반복적인 면이 있지만, 많은 다른 직무를 하며, 각자 하는 방식이 다르고 순서도 명확하지 않습니다. 예를 들어, 전화 응답 시 무엇을 말하는지는 종종 상황에 따라 다릅니다.

비 주기 공정을 위한 기준 작업표	
부서 _____ 직무 _____ 공정 _____	
# 주요 단계	요점
1	
2	
3	
4	
5	
6	

그림 3-3. 비 주기 공정을 위한 기준 작업문서

이 경우에, 반복하지 않는 비 주기 공정을 위한 공정기준화 문서(그림 3-3 참조)인데 스텝의 순서를 명시할 수 없을 수 있습니다. 요점을 따라 특정한 순서가 없을 수 있습니다. 요점을 알고 스텝을 안다면 누구에게나 현 기준화를 가르칠 수 있습니다. 모든 스텝을 이 방식으로 할 수 있어야 할 수 있어야 합니다. 순서는 상관 없으나, 모든 스텝을 정확히 해야 하고 적어도 점검해야 합니다 - 항공조종사의 점검목록처럼. 어떤 특정한 스텝이 적용되지 않는다면

적용되지 않는다고 체크하고 요점이 주의해야 할 상기 사항이 될 것입니다. 예를 들어, 호치키스를 사용한다면 몸체를 왼손에 쥐고 오른손으로 일정한 압력을 가함으로 누른다는 것입니다.

이는 해야 하는 일들을 오늘 알고 있는 최선의 방법으로 하는 낮은 단계의 공정기준화입니다. 전화응답의 공정기준화 문서가 있을 수 있습니다. 고객이 전화를 했을 때, 자기 소개를 하고, 고객에게 몇 가지 질문을 하는 등 반복적이고 따라야 할 순서가 있을 것이고 몇 가지 주요 질문이 있을 것입니다. 고객이 흔히 하는 질문들을 대답할 수 있도록, 정보를 종이나 컴퓨터에 기록할 수는 있으나, 과도하게 모두가 말하거나 할 일에 대해 모든 것을 상세히 기록하지 않아야 합니다. 반복되는 부분을 명기하고, 요점은 일반적으로 기록해야 합니다.

두 종류의 관료주의: 강압적과 가능성

공정기준화에 덧붙여 다른 종류의 기준화가 있습니다. 예를 들어, 금속 부분의 품질 기준이 1 밀리미터의 오차만 허용한다고 합시다. 매 판매원이 일 당 15 통화를 해야 하는 수행기준이 있다고 합시다. 다른 기준은 일년 동안 매 분기 1%씩 비용을 삭감하는 목표일 수 있습니다.

다양한 기준이 있기에, 주요 업무가 기준화를 양산해 내는 조직도 있습니다. 이는 관료주의의 한 부분입니다. 관료주의를 생각할 때 처음 떠오르는 단어들을 열거해 보라고 사람들에게 질문할 때 돌아오는 답은 경직, 형식주의, 상의하달(上意下達), 통제, 시간낭비 등입니다.

캘리포니아 남부대학의 폴 아들러 교수는 캘리포니아의 도요다와 제너럴 모토와의 합작인 NUMMI 를 연구했는데, 온 직원들이 도요다 생산 방식에 참여했기 때문이었습니다. 그는 관료주의가 거의 없는 수평적 조직을 예상했는데, 하지만 오히려 반대임을 발견했습니다. 모든 것에 기준이 있음을 발견하고 놀랐습니다. 어떤 기계 작동자나, 어떤 사무실이나, 어떤 엔지니어링 부서에 가도 벽에 다양한 종류의 기준들이 붙어 있었습니다. 기준은 예를 들어, 이것이 좋은 품질의 부품인데, 이 부품이 상해서 결함이 발생할 수 있는 다섯 가지 경우가 있습니다. 이것이 공정기준화 문서일 수도 있습니다. 특정한

실용적 지침서

기계의 예방적인 정비를 위해 얼마나 자주 그리고 어떤 스텝을 거쳐야 하는지에 대한 기준화일 수도 있습니다.

누군가는, "이는 관료주의이고 사무실에서 사람들이 이를 만들어낸 것이다"라고 생각할 수 있습니다. 그러나, 상대적으로 사무실 직원이 적으며, 기준화는 팀 지도자와 그룹 지도자가 이끄는 현장그룹의 책임소관이라는 것을 알았습니다. 그룹 지도자는 첫 번째 감독자입니다. 팀 지도자는 고용직원이면서 지도하는 역할을 가진 사람들입니다. 엔지니어와 일하면서 헨리 포드가 제안한 대로 기준화를 개선하고 있었습니다. 기준화는 종종 엔지니어링에 의해 시작되며 현장 그룹이 그룹 지도자의 승인 하에 바꾸며 실제로 과정이 개선되었는지 시험합니다.

헨리 포드가 제안했듯이, 그는 관료주의가 언제나 제한하는 것은 아니라고 결론을 내렸습니다. 관료주의는 개선의 바탕이 될 수 있는데, 오직 규율, 기준, 과정이 사람들로 *하여금* 일을 잘하게 하고 어떻게 하는가를 개선하게 할 경우에 한해서 입니다. 문제는 너무나 많은 경우에 나쁜 관료주의, *강압적* 이라 불리는 관료주의를 경험한다는 것입니다. 나쁜 관료주의는 일을 이해하지 못하고 어떻게 팀원을 참가시키는지 이해 못하는 사무직원에 의해 만들어지고 강요된 경직된 규율을 포함합니다. 강압적 관료주의 아래서는 매니저들이 빈약한 수행에 집중하며 직원을 감독합니다. 사람들이 실수하는 것을 찾습니다. 기준을 따르지 않을 때, 와서 위협하며, 뒷전으로 몹니다. 강압적 관료주의에서는 전부가 기준을 그대로 따라야 하며, 기준에서 벗어나면 처벌이 따릅니다. 이는 사무실에 앉아서 기준을 만든 사람들이 실제 현장에서 일하는 사람들보다 더 잘 안다는 가정에서 나옵니다.

가능한 관료주의에서는 정반대입니다. 일을 하는 사람들과 이들을 이끄는 사람들이 어떤 일이 발생하는지에 대한 더 상세한 이해가 있다는 가정이며, 기준에서 벗어나게 되면, 그들이 겜바로 가서 문제를 인지하고 근원을 찾습니다. 왜 벗어나게 되는가? 왜 이 사람이 직무를 늦게 마치는가? 너무 오래 걸려서 늦었다면, 왜 오래 걸렸는가? 훈련을 잘 받지 못해서 오래 걸린다면, 왜 훈련을 잘 받지 못했나? 훈련을 잘 받지 못했다면, 용이하게 이해할 수 있는 공정기준화가 없었기 때문입니다.

강압적 관료주의에서는 전문가가 기준을 계획, 감독하며 사고하는 반면, 가능한 관료주의에서는 기준을 누구나 볼 수 있으며, 일하는 그룹이 기준에 대해 사고하고 개선하는 책임이 있습니다. 아들러에 의하면: "강압적 관료주의는 기준을 문제제기 없이 따라야 하는 지침으로 보는 데, 당신은 정반대로 하고자 하며, 직원들이 기준에 대해 끊임없이 문제제기하기를 원할 수 있습니다." 기준이 원본이 되며, 직원들이 이를 질문, 제기, 사고 그리고 개선하기를 원하는 것입니다.

기준과 지속적 개선

요약하자면, 기준은 특정한 목표이건 공정기준문서이건, 기본 선을 제공합니다. 그리고 그 기준을 정기적으로 성취할 수 있을 때, 좀 더 어려운 목표를 세워야 합니다. 80% 고객 만족이 있을 때 95% 고객만족을 원한다면, 이는 새로운 기준입니다. 기준이 더 높아진 것입니다 (그림 3-4 참조).

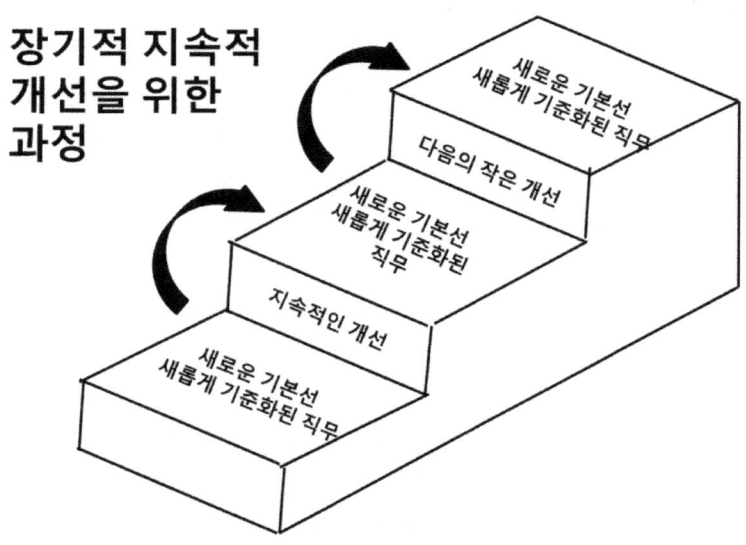

그림 3-4 장기적 지속적 개선을 위한 과정

개선해야 할 새 기준에 도달하기 위해, 80%에서 95%로 한꺼번에 도약하지 말고 80%에서 81%처럼 작은 목표를 취하도록 제안합니다. 시도한 후에

실용적 지침서

점검합니다. 이제 81% 라면, 무엇을 배웠으며, 82%에 도달하기 위해 다음에 무엇을 해야 할까요? 이러한 스텝을 통해, 다음 목표로, 그리하여 95%의 궁극적인 목표를 향해 전진하는 것입니다.

이것이 저희가 말하는 지속적인 개선입니다. 누구든지, 어디서든, 언제나 현 상황과 기준을 비교하고, 그 격차가 전진하고자 하는 열심을 제공하며 시행, 대책으로 실험, 점검 그리고 성공했다면 기준화하고 다음 실험으로 나아가는, 피디시에이(PDCA) 주기를 반복하는 것입니다.

종종 기업들에서 보이는 문제 중 하나는 기준을 세우면, 이사가 매니저에게 현재 80%인데 95%를 원한다고 말합니다. 공고가 나가면, 매니저가 감독자에게 이것이 우리 목표이니 달성해야 한다고 전달합니다. 그러면 그룹들은 고군분투합니다. 90%까지 달성했다 할 지라도 실망할 것입니다. 95%가 아니었기 때문에 낙담하는 것입니다.

가능성 관료주의에서는 적극적인 지도력을 원합니다. 지도자는 직원들과 현장에 함께 있습니다. 그들의 메시지는 다음과 같습니다, "연말까지 95%에 도달해야 합니다. 한 번에 도달하지는 않을 것입니다. 95%를 먼저 생각하지도 않을 것입니다. 첫 걸음부터 생각해야 합니다. 무엇을 처음 해야 할까요? 자료를 연구합시다. 기준에서 벗어났음을 이해합시다. 제일 큰 것부터, 왜 문제가 발생했는지를 이해하고, 개선을 위한 아이디어를 생각해 봅시다. 하나를 골라서, 시도합시다." 이것이 개선 카타의 본질입니다 (2 장 참조)

그들은 문제해결 방식을 체계적으로 이끄며, 그들이 효과적인 지도자라면 팀을 관련시킵니다. 팀은 언제나 좋은 아이디어와 좋지 않은 아이디어를 가지고 있는데, 끈질긴 실험을 통한다면 전진할 수 있습니다. 전진하면서 축하할 필요가 있습니다. 어느 한 주에 많은 진보가 있었다면, 축하 파티를 열 수도, 작은 선물을 돌릴 수도 있습니다. 궁극적 95% 목표는 여전히 존재해, 누구나 아직 갈 길이 멀다는 것을 압니다. 95%와 비교해 어떻게 일하고 있는지를 보여줄 필요도 있습니다. 절반쯤 왔고 반년이 지났다는 것처럼. 온도계나 다른 시각적 표시가 최종 목표를 향한 전진을 묘사하는 데 사용될 수 있습니다.

올바른 질문을 하고 팀을 분발시킴으로 한 번에 한 걸음씩 나아가며 꾸준한 전진할 것입니다. 잘 되지 않는 것을 시도하는 것은 잘 되는 것을 시도하는 만큼 유용합니다. 왜 되지 않았을까? 토마스 에디슨이 전구 발명에 관해서 일할 때 이렇게 말하였습니다, "나는 실패한 적이 없다. 잘 되지 않은 만 번의 방법을 발견했을 뿐이다." 이런 배우는 자세는 권장되어야 합니다.

격차를 찾음

기준이 비교 점을 제공한다고 말하고 싶습니다. 일어나야 하는 것과 실지로 일어나는 것과 비교할 수 있습니다. 그 차이는 줄어들어야 하는 격차입니다. 많은 경우에 어떻게 일해야 하는지는 명확하지 않기 때문에 사람들이 모두 다른 접근을 사용하는데, 그래서 개인적 차원에서밖에 개선된 것을 볼 수 없고, 그들도 배운 것을 공유하지 않을 수 있습니다.

공정기준화는 공정에 대한 이론, 오늘날 이 특정한 공정을 하는 최적의 방법에 대한 이론입니다. 기준이 최적인지, 완벽한지는 사실상 알지 못합니다. 언제나 더 나은 방식이 있다고 가정합니다. 기준화에서 벗어나면 문제가 생기는데, 누군가가 훈련을 제대로 받지 못했다거나, 기계가 제대로 작동하지 않는다거나, 누군가가 정보를 제대로 전해 주지 않았다거나 하는 문제가 생길 수 있습니다. 많은 가능한 이유가 있을 것인데, 그 후에 고치려고 일할 것입니다. 또 다르게는 기준에서 벗어난 것이 더 니은 방식일 수도 있습니다. 어떤 경우든 개선의 기회가 있습니다. 공정기준화는 표면화된 문제나 격차의 기본으로서 가이젠의 기본이 되는 것입니다.

인력 양성

공정기준화는 직무를 하는데 최적의 방법에 대한 이론입니다- 다시 말하면, 우발적인 상황이나 닥칠 상황을 명시하지 않지만 직무를 행할 사람이라면 알아야 할 기본적인 것들을 알려줍니다. 회계사가 수취계정을 처리해야 하는 방식입니다. 이론을 내포하는 아이디어가 있습니다. 이론을 문서화한다면 사람들을 기준화된 공정에 맞춰 훈련하는 방법도 있게 됩니다. 이상적으로는 누구나 그 이론을 -그 기준화된 공정- 따라 해서 문제가 발생한다면 볼 수 있는 것입니다.

ǐ# 실용적 지침서

그렇게 함으로 집단적으로 과정을 개선할 수 있으며, 동시에 개선하면서 더 나은 린(lean) 지도자가 되어가는 것입니다. 더 빨리 기준에서 벗어난 것을 파악할 수 있으며, 공정기준화를 더 잘 할 수 있게 됩니다. 문제해결을 더 잘 하며, 사람들이 더 나아지도록 개발시킵니다. 덧붙여, 기업 내 다른 사람들에게 유용하다고 여겨지는 것을 공유할 의무를 가지게 됩니다. 다른 그룹에게 우리가 한 것을 따르도록 강요하지 않는데, 그들의 상황을 보고 더 나은 방식이 있을 수 있기 때문입니다. 하지만, 다른 사람들에게 잠재적으로 유용하다고 생각하는 것을 공유해야 할 의무가 있습니다. 아마도 경영진이 다른 사람들로 하여금 비슷한 일을 하도록 격려하여 그들만의 개선책을 찾도록 할 것입니다.

진북은 우리의 궁극적 기준

1 장에서 도요다 방식은 진북을 정의하는 한 방식이라 했습니다. 이는 도요다에게 사람을 다루는 올바른 방식, 개선하는 올바른 방식을 위한 가치와 기준을 제공합니다. 진북은 나아가고자 하는 방향이고, 다다를 수는 없으나 그 이상을 향해 제대로 가고 있는지 판단할 수 있습니다. 예를 들어, 진북의 한 방면을 고객 서비스 부서에서 사무실에 앉아서 추측하는 것이 아닌, 고객 불만사항을 100% 조사하는 것으로 볼 수 있습니다. 진정한 문제를 결정하고, 근원을 찾고, 문제를 해결하는 데로 나아가는 것입니다. 이상적으로는 문제는 돌아오지 않아야 하고 완벽한 과정은 완벽한 결과로- 100% 고객 만족- 이끌어져야 합니다.

다시 말하면, 그 이상을 향해 분투해야 합니다. 고객불만 사항을 100% 조사하지 않을 수도, 설령 모든 불만사항을 인지하고 가서 일일이 본다 해도 100% 근원을 바르게 찾아내지 못할 수 있으나, 열망하는 목표일 수는 있습니다.

고객불만을 인지하고 문제를 건의하며 배우듯이 이를 새 기준이나 현 기준을 재검토할 때 반영해야 합니다. 기준을 창조하지 않는다면, 단기적으로는 문제를 해결할 수 있으나, 장기적으로는 문제가 다시 되돌아 올 것입니다.

린(lean)의 핵심 지도력 모델

기준화된 공정과 기준은 린(lean) 지도력의 필수적인 부분입니다. 공장에서 생산을 시각화하고, 기준과 비교하여 다른 과정을 비교하려고 하는데 바로 겐지 겐부쯔의 정신입니다.

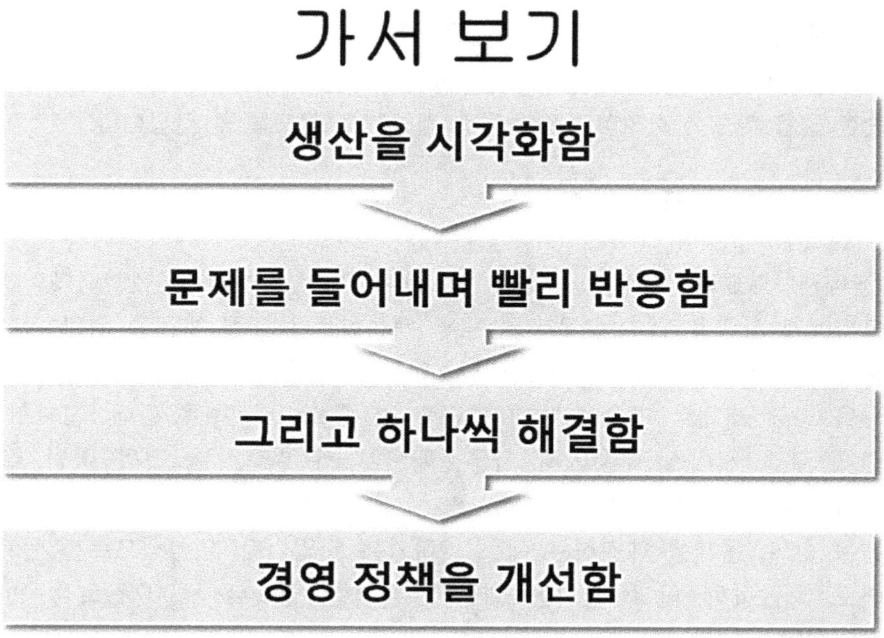

가서 보기

- 생산을 시각화함
- 문제를 들어내며 빨리 반응함
- 그리고 하나씩 해결함
- 경영 정책을 개선함

출처: 마이클 베일

그림 3-5. 실제 대 기준을 시각화함으로 문제를 하나씩 해결함

현실 대 기준을 시각화하는 이유는 문제를 부각시켜 빨리 반응하기 위함입니다. 기준과 현실의 격차를 빨리 볼수록 문제를 쌓아두는 대신 문제가 발생하는 즉시 풀 수 있습니다.

예를 들어, 지난 달의 자료를 보고- 무엇이 발생했습니까? 많은 일들이 발생했지만, 표면상으로 한 종류의 문제들이 여러 번 발생했음을 볼 수 있습니다. 하지만 문제가 발생한 각 경우를 알지는 못합니다. 형사가 사건현장에 한 달 후에 도착한다고 상상해 보십시오. 문제가 발생했을 때

푼다면, 실제 상황에 대해 더 상세히 알 것입니다. 월말까지 문제를 풀고 그 달을 반영하며, 어떤 문제와 대책을 다른 사람과 공유할 지 자문해 볼 수 있습니다.

이렇게 함으로 좀 더 꾸준한 반복적인 과정을 새 단계에서 성취할 수 있습니다. 80% 고객만족이었다면 20%는 만족하지 않았다는 것입니다. 95%를 성취하면 여전히 5%의 고객은 만족하지 않는다는 것입니다. 그렇다면 이제 새 기준, 이를테면 99% 고객 만족의 기준을 세울 때인 것입니다,

새 기준은 피디시에이(PDCA) 주기를 다시 할 것을 요구할 것입니다. 기준과 비교하여 시각화해야 합니다. 문제를 풀어야 합니다. 새 단계의 꾸준하고 안정된 수행을 해야 하며, 린(lean)지도력 모델이 이 과정을 이끌 것입니다. 그러므로, 기준을 개발하고 시각화하며, 문제를 해결하며, 개선노력에 대해 알아야 할 요점을 다른 사람들에게 전달하는 요소들을 모두 이해해야 합니다. 이 장 하반부에서는 시각화에 대해 좀 더 언급할 것입니다. 어떻게 과정이 반복적이지 않고 물질적이지 않아도 시각화할 수 있는지에 대해서입니다.

기준에 대해 무엇을 배웠는가?

헨리 포드의 현명한 관철에 의해 기준은 오늘날 아는 최선이며 내일 개선되는 것이라 시작했습니다. 기준은 경직적이지 않습니다. 로봇을 양산하는 것이 아니고 사고하는 사람들을 창조하려 하는 것인데 그들에게 시작점과 비교를 위한 기본을 제공하는 것입니다. 많은 기준이 있는데 정책, 과정 그리고 기술적 명세일 수 있습니다.

스텝과 각 스텝에서 무엇이 일어나는지, 얼마나 걸리는지를 명시하는 공정기준화를 실제로 개발할 수 있습니다. 공정기준화 자체는 직무를 수행하는 최선의 방법에 대한 이론입니다. 반복적인 직무에 대해서는 아주 상세하게, 순서와 걸리는 시간 그리고 요점까지 명시할 수 있습니다. 반복적이지 않은 직무에 대해서는 좀 더 신중해야 합니다. 반복적이지 않는 직무 중의 어떤 방면은 습관적일 수 있어 공정기준화 문서를 만들 수 있습니다. 습관적이지

않은 부분은 여전히 필요한 스텝과 요점을 인지하여 점검표와 훈련의 기본으로 사용할 수 있습니다.

기준은 경직되게 취급되어 강압적 관료주의의 부분이 될 수 있거나, 유연하게 취급되어 지침서처럼, 팀에게 주어져 개선될 수도 있습니다. 이를 가능적 관료주위라 부릅니다. 강압적 관료주의는 나쁜 관료주의이고 가능적 관료주의는 좋은 관료주의입니다. 관료주의가 항상 나쁘다는 거나, 기준화는 항상 좋다는 생각을 벗어나야 합니다.

의미 없는 규율이 될 수도 있고 그렇지 않을 수도 있습니다. 그렇다면 대안은 무엇일까요? 무정부주의는 좋고 관료주의는 나쁩니까? 폴 아들러는 관료주의가 필요하다고 가르쳤지만, 지속적 개선으로 이어지도록 규율과 기준과 과정을 사용하는 특정한 방식이 있습니다. 가능적 관료주의는 기준대로 훈련하고 기준의 개선을 이끄는 겜바에서의 지도력에 달려있습니다. 덧붙여, 한 지도자에게 너무 큰 그룹을 맡길 수 없다는 것인데 팀 지도자의 역할에 대해서는 6장에서 자세히 서술할 것입니다.

과정을 개선하려 하는 팀에게 기준은 시각적일수록 - 기준에 있는지 아닌지 볼 수 있을 때 - 가장 효과적입니다. 이것이 이 장의 나머지의 주제입니다. 기준이 아닌 걸 볼 때, 당황할 필요는 없습니다. 이는 단지 격차를 줄이고 과정을 개선하는 기회인 것입니다.

마지막으로, 일련의 과정이 있어 지도자로서 일할 때도 사용하여 일정의 기준화를 유지할 수 있습니다. 지도자라 할지라도 회합으로 하루가 지나가는 것이 아니고 어느 정도의 습관적으로 하는 일이 있을 수 있다는 것입니다. 일정 정도의 습관이 있으며 화재진압을 위해 천연적으로는 하지 않는 일일 수 있습니다.

예를 들어, 사람들이 어떻게 일하는지, 기준을 따르는지, 어디서 벗어났는지 가서 보고 점검해야 한다는 것을 압니다. 이는 시간이 지날수록 잊기 쉬운 것으로 만약 실제로 가서 보고 코칭하는 것을 기준화한다면 - 지도력 공정 기준화로 불리는-, 실제로 일정화시켜 확실히 진행되도록 할 것입니다. 이것이 6장에서 다룰 매일 개선 지원입니다.

실용적 지침서

요약하자면, 기준은 제한적이고 형식적이고 비효과적이고, 일하기 어렵게 할 수도 있습니다. 다른 한 편으로는, 기준은 유용하고 가능하게 하고 실제로 개선하며 일하기 좋게 할 수도 있습니다. 규율과 과정이 일하기 좋게 한다니 이상하게 들릴 것입니다. 이 장의 두 번째 부분에서 멘로 이노베이션이라는 실례를 논의할 것인데 그들은 소프트 웨어를 개발하는 회사로 사훈이 세상에서, 직장에서 기쁨을 만드는 것입니다. 그들은 이를 가능적 관료주의를 통해서 하는데 요구사항을 정의하고 소프트웨어를 개발하기 위해 명확하고 시각적 과정을 사용합니다.

격차를 보는 시각적 경영: 기준 대 실제

시각적 경영은 공정기준화, 기준화, 기준화 과정, 목표, 목표조건 위에 건축됩니다. 사무실에 무생물로 널려져 있던 정보들에게 포스터, 파일, 정보판, 컴퓨터 전시 등으로 생명을 불어넣음으로써 작업현장은 볼 것이 많아 사람들이 어떤 때는 멈춰서 읽은 후에 일하러 돌아가곤 합니다.

시각적 경영은 실제로 직무수행을 지침서로 사용하는 것입니다. 지금 무엇을 해야 하는 지와 격차를 확실히 보여줍니다. 누가 직무판 앞에 서서 종이 조각을 찢어 전화번호를 적은 후에 호주머니에 넣고 다시 일하러 간다고 상상해 봅시다. 이는 직무수행과 아무런 관련이 없는 것입니다.

그림 3-6. 신호등

시각적 경영은 살아있으며 직무의 일부분입니다. 신호등이 아주 좋은 예인데, 신호등은 (그림 3-6 참조) 운전의 일부로 모두가 배우는 것입니다. 신호등을 볼 때, 녹색, 황색, 적색이 무엇인지 책을 펼칠 필요 없이 무엇을 해야 하는지 정확히 압니다. 적색일 때 멈추고, 녹색일 때 가고 황색일 때는 적색으로 바뀌기 전에 빨리 운전한다는(이건 농담입니다!) 의미입니다. 한 번 힐끗 보고도 무엇을 해야 할지 압니다.

녹색, 황색, 적색으로 신호장착이 된 잘 디자인된 기계를 상상해 봅시다. 적색으로 가는 것이 안 좋은 것이라는 것을 예상할 수 있을 것입니다. 적색에 가까워지면 문제가 곧 발생하리라는 것입니다. 부언하면, 한 번 힐끗 보고도 기계의 상태가 파악되는 것입니다.

그래프를 보고 녹색이 목표고 - 판매이든 이득이든 - 적색은 실제 상황입니다. 실제가 계획을 앞서 가고 있는지 뒤처지고 있는지 명확히 볼 수 있습니다.

이 모두가 시각적 경영의 좋은 예들입니다. 직무 속도를 조정할 때, 행동이 필요할 때, 개선의 목표로 사용한다면 시각적 경영이 됩니다. 린(lean) 지도자로서의 일은 직무조정을 돕는 매일 사용할 수 있는 유용한 시각적 도구가 있도록 하는 것입니다. 이는 직무가 양질이지, 통제가 되고 있는지, 고객에게 원하는 것을 원할 때 원하는 만큼 전달하는지 알도록 도와줍니다.

좋은 시각적 경영의 아주 간단한 성분이 있습니다. 시각적 도구를 보고 정상인지 비정상인지 말할 수 있습니까? 정상이란 기준이며, 비정상이란 기준과 실제와의 격차가 있다는 것입니다. 격차를 보면, 행동을 취할 수 있으며, 더 빨리 격차를 볼수록, 더 빨리 행동을 취할 수 있습니다.

실용적 지침서

그림 3-7. 5S 가 없는 사무실

사진에 보여지는 사무실을 고려해 봅시다(그림 3-7 참조). 무엇이 기준이고 무엇이 기준이 아닙니까? 한 번 힐끗 보고 일수 있습니까? 실지로 나쁜 사무실 환경은 아닙니다. 책상이 정돈되어 있고, 게시판은 현 직무에 대해 색색의 쪽지가 붙어 있습니다. 사무실에서 일하는 사람에게는 명확할 지 모르나, 게시판에 너무 많은 정보가 게시되어 있습니다. 확실히 지도자가 사무실을 방문한다면 기준에 따르고 있는지 아닌지 알기 어려울 것입니다.

그림 3-8. 5S 가 적용된 사무실

그러면 위 사진의 사무실은 (그림 3-8 참조) 어떻습니까? 다섯 에스(s)가 실행되어 모든 것이 제자리에 있습니다. 제자리에 있다는 것은 기준이 있다는 것입니다. 전화가 있는 곳, 폴더가 있는 곳을 알 수 있습니다. 여러 폴더가 들어오고 나갈 수 있습니다. 폴더를 위한 제한적 공간을 두어 만약 다섯 개의 폴더가 들어온 다면 일이 넘쳐나서 도움이 필요할 것입니다. 과정인 직무 재고에 제한을 두는 시각적 도구인 것입니다.

린(lean) 매니저 에서 마이클 베일은 이를 잘 정의했습니다 - "시각적 경영은 현장일군에서 최고 경영책임자까지 함께 보고, 함께 알고, 함께 행동하는 것입니다." 보고 알고 행동하는 것을 강조했지만, 계속 나오는 단어는 함께 입니다.

이는 팀원들과 지도자에게 기준인지 기준이 아닌지 - 앞서 가는지? 뒤처져 있는지?-가 명확한 협동적인 과정이 됩니다. 그리고 기준이 아니라면 취해야 할 행동을 찾을 수 있습니다. 취해야 할 행동은 근원에서 문제해결을 해야 하며 그리하여 직접적으로 지속적 개선과정으로 이어져야 합니다.

실용적 지침서

비전통적인 린(lean)실례: 멘로 이노베이션

시각적 경영은 일을 작은 부분으로 분해할 때 가장 유용하며 공장 외의 비반복적인 직무에서도 흐름을 창조하는데 도움이 됩니다. 멘로 이노베이션은 고객 소프트웨어를 개발하는데 엄격하게 속도조절이 불가능하게 보이는 지식을 사용하는 직무입니다 (리차드 쉐리던이 저술한 *기쁨 회사* 라는 저서에서 표현했듯이). 이는 독창적인 디자인 과정이지만, 여전히 협동적인 팀워크를 사용하는 방법을 만들어내야 했습니다. 그래서 코드를 만드는 프로그래머들이 매시간, 서너 시간까지 앞서 있는지 뒤쳐져 있는지 알 수 있게 하는 것입니다. 그들은 작은 무리의 직무를 정의했는데 이로 말미암아 당신은 즉각적으로 과정이 획일화되었다고 생각하며, 소프트웨어 개발자들을 의욕 없이 시간에 맞춰 일하는 노예로 상상하기 시작합니다.

기업의 목표는 정반대입니다. 목표는 소프트웨어 디자인과 개발이 팀원과 고객들에게 기쁜 경험이 되는 것입니다. 사훈에도 명시되어있듯이, 이 기쁨을 성취하기 위해, 기업의 지도자는 근본적으로 소프트웨어 디자인을 하는 방법을 바꾸었습니다.

멘로 이노베이션은 제가 거주하는 미시간주 앤 아보에 있는 작은 기업입니다. 2001 에 창사했고 사표는 "역사상 가장 독특한 노력 중의 하나인 소프트웨어 발명에 기쁨을 돌려주는 것입니다." 그들은 또한 피하고자 하는 것,"기술에 관련하여 인간의 고통을 끝내는 것"도 언급합니다. 그들의 소프트웨어 개발의 보통 시행에 대한 평가는 아주 어둡습니다.

최고 경영책임자이며 창업자의 한 사람인 리차드 쉐리던은 소프트웨어 기업의 지난 경험에 대해 이야기 합니다. 매일 조금씩 열의와 에너지를 잃어갔기 때문에 그는 그의 새 기업 멘로 이노베이션의 경험이 사람들에게 적극적인 것을 가져다 주고, 삶을 풍성하게 하고, 에너지를 건축하도록 개발하기를 원했습니다.

그의 영감은 뉴저지 주 멘로에 있는 에디슨 인벤션 공장에서 왔는데 멘로 이노베이션이라는 이름이 여기서 따왔습니다. *극도의 프로그래밍* 이라는 책이 있는데 많은 린(lean) 원칙을 가지고 소프트웨어개발에 대해 과격한 접근을 선언했습니다. 그는 그 책의 저자로부터 많이 배웠고 그리고 체계적인 사고에 대해서는 피터 센지의 *배우는 조직* 으로부터 배웠습니다. 체계적 사고는 그가 더 큰 그림을 볼 수 게 했고 그 후에 확대하여 상세히 볼 수 있게 했으며 조직 내 모두가 함께 배울 수 있게 했습니다.

멘로의 실례에서는 그들은 고객과 함께 배웁니다. 대략 40 여명의 직원이 있는데 매년 증가합니다. 직원 선별과 고객 선택에 아주 신중합니다. 문화에 적응할, 협동할 수 있는, 배우는데 열의가 있는 사람들을 고용합니다. 고객들도 개발 과정에 적극 참여하도록 요구됩니다.

실용적 지침서

멘로에서 협력

멘로를 돌아 봅시다. 첫 번째 인상은 초창기 건물에서의 일상을 보여줍니다 (그림 3-9 참조). 이 사무실 환경을 볼 때 무엇이 보입니까? 소프트웨어 개발공장에서 예상되는 광경입니까? 격리된 개인이 보입니까 아니면 협력이 보입니까?

그림 3-9. 멘로 회사 환경

전형적으로 소프트웨어 개발환경을 돌아보면 개인들이 각자의 어두운 칸막이에서 컴퓨터 앞에 앉아있음을 봅니다. 방해하지 않고 그대로 둬야 하며, 컴퓨터 앞에서 무언가를 하며 바빠 보일 때 생산적이라고 여겨집니다. 다른 사람들이 소프트웨어의 다른 부분에 대해 일하며, 그 부분들은 같이 돌아갈 수도 돌아가지 않을 수도 있습니다. 리차드는 소프트웨어 개발뿐만이 아니라 일반적인 세상에서도 지식, 지식의 공유, 경쟁자보다 빨리 배우는 것에 근거하기 때문에 협력이 관건임을 이해했습니다.

협력이 혼돈으로 보입니까? 아니면 조직된 팀워크처럼 보입니까? 멘로가 무엇을 하는지 그들의 린(lean) 과정을 모른다면, 사무실이 혼돈스러워 보일 것입니다. 사람들이 서 있고, 두 사람이 한 컴퓨터 앞에 앉아 있음을 봅니다. 왜 한 사람이 아니고 두 사람이 필요하지요? 생각에 잠겨 있는 듯합니다. 프로그래밍에 대해 생각하는 걸까요 아니면 집안 일에 대해 생각하는 걸까요? 칸막이가 없고 사람들이 떼를 지어 있어 무질서하게 보일 수 있습니다. 실제는 한 쌍의 사람들이 명확한 지침에 따라 컴퓨터 코드를 만드는데 집중하는 것입니다. 그 지침은 고객 요구하는 것을 명시하며 개발되는 동안 코드의 질을 항시적으로 점검을 합니다. 리차드가 설명하길:

> "팀이 공동의 목적을 위해 함께 일하는 것이 저희 저희 산업 내에서의 조건입니다. 전체적인 협력의 문화를 창출하는 것보다 더 나은 방식은 없다는 것을 압니다. 당신이 여기서 보시는 모든 것은 – 공간이 정리된 방식, 개인이 조직된 방식, 팀이 묶여지는 방식, 탁자를 놓는 방식 – 모든 일하는 방식이 협력과 가장 효과적인 의사소통을 장려합니다. 회합이나 이메일이나 보고서가 아닌 대면 의사소통입니다. 저희는 이를 고속 음성 기술이라 칭합니다."

리차드는 그와 파트너들이 의도적으로 멘로 이노베이션에서 건축한 협력의 문화를 말하고 있습니다. 의도적이란 어떤 종류의 문화를 원하는지 많이 사려하고 그 문화를 발달시키기 위해 신중하게 일해왔다는 것입니다. 그들은 원하지 않는 문화를 경험했고, 리차드는 일찍이 큰 소프트웨어 개발 조직에서 부사장으로 문화변화의 실험을 한 바 있습니다. 이러한 경험에 근거하여, 현명한 파트너들과 함께 고객이 원하는 걸 언제나 제공하면서도 기쁨에 차고 협력적인 직장 경험이 어떤 것인지 개발하기 시작했습니다.

전체적인 멘로 과정

멘로에서 사용하는 간단화된 과정의 개요로 시작해서(그림 3-10 참조), 그 다음에 각 단계를 언급하겠습니다. 이 과정은 어느 린(lean)과정이 그래야 하는 것처럼 고객으로 시작합니다. 고객이 무엇을 원하는가? 고객이 무엇이 필요한가? 원하는 것이 반드시 필요한 것은 아니기 때문입니다. 헨리 포드가 재치 있게 말했습니다, "고객에게 무엇을 원하지는 묻는다면 더 빠른 말이라고 말할 것이다." 멘로 이노베이션은 "기술적 인류학자들"이라고 불리는 새 역할을 만들어 냈습니다.

실용적 지침서   133

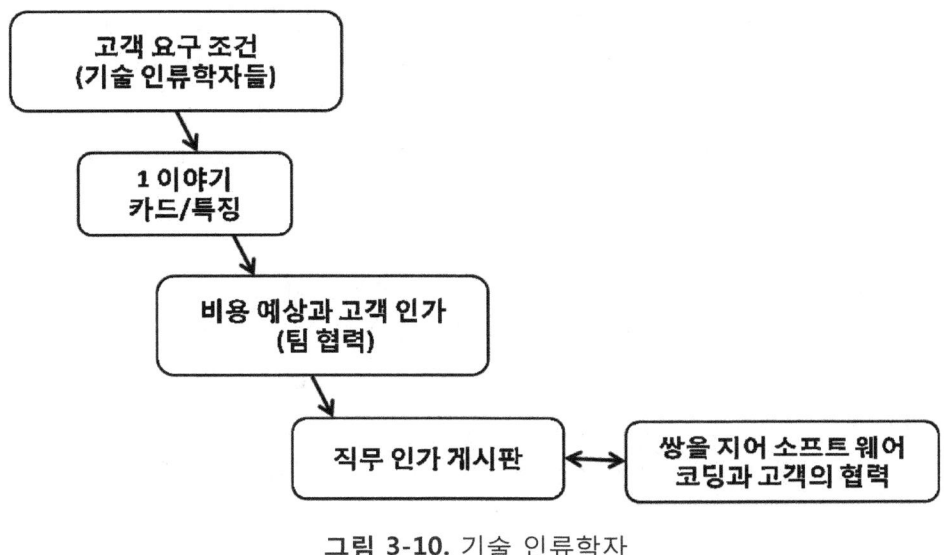

그림 3-10. 기술 인류학자

기술적 인류학자는 "벽에 붙은 파리"처럼 고객과 함께 생활하며 고객이 소프트웨어로 기쁜 경험이 필요하다고 믿고, 그 경험을 제공하기 위해 컴퓨터 화면이 어떻게 보여야 할지를 스케치합니다. 그리고 이러한 다양한 화면의 특징들은 이야기 카드의 형식으로 묘사됩니다. 한 특징마다 한 카드에 그림이나 말로 표현되어 소프트웨어 개발자나 프로젝트 매니저에게 전달됩니다. 팀에서 각 특징을 프로그램화하는데 얼마가 걸릴지 예측합니다. 이 예측은 분당으로 정밀하지는 않고, 1 시간인지, 2 시간인지, 4 시간인지, 8 시간인지, 16 시간인지, 또는 32 시간이지로 예측됩니다.

고객이 이해해야 하는 것

리차드는 이러한 특징들과 예측된 시간으로 무엇을 해야 하는 지 묘사합니다:

저희는 종이 접기에 의한 프로젝트 경영이라 불리는 것을 합니다. 16 시간에 해당하는 종이를 집습니다. 이를 절반으로 접으면, 몇 시간이죠? 여덟 시간입니다. 여덟 시간을 절반으로 접으면, 몇 시간이죠? 4 시간, 등등... 어떤 사람들은, "32 시간은 어쩝니까?" 라고 묻습니다. 저희는 16 시간짜리 종이를 두 장을 붙여서 32 시간을 만듭니다.

왜 32 까지만 가는지 의아해 하실 것입니다. 더 길게 갈 수도 있지만, 고객이 구입하는 것은 한 장의 종이입니다. 이 한 장의 종이는 두 사람이 40 시간을 (32 프로그래밍 시간 과 8 시간 기준 작업) 일하는 만큼의 값어치를 지닙니다. 프로젝트 매니저로서 이러한 것들을 알아야 합니다. 주 초마다, 프로젝트 의사소통, 기립회의, 반복 시작 예측과 보여주고 이야기하기를 합니다.

이는 아주 간단한 프로젝트 경영도구입니다. 이해하기 아주 쉬워서, 40 까지 헤아릴 수 있는 9 살짜리 아이들도 와서 할 수 있을 정도입니다. 40 까지 헤아릴 수 있다면, 32 를 칸 안에 채울 수 있고, 저희 시스템을 사용할 수 있으니 내일 당장 시작할 수 있겠지요? 고객이 지불하는 나머지 8 시간은 반복적인 일입니다. 예측이나, 고객과의 프로젝트 재검토 회합처럼 매주 반복되는 것으로 영구적인 계획에 포함시켰습니다. 32 시간 걸리는 다른 직무를 고를 수 있습니다.

고객의 시점에서 전체적인 과정을 보도록 하겠습니다. 전체적인 범위를 예측하기 위해 고객이 팀을 방문하여, 무엇에 투자할지 특징들을 모두 원하는지 비용관계상 어떤 특징들은 제외할 지를 결정합니다. 아마도 소프트웨어의 초기 단계에서는 나중에 추가할 생각으로 어떤 특징들을 배제할 수 있을 것입니다. 일단 고객이 동의한 후에는 이 카드들은 일을 허가한 것이 되며, "직무 인가 게시판"에 시각적으로 게시됩니다. 이 카드는 프로그래머의 일주일 치 일을 매일 매일 알려주는 일정입니다. 그리고 소프트웨어 프로그래머는 카드를 고릅니다. 이 카드는 결과가 어때야 하는지- 어떤 특징을 프로그램 해야 하는지를 말해주고 그들은 코드를 만든 후에 고객과 매주 만나서 그 주 동안 한 것을 보여줍니다. 고객의 피드백을 매주 받는 것입니다. 더 구체적으로 설명하겠습니다.

멘로에서의 시각적 경영과 팀워크

고객의 조건은 소프트웨어 개발 배경이 없는 기술적 인류학자들에 의해 정의됩니다. 이들은 판매원일 수도 학교 상담원일 수도, 저널리스트일 수도 있습니다. 소프트웨어를 사용한 적이 있고 사람들이 원하는 것에 대한 직감력이 뛰어나서 선별되었습니다. 그들은 직장에서 사람들을 관찰할 수 있고 무엇이 힘든지 - 현 소프트웨어 사용 시 애로점이 무엇인지 - 이해할 수 있습니다.

실용적 지침서

고객의 입장에서 생각하고, 그들의 시각에서 보고, 그들이 경험하는 것을 이해하기 위해 감정이입이 필요합니다. 고객들은 어떤 것들을 당연시 여길 수도 있으므로, 고객이 원하는 것을 제공하는 것으로는 충분하지 않습니다. 헨리 포드가 주시한 대로, 고객이 원하는 것은 그들이 필요한 것이 아닐 수도 있다는 것입니다. 고객들은 흔한 일을 하는 데 추가적으로 세 단계를 통과하는 것이 정상이라고 생각하고 버릇이 될 수 있으나, 더 나은 소프트웨어는 쉽게 단추를 한 번 누르면 세 단계를 통과하지 않아도 되게 합니다.

기술적 인류학자들은 개인 컴퓨터 화면의 초기 모형 - 실제 그림 -을 만들고 이는 이야기 카드 - 개별 특징 -로 전환하며 프로그래머가 코드로 바꿉니다. 이야기 카드는 특징이 무엇인지, 고객을 위해 무엇을 하는지, 어떻게 사용자 편의를 도모하는지에 대한 묘사입니다. 이는 인류학자의 시점에서이며 이 시점을 고객과 프로그래머와 공유할 것입니다.

단순히 카드를 작성하는 것은 누구나 무엇이든 할 수 있도록 허가 받는 것은 아니지만, 카드들이 모두 모였을 때 잠재적 프로젝트 범위를 잡을 수 있습니다. 이는 종이에 하는 것임을 주목하십시오. 멘로를 여러 번 견학했는데, 항상 누군가가 이렇게 질문하곤 합니다, "왜 모두 종이에 적지요? 컴퓨터에 있어야 하지 않나요? 명색이 소프트웨어 회사인데." 대답은 시각화함으로 촉각화함으로, 일주일 치 일을 매일 한번에 게시판에 보여줌으로 효과적인 협력을 도모한다는 것입니다. 컴퓨터 화면 앞에서 여러 개의 문서를 끄집어내며 협력하기는 더 어렵습니다. 종이 한 장을 집으며, "아니요, 이렇게 보여져야 해요," 하며 즉시 종이 위에 스케치하는 것이 놀라울 정도로 쉬운 일입니다. 언젠가는 종이와 연필을 사용하는 것처럼, 컴퓨터를 쉽게 사용하는 때가 오겠지만, 아직은 아닙니다.

그림 3-11. 각 이야기 카드에 걸릴 시간 예상

이제 모든 이야기 카드가 모였으면 그 특징을 프로그램 하기 위해 얼마가 걸릴지 예측해야 합니다.여기 사람들이 모여서 카드마다 시간예측을 하는 것을 보는데, 아주 재미있어 하는 것처럼 보입니다(그림 3-11 참조). 바이킹 투구는 리차드와 그의 아내가 노르웨이 방문 시 기념품으로 가져온 것인데 여러 용도에 쓰입니다. 이 경우는 그저 재미로 사용한 것입니다.

세 쌍이 보이는데 이 또한 멘로 문화의 한 부분입니다- 언제나 쌍으로 일합니다. 한 쌍이 특징을 연구하여 얼마나 걸릴지 예측하고 세 쌍의 시간을 평균 내보고 예측에 큰 차이가 있으면 논의합니다. 이 시점에서 예측을 완벽하게 만들려는 것은 아니고 오차가 있겠지만 대략 얼마가 걸릴지를 알 기 위함입니다. 일마다 독특하고 그 전에 해 보지 않았기 때문에 예상에 불과합니다. 평균적으로는 정확하지만, 어떤 것은 오래 걸리고 또는 적게 걸릴 수 있습니다. 이러한 오차를 개선하고 예측의 변이를 줄일 기회는 있지만, 일부러 하지 않습니다. 고객이 궁극적으로 걸리는 시간에 따라 지불하고 예측에 만족하는 듯이 보이는데, 이런 정보가 특징을 우선화하는데 충분합니다.

실용적 지침서

멘로 이노베이션에서는 고객이 먼저입니다. 기업은 고객에게 봉사하기 위해 존재하지만, 고객도 멘로의 과정에 따라와줘야 합니다. 초기 회합에서는, 프로젝트 범위를 인지하는 어려운 일을 합니다. 8시간을 보여주는 종이를 보며, 카드의 내용에 대해 질문합니다. 피드백을 주고, "이 특징이 지불할 가치가 있는가?" 자문합니다. 카드를 점검하며 초기 범위를 만듭니다. 초기 범위를 정한 후, 매 주 고객은 지난 주의 일을 재검토하고 다음 주의 일을 허가합니다. 이는 역동적이어서 프로젝트가 진행함에 따라 허가되는 일도 바뀔 것입니다. 주 마다 피디시에이(PDCA)를 행하는 것입니다.

리차드에게로 돌아가 카드가 허가된 후에 어떻게 멘로의 벽에 시각적 경영 시스템의 부분이 되는지 그에게서 들어보도록 하겠습니다.

직무 인가 게시판

리차드는 이렇게 설명합니다:

> "벽에 붙인 것은 현재 무엇에 대해 일하고 있는지 의사소통하기 위한 것입니다. 목표가 무엇인지? 의사소통 하고자 하는 정보가 무엇인지? 기술적인 기업들은 너무나 자주 기업 내 네트워크를 통해 접근할 수 있는 공유 드라이브에 모든 정보를 올려놓으려 합니다. 저희가 할 수 있는 가장 중요한 것은 이런 것을 벽에 붙임으로 누구나 종일 볼 수 있게 하는 것이라 믿습니다."

직무 인가 게시판 (그림 3-12 참조)은 일당 시각적 직무 일정입니다. 프로그래머와 프로젝트 매니저가 하루씩 한 시간씩 일을 분배하기 위해 사용합니다. 카드가 일별로 붙어있고, 코드를 만드는 쌍의 이름이 적혀 있습니다. 프로젝트 매니저는 매주 판을 다시 짜는데, 월요일 아침에 프로그래머들은 누구와 짝이 지어지는지 어떤 프로젝트를 하는지 알게 됩니다. 게시판으로 가서 이야기 카드를 갖고 프로그램 하기 시작합니다.

그들은 색깔 있는 점으로 카드의 상태를 표현하는데, 적색 점은 시작하지 않은 것, 황색 점은 진행 중, 주황색 점은 프로그래머들이 마쳤다고 생각하는 것입니다. 녹색 점은 "품질보증인"이 고객이 원하는 대로임을 검증한 것입니다. 원래는 녹색, 황색이나 적색이었으나, 팀이 가이젠 개선으로 주황색 점을 추가했습니다. 리차드가 출장 후 돌아왔을 때 주황색 점을 보고 실수인 줄 생각했으나 사실은 개선의 일환이었던 것입니다. 프로그래머들이 깨달은 것은 코딩을 마쳤지만 "품질보증인"이 그 특징들이 고객이 원하는 대로임을 점검하기 전까지는 마친 것이 아니라는 것입니다. 주황색 점은 프로그래머들이 마쳤다고 생각하는 것입니다.

프로그래머들은 매 줄의 코드마다 코드가 해야 할 일을 하는지 점검합니다. 이것은 "단위 점검"이라 불립니다. 또한 이들이 나머지 프로그램과 맞도록 조합도 합니다. 덧붙여, 고객에게 청구하기 위해 실제로 직무완성에 얼마나 걸렸는지 계산하고 예측시간과 맞춰봅니다. 이야기 카드는 품질보증인이 "예, 점검했습니다. 기술적 인류학자들로부터 고객이 원하는 것을 이해하고 이것이 그 필요를 채운다고 믿습니다. 출고해도 좋습니다,"라고 해야만 녹색 점으로 바뀝니다. 흥미로운 것은 품질보증인은 프로그램 할 줄 모른다는 것입니다.

또한 리차드가 고안한 시각적 도구로 줄이 쳐져 있는데, 이는 어느 날인지를 가리킵니다. 줄 위의 카드들은 완성되어야 하며 적어도 프로그래머들이 일을 마친 상태인 주황색이어야 합니다. 줄 위의 카드가 여전히 적색이면, 프로젝트 매니저가 즉시 비정상적으로 뒤쳐져 있다고 알아챕니다.

실용적 지침서

그림 3-12. 시각적 공정 과제 게시판

이제 프로그램 매니저가 비정상임을 알아챘다면, 무엇을 해야 할 까요? 전통적인 시스템이라면, 잘못한 사람을 찾을 것이고, 린(lean) 시스템이면 비정상임을 알아차리는 것입니다. 지도자라면 무엇이 일어났는지 이해하고 비정상에 대한 원인을 이해해야 합니다. 프로그램 매니저가 이 과정이 통제 가능한 지 아닌지 볼 수 있어야 하고 그리고 나서 팀과 함께 점검할 것입니다. 팀이 이미 수정하는 행동을 했을 수도 있습니다. 단지 특이한 부분적 문제일 수 있습니다. 예를 들어, 컴퓨터가 문제가 있었을 수 있습니다. 다른 한 편으로는, 피디시에이(PDCA) 주기를 거쳐야 할 수도 있습니다.

새 기준을 만들어야 하거나, 다른 사람들과 의사소통 해야 하거나 아무 필요가 없을 수도 있습니다. 지도자는 올바른 결정이 내려지도록 적절한 사람들에게 통보가 되도록 해야 합니다. 지도자는 과정을 점검하고, 사람들을 점검하여 그들이 적절히 반응하도록 그리고 필요한 과정 개선을 책임지도록 해야 합니다.

시각적 경영이 협력적인 문화를 지원함

이미 언급한 대로 멘로는 쌍을 지어 코딩을 합니다. 모든 것을 쌍끼리 합니다. 인터뷰도, 비용예측도 쌍끼리 하며 한 쌍의 기술적 인류학자들이 고객을 방문합니다. 프로그래머들도 쌍으로 코드를 만듭니다. 내부적으로 확신하는 것은 두 사람이 함께 일할 때 한 사람이 혼자 일하는 것보다 더 생산성이 있으며 독창성이나 품질이 더 높다는 것입니다. 쌍이 있을 때 어떤 일이 발생하는지 생각해 보기 전까지는 두 사람이 함께 일할 때 혼자 일하는 것보다 더 생산성이 높다는 것이 표면적으로는 논리에 맞지 않을 수 있습니다.

그림 3-13. 팀워크 – 쌍을 지어 코딩함

한 사람이 마우스를 가지고 코딩하며 다른 사람은 가리키며 이렇게 말함을, "여기 봐요, 문제가 여기 있네."을 볼 수 있을 것입니다 (그림 3-13 참조). 문제를 잡아냄으로 재 작업을 피할 수 있는데, 어떤 기업 같은 경우에는 문제가 고객에게 도달하여 불만족한 결과를 낳을 수 있습니다. 그러면 그들은 재 작업

실용적 지침서

해야 할 뿐만 아니라, 불만족한 고객을 대면해야 합니다- 하루의 낭비는 두 사람 고용비용보다 더 큽니다. 다시 말하면, 이것이 멘로가 내부적으로 증명한 것입니다. 당신의 문화가 꼭 될 필요는 없지만, 쌍으로 일할 때, 개인보다 더 생산성이 있음을 명심하십시오.

이제 리차드로부터, 그들의 성공담 중의 하나를 듣겠습니다-새 발명품인 아큐리 사이토미터- 멘로가 협력하여 소프트웨어 개발을 대가로 주주권을 받았습니다. 전부 돈을 많이 벌고 고객은 생산품에 아주 흡족했습니다. 리차드는 자랑스럽게 프로그래밍을 하는 것이 가격은 비싸지만 (경쟁자들보다 아주 저렴함에도 불구하고), 용이한 사용과 재 작업이 없음으로 인하여 전체적인 비용은 아주 저렴한 것이라고 설명했습니다.

"제가 좋아하는 것은 소프트웨어 분석 모듈인데 아큐리 사이토미터를 위해 건축한 흐름 사이토미터라고 불리는 장치를 위한 것입니다. 이는 암 연구와 면역학 등에 대한 시장을 혁명화한 장치입니다. 그들이 아큐리에 제일 처음으로 상업적으로 전달했을 때, –레오- 아큐리의 고객 서비스 담당이 컨테이너 안에 조심스럽게 포장하고 있었습니다.

그는 고객에게 전화하여, "속달로 갈 것이니 내일 도착할 것입니다. 포장을 풀을 때, 전화하세요, 한 9 시쯤."

그들은, "알았어요, 레오."

그는 아주 기대에 차서 속달회사 사이트에 가서 8 시 45 분에 배달된다는 것을 알았습니다.

그는 전화 옆에서 줄창 기다렸습니다. 9 시가 지나도 전화가 오지 않았습니다. 정오가 지나도 전화가 오지 않았습니다. 그러자 아큐리의 이사장- 젠 베어드가 와서 물었습니다, "레오, 전화 왔나요?"

"아니오, 전화 오지 않았습니다."

하루가 다 가도 전화는 오지 않았습니다. 두 번째 날이 지나도 전화가 오지 않았습니다. 레오는 미칠 지경이었습니다. 그는 아주 낙담하여 아큐리를 열심히 지켜보았습니다. 마침내, 전화를 걸어서 통화했습니다," 여보세요, 아큐리의 레오입니다."

다른 편에서는, "안녕하세요 레오, 어때요?"

그는, " 좋아요. 그 쪽은 어떻습니까?"

그들은, " 아주 좋습니다."

그는 계속하여, " 배달 받으셨죠?"

" 예, 이틀 전에 8 시 45 분 경 받았습니다."

그는 연이어, " 저, 전화주기로 하셨죠? 기억하세요? 시작하도록 셋업 하려고요."

그가 놀랍도록, 그들은 대답했습니다, " 예, 레오, 포장을 풀고, 즉시 사용하기 시작했어요. 이틀 동안 사용하고 있었는데, 아주 좋아요. 감사합니다."

" 그것이 돈을 적게 들여 비싼 가격을 얻은 것입니다. 아주 좋네요."

시각적 경영에 대해 무엇을 배웠는가?

멘로에서의 시각적 경영과 전의 토론에서 배운 것이 무엇입니까? 정의한 대로면, 시각적 경영은 사람들이 일하는 것을 보여주고 지도자들이 기준과 비교할 수 있도록 해줍니다. 이해하기 쉬워야 합니다. 신호등이 좋은 예입니다. 적색, 황색 또는 녹색입니다. 적색등을 지나쳐 간다면 교통경찰이 금새 눈치채듯이 힐끗 보고도 무엇을 해야 할 지 알 수 있어야 합니다. 협력의 도구이며 제시할 문제를 인지하는데 사용됩니다.

멘로 이노베이션처럼 긍정적인 환경에서는 고객과의 협력이 다분합니다. 기술적 인류학자들에 의해 고객이 원하는 것이 무엇인지를 정의하는 초기 단계에서부터 많은 협력이 있으며, 프로젝트를 운영하는 사람들과 실제 코딩을 하는 사람들과의 협력이 있습니다. 프로그래머들 사이에서도 많은 협력이 있습니다. 품질보증인과의 협력이 있습니다. 이러한 협력이 있을 때 시각적으로 전시된 것을 보면 프로젝트의 상태를 볼 수 있습니다 - 앞서가는지 뒤처져 있는지, 품질 관리를 통과했는지 아닌지, 이 시간에 무엇을 해야 하는지 얼마나 걸리는지 - 그리하면 모두가 계획에 비교해 실제가 어떤지에 대해 같은 생각을 갖게 됩니다.

계획한 것과 실제로 발생하는 것 사이의 차이는 문제기 되며, 문제는 린(lean)에서 개관적인 사실로 이용됩니다. 다시 말하면, 60 분 걸려야 하는 것이 실제로 70 분 걸린다면 이 격차는 문제로 정의됩니다. 문제가 있다는 것은 누군가가 잘못했다거나 즉시 교정하는 행동을 취해야 한다는 의미는 아닙니다. 단지 격차가 있다는 의미입니다.

왜 격차가 있는지 자문해야 합니다. 예측 과정을 개선할 필요가 있을 수 있습니다. 특정한 것이 통제 불가능함을 깨달을 수 있습니다. 훈련을 더 받아야 함을 깨달을 수 있습니다. 또 그저 염두에 두고 아무런 행동도 취하지 않을 수 있습니다. 격차가 생기는 여러 가지 이유가 있을 수 있는데 어떤 것이 강도 있는 피디시에이(PDCA)가 필요한지를 결정해야 합니다.

모든 것이 보여지고 사람들이 드러나기 때문에 두려움은 지속적 개선 문화의 적입니다. 데밍박사는, "두려움 몰아내기"를 몇 십 년 전에 설파했습니다. 이를 설파한 이유는 두려운 환경에서 사람들은 벗어나기 위해 무엇이든지 할 것이기 때문입니다. 벗어나는 한 방법은 문제를 감추는 것입니다. 그래서 도요다 안에서는, "문제가 없는 것이 문제이다!" 라고 말합니다. 정기적으로 문제를 인지하지 않으면, 그것이 문제인 것입니다. 왜냐하면 문제는 언제나 있기 마련이기 때문입니다. 계획에 따라 완벽하게 하지 않고 문제를 감추는 것은 개선을 회피하는 것입니다.

시스템은 지도자가 조직 내에서 무언가를 하는 것입니다. 일이 진행되는 곳으로 가서, 어떻게 팀이 기준에 따라 하고 있는지를 보며, 지속적 개선을 이끄는 것입니다. 지도자가 책임을 가져야 합니다. 문제가 일어나는 것을 주목하며 행동을 합니다. 이러한 행동은 지속적 개선을 이끄며 격려해야 합니다. 린 지도자로서의 기술이 필요한 이유가 여기 있습니다. 그리함으로, 특정한 상황에서 어떻게 행동해야 할지를 알며, 누군가를 책망하는 대신 좋은 문제해결 모델을 만들며, 문제를 표면화하고 해결하는 것을 장려하는 문화를 창조할 수 있는 것입니다.

4 장

자기개발에 전념함

자기개발을 위해 무엇을 시도할 것인가?

이제는 지속적 개선에 대한 방법이 있으며 인간존중에 대한 방법이 있음이 명확할 것입니다. 이 둘은 함께 갑니다. 사람 존중-고객, 파트너 그리고 팀원에 대한 존중이 없이는 도요다에서 지속적 개선이 효과적일 수 없습니다. 도요다의 진북은 도요다 방식으로 정의되며, 이는 지도자가 어떻게 사고하며, 느끼며, 행동해야 하는지를 정의합니다. 도요다는 장기적인 관점에서 지도자들을 양성했는데, 도요다로부터 배우고자 하는 기업들을 위해 4단계 린(lean) 지도력 모델로 그 과정을 요약했습니다. 이 장에서는 모델의 개요를 (그림 4-1 참조) 제공하며 첫 번째 단계인 도전과 반영을 통한 자기 개발에 집중할 것입니다.

린 지도력 양성 모델

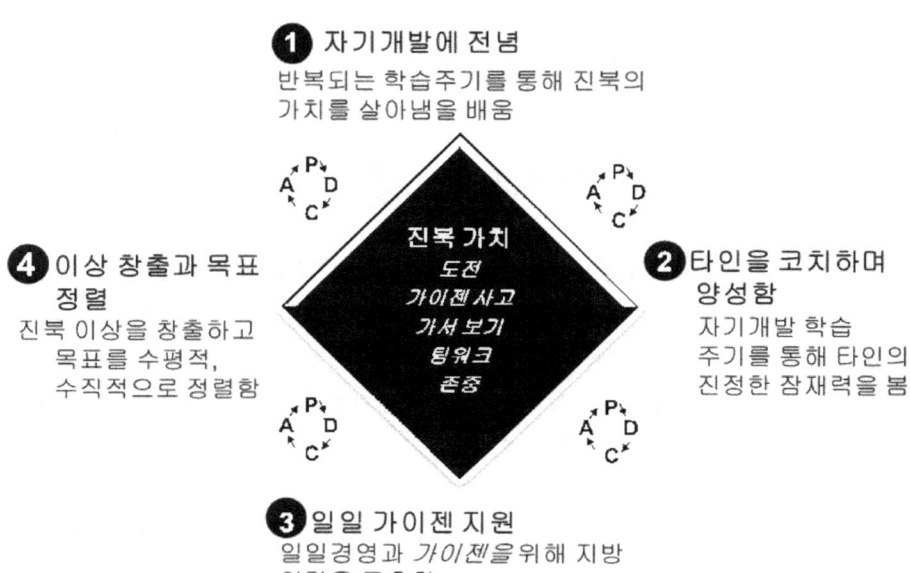

출처: 리더십을 숙이고 도요타 웨이

그림 4-1. 린 리더십 개발 모델 (다이아몬드 모델)

지도자로서의 자기개발의 지침 원칙은 조직의 핵심인 진북 가치입니다. 지도력 개발 모델의 중심에 도요다의 가치를 놓았습니다. 이는 철저히 이해되어야 하며, 이해를 넘어서서 반복되는 배우는 주기를 통해 진북 가치를 살도록 자신을 개발해야 합니다. 계획-시행-점검-행동을 계속 반복해 가치가 유전자-사고와 행동 방식이 되도록 해야 합니다. 도요다의 가치를 그대로 따라 할 필요는 없지만, 이는 유용한 지침이 됩니다. 그래서 다시 한 번 재검토할 가치가 있습니다.

도전: 경쟁을 환영합니다.

어떤 조직이든지 언제나 환경의 도전을 받으며, 항상 내부적 도전이 있습니다. 요지는 "도전"을 지워진 고난으로 받아들이느냐 아니면 적응하고 더 자라도록 하기 위한 복잡한 세상의 자연적 질서로 받아들이느냐에 달려 있습니다. 예를

실용적 지침서

들자면, *도요다 방식 2001*에서는 "우리는 경쟁을 환영합니다," 라고 말합니다. 도요다가 미국, 한국 또는 독일 기업들에서 오는 점점 강해지는 경쟁에 대해 불평하는 것을 들을 수 없습니다. 그들은 경쟁의 도전을 환영하는데 그들로 하여금 더 나아지도록 만들기 때문입니다. 경쟁의 도전이 없이는 점점 약해질 수 있으며 고객이 손해를 볼 것입니다. 그들은 도요다 내에서 모든 개인이 경쟁의 정신을 갖길 원합니다.

긍정적인 전망으로 도전을 대하는 것은 가치가 있는데, 도전 없이는 개선하려는 절박함이 없기 때문입니다. 연구 결과는 다룰 수 있는 것보다 더 많은 스트레스를 받으면 수행력이 떨어짐을 보여줍니다. 그러나, 똑같이 중요한 결과는 충분히 도전 받지 않고 너무나 느슨하다면, 정체되며, 또한 수행력이 떨어진다는 것입니다. 이는 금발의 소녀와 곰 세 마리 스트레스 원칙이라 불립니다.

이는 제일 적절한 수준의 도전이 있음을 말해줍니다. 종 모양의 수행 곡선(그림 4-2 참조)을 생각해 보십시오. 최고의 수행은 너무 많지도 너무 적지도 않은 적정량의 스트레스가 있을 때입니다.

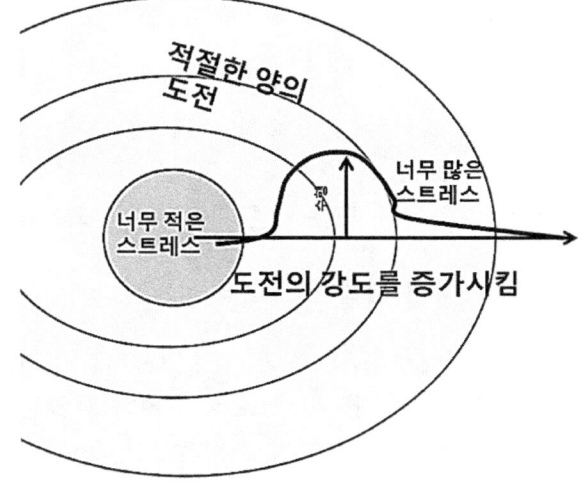

그림 4-2. 도전의 강도 균형을 찾음

가이젠 사고 - 바른 과정을 따라 도전을 성취할 것임

도전을 대하는 방식은 가이젠 사고를 통해서 입니다. 가이젠 사고를 가지고 전념하며 피디시에이(PDCA)를 통한 체계적인 개선과정으로 다음 도전을 맞을 준비가 되어있음을 확신할 것입니다. 직무수행 시간을 절반으로 줄이라는 도전을 받을 수 있습니다. 불가능해 보이고, 전에 해 보지 않았지만, 50%를 좀 더 작은 부분으로 분해하고, 차근차근 단계를 밟으며, 좋은 문제해결을 따른다면 점점 목표에 다가갈 것이며 마침내는 목표를 성취할 것입니다.

도전을 맞아 단계별로 일하기 위해서는 확신과 좋은 과정이 모두 필요합니다. 어떤 시도는 후진적일 수도 있고, 실패할 수도 있으나 괜찮습니다. 다시 일어나, 배우고 다시 시도하십시오.

가서 보기 - 겜바에서 대부분을 배울 수 있음

．단순히 가서 보는 것을 가치로 보는 것이 이상할 수 도 있으나, 가서 보는 가치가 도요다에는 있습니다.

실제로 일이 발생하는 곳, 겜바에서 대부분을 배울 수 있다는 것이 가치입니다. 직접 가서 보고, 그리고 배우는 것은 커다란 가치가 있습니다. 간접적 보고서나 몇 달 전의 평균이나 통계자료에 기대는 것이 아니라 실제 장소를 본다는 것입니다.

"겜바"란 그 일이 일어나는 장소를 말합니다. 부품을 만드는 곳일 수도, 서비스를 제공하는 곳일 수도, 고객이 생산품을 사용하는 곳일 수도, 공급자가 재료를 준비하는 곳일 수도 또는 다른 가치가 부가되는 곳일 수도 있습니다.

팀워크 - 팀워크와 개인 성과는 동전의 양면임.

팀워크는 많은 조직에서 높이 평가되고 있습니다. 도요다가 조금 다른 것은 팀워크와 개인 성과를 반대적인 것으로 고려하지 않는다는 것입니다. 그들은 동전의 양면으로 고려됩니다. 자기 개발된 개인들 없이 훌륭한 팀을 꾸릴 수 없으며, 개인들은 그들이 효과적인 팀의 부분일 때 최고로 개선하고 성과를 올릴 수 있습니다.

실용적 지침서   **149**

존중- 고객, 사회, 팀원들, 파트너들, 사업을 하는 지역사회

마지막으로, 존중은 많은 방면이 있습니다. 이는 고객, 사회, 팀원, 파트너, 사업을 하는 지역사회를 존중하는 것이 포함됩니다. 직원 고용한 곳을 폐기하는 것은 사업상으로는 합당할 지 모르나, 이 가치를 위반하는 것입니다. 직원들을 해고함으로써 지역사회의 복지를 손상시키기 때문입니다. 파산 직전에 이르러도 아무런 대책을 세우지 말라는 의미가 아니라, 사업상 이익 때문에 팀원이나 지역사회에 손상을 주는 일은 가능하다면 피해야 한다는 것입니다.

이상이 도요다의 가치인데 당신의 기업만의 가치가 있다면 정밀하게 평가하십시오. 부가할 것이 있거나 바꾸어야 한다면 그리 하십시오. 이미 강하고 포괄적이라면 어떻게 이들을 지도력 문화에 좀 더 깊이 심을지 생각하십시오.

가치를 확실하게 심음

지도자로서 이러한 가치들이 너무나 잘 심어져서 위반할 생각조차 못할 정도까지 갈 수 있을까요? 너무나 자연스러워 생활방식이 되도록 말입니다.

미국 도요다 간부가 저에게 한 흥미로운 이야기를 해드리겠습니다. 그가 도요다에 입사했을 때, 도요다 핵심가치가 적혀진 카드를 받았습니다. 그는 지갑 속에 지니고 다니면서 가끔 자신을 상기시키곤 했습니다. 어느 날, 출근 후, 자동차에 지갑을 두고 온 것을 깨달았을 때, 놀라서 황급히 자동차로 가서 카드가 있는 지갑을 가져오려 했습니다. 갑자기 그는 멈춰서 더 이상 카드가 필요 없음을 깨달았습니다. 이러한 가치들이 그 안에 너무나 잘 심어져서 카드가 필요하지 않았던 것입니다. 이는 그에게 해방적인 순간이면서 전환점이었습니다.

서구적 지도력 대 도요다 지도력

어떤 종류의 지도력이 도요다 생산 방식의 사고 이상을 추진하는데 필요하며, 가장 친숙한 서구적 지도력과는 어떻게 다를까요?

먼저, 서구적, 도구위주의 접근을 고려하면, 상대(**商大**)나 조언자에게 배우고 친숙한 같은 양식의 지도력입니다(그림 4-3 참조). 근저에서는 재정적 계획이 이 행동을 추진합니다. 주주가 금전을 원한다면 (그리고 생산품을 금전으로 봅니다), 금전이 재정계획에 있는 모든 결정을 추진합니다. 금전을 더 얻기 위해 빠른 결과를 겨냥해야 합니다. 판매를 통제하고 판매원에게 수수료를 주며 나머지 부서들에게는 이윤, 비용절감을 위해 한 잣대를 둡니다.

전통적 서구적 이사는 기업의 얼굴입니다. 주주들은 고위 간부들이 영웅이라는 확신을 원합니다. 저는 당신이 경영 최고 책임자로서 저에게 금전적 이익을 줄 것을 위임합니다. 당신이 실패하는 것처럼 보이면 긴장됩니다. 초인처럼 보이는 한 저는 흡족합니다. 전통적 서구적 지도자는 강하고, 자부심 있고, 초인처럼 행동해야 합니다. 그럴려면, 결과를 반복해서 전달할 수 있음을 증명해야 합니다. 증명하기 위해서는 매 승진 시 재정적 목적을 성취해야 합니다. 경영 최고 책임자는 제일 빨리 승진의 사다리를 오른 사람입니다. 경영 최고 책임자가 되기를 원한다면 -그것이 입사한 목표라면 - 빨리 오르는 법을 배워야 할 것입니다. 사람들이 도중에 있다면 넘어서야 합니다. 사다리에서 몇을 떨어뜨려도 괜찮습니다.

결과를 얻는 것이 중요한데, 특정한 결과여야 합니다. 주주가 쉽게 이해할 수 있는 재정적 결과이며, 그 도중에 입힌 손해는 소송으로 가지 않기만 한다면 상관없습니다.

사람들은 다른 한편으로 성가십니다. 당신이 승진의 사다리를 오르려 하는데 그들은 감정적인 필요가 있기 때문입니다. 회사에 결근하거나, 지시를 따르지 않고 이해도 못합니다. 사람들은 불완전한 기계입니다. 컴퓨터는 프로그램 한 대로 작동하는데 사람들은 완고하고 저항도 합니다. 그래서 사람들을 적절히 이용하며 원하는 대로 조종하는 법을 배워야 합니다.

실용적 지침서

전통적인 서구적 지도자	도요다 지도자
재정 계획에 따라 일함	진북을 향하여 일함
빠른 결과	인내심
자만	겸손
빨리 승진함	깊이 배우고 점차적으로 승진
모든 것을 감수하고 결과에 치중함	올바른 결과를 꾸준히 얻기 위해 올바른 과정을 중요시함
사람들을 통해 목표 달성	과정 개선을 통해 인력 양성

그림 4-3. 전통적 서구적 지도다 대 도요다 지도자

이제 사고생산시스템의 부분인 도요다의 이상적 지도자와 비교해 봅시다. 그들은 도달할 수 없는 완벽의 목표를 성취하려 합니다. 그러기 위해서 많은 단계가 필요함을 그들은 깨달았습니다. 또한 진북을 성취하는 방법을 정확히 모른다는 것도 깨달았기에 많은 것을 시도해야 합니다. 더 빨리 실험을 할수록, 더 빨리 진북의 방향으로 나아갈 수 있습니다. 인내심이 있어야 합니다. 상급 지도자로서, 개선을 할 수 없고 일을 할 수도 없습니다. 보고하는 사람들에 의존할 수 밖에 없습니다. 이러한 사실은 겸손으로 이어집니다. "내 역할은 실제 일하는 사람들을 봉사하며 내가 할 수 있는 한 돕는 것이다." 이는 종종 봉사하는 지도력이라 불립니다.

도요다에는 재정적은 아니나 과정과 사업상에 대해 어마어마한 상이 있습니다. 예를 들어, 사키치 도요다는 바닥부터 시작해서 수작업을 하며 마침내 자동직조기를 발명해냈습니다. 키치로 도요다는 자동차를 제조하는 것을 바닥에서부터 배웠습니다. 바닥에서부터 깊이 배우지 않으면 도요다에서 발전할 수 없습니다. 심도 있게 배우고 마침내 수평적으로 움직이고 다시 심도

있게 배우며 차츰 승진 사다리를 오르는 것입니다. 이는 인내를 필요로 합니다. 한 곳에서 오래 일하며, 마침내, 다른 도전을 받을 준비된 상태에서 누군가가 추천할 때 승진이 되는 것입니다. 그럴 때까지 인내심 있게 기다려야 합니다.

올바른 결과를 얻기 위해서는 올바른 과정이 필요합니다. 가이젠과 인간존중 그리고 피디시에이(PDCA)를 통한 접근은 진북에 다가간다는 믿음이 있습니다. 진북으로 가는 도정의 목표에 다다르도록 해 줍니다. 정확히 어떻게 다가가는지는 모릅니다. 누군가가 기계전환에 걸리는 시간을 80%까지 삭감하라고 한다면, "예, 하겠습니다," 라고 반응해야 합니다. 정해진 해결안은 없습니다. 팀이 필요할 것입니다. 많은 것을 시도할 것이지만, 경험 있는 지도자가 있다면, 반복적으로 목표에 부응할 것입니다. 바른 과정을 따라 의욕적인 팀과 일한다면 바른 결과를 얻는다는 확신이 있습니다.

.
그러한 바른 결과를 얻는 과정에서, 인간존중은 그들을 훈련하고 개발하는 것입니다. 한편으로는 얻고자 하는 결과가 있으며, 다른 한 편으로는 함께 가며 강화시켜야 할 사람들이 있습니다. 이러한 투자를 통해, 그들은 지속적 개선에서 더 숙련될 것입니다.

어떻게 린(lean) 지도자가 될 수 있는가?

도요다 지도자의 이상에 어떻게 다가갈 수 있는가? 많은 지도자들은, "우리는 서구적 지도력 모델을 따라 왔습니다. 수치를 어떻게 맞추는지를 배워왔습니다. 성급하도록 배워왔습니다. 지도자들은 그들이 성급하고, 당장 결과를 원하기 때문에 선별되었습니다. 그런데 지금, 인내와 겸손으로 아랫사람에게 친절하고 격려하라고요? 이는 정반대 행위입니다. 어떻게 한 극에서 다른 극으로 가란 말입니까?" 당연히 복잡한 행위를 변화하는 것은 어렵습니다. 신경과학 연구에 따르면 고통스럽기까지 합니다. 정말로 원하지 않고서는 어려우며, 그래서 도요다는 배우는데 열심인 지도자 선별을 위해 분투하는 것입니다.

실용적 지침서

일 단계- 자기 개발에 전념함. 반복적인 학습주기를 통해 진북의 가치를 살아내는 것을 배움.

몇 가지 배운 것이 있는데, 사람들이 습관을 세우고 사고방식이 몇 십 년에 걸쳐 머리 속에 새겨졌을 때, 변화한다는 것은 아주 어렵다는 것입니다. 아마도 기업을 해체하고 다시 시작해야 할 것입니다. 경험 있는 코치들을 영입하고, 사람들을 진북가치에 따라 처음부터 양육할 수 있습니다. 도요다의 경험에 따르면, 성숙한 도요다 지도자가 되려면 10 년이 걸린다고 합니다. 모든 것이 머리 속에 새겨졌을 것입니다.

기업을 해체하고 10 년 안에 재 건설할 수 있는 기업은 그리 많지 않습니다. 노력해서 지금 있는 지도력을 변화하도록 하는 것이 더 좋습니다. 그렇다면 누가 지도력을 변화시킬 위치에 있을까요? 몇 십 년의 경험에 비추어 볼 때, 저는 아닙니다. 경영최고책임자와 대화해서 그의 사고방식을 변화시킬 수 없었습니다. 저는 고용된 컨설턴트로서, 그들이 넘어선 많은 사람 중의 하나로 신용도가 떨어집니다. 경영최고책임자는 의지가 강하며, 그래서 그 위치에 다다른 것입니다.

긍정적인 면은 그들이 강한 의지를 가지고 있기 때문에, 마음먹은 것은 무엇이든지 성취할 수 있습니다. 행동하는 방식을 변화하겠다고 마음먹으면 종종 할 수 있습니다. 이는 극도의 헌신이 필요하며 한 번의 시도로 되지 않습니다. 기본기가 없다면 주말특별 골프 강습을 받는다고 해서 훌륭한 골퍼가 되지 않습니다. 골프를 못하고 나쁜 습관이 배어 있다면, 코치가 지켜보며 무엇이 잘못 되었고, 어떻게 고칠 수 있고, 연습일정을 정해주며, 장기적으로 반복 연습하지 않으면, 그 버릇을 고칠 수 없습니다. 제 골프 강사는 배운 것을 연습장에서 3 일간 연습한 후에 다음 강습을 받도록 권유했습니다. 그래야 다음 강습을 받을 준비가 되기 때문입니다.

자기 개발의 도전은; (1) 헌신함 ; (2) 코치; 그리고 (3) 연습이 필요합니다. 최고경영자나 간부진처럼, 오늘의 문제해결을 위해 바삐 움직인다면, 시간을 쪼개기가 어렵기 때문에 더더욱 헌신이 필요합니다. 이제 지도자로서 - 일선의 감독관이건, 매니저이건, 이사이건, 최고경영자이건 똑같이 적용되는 과정임 -

변화하고자 결정했습니다. 이끌어왔던 방식은 어느 정도의 결과를 가져왔지만, 사람들과의 협력이 부족했습니다. 대부분의 문제를 해결했지만, 실망했으며, 무언가 더 나은 방법이 있으리라 생각합니다. 어떻게 지도자들을 게리 콘비스를 가르쳤던 일본 지도자들처럼 만들 수 있을까요? 게리는 이러한 지도자가 되려고 노력했으나, 포드회사에서 20년간 재직하며 나쁜 습관들을 개발했었기 때문에 아주 힘든 일이었습니다.

게리가 NUMMI를 운영하도록 고용되었을 때, 게리를 선호한 이유가 많았습니다. 그 중의 하나는 포드에서 그가 도요다 지도자처럼 행동했기 때문이었습니다. 품질 관리자였을 때, 실제로 생산을 중단하고 (포드에서는 아무도 생산을 중단시키지 않음), 현장에 가서, 직원과 대화하고 문제와 그의 근원을 인지했습니다. 생각 안에서 도요다 지도자처럼 행동했고 많은 면에서 그는 그러한 지도자였습니다. NUMMI 경영진은 그가 이러한 잠재적인 지도력이 있다고 생각했지만 여전히 게리를 선발하기 전까지 계속 찾았습니다. 결정적이었던 것은 게리가 반복적으로 질문하고, 경청하고 배우고자 했기 때문이었습니다.

가르쳐 본 사람은 배우고자 하지 않는 사람을 가르칠 수 없다는 것을 압니다. 그들로 하여금 받아 적게 하고, 듣고 읽은 것에 대해 테스트 할 수는 있지만, 그들이 배우려고 하지 않는 이상 가르칠 수 없습니다. 악기이건 스포츠이건 배우려는 열의를 가진 학생을 찾습니다. 엔지니어로서 차세대 엔지니어들을 훈련하고자 할 때, 정말로 배우길 원하는 사람들에게서 이러한 섬광을 발견합니다.

첫 단계는 자기개발에 전념하고자 하는 사람들을 찾는 것입니다. 기업의 진북을 그들이 배우도록 하는 것입니다. 배우는 유일한 방법은 작은 단계를 밟는 것입니다. 처음에는, 기본적 행위 원형을 배워야 할 것이고, 그 다음에는, 개발될수록, 더 정밀하고 정교하게 배울 것입니다. 개선 카타는 한 단계씩 연습을 통해 배우는 체계적인 방법을 제공합니다.

그것이 일본인들이 캘리포니아 NUMMI에서 했던 것입니다. 그들은 공장운영자로서 관건적인 위치에 있었기에 특별히 게리를 가르쳤습니다.

실용적 지침서   155

그리고 나서, 제도 내의 모두를 어떻게 자기개발을 하는지, 도요다 방식에서 어떻게 배우고 사고하는지를 가르치려 했습니다.

지도력 자기개발 학습주기(피디시에이)

린(lean)지도자는 어려워지는 도전을 받아서, 대응해내고, 배우며, 다음 도전을 받습니다. 그들은 피디시에이 주기를 따라 배웁니다 (그림 4-4 참조).

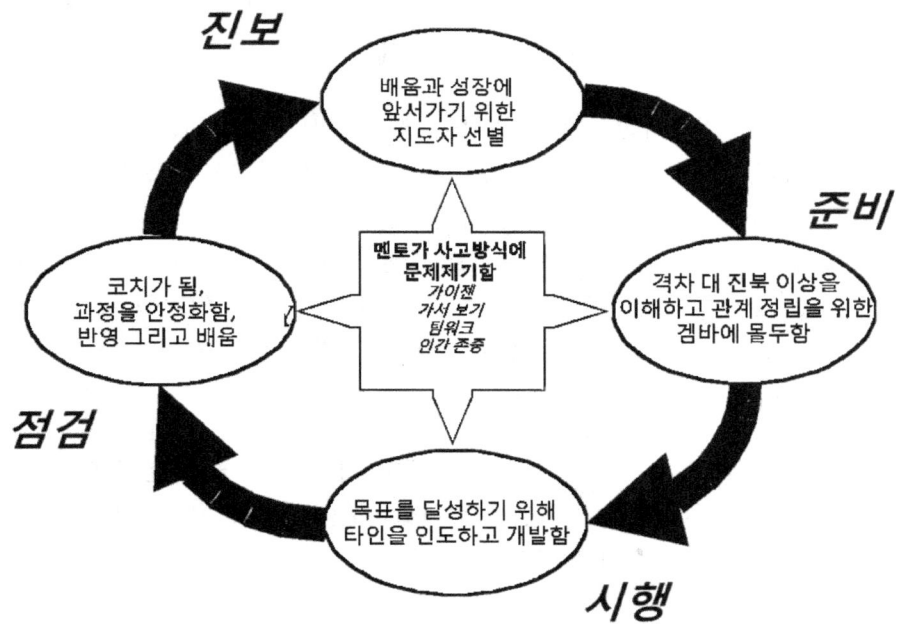

출처: 린 지도력을 향한 도요다 방식
그림 4-4: 지도력 자기 개발 학습 주기 (PDCA)

상급자와 인사부에서 조직을 돕고 지도력 기술을 개발시킬 수 있다고 결정한 과제를 할당 받습니다. 예를 들어, 조립부에서 감독관이었던 당신이 이제는 탁송부의 감독관으로 선별되었는데, 이는 당신의 역량을 넓히고 상급의 지도력으로 당신을 준비시키기 위해서입니다. 탁송부에서 처음 해야 할 일은 현 상황을 파악하기 위해 몰두하는 것입니다. 이는 그 부서에서 당신의 계획을 개발하는 첫 단계입니다.

현 상황은 사람과 과정을 포함합니다. 겜바에 몰두하여, 탁송방면의 이상을 개발하고, 사람들을 알아가고, 현 상황과 목표와의 격차를 알아가는 것입니다. 그렇게 할 수 있는 한 방법은 실제로 일을 하는 것입니다 - 포크리프트를 운전하고, 트럭에 짐을 싣고, 컨테이너를 가져오고, 쌓고, 다음 탁송을 위해 준비하는 등. 친밀한 관계를 만드는 것입니다. 사람과 과정의 장단점을 이해하기 시작합니다. 그리고 나서, 사람들과 이상에 관하여 합의점을 찾습니다: "우리가 향하는 곳은 이것이며, 우리의 첫 단계는 이것입니다."

그 계획이 이루어졌다면, 이제 이상을 향해 타인들을 이끌기 시작할 수 있습니다. 당신의 목표는 단지 일을 마치는 것이 아니고 타인을 개발하는 것입니다. 그들이 당신의 목표를 받아들이고, 그들 고유의 개발을 위해 개인적 도전으로 받아들여야 합니다. 이는 또 다른 기술인데 - 사람들을 가르치고 북돋아서 도전을 받아들이고 자기 개발을 원하도록 하는 기술입니다. 한 동안 이렇게 하다 보면, 목표를 향해 전진할 것이며, 그리고 나면 어떻게 하고 있는지 반영할 것입니다.

코치가 있어 잘하고 있는지 아닌지 도와줘야 합니다. 그들은 본인은 못 보는 것을 보도록 도와줍니다. 코치가 당신을 관찰하는데 그들은 무슨 일이 일어나야 하는지 알고, 무엇을 성취하려는지 알고, 어떤 길이 좋고 나쁨을 압니다. 그들은 교묘하게도 당신을 좋은 길로 가도록 영향을 끼칠 것입니다. 교묘하게 라는 것은 당신에게 질문하거나, 도전을 던져주거나 하지만 당신 대신 해주거나, 어떻게 할지 정확히 이야기하지 않는다는 것입니다.

당신이 고려할 만한 질문을 하겠습니다. 멈추고 떠오르는 생각들을 적어도 좋겠습니다. 그룹과 함께 하여도 좋겠지요: 1) 이러한 가치를 배우고 지속적 개선을 위하여 자기 개발을 하는데 어떤 특정한 기술에 대해 일해야 합니까? 어떤 복잡한 기술을 배우려고 할 때를 상기해 보십시오. 골프를 배우려고 하고 제가 강사라면, 가르쳐야 할 기술에 대해 더 잘 이해해야 합니다. 그렇다면: 2) 어떻게 이러한 기술들을 배울 수 있을까요?

실용적 지침서

골프처럼 연습, 코치로부터의 피드백, 반영, 더 많은 연습, 그리고 궁극적으로는 습관처럼 반복되는 머리 속에 새겨지는 기술을 개발하는데 근접할 것입니다.

린(lean) 지도자가 배워야 하는 것의 요약.

린(lean)지도자의 기술의 간략한 항목을 제공하겠습니다. 먼저, 겜바 - 가서 보기 -에서 경영하는 것을 배워야 합니다. 불행하게도 대부분의 사람들에게는 어려운 일입니다. 초기 창업자들은 겜바를 이행했습니다. 종종 겜바는 몇몇 사람들로 이루어집니다. 기업이 커질수록, 지도자들은 점점 멀어집니다. 사무실과 재정적 결과를 다루는 회합에 더 많은 시간을 보내고 실제 사람들이 일하는 것을 관찰하며 격차를 찾아내고, 사람들을 훈련하는 기회를 잡는데 더 적은 시간을 씁니다. 그리고 그들이 승진하고 나면, 전문적 감독자들이 고용되어 더더욱 겜바에서 멀어집니다.

이는 겜바에서 시간을 들여 개발하는 기술들입니다. 겜바에서 자신을 개발하고 타인을 개발시키는 것입니다. 핵심적인 가치를 이해해야 합니다. "이해한다"는 단지 카드에 적힌 것을 읽어 내려가는 것 이상이며 사고방식과 행동방식이 되어야 하는 것입니다. 유전자 안에 있어 너무나 자연스러워서, 누군가가 일을 할 때 실수를 한다면, 당장 뛰어들어 비판하는 것이 아니라, 뒤로 물러서서, 자문하는 것입니다, "무엇이 일어나야 하는가? 무엇이 일어났는가? 문제는 무엇인가? 어떻게 도울 수 있는가?"

겜바에서 효과적으로 경영하려면, 가서 보고 팀을 전진시키는 방식으로 반응할 수 있어야 합니다. 이는 당신이 코치하는 사람들에게 요구되는 것보다 더 많은 절제가 따릅니다. 명령이나 해결이나 비판을 퍼붓지 않고 절제된 문제 해결 과정을 따르는 것입니다. 문제해결의 첫 단계는 언제나 같은데 바로 문제가 무엇인지 찾는 것입니다. 문제가 무엇인지 당신에게는 분명할 수 있습니다. 그래도 분명한 것이 종종 틀릴 수 있으므로 그들이 생각하는 문제가 무엇인지 묻고 문제에 대해 그들이 생각하도록 해야 합니다.

절제된 문제해결과정을 따르는 기술을 개발해서 전체 피디시에이(PDCA) 주기를 절제되고 조직화된 방식으로 인내심으로 단계를 건너뛰지 않고 수행해야 합니다. 그런 다음, 타인을 가르치기 시작할 수 있습니다.

도요다에서는 이것을 "도요다 사업실행"의 숙련을 개발하는 것으로 봅니다. 그런 다음, 타인을 "일하면서 개발하기"를 통해 가르치는 것을 배울 수 있습니다. 이의 필수조건은 먼저 배우는 것입니다. 언제나 배워야 합니다. 절제된 문제해결사, 지도자 그리고 코치가 되기 위해 좀 더 깊이 배우는 것입니다.

이미 언급한 바 와 같이, 도요다는 상세하고 기술적인 수준에서의 실제 과정에 대한 지식을 귀하게 여깁니다. 엔지니어로서, 도요다의 몸체 엔지니어링에 배정받았다고 합시다. 이는 강철 몸체를 디자인하는지 이해하고, 어떻게 몸체가 틀에서 형태가 잡히는지를 이해하는 부서입니다. 이러한 특정한 과정은 적어도 10 년 이상을 소요해야 심도 있게 알 수 있습니다.

일단 심도 있게 개발했다면, 몸체 엔지니어링에서 감독관이나 기술전문가로 평생을 보낼 수 있습니다. 당신을 기술적 계획부서장이나 수뇌 엔지니어가 되도록 승진시키고자 한다면, 관계부서로 옮길 수도 있습니다. 자동차 인테리어 디자인으로 옮길 수도 있겠습니다.

그림 4-5. 뿌리가 깊은 전문가를 개발함

그림 4-6. 티(T)-형 지도력

요점은 뿌리가 깊은 전문적인 지식을 개발한다는 것입니다. 도요다에서는 뿌리가 깊지 않고서는 나무가 결국에는 저항력이 없다고 믿습니다. 첫 폭풍우에 쓰러지고 만다는 것입니다.

다음의 공과는 당신이 전문가가 아닌 분야에서 사람들을 이끄는 것입니다. 일단 한 가지에 전문가가 되는 것을 배웠기에 다음 기술적 과정의 기초를 더 빨리 습득할 수 있습니다. 물론 아주 깊이 알지는 못합니다. 다른 사람들에게 더 의존해야 합니다. 도요다에서는 이를 티(T) 형 지도력이라 부릅니다(그림 4-6 참조)- 먼저, 뿌리 깊게 배우고 티(T) 자의 윗부분처럼 넓게 배우는 것입니다.

어떻게 린(lean) 지도자들이 개발하고 승진하는가?

도요다는 느린 승진의 일본 경영 실행으로 알려져 있습니다. 겜바에서 일하는 방식과 성취한 결과 모두가 조심스럽게 평가되며, 티(T) 자형 모델에서 논의한대로, 종종 수직적 승진 전에 측면으로 승진됩니다. 이는 직원의 인내를 필요로 합니다.

일본에서는 이것이 통용되는데, 대학이나 도요다 기술고등학교에서 도요다에 입사하는 사람은 도요다에서 은퇴할 기대를 갖고 있기 때문입니다. 거의 인원감소가 없습니다. 도요다는 사람들의 잠재성이 무엇인지 확실히 알지 못하는 상태에서 사람들을 모집합니다. 그리고 그들은 엄격한 선별과정을 가지고 있습니다. 초보 엔지니어의 경우에 등급으로 잠재성을 평가합니다. 그러나, 기업 내에서 실제 경험을 갖기 전까지는 얼마나 잘 자기개발을 할지, 타인개발을 배울지, 어떤 기술로 이끌지 모릅니다. 놀라운 잠재력이 있는 새 선수를 선발했으나, 실제 게임에서 어떻게 실력을 발휘할지 모르는 스포츠 팀을 생각해 보십시오.

어떤 기업 내에서든, 승진할수록 더 넓은 부분의 책임을 지며 더 많은 사람들과 과정들을 이끌어야 합니다. 도요다에서는 직원들이 지도력 개발 모델을 통해 스스로 해내야 합니다. 자기개발을 해야 하고 타인 개발을 배웁니다. 그리고 나면, 몇 단계를 이끌며 모든 단계에서의 일일 개선의 일과를 개발합니다. 마지막으로, 호신간리 또는 정책 전개라 불리는 것을 어떻게 이끌지를 배울 것입니다. 이는 공격적인 목표를 세우고 이러한 목표를 시험해서 누구나 기업의 필요에 동조하기 위해 무엇을 해야 할지를 아는 것입니다.

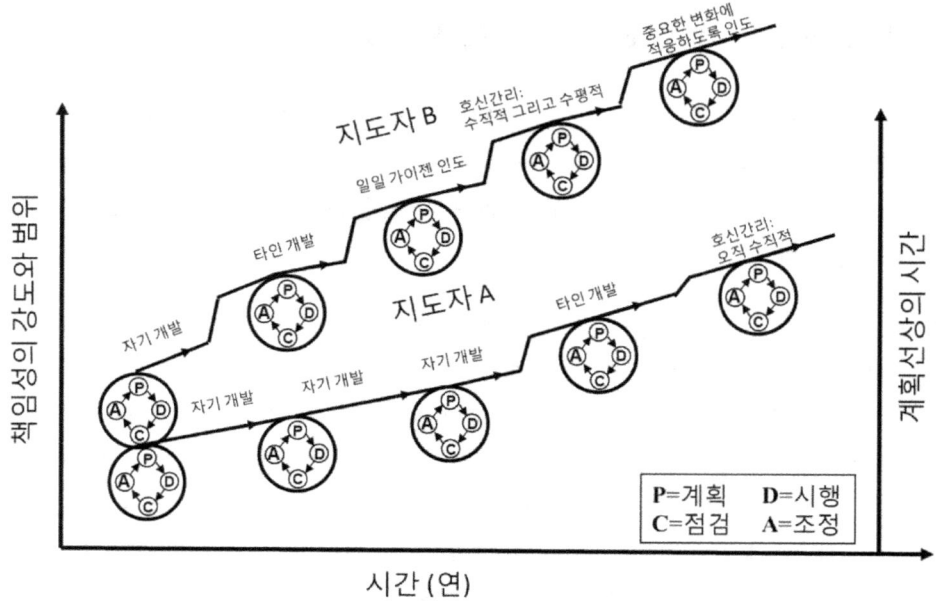

출처: *린 지도력을 향한 도요다 방식*
그림 4-7. 두 도요다 지도자의 가정적인 직업 진로

두 종류의 다른 지도자들을 보여드리겠습니다 (그림 4-7 참조). A 형 지도자는 자기 개발 역할에서 세 가지 주기를 거치는데- 한 주기당 2 년 내지 3 년 걸린다고 합시다. 6 년 내지 9 년 동안 아무도 보고하는 사람이 없습니다. 마침내 몇몇이 보고하게 되는데, 그의 그룹 내의 목표를 성취하는 호신간리에만 책임을 맡게 됩니다.

엔지니어에게는 기술적 직업 사다리로만 보일 것입니다. 기술적인 전문가이나 사람 다루는 기술이 부족하다면, 제일 좋은 것은 기술적인 직무만 수행하고 같은 기술적 관심을 가진 몇몇 사람들만 보고하도록 하는 것입니다.

어떤 사람들은 아주 힘든 기술적 목표를 할당 받을 수 있습니다. 한 도요다 다이 디자인과 생산부장은 다이 디자인에 걸리는 시간을 절반으로 줄이라는 도전을 받았습니다. 도요다는 이미 다이 디자인에 걸리는 시간에 있어 세계 최고였습니다. 아주 좁은 분야의 책임이지만, 여전히 어려운 도전이었습니다.

반면에 다른 지도자 (B 형)은 사람들에게 놀라울 정도의 열의를 보입니다. 훌륭한 지도자입니다. 사람들이 그녀에게 쏠립니다. 자기개발에 힘쓰고, 사다리를 아주 빨리 오릅니다. 간부진까지 승진하며 기업 내 대부분을 관통하는 커다란 변화를 수평적으로 지도하길 요청 받기도 합니다.

중요한 것은 오랫동안 밑에서 일하는 사람들이 있으며 이미 오랫동안 현직에서 관찰해 왔기 때문에 승진 시 그들이 어떻게 수행할 지 추측할 필요가 없다는 것입니다. 겜바 감독관으로서, 그들이 일하는 것을 지켜보며 어떻게 반응하는지 잘 알기 때문입니다.

추측이 배제되고, 상사와 인사부등 적어도 한 사람 이상이 승진을 결정합니다.

인사부는 도요다에서 직원들의 수행력, 기술, 지도력, 타인 존중 목표달성 등을 이해하는데 관건적인 역할을 하고 있습니다. 이들은 감독관과 마찬가지로 직원들의 직업 향상에 책임이 있습니다. 이들은 직원을 지위나 연말 인터뷰에 근거하지 않고 가까이 관찰함으로 직원들을 평가합니다.

다시 말하지만, 직원들이 평생을 도요다에서 일할 것으로 예상하기 때문에 일본에 있는 도요다에서는 통하는 것입니다. 도요다가 다른 나라에서 일할 경우는 좀 더 복잡해집니다. 예를 들어, 미국에서는 막 졸업한 젊은 엔지니어에게 한 회사에서 2 년 내지 5 년을 근무한다면 발전이 없는 것이라고 합니다. 회사들도 사다리의 한 부분입니다. 도요다에 입사하면, 3 년 내지 5 년 동안은 자동차 부분을 개발하는데 중요한 책임을 맡기지 않음을 알 것입니다. 그 동안, 기술을 배우고 검증합니다. 5 년째에, 야심에 찬 새 직원은 다른 사람을 관장할 것을 믿으며 다음 회사로 옮길 것을 준비합니다.

이 경우에, 미국 도요다 기술센타는 젊은 엔지니어들을 잃을 것을 깨닫고, 피디시에이(PDCA) 주기를 몇 십 년간 밟았습니다. 문제가 무엇인가를 자문했을 때, 미국 젊은이들은 일본에서처럼 몇 십 년간 개발되도록 한 회사에 오래 머무를 것을 기대하지 않는다는 것입니다. 훈련과정을 과속화하는 대책을 강구했지만, 사람들을 올바로 개발하기 위해서는 시간이 필요합니다. 그러기 위해서는 일정 정도의 시간을 함께 보내야 합니다 직원들이 일찍 퇴사하면 왜 일찍 퇴사하는지 자문해야 합니다. 틀린 사람들을 고용한 탓일까요? 아마도 졸업 했을 때는 훌륭해 보였지만, 그들의 직업 목표는 도요다에서 할 수 있는 것보다 더 빨리 승진 사다리를 오르는 것일 수 있습니다. 그래서 이러한 사람들을 선별하지 않도록 선별과정을 조정해야 했습니다.

작업환경이 문제인지 임금이 산업 내에서 균형이 잡혔는지 자문해야 합니다. 시험해야 할 요인이 많겠지만 한 단계가 아니라 피디시에이(PDCA)를 반복적으로 시행해서 보유율을 증가시켜야 합니다. 도요다 기술 센터는 상당한 보유율을 가지고 있지만 도요다 기준에 따르면 낮습니다. 도움이 되었던 중요 대책은 협동교육 프로그램에 적극적으로 참여하는 것이었는데, 학사과정의 공학도들이 시간제로 4년까지 도요다에서 일하는 것이었습니다. 그 동안 도요다와 학생들은 장기적 직업 선택 이전에 서로를 알아갈 수 있었습니다.

시스템은 투자할 수 있는 적어도 한 무리의 된 헌신 장기 직원을 갖느냐에 달려 있습니다. 도요다는 다른 회사에서 재원을 고용하여 경영진에 앉히는 경우가 아주 드뭅니다. 도요다의 유전자 없이 고위직에 와서 방해가 될 수 있기 때문입니다. 그 대신 도요다는 내부에서 자라도록 최선을 다합니다.

도요다는 또한 임금구조를 왜곡하는 것을 피합니다. 만약 어떤 직원이 아주 중요한 프로젝트에서 중요한 일을 하고 있을 때, 외부에서 임금 30% 인상과 승진 제의가 들어왔다면, 도요다는 직원에게 왜 떠나려 하는지 물으며 논의할 것입니다. 하지만, 여전히 직원이 떠나려 한다면, 도요다는 조용히 보내고 절대로 임금에 대해 협상하지 않습니다. 그들이 임금을 맞춘다면, 일하는 모두에 해당하는 임금구조가 삐걱거리기 때문입니다. 지도력과 기술개발은 도요다를 계속 배우고 개발하는 기업으로 보는 사람들이 주기적으로 실행하는 것에 달려 있습니다.

쉬-하-리 단계를 통한 깊은 전문기술

자기 개발은 인내와 겸손을 요구합니다. 간부이고 고위 경영자일지라도 린(lean) 회사에서 배우고 자라지 않았다면, 린(lean)지도자가 되는 것을 배워야 합니다. 도요다에서 훈련 받았던 사람들처럼, 코치의 관장 아래 맡겨야 합니다.

실용적 지침서   163

저는 13 살부터 29 살까지 매일 기타를 쳤지만 30 년간 중단했었고 다시 클래식 기타 강습을 받기 시작했습니다. 미시간 대학의 교수이며, 세계 곳곳에서 강연을 하는 저였지만, 기타 강습을 받을 때는 강사가 가르치는 대로, 악보 읽는 것부터 박자를 맞추는 등, 독학했을 때는 몰랐던 기초적인 것들을 연습하며 겸손해져야 했습니다.

가장 어려웠던 것은 강사가 저에게 그가 가르치는 지방대학 학부생 강좌의 일원으로서 참석하여 경청한 후에 학생들 앞에서 연주할 것을 부탁했을 때였습니다. 일생에서 제일 떨리는 것이 10 명의 학생 앞에서 연주하는 것이었다고 말할 수 있겠습니다. 손이 떨리고 악보를 기억할 수 없었습니다. 자신 있을 때까지 반복해 연습했건만, 여전히 생각만해도 잠을 설칠 정도였습니다.

새로운 기술을 배울 때는 과감하게 자신을 내놓아야 합니다. 그래야만이 매일 사용하는 기술의 숙련자가 될 수 있기 때문입니다. 이를 위해서는 복잡한 기술을 배우는 사람이라면 통과하는 같은 과정을 거쳐야 합니다; 처음부터 시작하는 것입니다. 기초부터 시작하는 것입니다. 코치가 필요합니다. 코치는 보기에 하잘 것 없어 보이는 연습을 시킵니다. 시키는 대로 연습할 때, 점점 더 나아질 것인데 이는 강의실 안에서 되는 것이 아닙니다.

전형적으로는 간부들을 회사 밖, 사치스러운 숙식과 건강센타까지 겸비된 하버드, MIT, 또는 미시간 경영대로 보냅니다. 그들은 교수를 비판 평가하다가 일주일 후에 돌아갑니다. 그들은 새로운 지도자로 만들어졌어야 하는데 이렇게 해서는 되지 않습니다. 아마도 직장에서 행하듯이 같은 행동을 하고 연습했을 것입니다. 다만 팀원이 다른 간부이거나, 강의실 안에서 선생과 할 따름입니다. 회사로 돌아갔을 때, 코치가 있습니까? 그리고 그 코치가 매일 대학에서 배운 새 행동을 계속적으로 가르칩니까?

쉬-하-리 로 초보에서 숙련으로 향상됨

이런 전문성을 개발하는 사고방식은 무도에서 따온 습득 모델입니다 쉬하리 주기라 불립니다 (그림 4-8 참조). 많은 습득 모델은 같은 것을 말하고 있습니다.

2 장에서 도요다 카타를 배웠습니다. 이는 *쉬-하-리* 와 같은 체계적 모델에 근거한 배움과 가르침의 개선방식입니다.

쉬-하-리 단계를 통한 깊은 전문기술

카타=사고와 행동을 위한 정해진 관례

쉬– 카타를 수용함(그대로 따라 하기)
하– 카타에서 벗어남(약간의 변화)
리– 카타 버리기 (기술을 통달함; 기술과 이해 심화에 집중)

그림 4-8. 쉬-하-리 주기

쉬 단계에서는 무도 선생으로서, 학생들이 카타를 포용하길 원합니다. 특정한 자세, 특정한 식의 차기, 손 동작들을 가르치려 할 때, 그대로 따라 하길 바랍니다. 벗어나서는 안됩니다.

학생으로서, 정확히 배우며, 선생께 복종해야 합니다. 선생은 옳고 학생은 틀립니다. 선생이 가르치는 대로 그대로 따라 하며, 복종하며, 받은 연습을 열심히 연습합니다.

하 단계에서는, 일단 이러한 동작들을 배운 후에, 무의식 중에도 할 정도로 기본기가 자연스러워질 것입니다. 여전히 카타의 제한에 있지만 이제 규율에서 벗어나 약간의 즉흥적인 변화를 꾀할 수 있습니다.

마지막으로 *리* 단계에서는 때로는 "카타를 버리기"로 불리는데, 자유롭게 수행예술을 배우는 것입니다. 이는 카타에서 배운 것을 다 잊으라는 뜻이 아닙니다. 배운 것이 너무나 자연스러워서, 생각할 필요도 없이 하게 된다는 뜻입니다. 이제 형식에 통달했으므로, 기술과 이해 심화에 집중할 수 있습니다.

실용적 지침서   **165**

가라테에서는 리 단계에 도달하면 상대편을 읽고 대응할 수 있게 됩니다. 실제 상황을 읽고 대응할 수 있는 방식을 개발하면서 계속적으로 생각과 몸을 더 잘 결합시키게 됩니다. 생각과 몸이 서로 다투지 않고 하나로 행동하도록 말입니다.

세계 최고 바이올리니스트나 기타리스트에게 여전히 기본기 연습을 하는지 질문해 보십시오. 그들은 쉬 단계에서 배웠던 같은 기술에 집중하며 음계연습으로 시작한다고 말할 것입니다. 한 단계를 제거하고 잊어버리지는 않습니다. 계속적으로 이 단계들을 거치지만, 매번 더 높은 수준으로 하는 것입니다.

이제 이것을 지도력에 적용합시다. 린(lean) 지도력 기술을 적어보며, 어떤 것이 쉬 단계인지, 이 특정한 기술을 개발하는데 필요한 지도력의 기본 형태가 무엇인지 자문해 보십시오.

그 기술 중의 하나가 능동적인 경청이라고 합시다. 이건 아주 애매합니다. 능동적인 경청이 무엇입니까? 능동적인 경청을 요소로 분해해야 합니다. 그리고 나서 각 요소마다 교수법과 학습법을 찾아내야 합니다. 이에 근거하여 누군가가 보았을 때 쉬 단계를 제대로 따라 하고 있는지 결국에는 능동적 경청에 통달하여 하 단계에 가고 리 단계로 나아가는지를 알 수 있어야 합니다. 당신의 조직에서 능동적 경청 같은 기술을 10 살짜리가 몰두하여 배우는 바이올린 기본기처럼 상세하고 절제된 수준으로 배운 사람을 찾기는 아주 어렵다고 장담합니다. 린(lean) 지도자를 개발하기 위한 쉬-하-리 주기에서 일어나야 하는 것에 대한 요약을 아래에 기술했습니다.

그림 4-9. 효과적으로 린 지도자를 개발하는 조건

고위간부도 자기 개발이 필요한가?

여기에 도요다가 고참 간부진을 포함한 인력 양성을 얼마나 신뢰하는지를 보여주는 극단의 예가 있습니다. 대부분의 기업들은 간부진을 외부에서 영입하는 경우가 많은데, 도요다처럼 신참을 도요다 방식으로 가르치고 배양하는 시간과 노력을 하지는 않습니다. 이는 남미 최초 도요다 최고 경영자가 된 스티브 산 안젤로의 실례입니다.

스티브 산 안젤로는 몇 년 전 켄터키 조지타운의 도요다 공장 운영장으로 선발된 바 있습니다. 그는 제너럴 모터스에서 30 년 간 근무했는데, 초기 역할은 도요다와의 합작인 NUMMI 의 최고 조정자였습니다.

그는 제너럴 모터스의 최고 간부로서 NUMMI 에 파견되었습니다. 그때 게리 콘비스가 공장장이었는데, 스티브를 다른 최고 조정자와 동등하게 취급했습니다. 회합에 초청받았고, 어디든 원하면 방문할 수 있었습니다. 모든지 관찰할 수는 있었지만, 만질 수은 없었는데, 스티브는 만지길 원했습니다.

실용적 지침서

그는 게리 콘비스를 만났을 때, 이렇게 질문했습니다, "좀 더 개입하려면 어떻게 해야 합니까? 도요다 생산 방식을 직접 체험해보고 싶습니다."

게리는 정중하게, "스티브, 잘 알겠습니다만, 당신의 역할은 조정자이기 때문에 조정해야지 다른 것을 할 수는 없습니다. 그러니, 원하시는 대로 보여드리고 어떤 질문이든 답변해 드리겠습니다. 하지만 개인적으로 경영에 개입하려 하지 마십시오,"라고 답변했습니다.

스티브는 이에 만족하지 않고, 게리에게 계속적으로 무언가를 운영해 보겠다고 우겼습니다.

마침내 게리는 스티브가 거절할 것이라 예상하고 마지못해 과제를 주었습니다. 그는, "스티브, 이걸 배우고자 하신다면, 저희 모두가 그랬듯이 바닥에서부터 시작하셔야 합니다. 실제로 제조부에서 일하셔야 합니다," 라고 말했습니다.

스티브는,"좋습니다. 하지요," 라고 답변하였습니다.

그러자, 게리는 더 어려운 제안을 했습니다,"아, 그런데 매일 다른 직무를 배울 것입니다."

스티브는, "좋습니다. 매일 다른 직무를 배우겠습니다,"라고 답변했습니다.

게리는 여전히 물러서지 않고 결정타를 날렸습니다, " 주야근무를 해야 합니다."

스티브는,"좋습니다. 문제 없습니다,"라고 동의했습니다.

게리가 몰랐던 것은 스티브는 이미 제너럴 모터스에서 일할 때, 다용도 직원으로 여러 가지 직무를 할 수 있었고, 필요할 때마다 주야근무를 했었다는 사실입니다.

게리는 스티브가 금방 지쳐 나가 떨어질 것으로 생각하고 일을 시켰는데, 그는 매일 새 일을 배우고 주야근무를 하면서도 수행력이 뛰어났습니다. 스티브가 다음 과제를 받기 위해 게리를 만났을 때는 이미 게리는 스티브를 알아보고 그룹 지도자로 삼기로 결정했습니다. 게리는 일부러 공장 내 최악의 태도를 가진 수행력이 최저인 최악의 팀을 고르고는 이렇게 말했습니다, "스티브, 당신의 역할은 이 팀을 공장 내 최고의 팀으로 만드는 것입니다."

스티브는, "문제 없습니다," 라고 동의했습니다.

몇 달 안에 그들은 공장 내 최고 그룹이 되었으며, 점차 스티브는 경영진으로 승진했는데 조정자로서는 처음 달성한 예였습니다. 그리고 그는 지엠으로 돌아가 그가 배운 것을 실행해 공장을 린(lean)으로 변화시켰습니다.

그러는 사이에 게리는 NUMMI 를 떠나 켄터키 조지타운 공장의 사장이 되었는데, 그는 곧장 사장이 되지 않고 먼저 부사장의 직위를 받았습니다. 그 당시 사장은 일본인이었는데 미국인으로서는 게리가 처음 사장이 되는 것이었습니다.

사장은 게리에게 이렇게 말했습니다, "게리, 당신을 사장으로 모셔왔지만, 먼저 문화를 배우고 일을 해서 지휘할 수 있는지를 증명해야 합니다. 그래서 제가 함께 있으면서 사장으로 일하겠습니다. 당신의 역할은 일년 안에 일을 배우고 사람들을 이해하고 도요다를 이해하는 것입니다. 이 모두가 잘 되었을 때, 사장직을 인계 받을 것입니다." 게리는 6 개월만에 첫 미국인 사장이 되었습니다.

이제 NUMMI 는 게리가 떠난 후에 새 부사장이 필요했으며 스티브가 영입되었는데, 그 당시 그는 지엠에서 제조부의 임시 부사장이었습니다. 지엠 사람이 NUMMI 를 운영한다는 것은 들어보지 못한 경우였습니다.

스티브는 NUMMI 에서도 여전히 훌륭히 일해냈고, 도요다 간부들은 스티브를 높이 평가했습니다. 나중에 게리가 도요다에서 은퇴했을 때, 스티브는 켄터키 조지타운 공장을 운영하도록 요청 받았습니다. 이는 제너럴 모터스에서 일했고 도요다에서 일하지 않은 외부인이 영입된 경우로 아주 화젯거리였습니다.

바로 게리가 스티브를 영입하는데 영향력을 끼친 장본인인데, 같은 조건을 걸었습니다. 일단 스티브가 부사장으로 오고, 게리가 계속 경영하면서 첫 해 내지 얼마 동안 배우는 시간을 가지는 것입니다.

실용적 지침서   169

스티브는 켄터키 조지타운으로 이주하고 부사장에서 사장이 될 예정이었지만, 장담할 수는 없는 것입니다. 첫 번째로 주어진 훈련 일정(그림 4-10 참조)을 보면 4월부터 9월까지입니다. 아주 속성인데 보시다시피 그는 아주 많은 양의 정보를 배워야 했고 직접 가서 보며 도요다 전체를 많은 겜바 방문을 해야 했습니다.

기술 센터, 북미 본부 그리고 도요다 자동차 판매를 둘러볼 것이며 어떻게 기자들로부터의 질문에 대답할 지에 대해 언론 훈련을 받을 것인데, 가장 심도 깊게 할 영역은 켄터키 조지타운 공장의 겜바입니다.

스티브 산 안젤로 부사장을 위한 간부교육 제안

코스/주제	다음 일정	시간	상태
TMMK 개요	2005, 4월 - 6월	3 달	완성
TMMNA 개요	7월 5일	2 일	완성
도요다 품질 방식	2005-05-06	1 일	완성
TPS 강의실 훈련	2005-08-18	1 시간	8/18 완성
TPS 현장 훈련	8/19, 8/22-26, 8/31, 9/7-9, 9/25-30	20 일	8/19 에서 9/30까지 완성
공급처 방문	개념적으로 계획됨	각 1/2 일	완성
세계적 문제 해결	2005, 5월	1 일	5/05 완성
간부 개발 프로그램	2005, 9/11-16과 10/3-7	2주	9/16 에서 10/7까지 완성
도요다 방식 학습 지도	8월 (대략)	2 시간	8/11 완성
건강 치료	개념적으로 계획됨	완성	완성
HR 정책 (시스템)	2005-10-18	1 시간	완성
연계 계획 과정	개념적으로 계획됨	1 시간	8/2 완성
노동 - 역사 / 현재 평가	개념적으로 계획됨	2 시간	완성
현장 경영 개발 시스템	개념적으로 계획됨	1 시간	8/17 완성
그룹 지도자 40 시간 훈련	2005, 6월(대략)	2 시간	5/8 완성
현장 실무	개념적으로 계획됨	플라스틱 용처 조립 1 과 2 페인트 1 과 2 스탬핑 파워 트레인 물질 관리 정비	대부분 완성
과정 분석	개념적으로 계획됨	(2) 4 시간	9/2 완성
N.A. 도요다 공장 견단	개념적으로 계획됨	10 일	완성
도요다 주미 고객 만족 그룹	2005, 11월	3일	11/11 완성
도요다 기술 센터 재 검토	개념적으로 계획됨	1 일	완성
크로스 도크 방문	개념적으로 계획됨	각 1/2 일	완성
가서 보기 카운터	2005, 8월 8-9	1 일	8/8 에서 8/9 까지 완성
미디어 훈련	2005, 9월 20일	1 일	완성

출처: 도요다 자동차 제조 켄터키공장.

그림 4-10. 스티브 산 안젤로를 위한 간부 교육 제안

보시다시피 하루만 도요다 생산체계에 대해 강의실 내 훈련이 있고 4 주 동안 현장 훈련이 따릅니다. 그 4 주 동안, 가이젠 활동에 참여하는데, 지도자로서가 아니라 팀원으로서입니다. 제가 많은 회사들의 간부진을 겜바로 보내보았는데, 5 일 가이젠 행사에 참여하게 하고 전화기를 끄게 하는 것이 아주 어려웠습니다. 여기서 스티브는 바로 몇 십 년간 NUMMI 를 운영한 사람이었는데도 오리엔테이션의 부분으로 4 주간 가이젠을 했다는 것입니다.

그는 또한 문제해결 훈련을 받았는데, 도요다의 문제해결 방법을 따라서 풀도록 몇 개월을 보낼 것으로 예상되었습니다. 그는 일본에서 간부 개발 프로그램을 밟았습니다. 첨가로, NUMMI 훈련을 받았음에도 불구하고, NUMMI 에서 했던 것과 같이 개인적 직무를 하도록 요구 받았습니다. 켄터키에 모든 부서에서 제조직무를 해야 했고 각 부서에서 개별적으로 일정을 짰습니다.

그렇다면, 왜 이렇게 하는 걸까요? 왜 제조업에서 자라고 NUMMI 에서 산전수전을 겪은 스티브 산 안젤로가 또 한번 켄터키 조지타운에서 제조업 직무를 해야 했을까요? 그는 적어도 하 단계에 도달했고 심지어 리 단계에 근접했었을 것입니다. 이 경우에, 어떻게 용접하고 조립하는지를 시험하려는 것이 아니라, 겜바에 몰입해 사람들을 알고 그들의 신뢰를 얻는 것이었습니다. 그는 켄터키 조지타운에서 일하는 6000 여명의 사장이 될 사람이었습니다. 작은 도시를 운영하는 것이었습니다. 그는 그가 대표할 직원들의 입장에서 일하고 이야기 하고 그들의 사고방식, 문화 그리고 관계정립을 이해할 필요가 있었습니다.

이제, 끝 무렵에 와서 그는 격차가 어디 있는지 약점이 무엇인지, 사장이 되면 무엇을 먼저 해야 할지에 대한 많은 아이디어들을 가졌습니다. 게리가 은퇴하고 스티브가 켄터키 조지타운을 운영할 때도 일본인 조정자가 그를 계속 코치했습니다. 이는 다른 곳에서는 보지 못하는 일일 것입니다.

조지: 그러면 스티브가 훈련을 거칠 때, 주변 사람들이 스티브가 장차 사장이 될 지를 알았습니까 아니면 그저 한 직원에 불과했습니까?

제프: 그가 켄터키에 부사장으로 발표되었을 때, 모두가 제너럴 모터스에서 일한 외부인이 사장이 된다는 것을 알고 어떤 사람들은 불만을 표시했습니다:

실용적 지침서   **171**

"어떻게 제너럴 모터스 사람이 도요다 린(lean)지도력을 이해한단 말인가?" 또한 공장 내에서 승진을 꾸준히 하여 차기 사장을 꿈꾸는 사람들도 있었습니다. 실망과 회의가 있었기에 그는 이를 극복해야 했습니다.

스티브가 이 6개월 동안 한 것은 아주 중요했는데 왜냐하면 직원들과 연결되어야 했기 때문입니다 - 어떤 이들은 적대적이었고, 어떤 이들은 포용적이었습니다. 조정과 신뢰획득의 관건적인 기간이었습니다. 처음에는 다른 사람들처럼 취급 받지 않았는데, 그가 누구인지 모두가 다 알았기 때문입니다.

가이젠 워크샵에서 경험한 것은- 다른 사람들도 마찬가지이겠지만- 간부가 팀원이 되어 청바지차림에 마루를 쓸 때, 금방 팀원들에게 보통 사람이 된다는 것입니다. 하루 종일 자신보다 월등히 용접을 잘하는 사람 옆에서 일하다 보면 부사장이라 할지라도, 시간제 직원이 더 수위가 높은 것입니다. 보통은 간부가 겸손할 때, 직원들이 감싸며 비결을 알려주고 뒤처지면 도와줍니다. 저는 이를 NUMMI 에서 이틀 간 제조라인에서 일할 때 경험했는데 팀원들은 왜 교수가 시간제 일을 하는지 의아했습니다. 스티브는 자신을 하위에 놓음으로 그 위치에서 신뢰를 얻을 기회를 가졌던 것입니다.

탁월한 기업내에서 지도자 성공의 중요 요인

이 간략한 반영은 도요다 자동차 판매에서 몇 십 년을 재직하고 부사장까지 오른 전직 도요다 고참이 한 말입니다, "성공의 제일 중요한 요인은 인내, 단기적 결과가 아닌 장기적 집중, 계속적으로 사람들, 생산품, 기자재에게 재투자, 그리고 품질에 대한 타협 없는 전념입니다."

이것이 사고방식, 행동방식이 된다면, 린 (lean) 지도자가 되는 것입니다. 자기개발은 인내가 필요합니다. 장기적 집중이 필요합니다. 비록 사람들에게 투자한 것에 결과를 볼 수 없을 지라도 타인 개발에 집중하는 것이 필요합니다 고객과 품질에 대한 절대적인 열의가 필요합니다.

여기 또 다른 숙제가 있습니다. 당신의 조직의 한 부분을 생각해 보십시오. 기업 전체일 수도 있습니다. 당신이 속한 부서일 수도 있습니다. 린 (lean)지도자를 개발하는 중요 조건(그림 4-11 참조)을 적어 보았습니다. 이 묘사와 당신의 기업 사이에 결정적인 격차(1)가 있는지 확인하십시오. 본인을 지도자로 적용해 보아도 됩니다. 4 는 작은 격차를 말하며, 5 는 *리* 단계에 도달한 것을 의미합니다. *리* 단계에 도달한 사람은 거의 없다고 생각합니다.

당신의 기업 지도력의 현 상황은?

1=결정적인 격차, 2=주요한 격차, 3= 약간의 심각한 격차, 4=적은 격차, 5=이미 도달함

1. 지도자들이 진북과 현 상황과의 격차를 주시하기 위해 정기적으로 겜바에서 가서 보는가
2. 각 단계의 지도자들이 전문가적으로 과정 개선을 이끌도록 훈련 받았는가
3. 현장 개발을 통해 린 (lean) 지도자들에게 절제된 문제해결을 가르치는 신중한 프로그램이 있는가
4. 매일 기술 증진을 위해 지도자들이 과정개선을 신중히 실행하는가

그림 4-11. 당신의 기업 지도력의 현 상황

첫 번째 질문은 조직 내 지도자들이 정기적으로 가서 보고 사람들과 과정들을 관찰하고 진북에 비추어 현 상황을 정확히 보고 있는지 입니다. 물론 진북의 명확한 이상에 대한 공통적인 동의가 있어야 합니다. 이는 여러 질문이 포함된 질문입니다.

두 번째 질문은, 조직 내 지도자들이 과정개선에 전문가인지입니다. 단지 사람들을 배정하고 린(lean)코치에 위임하는 것은 해당하지 않습니다. 또한, 단지 코스를 받고 기본 자격증을 땄으나, 배운 것을 거의 사용하지 않는 것도 해당하지 않습니다. 과정개선은 단순히 계산하고 용지에 적고 린(lean)도구를 사용하는 것 이상임을 기억하십시오. 이는 실제로 과정을 개선하여 사람들이 배우고 새 과정을 절제된 방식으로 따르도록 영향을 끼치는 것을 필요로 합니다. 과정이 새로운 높은 단계에서 운영되고, 기준화된 관습이 될 때까지는 - 안정화 될 때까지는 끝난 것이 아닙니다.

세 번째는 현장 개발을 통해 린 (lean) 지도자들에게 절제된 문제해결을 가르치는 의도적인 프로그램이 있는지 입니다. 지도자들은 코치가 있어야

실용적 지침서

되는데 제가 기타강습을 받는 것과 마찬가지입니다. 매 주 강습에 가서 이 주에 연습한 것을 연주하고 피드백을 받습니다. 그런 다음, 새 연습과 과제를 받습니다. 조직 내에 어려운 목표를 성취할 수 있도록 과정 개선을 코치하는 지도자가 되는 것을 가르치는 프로그램이 있습니까?

마지막으로, 지도자들이 신중하게 자기개발을 배우고 실행합니까? 제 기타 선생은 제가 강습 간에 받은 연습을 하지 않았으면 아무 것도 더 가르치지 않습니다. 자기 개발에 집중하는 의도적인 실행이 당신의 조직 내에서는 흔한 일입니까?

위의 네 가지 에 대한 대답이 1 에서 3 사이라면, 당황하지 마십시오. 평균이적이고 보통 기업이라는 뜻이니까요. 극히 적은 수의 기업들이 린(lean)지도자 개발에 집중하기 때문입니다. 심지어 도요다도 약한 구석이 있습니다.

마지막으로, 개인적 계획을 세우십시오. 지도자로서 자기개발을 위해 무엇부터 시작할 수 있을까요? 이는 코치가 필요합니다. 당장 상사에게 가서 전문적 린(lean)코치를 요구할 수 없을 것입니다. 당신이 누군가를 찾아야 하는데 여러 가지 방법이 있을 수 있습니다. 제 친구는 인터넷에서 누군가를 찾아서 온라인으로 코치해 줄 것을 요청했습니다. 그 사람은 흔쾌히 승낙했고, 제 친구는 그녀의 도움으로 조직의 바닥에서 올라가 미국 지역에서 뛰어난 린(lean) 코치가 되었습니다.

코치를 찾을 수 있는 독창적인 방법들이 많이 있습니다. 린(lean)지도력 연구소에서 운영하는 웹사이트를 (www.LeanLeadership.guru) 보면 코스의 일환으로 코칭을 제공합니다. 어떤 기회든 포착하여 코치를 찾아서 쓰십시오. 언제나 당신 자신과 타인을 개발할 수 있습니다!

모든 단계에서 린 지도자를 양성함

5 장

타인을 코치하고 양성하기를 배움

자기개발을 하며 타인 양성하는 법을 배우기 시작함

타인을 양성하기 앞서 자기 개발이 일정 정도 되어있어야 합니다. 린(lean) 지도력 모델(그림 5-1 참조)은 이를 순서적 과정으로 보여주고 있는듯하나, 그렇지는 않습니다. 사실상, 4 단계가 서로 겹쳐있으며 계속적으로 주기를 반복함으로 개인으로서 조직으로서 강해져 가는 것입니다.

이 장의 핵심은 어떻게 자기개발에서 타인 양성으로 나아가느냐입니다. 사실상, 어떻게 린(lean)의 초보자가 장차 타인을 코치할 수 있을 정도로 어떻게 코치를 받아야 할 지부터 질문할 수 있겠습니다. 스포츠, 음악, 예술, 공예 등에는 이러한 탁월한 코칭의 예가 있건만 불행하게도 일선에서는 비슷한 예를 찾기가 어렵습니다.

출처:도요다 방식의 린(Lean) 지도력
그림 5-1. 린(Lean) 지도력 개발 모델

도요다를 지도력 모델을 개발하는 본으로 삼았듯이, 도제의 관계(그림 5-2 참조) 관계에서 많은 개념을 찾을 수 있습니다. 이 관계에서, 장인은 스승이며, 도제는 겸손하고 엎드리며, 스승에게서 배우고자 하는 견습생입니다. 장인은 무엇이든지 요구하며, 견습생은 무조건 행해야 합니다. 대장장이가 되기 위한 첫 번째 공과가 바닥을 칫솔로 청소해야 하는 것이라면 바닥을 칫솔로 청소해야 합니다. 장인이 이유가 있어서 시키는 것으로 간주하며 어떤 공과가 이에서 나올 것입니다.

실용적 지침서   177

그림 5-2. 도제 모델

이는 도요다 문화에 많은 영향을 끼쳤으며, 사키치 도요다가 목공일을 배운 방식이며, 오늘날에도 여전히 인력양성의 방법으로 사용되고 있습니다. 도요다는 이를 현장에서 배우기(OJD)로 지칭하지만 도요다 내에서 기술을 가르치는 방법은 도제 관계를 통해서입니다. 어디서나 이렇지는 않습니다. 되풀이 하건대, *도요다는 사람들로 이루어졌고, 사람들은 완벽하지 않습니다.* 도요다 같이 세계적 기업에서는 좋고 나쁜 여러 가지 일들이 일어나지만, 원칙에 근거한 모델은 당신보다 더 전문적인 사람이 당신을 관찰하고, 당신이 하는 것을 분석하고 피드백을 줄 때, 이런 사람과 함께 일하면서 배우는 것입니다. 도요다는 지도자의 가장 중요한 역할을 가르치는 것으로 정의합니다.

타인 양성을 배움

지금까지는 자기 개발한 지도자는 가치를 살아내고 피디시에이(PDCA)의 과정을 반복적인 학습주기를 통해 실행해왔습니다. 매번 문제를 다룰 때마다 사람들과 함께 하며 존중해야 합니다. 매 번 이렇게 할 때마다, 마치 한 곡 한 곡 배우고 연주하듯이 한 번의 학습주기를 거쳤습니다. 다음 것은 좀 더 쉽게 배우게 되고 더 잘 연주하게 됩니다. 이제 다음 단계로 갈 준비가 되었는데, 이는 타인에게 본인이 배운 것을 가르치는 것입니다. 타인을 개발하기 위해 진정한 전문가일 필요는 없습니다. 사실상 정직하고 겸손하다면 준비되었다고 느껴질 때가 절대로 오지 않을 것입니다.

도요다에 따르면, 아무도 전문가가 아닙니다. 아무도 도요다방식의 자격증을 가지고 있지 않습니다. 언제나 배워야 하며 이는 평생을 통해 계속됩니다. 어느 시점에 와서 다른 사람들을 개발해야 한다거나 준비가 됐다고 결정해야 합니다. 가르치려고 할 때, 해야 할 일은 학생들보다 좀 더 앞서 있는 것입니다. 한 장정도 앞서 있는 것입니다.

옛 속담에 선생은 언제나 학생들보다 더 배운다고 했습니다. 다른 사람을 가르치려 할 때, 당신의 이해에 부족한 점을 찾기 시작함을 아실 것입니다. '만약 이런 질문을 받으면, 무어라 답변해야 할까?"라고 생각할 것입니다. 다른 한 편으로는 주어진 상황에서의 판단을 재고할 것입니다. 이러는 동안, 부족한 점을 메우고 이해가 깊어질 것입니다. 게다가 가르쳐야 하고 책임감이 있기 때문에 더 동기부여가 될 것입니다. 학생들도 물론 참여하고 분발해야 하지만, 종종 피동적인 입장을 지닙니다.

선생은 일반적으로 이해가 깊어지므로, 준비가 되었다고 절대적인 확신이 설 때까지 타인양성을 미루지 마십시오. 다른 사람에게 도움이 될 것이 있다고 생각하면, 도전을 받아들이십시오. 여전히 당신 자신의 코칭을 반영하는 것을 도와 줄 코치가 있는 것은 중요합니다. 이제 당신이 학생을 코칭하고 당신의 코치는 그 코칭을 관찰하며 그 수업 후에 당신과 함께 반영하는 시간을 가질 것입니다.

가르치는 기술은 배우는 기술과는 다릅니다. 학생으로서: 경청하고, 시도하고 약점을 볼 수 있도록 질문에 의해 점검 받은 후에 다음으로 넘어갑니다. 코치로서, 당신은 도전을 던지고 학생 스스로가 사고하도록 학생을 인도하는 기술을 개발해야 합니다.

실용적 지침서   179

타인을 코칭하고 양성하는 데는 여러 가지 기술이 필요함

배우고 연습하고 반영하고 선생으로부터의 피드백을 사용하면서 개선과정에서 더 나아집니다. 어떻게 이러한 기술들을 다른 사람들에게 전달할 수 있을까요?

훌륭한 선생을 가졌다면 본을 가진 것입니다. 본을 보며 선생의 효과적인 방법을 본 따 어떻게 코치할 건지 계획하십시오. 하지만, 당신의 선생은 많은 피디시에이(PDCA) 주기의 코칭을 통해 훌륭하게 되었을 것입니다. 쉬어 보일지라도 선생의 노련함을 그저 흉내 낼 수는 없을 것입니다.

가장 먼저 배워야 할 기술은 다른 사람들의 잠재성을 보는 것입니다. 객관적으로 깊이 관찰하고 그들의 사고방식을 진정으로 이해하는 것입니다. 문제와 현 상황에 대해 어떻게 사고하는가? 목표를 명확히 이해하는가? 올바른 문제를 찾았는가? 근원분석에 탁월한가? 문제해결의 모든 단계를 거치도록 인내하는가? 아니면, 성급히 문제에서 해결안이라 생각되는 것으로 건너뛰는가? 경청하는가? 코칭을 잘 받아들이는가?

이들을 판단해야 하는데, 각 학생마다 그에게 맞는 수준으로 가르쳐야 하기 때문입니다. 음악의 예로 돌아가 보면, 5년간 연주해 왔고, 나이에 비해 뛰어난 연주자라면, 막 시작한 초보와는 다르게 가르쳐야 합니다.

기술은 학생들을 성숙도, 문제해결 역량, 대인기술, 그리고 태도 등에 대해 측정하는 것입니다. 배우는 것을 포용하는지 아니면 저항하는지를 보고 다르게 다루어야 합니다. 겜바에서 실제로 무엇이 일어나는지 보는 것이 기술이라면 이도 중요한 기술입니다. 어떤 것이 이 사람에게 올바른 도전인가? (그림 5-3 참조)

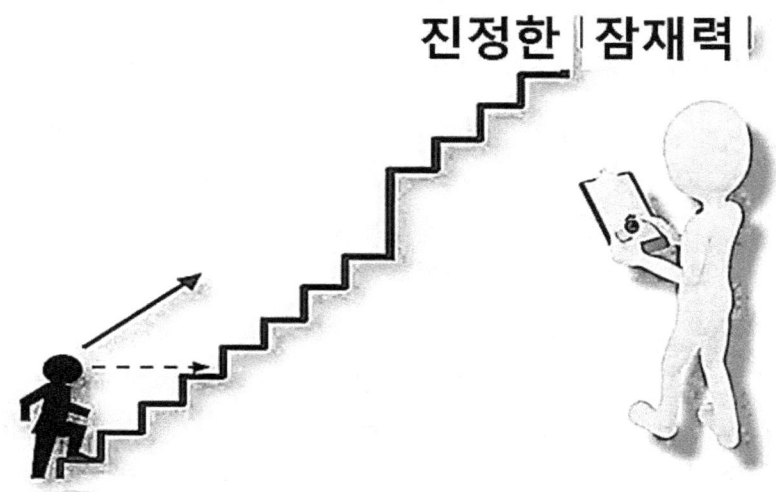

그림 5-3. 학생에게 적절한 도전을 정의함

이는 훌륭한 코칭과 가르침임

코치의 경험이 있다면, "잠깐, 이는 훌륭한 코칭이고 가르침이지만, 도요다가 만들어 낸 것 같지 않은데,"라고 생각할 것입니다. 그렇게 느끼신다면, 맞습니다. 제가 언급한 것 중에서 아주 적은 부분만이 도요다에서 발명해 낸 것입니다. 도요다는 여러 곳에서 제일 좋은 부분을 따서 그들의 접근, 시스템에 결합한 것입니다.

타인을 코칭하고 양성하는데 도요다가 가장 크게 영향을 끼친 것은 "직무지시 훈련"이라 불리는 것으로 미국 국방 프로그램 "산업 내 훈련" (TWI) 에서 유래했습니다. 이는 이차세계대전 때, 일반인들이 전쟁에 나간 사람들을 대신해 일을 빨리 습득할 수 있도록 개발된 TWI 의 기본 단위의 하나입니다. 이차세계대전 후, 미국에서는 거의 사라졌지만, 도요다에서 다시 회생되었습니다 (린 덕택에 최근에 다시 돌아왔습니다). 훈련방법은 코치와 함께 일하며 배우는데 집중하는 것입니다.

실용적 지침서   181

많은 대기업들과는 달리 도요다 역사에서 도제 관계 모델이 끊어진 적이 없는데, 이것이 도요다가 발명한 것입니까? 아닙니다, 하지만 적어도 이 개념은 엔지니어링 같은 지식관련 직무이든 제조업 같은 반복적 직무이든 회사 전체에 걸쳐 사용하는 것입니다.

타인을 코치하고 양성하는 시작단계

개선 유지를 위해 지도자는 코치로 개발되어야 함

저는 다양한 국가와 산업을 방문하며 해군, 정부, 건강보건 분야에서 일해왔는데, 린(lean)은 30여 년 간 지탱해왔고 번져가고 있습니다. 움직임이라 불러도 정당할 것입니다. 그러나, 제가 여전히 보는 주요 약점은 유지가 보장되는 지도력의 부재입니다. 지도자들은 조직 내 다른 지도자들에 의해 개발되어야 합니다. 그것이 우위를 유지하기 위한 유일한 길입니다.

효과적인 코치가 되는 6가지 단계:

1 단계: 타인의 현재 이해상태와 기술을 평가함

첫 단계는 당신이 가르칠 사람들의 현재 이해와 기술을 평가하는 것입니다. 큰 규모로 생각해, 만약 인사부에서 수백 명의 감독관을 린(lean)지도력 훈련을 시킨다면, 평가를 하는 것이 당연할 것입니다. 평가는 서면이나 컴퓨터 테스트로 할 수 있습니다.

그것은 저희가 이야기하고자 하는 것이 아닙니다. 저희는 장인과 도제 관계, 일대일 코칭을 이야기 하는 것입니다. 5명에서 10명의 팀일지라도 개별화된 지침을 주어야 합니다. 통계적 평균이 아니라 개인에 관심을 둘 때, 서면 테스트로 그들을 쉽게 평가할 수 없습니다. 현장에서 그들을 관찰하면서 알아갈 때 평가가 가능합니다. 가르치기 시작할 때, 그들의 기술 수준에 대한 이해가 깊어질 것입니다.

도요다에서는, 이를 "겜바에 몰두하기"라 부릅니다. 사람들이 일하는 곳에서 몰두해야 하며, 도요다에서는 이렇게 할 수 있는 시간을 제공합니다. 이미

논의한 대로, 스티브 산 안젤로의 예처럼, 감독관이 다른 부서로 발령받았을 때, 몇 달 정도, 이상적으로는 3 개월에서 6 개월동안, 전 감독관이 재직하며, 새 감독관이 상황 파악을 합니다. 무슨 일이 일어나는지를 이해하며 과정과 사람들의 장단점을 파악하려 노력합니다.

무슨 일을 해야 하며 누가 해야 하는지 공과 계획을 개발하는 것입니다.

2 단계: 타인을 절제된 문제해결을 하도록 양성함

2 단계는 타인을 개발하여 본인이 일해 온 절제된 문제해결을 하도록 하는 것입니다. 이미 피디시에이(PDCA)의 모든 단계를 반복했으므로, 이제 코치할 사람을 선별해서 개선 프로젝트를 함께 선별하고 이 모든 단계를 이끌어 가는 것입니다. 학생은 개선에 노력하며 도전을 정의하고, 현 상황을 이해하고, 목표를 정의하고 근접하기 위해 피디시에이(PDCA) 주기를 거칠 것입니다. 2 장에서 언급된 개선 카타, A3 사고, 그리고 고유의 문제해결 접근을 사용할 수 있는데, 이는 목표에 다다르기 위해 집중하고 학습단계를 운영 가능한 부분으로 분해했을 때 한해서입니다.

학생을 당신이 사용할 개선 과정에 대한 오리엔테이션이 필요한데 강의실 내 훈련으로 진정한 기술을 가르칠 것이라 예상하지 마십시오. 사실상, 정식 수업을 한다면 이러한 푯말을 붙여야 할 것입니다: "주의: 진정한 기술을 가질 수 없습니다. 이 수업은 단지 시작하도록 상기시킬 뿐입니다. 진정한 기술은 겜바에서 개발될 것입니다. 한 번에 한 단계씩 거칠 것이며 제가 함께 하겠습니다."

3 단계: 기술 수준을 높이기 위한 직무 분해와 과제 할당

각자에게 맞는 과제가 무엇일까요? 기술 수준을 높이려는 목표아래, 학생은 팀과 함께 문제를 인지하고 작은 부분으로 분해해 팀원 사이에 배당해야 합니다. 학생은 팀을 하나로 지키며 공통 목표에 집중하며 각자의 주어진 과제에 시간을 투자하도록 격려 받아야 합니다.

이제 문제해결의 첫 번째 수업에서는, 반나절이든 한 나절이든, 전통적인 선생처럼 수업을 할 것입니다. 그들이 이해했는지 점검하는데 질의응답은 이에

실용적 지침서

좋은 방법입니다. 실례와 모의실험을 사용해 능동적 사고와 피드백을 제공할 기회를 마련할 수 있습니다.

초기 상기 훈련 후에는 일하면서 개발하는 단계로 움직일 수 있습니다. 이제 당신 자신을 장인으로 생각하고 서투른 젊은 견습생이 기본 도구도 다룰 줄 모를 때, 첫 과제를 줍니다. 그 사람에게 무엇을 가르치려 합니까? 그 사람은 가르침을 받는 것이 아니라 배우는 것입니다. 배움은 내부에서 나오는 것으로 자기개발인 것입니다.

흔한 기술을 가르치는 것을 생각해 볼 때, 도움이 될 것입니다. 바이올린을 가르칠 때, 음계부터 가르칩니다. 활로 좋은 소리를 낼 수 있어야 합니다. 악기를 올바로 다루어야 합니다. 명백히, 그들에게 악기를 어떻게 잡는지, 좋은 활 기법이 무엇인지 보여줘야 합니다. 음표를 바꾸지 않고 활을 사용해 좋은 소리를 내는데 집중하도록 요구할 수 있습니다.

지독하게 안 좋은 소리를 알아차리면 어떻게 하시겠습니까? "이리 줘," 라고 하며 바이올린을 잡아챌 수 있습니다. 연주하면서, "봐, 이렇게 해야 하는 거야," 라고 말하고 바이올린을 되돌려줍니다. 그러나, 그들은 똑같이 안 좋은 찢어지는 소리를 낼 것입니다. 당신이 하는 것을 보고 배운 것이 별로 없으며, 스트레스를 받아 제대로 배우는데 방해가 될 뿐입니다.

더 나은 접근은, "활을 이렇게 잡고 이 각도로 시도해 봐,"라고 말하는 것입니다. 이제 그들은 좋은 소리와 더 많은 안 좋은 소리를 낼 것입니다. 좀 더 나아지기는 했습니다. 그런 다음, 그들이 다시 연주하도록 하며, "어떻게 활을 잡는지, 어떤 각도로 하는 지 기억해 봐," 라고 말합니다. 그들은 더 많은 좋은 소리를 내게 될 것입니다. 당신이 직접 바이올린을 더 많이 만질수록, 더 나쁜 선생이 될 것입니다.

다음은 이를 명확하게 보여줍니다.
- 저에게 말하세요, 그러면 잊어버립니다.
- 저에게 보여주세요, 그러면 기억할 겁니다.
- 저를 관여시키세요, 그러면 이해할 겁니다.

4 단계: 설명하는 대신 질문으로 가르침

그런 다음, 질문을 할 수 있는데, 예를 들어 이 장 끝에 언급된 코칭 카타의 5 가지 질문을 사용할 수 있습니다. 학생들이 프로젝트를 시작하게 하는 상기 코스에서 약간의 설명을 하는 데에서 벗어나 학생들이 고생하도록 해야 하고, 그런 다음에 해답을 주는 대신에 질문을 던짐으로 학생들의 이해 정도를 점검해야 합니다. 그들이 고생하고 실수를 하도록 두어야 하는데 너무 많은 실수는 잘못된 방법이 신경체계에 깊이 배어들 수 있기 때문에 피해야 합니다. 그리고 나서 숙제를 주는데, 바이올린을 배울 때처럼, 다음 강습 때까지 선생이 없을 때 매일 연습하는 것입니다. 비슷하게 문제해결을 코치하는 지도자에게 과제를 주는 것입니다. 그들은 연습할 것이고 당신은 가능하면 매일 다시 와서 점검할 것입니다. 연습 없이 깊이 배울 수 없기 때문입니다.

설명하는 대신 질문함으로 가르치는 것은 일종의 예술입니다. 소크라테스 식 가르침을 생각하십시오. 이는 그 사람으로부터, 무엇을 아는지 무엇을 깨달을 수 있는지, 추론할 수 있는지를 추출해 나는 것입니다. 추론할 수 있으면 이해가 깊어집니다. 단지 경청만 한다면, 당신이 하는 것을 복제할 따름입니다. 당신만이 사고하는 것입니다. 코칭 카타는 관례처럼 적혀진 대로 질문하는 것입니다. 기술 수준이 진보하면서 즉흥적인 질문들을 좀 더 많이 추가할 수 있습니다.

질문으로 가르침이란 설명을 전혀 하지 말라는 뜻이 아닙니다. 설명을 작은 부분으로 쪼개서 하는 것입니다. "활을 이 식으로 잡아; 이 각도로 줄을 켜. 이제 음표를 잡지 말고 연주해." 그리고 나서 질문을 하나씩 하고, 조언을 해 주고, 연습하도록 숙제를 줍니다. 연습할수록 코치로서 더 나아질 것이며, 특별히 당신의 코치가 지켜 본다면 더더욱 나아질 것입니다.

5 단계: 학생들과 신뢰하는 관계확립

노련한 훈련자들은 다양한 방식을 시용합니다. 징벌을 사용하는 상사나 훈련자에 대해 들어 보았을 것입니다. 그들은 제대로 할 때까지 고함을 칩니다. 대부분의 경우에는, 누군가가 당신에게 고함을 친다면, 방어적이 되거나, 움츠려 들고, 닫게 됩니다. 실수를 감추려 들게 됩니다. 비판하는 자세가 아닌 상호복지를 위한 신뢰하는 관계를 성립하는 것이 훨씬 낫습니다.

실용적 지침서

이는 당신 자신을 빛내며 지도자로서의 통제를 과시하는 문제가 아닙니다. 이는 학생의 개발을 염두하기 때문에 실제로 가르치려 하는 것입니다. 이러한 신뢰가 있다면, 설령, 단호한 언성을 높인다 할지라도, 학생의 성공을 바란다는 것을 알 것이며 피드백을 생산적으로 받아들일 것입니다. 다이치 오노는 고함을 치는 사람이었으나 일본에서 그의 학생들로부터 훌륭한 결과를 양산했는데, 일부는 문화 때문이고 일부는 그에 대한 높은 신뢰도 때문이어서, 대부분의 경우에 학생들은 그가 깊이 염려함을 알았기 때문입니다.

6 단계: 균형화된 칭찬과 비판

신뢰는 아주 중요합니다. 다시 말하지만, 신뢰와 언제나 긍정적인 이야기만 하는 좋은 사람과 혼돈하지 마십시오. 다른 한편으로, 그 개인에 대해 칭찬과 비판을 적절하게 균형적으로 하는지 판단할 필요가 있습니다. 훌륭한 코치는 모두를 똑같이 가르칠 수 없다는 것을 압니다. 어떤 사람들은 비판적인 피드백을 귀하게 여기는 반면, 어떤 사람들은 칭찬을 해 주어 북돋아 주는 것이 필요합니다.

도요다에서 처음 일본인들을 미국으로 파견했을 때, 그들은 일본식 코칭 방식이 미국에서는 문제를 일으킨다는 것을 발견했습니다. 일본에서는 오노의 엄격한 접근 방식이 받아들여졌습니다. 아랫사람이 절하고, 잘못했을 수록 더 깊게 고개를 숙이며, 최선을 다하려고 합니다. 반영하며, "다음 번에는 더 잘하겠습니다," 라고 말합니다. 선생이 학생을 칭찬하는 경우는 아주 드뭅니다. 일년에 한번 정도 할까 말까여서, 실제로 칭찬을 들으면, 달력에 표시할 정도입니다.

도요다가 1080 년대에 미국 켄터키 주 조지타운에 공장을 설립했을 때, 일본 훈련자들의 비판적인 접근은 미국인들을 불쾌하게 했고, 인사부로 가서 불안감을 하소연하도록 만들었습니다. 미국인 지도자들은 이를 일본인 지도자들에게 지적했고 그들은 이를 방어적으로 받아들이지 않고 배울 수 있는 현실로 받아들였습니다.

그들의 문제 봉쇄의 첫 단계는 미국인들을 코칭하는 기준을 만드는 것이었습니다: 하나를 비판할 때마다, 세 가지 긍정적인 것을 말해야 하는 것입니다. 비율적으로 잘 들어맞는 듯했습니다. 먼저, 세 가지 좋은 것을 찾아서, 얼마나 빨리 배웠는지, 품질을 달성했는지, 기준을 얼마나 잘 따랐는지 말해주고 나서, "하지만, 한 가지만 더 노력하면 좀 더 개선될 수 있는 것이 있는데요," 라고 말하는 것입니다.

래리 밀러는 이 주제를 재검토해서 선생과 학생 사이의 상호작용을 긍정적 (찬성, 칭찬 등등), 중립적, 부정적 (오답, 고침)으로 구분한 연구 조사를 발견했는데, 제일 빨리 배우는 비율은 선생의 반응이 긍정적 대 부정이 3.57 대 1 일 때였습니다 (http://www.lmmiller.com/blog/2014/06/28/corporate-culture/coaching-kata-2/). 이는 놀랍게도 도요다 선생들이 직관한 것과 비슷합니다.

다시 말하면, 긍정적인 접근은 어떤 사람들에게 통합니다. 다른 사람들은, "왜 돌려 말하십니까? 왜 제가 잘하고 있는 것을 이미 아는데 다시 말하시는 거죠? 개선하려면 뭘 해야 하는지 빨리 말해주세요!" 시간이 지날수록 선생을 신뢰한다면 학생들은 더 이런 반응을 보일 것입니다. "자기개발을 하고 싶기 때문에 저는 비판적인 피드백이 필요합니다."

어떻게 겜바에서 타인을 코치하고 양성하는가

훌륭한 코치는 승리하는 팀을 만들기 위해 무엇을 하는가?

그림 5-4. 시합에서 승리한 빈스 롬바디

실용적 지침서

빈스 롬바디(그림 5-4 참조)는 그린 베이 패커스 미식축구 팀을 도운 것으로 미국의 훌륭한 코치로 존경 받는데, 그의 유명한 인용구 중 하나는 다음과 같습니다:

"승리란 가끔 일어나는 것이 아니다; 이는 항상 일어나는 것이다. 어쩌다가 이기는 것이 아니다. 어쩌다가 올바로 하는 것이 아니다. 언제나 올바르게 하는 것이다. 승리는 습관이다. 불행하게도 패배 또한 습관이다."- *빈스 롬바디*

당신이나 당신의 학생은 승리 또는 패배의 습관을 가지고 있을 수 있습니다. 이제 이 경우에, 승리란 프로젝트를 마쳤다거나, 개선했거나 목표에 다다랐기 때문에 승리했다고 볼 수 있습니다. 이는 한가지 가능성입니다.

다른 가능성은 과정을 거쳤고, 무언가를 시도했고, 어떤 것은 실패했고 어떤 것은 성공해서 전진을 했습니다. 최종 목표에 다다랐거나 아니거나 철저히 반영해서 많은 것을 *배웠습니다*.

롬바디는 훈련할 때나, 실전에서나, 그의 팀이 계속적으로 배우고 더 나아지도록 그리고 승리하도록 기대했습니다 - 패배란 절대로 성공적인 것이 아니었습니다. 다른 한 편으로, 지속적 개선이라는 시합에서는, 특별히 문화를 바꾸는 초기 단계에서는, 시합은 전적으로 배우는 것에 달려 있습니다. 올바른 방식으로 올바른 것을 하는 습관을 만드는 것입니다. 그리하면 패배하는 것보다 더 자주 승리할 것입니다. 승리하건 패배하건, 돌아가서, 점검하고 다음엔 어떻게 더 나아질지 생각해 볼 수 있습니다. 언제나 다음 시합이 있고, 그때까지 더 나아지는데 집중하는 것입니다.

훌륭한 코치의 특성 연습

제가 실제 강좌를 할 때, 그룹과 아래의 질문들에 대해서 논의하는데, 지금 당신에게 잠시 멈추고, 질문들을 생각해 보고, 생각들을 적어 보시길 권장합니다. 코치를 해 본 경험이 있을 수도, 승리나 패배를 경험해 봤을 수도, 어떤 팀의 팬이어서 훌륭한 코치를 알 수도, 나쁜 코칭 결정에 화가 났을 수도 있을 것입니다. 자신에게 질문해 보십시오:

- 훌륭한 코치의 특징은 무엇인가?

- 그들은 어떻게 승리하는 팀을 만드는가?

시간을 들여, 자연스럽게 나오는 습관을 개발하고 적용하고 혁신할 수 있도록 여유를 가짐

훌륭한 코치라면 약점을 인지하고 실수를 하지 않고 반복적으로 연습하도록 시킵니다. 자연적인 경향은 먼저 앞서 가며, "알았어요," 또는 "2 번은 틀렸지만 10 번은 맞았으므로 충분합니다," 라며 계속 진행하려 합니다. 코치는 당신을 잡아 뒤로 끌어들일 것입니다. 결과적으로 생각할 필요도 없이 자연스럽게 나오는 습관을 개발할 것이며, 쉬 단계를 넘어설 것입니다. 몇 년간 바이올린을 연주한 후에는, "자, 어떻게 활을 제대로 잡지?"라고 연습을 시작하지 않습니다. 자연스럽게 활을 집어도 올바르게 잡을 것입니다.

때때로 복습할 필요는 있지만, 대부분은 습관이 되었습니다. 음표가 어디 있는지 알아서, "도가 어디 있지?" 라고 생각하지 않습니다. 올바른 방식이 각인되어 있어 이제 어떻게 곡을 해석할지 또는 문제를 어떻게 독창적으로 접근할 지에 대해 생각할 수 있는 여유가 있습니다. 얼마 동안 근원분석에 시간을 보내야 하는가? 아마도 대책을 강구하는데 좀 더 시간을 보내거나 협조를 하지 않는 이 사람을 끌어들이는데 시간을 보내야 하지 않을까? 실제로 상황을 독창적으로 읽어내고, 반응하고 적용할 수 있게 됩니다. "내가 4 단계를 제대로 잘 따르고 있는가?"라고 생각하는 대신에 말입니다.

난해한 기술을 터득하기 위해 만 시간의 연습의 필요함

난해한 기술을 터득하기 위해 만 시간의 연습이 필요하다는 것은 자명한 이치입니다. 실제로 이는 어떤 특정 기술에 대한 어림셈입니다. 만 시간이란 엄청난 양의 시간입니다. 일주일에 10 시간 씩 연습하면, 천 주가 걸리는데 이는 대략 20 여년이 걸린다는 이야기입니다.

이는 20 년 연습한다거나, 그만한 값어치가 없다고 결정하고 일찌감치 포기해야 한다는 것이 아닙니다. 완벽에서 아직 멀리 있다는 겸손한 태도로 터득하기 위해 노력해야 합니다.

실용적 지침서   189

린(lean) 지도력의 열쇠는 겜바에서 타인을 양성하는 것임

그림 5-5. 타인의 지식과 기술을 개발하도록 코치함.

린(lean)지도력이라는 용어를 사용하는데, 린(lean)지도력의 주요한 특성은 배운다는 것이고(그림 5-5 참조), 겜바, "일이 일어나는 현장"에서 타인을 개발하는 것입니다. 겜바의 개념이 광범위하다는 것을 확실히 말씀 드리고 싶습니다. 어떤 사람들은 겜바가 핵심적인 가치부가적인 일이 일어나는 곳이라고 생각합니다. 제조업에서, 공장이 유일한 겜바로 여겨지고 있습니다. 플로리다에 있는 린(lean)에 앞서 가는 의약 공장에서는 공장으로 들어가는 입구에 커다란 푯말을 붙였는데 "겜바에 오심을 환영합니다"라고 적혀 있습니다. 이는 공장이 수입을 벌어들이는 가치부가적인 일을 하고 있음을 강조하는 것입니다.

다른 한편으로는, 요리사에게는 음식을 준비하고 요리하는 주방이 겜바입니다. 회계사도 겜바가 있고, 인사부도 겜바가 있습니다. 인사부에게는 직원들이 있는 곳이 거기가 식당이건, 사무실이건 공장이건, 겜바입니다. 판매부에겐 고객이 있는 곳이 겜바입니다. 내부적이든 외부적이든 고객의 관점에서 가치가 부가되는 곳이 겜바입니다. 목표를 달성할 때, 가치가 부가되는 것입니다. 양질의 음식을 효율적으로 고객에게 전달할 때, 고객이 생산품에 만족하고 믿을 많다고 흡족해 할 때입니다.

카타를 사용하여 한 번에 한 사람씩 코치함

어떻게 조직 안에서 첫 시도를 하는가?

여러 가지 방식으로 시도를 할 수 있는데, 작은 영역일 수도, 상위, 중간, 또는 하위일 수도, 한 단계의 경영진일 수도, 아니면 광범위하게 할 수도 있습니다. 명심해야 할 것은 가르치고자 하는 사람 수에 맞추어 충분한 코치가 있어야 한다는 것입니다. 1 대 5 가 적당하다고 보는데 더 많으면 안됩니다. 가령 100 명을 코치하고 싶다면 20 명의 코치가 필요합니다. 곧장 어떤 사람들은 뒤로 물러서며 이렇게 말할 것입니다, "잠깐만요, 깊은 지식을 가진 20 명의 코치가 없는데요."

제 조언은 초기 계획을 조정해 잘 수행할 수 있는 곳에 집중하라는 것입니다. 외부에서 코치를 영입할 수도 있으나, 수행능력과 가르치는 능력을 가졌는지 조심스럽게 선별하십시오. 그러면 누룩처럼 번질 것입니다. 누룩 없이 빵을 만들지 않습니다. 빵 한 덩어리를 만들 누룩밖에 없다면 15 덩어리의 빵을 한꺼번에 구울 수 없습니다. 다시 말하자면, 문제와 격차, 근원을 이해하고 계획과 대책을 개발하고 성취할 수 있는 자원이 있는지 맞춰보고, 그리고 시도하고 점검하고 조정하고 다음 단계를 생각해 봅니다. 문제는 지도자들이 가져야 할 기술과 현재 가지고 있는 기술의 격차입니다. 피디시에이(PDCA) 를 인력양성하는 과정에 적용하십시오. 이러한 과정을 따를 때, 훌륭한 전진이 있을 것입니다.

카타 코치함으로 개선 카타를 가르침

도요다 카타의 개선과 코칭 기술을 시도할 때 권장하는 접근은 "앞서 있는 그룹"으로 시작하라는 것입니다. 이는 상위 지도자 그룹으로 카타를 전개할 책임이 있는 사람들입니다. 앞서 있음은 먼저 외부 코치들과 개선 카타를 배워야 한다는 것입니다 (그림 5-6 참조). 그러면, 조직 내의 첫 번째 코치가 되는 것입니다. 코치가 되고 나서도 사라지지 않고 정기적으로 겜바에서 과정을 점검하고 조절하며 다음 훈련에서 무엇을 할지, 얼마나 많은 사람들이 훈련을 받을지, 얼마나 빠르게 전개해야 할지를 결정합니다.

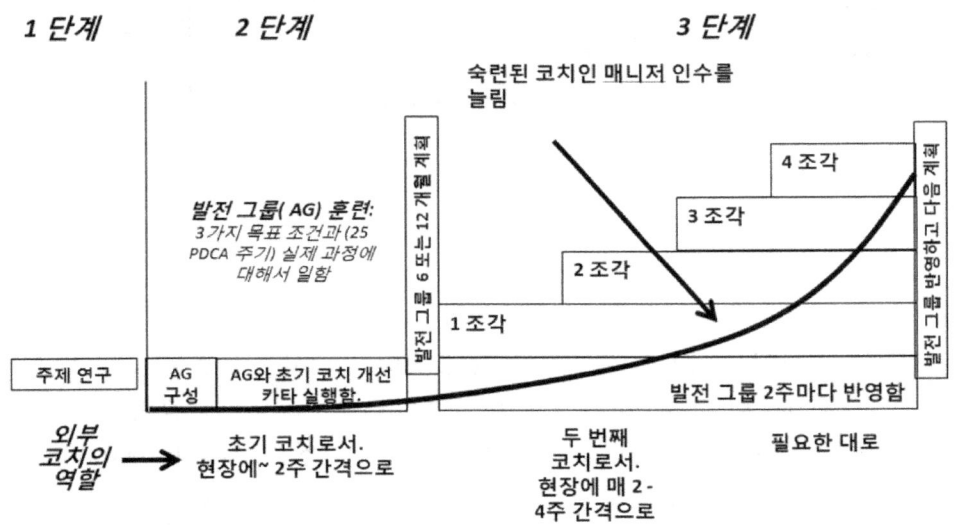

출처: 마이크 로더
그림 5-6. 개선 카타 전개의 추천 접근 방식

개선 카타(IK)는 마이크 로더의 저서, *도요다 카타*, 2 장에서 요약되어 있습니다. 그는 습관을 코칭하는 꼼꼼한 연습을 위해 코칭 카타를 개발했습니다. 현장에서 배우기(OJD)가 도요다 사업실행의 대칭인 것처럼, 코칭 카타는 단순히 정반대의 역할을 하는 것입니다. 개선 카타의 학생이 코치가 되어 새 학생에게 개선 카타를 가르치는 것입니다.

특정한 프로젝트를 이끄는 한 학생을 개발하기 위해 책임지는 코치가 언제나 있습니다. 코치와 학생 모두가 사용하는 특정한 형태의 개선 카타가 있습니다 (그림 5-7 참조). 코치는 폭넓은 조직 내 사업목표로 이어지는, 방향정립에서 시작하여 4 단계를 거치며 학생과 긴밀히 일합니다.

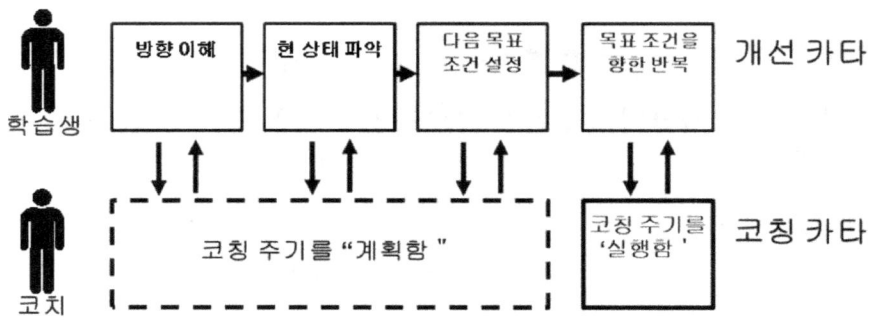

출처: 마이크 로더

그림 5-7: 개선 카타와 코칭 카타는 대칭형임

문서화는 2 장에서 제시한 바처럼 학생의 이야기 게시판으로 됩니다. 거기서 코치와 학생이 만납니다. 4 단계에 이르면, 다음 목표조건이 정립될 것이며 피디시에이(PDCA)에 집중할 것입니다 (그림 5-8 참조). 피디시에이(PDCA) 주기에서 학생은 다음 실험을 계획하고, 실험을 행하고, 결과를 점검하고, 배운 것을 다음 실험에 반영합니다. 이러한 실험들을 다음 목표조건에 집중하며 이것이 준비되었을 때 (2 주 정도) 다음 목표 조건이 인지됩니다.

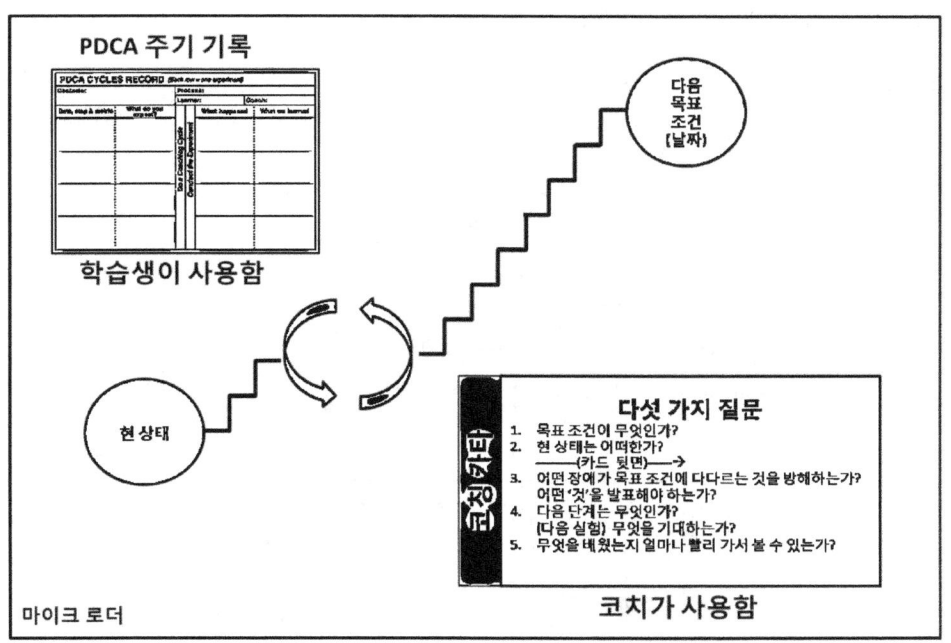

그림 5-8: 학생이 다음 목표 조건을 성취하기 위해 실험하는 동안
코치는 정의된 질문을 던짐

코치가 할 기준적인 일은 피디시에이(PDCA) 주기에서 아주 분명합니다. 그림 5-9에 제시된 질문을 그대로 질문하는 것입니다. 개선 카타 이야기판 앞에 학생과 함께 서서 질문하고 학생은 답변합니다. 답변에 필요한 모든 정보는 이야기판에 이미 요약되어 있습니다. 코치는 질문하고 학생은 이야기판을 짚어가며 답변합니다. 코치는 답변이 부족하면 질문을 다시 할 수 있는 재량권이 있습니다. 코치는 학생에게 설명을 분명하게 하기 위해 겜바를 제안할 수도 있습니다. 그러나, 대부분 코치는 학생이 개선 카타 형태를 배우듯이 주어진 형태를 따라 해야 합니다.

코치는 학생이 좁혀야 할 격차 -목표 조건 대 현 조건-를 생각하도록 프로젝트에 대한 일반적 질문을 하는 것을 주목하십시오. 그리고 마지막 단계에 대해서만 반영합니다. 그 단계에서 배운 것을 대해 시간을 들여 생각합니다.

그리고 추가적인 장애물을 인지하고 코치에게 계획하는 다음 단계에 대해 설명합니다. 그 단계를 완성하는 최종기한을 정합니다. 그리고 전 과정을 다시 시작합니다.

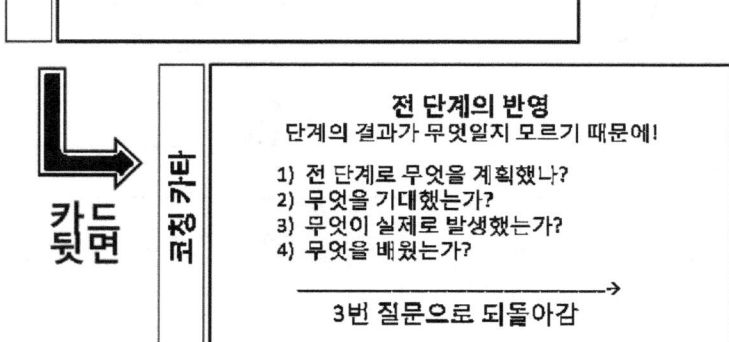

마이크 로더

그림 5-9: 다섯 가지 질문 카드는 코치의 기본적 기준직무임

린(lean) 지도자가 배워야 하는 세 부분의 처방전

린(lean) 지도자가 배워야 하는 처방전

1. 원리의 핵심가치를 살아냄 - *도요다 방식 2001*
2. 절제된 문제해결의 표본이 됨 -도요다 사업실행 (또는 개선 카타)
3. 절제된 문제해결의 선생이며 코치가 됨 - 현장에서 개발하기 (또는 코칭 카타)

실용적 지침서

제 저서 *도요다 방식* 에서 예들을 1 단계에서 말하는 원칙들을 찾으실 수 있으며, 마이크 로더의 저서 *도요다 카타* 에서 도요다 사업실행과 같은 개선 카타, 그리고 현장에서 개발하기를 가르치는 코칭 카타를 보실 수 있습니다.

세 부분 처방전 점검-린 (lean)지도자들이 배워야 하는 것

지도자들이 배워야 하는 처방전은 세 부분의 해결책입니다. 이는 도요다에서 잘 실행되고 있습니다. 먼저, 1990 년에서 2000 년 사이에 일본 외에서 도요다 지도력을 개발할 필요가 두드러졌습니다. 1980 년대에 미국에 일본인 코치들이 많이 있어서 팀 감독관에 이르기까지 자세히 코치했습니다. 그들은 마치 장인으로서 미국인 견습공을 훈련시켰습니다. 1980 년대말에 도요다는 미국과 캐나다에서 코치들을 철수시켜 다른 곳에 배치해야 했습니다. 그들이 발견한 것은 극도의 훈련에도 불구하고 여전히 미국인들이 *쉬* 단계에 머물러 있었다는 것입니다. 상대적으로 앞서 있는 미국인들이 다른 기업으로 옮기게 되면서 그들은 새로운 외부인을 영입하거나 기술수준이 부족한 내부인을 승진시켜야 했습니다.

첫 해결안은 도요다 핵심가치를 문서화하는 것이었습니다. 이는 일본 문화 내에서 자란 사람들에게는 암묵적으로 알려져 있었습니다. 직조기 공장을 시작할 때부터 진보해왔지만, 도제 관계를 통해 배웠기 때문에 문서화한 적이 없었습니다. "이제, 수동적이지 않고 공개적으로 가르칠 필요가 있습니다. 문서화할 필요가 있습니다." 도요다가 국제적으로 성장하면서 문서화할 필요가 증가했고, 이것이 인간 존중과 지속적 개선이라는 두 기둥을 가진 *도요다 방식 2001* 이라는 저서 출판으로 이어졌습니다. 기초는 다섯 가지 핵심 가치인데: 도전, 겜바로 가기, 가이젠 사고 개발, 존중 그리고 팀워크입니다.

그들은 문서화하면서, 가치를 서술하고 그 아래 가치와 예들, 과거 창업자와 지도자들의 유명한 구절들을 인용했습니다. 그리고 훈련 코스를 운영해 실례들을 통해 가치들을 배워서 지도자들이 이를 적용하고 논의할 수 있었습니다.

그들은 고위직부터 훈련을 시작하여 그룹지도자에 이르도록 훈련을 시켰습니다. 상위 지도자들을 가르치기 시작하면서 이것이 얼마나 강력한지를 깨달았습니다. 사람들이 도요다의 같은 언어를 말하고 명료하게 표현하기 시작했지만, 행동은 부족했습니다. 가치들이 습관이 되도록 사람들을 묶는 실행이 부족했습니다. 습관을 만들기 위해 무엇을 해야 합니까? 절제된 연습이 필요했습니다.

이는 2 장에서 논의한 8 단계 문제해결 모델인 도요다 사업실행(TBP)을 개발하는 것으로 이어졌고, 도요다의 국제적 기준이 되었습니다. 매 단계마다 정의된 가치가 있으며 그 단계를 행하므로 배우게 됩니다. 예를 들어, 첫 단계는 문제 정의입니다. 기업의 가치 중의 하나는 고객 우선이므로, 문제를 정의할 때 고객을 우선화해야 합니다. 고객이 이 과정에서 필요한 것이 무엇인가?

최근에 도요다는 "현장에서 개발하기"라는 공식 접근 방식을 개발했습니다. 이는 미국에서 개발되었는데, 지금까지 미국인들이 많이 배웠지만 일본인이 아니었기에 다른 나라에서는 명백한 배움의 과정이 필요하다는 것을 이해했기 때문입니다. 상세하지는 않지만 코칭 카타의 접근과 흡사한 점이 많습니다.

행위를 변화함으로 문화를 변화함

저는 이 모델을 린 엔터프라이즈 연구소를 운영하는 존 슈크로부터 배웠습니다. 그는 이를 발명해내지 않았으나, 명백히 그 사고를 정연하게 표현했습니다. 그는 흔한 접근방식은 (그림 5-10 참조) 직접적으로 사고방식을 변화시키려 시도하는 것이라 설명했습니다. 머리 속에 들어가서, 올바로 사고하면 올바로 행동할 것이라는 것입니다. 사고하도록 가르치는 방법은 그들에게 이렇게 말하는 것입니다. "나는 지도자이고 올바르게 생각하니 내 지식을 당신들의 머리 속에 부어야 합니다. 내가 배운 방식은 강의실 앞에 있는 선생으로부터이고 이제 내가 바로 강의실 앞에 선 선생입니다." 어떻게 생각하십니까? 절대로 안 됩니다.

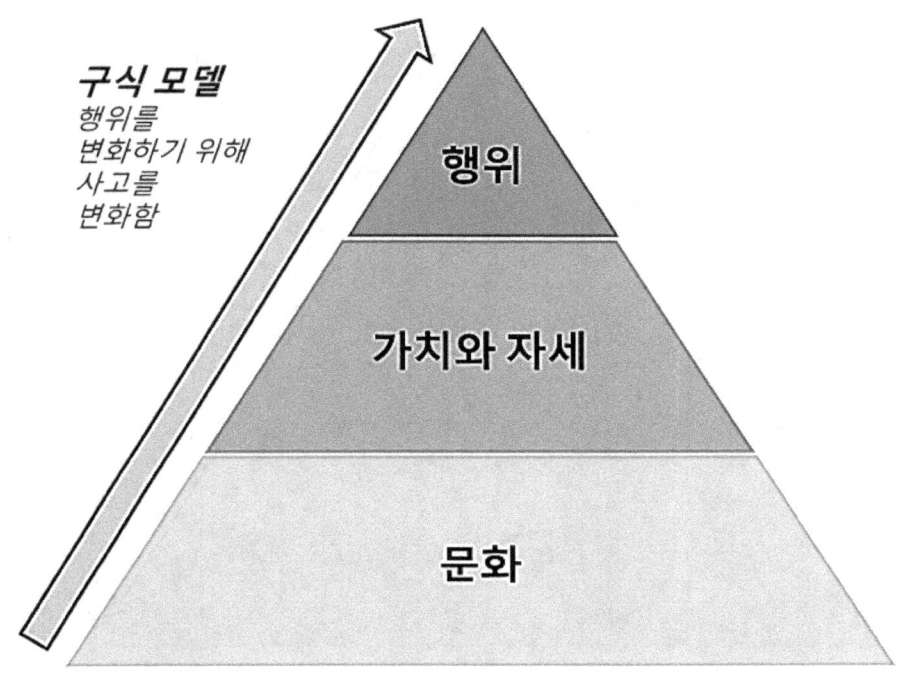

그림 5-10. 사고의 구식 모델

알코올 중독 환자 갱생회를 아시는 사람은 어떤 복잡한 행동 패턴에 대한 사고와 행동을 변화하는 것은 단계별 과정이며, 한 번에 한 단계씩임을 인지하실 것입니다. 그리고 코치와 만나서, 무언가를 하고, 코치와 후원 그룹으로 돌아가 보고해야 하는 것도 아실 것입니다. 이는 또한 이차세계대전시 만든 식습관변화의 모델이며 감량 식이요법의 기초가 된 모델입니다. 이는 린(lean)지도력에도 적용이 됩니다.

존이 더 나아가 설명한 것은 문화를 변화시키고자 한다면 행동으로부터 시작해야 한다는 것입니다 (그림 5-11 참조). 새 모델은 행동을 변화시켜서 사람들이 직접적으로 새로운 방식의 일과 행동을 경험하면서 사고방식이 변화한다는 것입니다. 알코올 중독자는 알코올 없이도 행복한 삶을 살 수 있음을 보기 시작합니다. 기분이 나아지고 이렇게 생각하기 시작합니다, "이런, 오랜 세월 동안 들어왔던 것들이 실제로 사실이구나. 내 삶이 더 나아졌네," 누가 뭐라 해도 항상 술에 취해있다면 이해할 수 없었습니다.

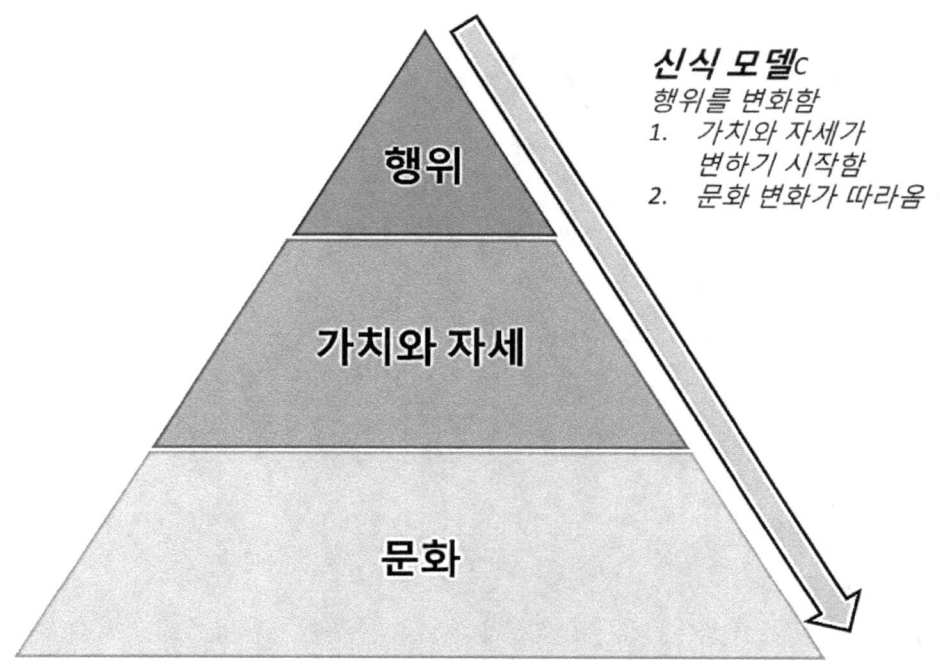

그림 5-11. 사고의 신식 모델

행동을 변화함으로 세계관도 변화합니다. 존은 이를 묘사하는 심오한 구절을 찾았습니다: "사고방식을 새로운 행동방식으로 이끄는 것보다 행동함으로 새로운 사고방식으로 가는 것이 더 쉽다." 이는 사키치 도요다가 그의 부친에 의해 지도 받아 힘들게 배운 도요다 방식과 같습니다. 대부분의 미국 기업 내에서 이 원리를 잊어버리고 사람들에게 말함으로써 행동을 변화시키려는 모델을 적용했던 것입니다.

어떻게 이를 조직 내 타인 양성에 적용할 것인가?

조직 내 지도력 평가

이제 도요다의 이상적인 이미지와 비교해 당신의 조직이 어떻게 하고 있는지를 비교할 시점에 왔습니다. 도요다 방식 훈련, 도요다 사업실행 훈련을 받은 모든 지도자가 스타가 아니라는 점을 말씀 드리고 싶습니다. 어떤 사람은 심도 깊게 배운 반면 어떤 사람은 단지 피상적으로 배웠습니다. 초기에는 북미에서 작은 그룹이 코칭하며 지도자들이 다음 단계를 코칭할 것이며 점점 지원을 덜 필요로

실용적 지침서

하리라는 예상을 했었습니다. 모두가 완벽하게 훈련 받고 코칭을 훌륭하게 하는 것이 사실입니까? 아닙니다. 도요다는 완벽하지 않지만, 시도한 노력은 아주 훌륭합니다. 사실상, 대부분의 기업들과 비교할 때 아주 놀랍습니다.

대부분의 경우에 아주 큰 격차가 있다고 가정하고 당신의 조직을 평가하길 부탁 드립니다. 전 장에서 당신의 조직의 이상적 상태를 정의했습니다. 이상적 지도자는 어떠한가? 이제 제 질문 중 몇 가지를 가정합니다. 예를 들어, 당신의 이상적 지도자가 선생과 코치라고 가정합니다. 이것이 린(lean)지도력의 근본적 가정입니다. 이것이 당신이 학생인 쉬 단계입니다. 지도자들은 선생과 코치이지만, 지도자들이 따르는 핵심가치는 약간의 변동이 있을 수 있습니다. 이상적인 지도자가 타인을 개발하기 위해 무엇을 하고 사고하고 말하는지 당신의 언어로 표현해 보십시오. 그리고 그 이상적 전망에 근거한 지도력의 현 상태는 무엇입니까? (그림 5-12 참조)

당신의 기업 내 지도력의 현 상태

그림 5-12. 목표

도요다에게는 작은 격차가 있을 수 있으며, 당신에게는 좀 더 큰 격차가 있을 수 있습니다. 하지만, 이것이 관건적인 격차인가? 아주 위급할 정도로 큰 격차인가? 다른 한 편으로는 심각한 격차이지만 위급하지는 않은가? 아주 작은 격차인가? 아니면, 이미 도달했는가? 당신이 어느 하나에서라도 이미 도달했다고 한다면 당신이 과대평가하고 있다고 말할 수 있겠습니다. 아무도 도달하지 않았기 때문입니다. 다른 한 편으로 당신이 몇 개의 작은 격차만 있다면, 그것도 훌륭합니다. 대부분은 1 에서 3 사이를 기록할 것입니다.

1. 지도자들이 선생과 코치로 개발되었는가?

조직 내 모든 단계의 지도자들이 개선을 가르치고 코치하는데 능동적이며 솜씨가 있는가? 전부가 그렇다고 대답하신다면, 겜바에 가서 좀 더 관찰하시길 권유합니다. 기본으로 돌아가십시오. 원으로 서서 지켜보십시오. 그들이 정말로 가르치고 코치하는지 알려주십시오.

2. 모든 단계의 지도자들이 인력양성을 가치 있게 여겨서 일하면서 배우도록 충분한 시간과 공간을 배려한다.

저희가 *위기에 처한 도요다* 를 저술할 때, 아끼오 도요다를 인터뷰했는데, 그에게 소환위기와 미국에서의 반응, 부정적인 평판으로부터 무엇을 배웠는지 질문했습니다. 또한 어떤 분석가들은 도요다가 너무 급성장해서 생긴 문제라고 논쟁한 것도 언급했습니다. 아끼오가 동의했을까요? 그는, "아니오, 저는 저희가 너무 급성장하고 있다고 동의하지 않습니다. 성장은 좋은 것입니다. 성장속도가 인력양성 속도보다 빨랐다고는 이야기 할 수 있겠습니다." 도요다는 빨리 성장하면서 새로운 사람들을 많이 영입했는데 이들을 잘 개발하는 데에서 뒤처졌습니다. 그는 이들을 같은 속도로 개발하는 것이 불가능했다고 시인하지 않았습니다. 그는 단지 그들이 잘 하지 못했으며 더 잘 했었어야 했다고 시인했습니다.

아끼오는 본인이 처음 도요다에 입사했을 때의 예를 들었습니다. 그의 부친은 그가 다른 사람들처럼 바닥에서부터 시작하는 조건으로 입사를 허락했습니다. 그의 부친은 제일 어려운 과제를 그에게 주었는데, 운영경영 컨설팅국(OMCD)으로, 도요다 생산시스템을 배우는 훈련소였습니다.

엄격한 선생들이 있는 곳이었습니다. 그들은 당신을 공급자에게 보내고 불가능해 보이는 도전을 주어서, 키보다 깊은 곳이어서 익사하든지 헤엄을 치든지 해야 합니다. 아끼오 도요다는, "제가 받은 과제는 근원을 이해하는 것이었는데, 3 개월이 걸렸습니다. 제 상사가 했다면 3 주가 걸렸을 것이고 그의 상사가 했다면 3 일이 걸렸을 것이고 국장이 했다면 3 분이 걸렸을 것입니다." 라고 말했습니다.

3 개월과 3 분은 커다란 격차입니다. 만약 당신이 국장이고 당신이 3 분 안에 할 일을 다른 사람들이 3 개월동안 한다면 어찌 하시겠습니까? 지켜보는 것이 아주 답답할 것이고 그 사이에 프로젝트는 진전이 안 되어서 당신의 상사가 결과를 재촉하면 당연한 반응은 무엇일까요? 직원들에게 해답을 주는 것입니다. 3 일만 시간을 주고 나서 해답을 알려주는 것입니다. 아끼오 도요다는 2000 년까지 도요다가 급성장할 때, 이런 일들이 종종 발생했다는 것입니다. 코치들이 너무 빨리 답을 알려줬다는 것입니다. 사람들이 분투하며 실제로 배우고 근원파악을 하도록 여유를 주지 않았다는 것입니다.

대책의 일환으로 도요다는 어떻게 가르치느냐의 기본으로 돌아가기 시작하고 경영진의 단계를 늘렸습니다. 예를 들어, 엔지니어링에서 한 감독관 아래 20 에서 25 명으로 엔지니어들이 늘어난 상황이 되었습니다. 이는 코칭에 적당한 비율이 아닙니다. 그래서 예전처럼 한 감독관 아래 5 명 엔지니어가 배당되도록, 경영진을 늘렸습니다.

3. 모든 단계의 지도자들이 과정개선을 이끌고 가르치고 코치하는 능력에 따라 미래의 지도자들을 선별하고 개발하는데 능동적으로 참여함

모든 사람들이 평등하게 창조되지는 않았습니다. 모든 사람들이 같은 속도로 배우지는 않으며, 모든 사람들이 똑같이 동기부여가 있고 단호하지 않습니다. 사람들을 관찰해야 하는데, 겜바에서는 오랫동안 사람들이 일하는 것을 관찰할 수 있는 여유가 있습니다. 이는 3 일 인터뷰처럼 가공적인 상황에서 며칠간 지켜보고 사람을 판단하고 고용하는 것이 아닙니다. 오랫동안 관찰하며 기업의 가치를 따를 수 있는 능력, 실행력, 타인을 인도하며 가르치는 능력과 잠재력에 따라 누구를 승진시키는지를 결정합니다. 누가 더 많은 사람들을 코치하며 가르칠 수 있는 과제를 맡을 준비가 되어있나? 다른 사람들을 책임지기 전에 본인의 능력을 더 개발하기 위해 누가 머물러 있어야 하는가?

4. 모든 단계의 지도자들이 기업의 핵심 가치를 따름

선별과 개발 과정은 몇 년이 걸리며, 당신의 기업이 10 년전에 이를 시작하지 않았다면 낮은 점수를 기록할 것입니다. 1 에서 3 을 많이 얻을 것으로 생각하십시오. 1 을 기록하면 3 보다는 우선순위에 놓일 것입니다. 만약 작은 격차가 있다면, 자부심을 가지고 운이 좋은 경우라 생각하셔도 좋은데 이는 아주 드물기 때문입니다.

이는 단지 당신의 기업 내 일반적, 질적인 지도력 평가에 불과합니다. 본격적인 조사를 원해 몇 백 명을 조사한다면 이는 도가 지나친 것입니다. 만약 팀을 모아서 각자 가 어디에 위치하는지 평가하고 논의하여 이 다섯 가지 에 대한 공동의견을 수렴한다면 아주 좋은 과정일 것입니다.

요약으로 다음을 평가하십시오:

1. 지도자들이 선생과 코치로 개발되었는가?
2. 모든 단계의 지도자들이 인력양성을 가치 있게 여겨서 일하면서 배우도록 충분한 시간과 공간을 배려한다.
3. 모든 단계의 지도자들은 과정개선을 이끌고 가르치고 코칭하는 능력에 따라 미래의 지도자들을 선별하고 개발하는데 능동적으로 참여함
4. 모든 단계의 지도자들이 기업의 핵심 가치를 따름

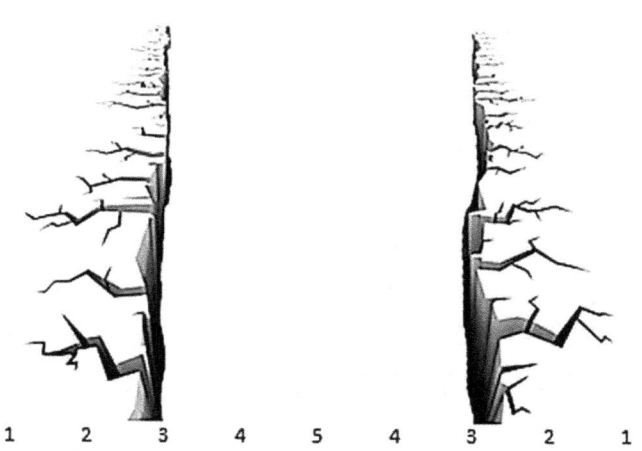

그림 5-13. 격차를 연결함

실용적 지침서

린(lean)지도력을 달성하기 위한 다음 단계는 무엇인가?

린 지도자의 이상을 요약 정리하십시오. 격차를 보십시오(그림 5-13 참조). 그리고 어떻게 이를 당신의 조직에 적용할 지 자문하십시오. 현장에서 개발하기나 코칭 카타 같은 정식 훈련과정을 밟을 준비가 되어있습니까?

- 린 지도지로서 타인을 어떻게 코치해야 할지를 요약 정리하기
- 어떻게 조직에 적용할 것인가?
- 첫 번째로 일할 목표 프로젝트는 무엇이며 계획은 어떠한 것인가?

이제 어떻게 조직에 적용할지에 생각해 보시고 개선과정을 생각해 보십시오. 어떻게 적용할지에 대한 100 가지 생각을 적는 것으로 시작하지 마십시오. 저희가 막 끝난 대로 실제로 당신의 조직을 이상적인 상황과 비교하십시오. 커다란 격차를 어떻게 가능한 도전으로 분해해서 첫 단계로 일할 수 있는지를 생각하십시오. 그리고 논의한 대로 개선과정을 거치십시오.

피디시에이(PDCA) 과정을 조심스럽게 따른다면, 이상을 향한 좋은 첫 걸음을 떼는 것입니다. 그러면 전진할 것입니다. 문제는, "나는 여기에 있고, 지도자들은 코치가 아니고, 어찌 가르칠지를 모르고 문제를 풀지도 모르는데, 나는 거기에 도달해야 한다,"가 아닙니다. 문제는, "이상향을 보고 얼마나 멀리 떨어져 있는지도 본다, 첫 걸음을 떼기 위해 명확한 첫 번째 목표를 가져야 한다,"입니다. 이런 식으로 사고할 때, 관리가 가능하며 압도적이지 않습니다. 더 연습할 수록, 더 깊이 조직 내에 뿌리 박힐 것입니다.

모 든 단 계 에 서 린 지 도 자 를 양 성 함

실용적 지침서

6 장

일일 가이젠 지원

린(lean)지도력을 실무 그룹으로 가져옴

자기개발과 타인양성의 재검토

4 장과 5 장에서 자기 개발한 지도자들이 다른 사람들을 가르치고 코치할 수 있도록 개발하는 것을 보았습니다 (그림 6-1 참조). 이 모델의 첫 두 단계를 이미 시작했습니다. 각 단계 후에 이러한 지도력이 당신의 조직 현실과 비교했을 때 어떠한지 생각해 보고, 첫 단계에서는 자기개발과 어떻게 문제해결에서 자신의 기술을 개선할 지를 생각해 보길 요청했습니다. 다음 단계에서는 어떻게 타인을 코치하고 양성할 지를 생각해 보길 요청했습니다. 이들을 연습하셨기를 바랍니다. 자신을 평가하고, 격차와 기회를 보며 자신의 기술을 개선하도록 분투하시길 바랍니다.

그림 6-1. 린 지도력 개발 모델 (다이아몬드 모델)

일반적으로 저희가 함께 일한 조직에서는 저희를 부사장 급으로 초청합니다. 그리고 지속적 개선의 장으로 임명합니다. 지속적 개선 팀과 직접적으로 일하며, 그들이 학생으로 저희는 그들이 자기개발을 하도록 코치합니다. 매 프로젝트 그룹마다 지도자가 있는데, 소프트웨어 개발과정이나 제조과정이거나 고객관리 센터일 수 있으며 저희는 피디시에이 (PDCA)방법을 사용하고 실제 개선 프로젝트를 통해 그들을 코치하며 개발합니다. 코치를 개발하고 감독관을 개발하며 일반적으로 위에서부터 시작해 아래로 내려갑니다. 제가 말하는 상위는 조직의 중간을 말하는 것입니다. 이를테면, 부서 감독관이 부서의 상위인 것입니다.

이렇게 하는 것이 성공적이었다고 가정합시다. 코치와 지도자들이 배우기 시작했습니다. 프로젝트를 하는 사람들이 약간의 훈련을 거쳐 가이젠 활동에도 참가했습니다. 이를테면, 부서에 30 명이 있으면, 코치하기에 너무 많으므로 저희는 종종 부서의 한 방면이나 특정한 과정에 관련된 사람들에 집중합니다. 그리고 나서 부서 전반으로 움직여 더 많은 사람들을 관련시킵니다.

실용적 지침서

어떤 순간에 다다르면, 지도자들이 충분히 개발되어 목표를 향한 개선을 이끌 수 있으며 그룹 또한 가이젠으로 충분히 경험을 쌓아 상대적으로 자족할 수 있게 됩니다. 이때에, 그들은 매일 회합을 가져 전날의 결과와 오늘 무엇을 개선할 지를 논의하는데 이를 일일 경영 또는 일일 개선이라 부릅니다. 이는 조직 도처에서 일일 가이젠을 하기 위한 지역적인 능력이며 시간이 걸려야 도달할 수 있는 단계입니다. 이전에 많이 개선을 하지 않았거나, 검은 띠 보유자가 프로젝트를 이끄는 등 기계적으로 접근하였던 조직이 처음부터 시작할 때는 특히나 맞는 이야기입니다. 이제 조직 내에 침투해서 감독관과 매니저들을 개발하고 핵심적인 일을 하는 직원들을 개발하기 시작하는 것입니다.

과정은 묘사한 대로, 중간에서 시작하여 아래로 내려갑니다. 이상적으로는 최상위를 개발하는 것으로 시작해야 합니다. 그들이 전념하길 원하기 때문입니다. 현실적으로는 실무 단계에서 어느 정도의 성공이 있어 최상위에 보여주며, "어쩌다가 겜바에 오셔서 북돋아주시면 좋겠는데요,"라고 제안해야 합니다. 불행하게도 종종 보여지는 실수는 상위의 누군가가 "지속적 개선"이라는 생각을 갖고, 몇 권의 책을 읽은 후에 특별히 실무 단계의 사람들이 자신의 문제를 푼다는 아이디어를 좋아한다는 것입니다. 문제는 그들이 현 상태에서 지속적 개선의 문화로 가는 길을 이해하지 못하며 얼마나 많은 그들 자신의 참여가 필요한지를 이해하지 못하는 것입니다.

빠르게 하는 것이 아닌 바르게 하는 것의 도전

최고운영책임자가 린(lean)에 대해 아주 의욕적인 큰 회사와 함께 일한 적이 있습니다. 저희는 그와 함께 린(lean)에 매우 앞서 있는 다른 회사의 소매처를 방문했는데, 다녀와서 그는, "그들이 갖고 있는 것을 원합니다. 그들의 시스템을 원합니다."라고 말했습니다. 그러나 그가 원했던 시스템은 5 년 넘게 걸려 개발된 것이었습니다. 그들은 많은 성장통을 거쳐 지금까지 왔는데, 그는 마치 인스턴트 음식처럼 지금 당장 결과를 얻기 원했습니다,.

그가 주목한 것 중의 하나는 감독자가 직원들과 통계 게시판 앞에서 만나는 것, 주요 수행지표와 목표수치와 현 수치가 통계 게시판에 적혀 있으며 직원들의 의견란과 방안란을 적는 곳이 있었습니다. 그는 그것을 원했지만, 그가 본 것은 심각한 여정의 한 지점에 불과한 것이었습니다.

그러면 당신이 그 최고운영책임자라면 돌아가서 무엇을 하시겠습니까? 이러한 사람들은 오래 생각하지 않고 빨리 행동합니다. 많은 게시판을 구매할 것입니다. 저희는 일하기 시작한 지 아직 한 달도 안 되었을 때였고 아직 아무 것도 하지 않은 상태였습니다. 그는 흥분하여 전화를 걸었습니다, "기쁜 소식입니다. 게시판을 150 개 구매했는데 이제 전 부서에 배치할 것입니다. 기준 범위를 잡아서 당신들이 올 때까지 기다리지 않고 지금 당장 시작할 것입니다."

제 반응은, 전화상이 아니고 생각 안에서, "이런, 이 사람들이 통계판을 가지고 무엇을 하려고 하지? 아무런 기술도 없고 아무도 이들을 코치하지 않았고 도와주지 않았는데," 였습니다. 이는 골프채를 만져보지도 않은 사람에게 골프 점수판을 구입해 주고 좋은 성적을 올리기 바라는 것과 같습니다. 이것이 흔한 실수의 예입니다. 눈에 보이는 것만을 관심함입니다. 통계판과 사람들이 회합하는 것이 보입니다. 이제 간부진의 지시 하에 매일 아침 15 분간 전 부서가 통계판 앞에서 회합을 가질 것입니다.

또 도요다 생산시스템을 차용한 공장에서 일했던 사람에게서 이러한 이야기를 들었습니다. 시간제 근무자로부터 들은 이야기는, "매일 현장에 오면 다룰 수 있는 것보다 작업량 많습니다. 하루가 끝날 즘에, 문제가 생긴다는 것을 뻔히 압니다. 그러면서도 15 분씩 이 멍청한 통계판 앞에 서 있어야 한다니요," 입니다. 명백히, 이는 당신이 원하는 것이 아닐 것입니다. 직원들이 통계판 앞에 서 있고, 훈련 받지 않은 감독관이 수치를 보며, "뭘 해야 할지 아시죠? 자, 일 시작하세요!" 라고 말하길 원하지 않으실 것입니다. 이 장은 통계판과 그 앞에서 많은 사람들이 시간을 허비하는 것이 아닌, 어떻게 진정한 일일 개선을 하느냐에 대한 것입니다.

실용적 지침서

도요다 현장그룹은 지속적 개선의 심장부임

통계판 앞에서의 일일 회의는 효과적인 현장그룹을 도움

이런 질문에 어떻게 답변하시겠습니까?, "왜 일일 회의에 시간을 낭비하는 거죠?" 답변은 시간을 효율적으로 사용하여 사람들이 시간을 낭비하지 않도록 하는 것입니다. 시간을 낭비하는 이유는 감독관이 어떻게 효율적으로 회의를 운영하는지, 통계판을 효과적으로 사용하는 지, 또는 효과적으로 과정을 개선하는 지에 대해 훈련을 받지 않았기 때문입니다. 실제로 질문은 현장에서 일하는 사람들이 아니라 최고운영경영자에게로 가야 합니다. 방금 기계적인 사고를 가진 고위층에 의해 정해진 나쁜 결정이 가져오는 결과를 목격했습니다. "사람들이 게시판 앞에 모여 회의하는 것을 보았고 그들이 많은 개선을 하고 있었다. 따라서 많은 개선을 하려면 게시판이 있어야겠다." 이는 단순한 원인결과의 사고입니다 -게시판이 개선의 원인이라는. 두뇌자극 코팅이라도 되어있는 마법적인 게시판임에 틀림없겠지요. 그가 놓친 것은 5 년에 걸쳐 사람들을 훈련시키고 개발하여 감독관들이 진정으로 어떻게 지속적 개선을 이끄는지 이해했다는 사실입니다.

현장에서 일하는 사람들은 무언가를 개선할 때 거의 불평하지 않습니다. 회의를 하고 문제를 보고 하루 종일 누군가가 그것에 대해 일하고 다음 날 왔을 때에는 개선이 되어있는 것을 지켜 볼 수 있기 때문입니다. 부품을 집을 때 과도하게 굽혀야 하는 인간공학적 문제가 있다고 합시다. "다음 날 출근했을 때, 부품들이 적절한 높이에 진열되어 있어서 더 이상 굽힐 필요가 없습니다. 이제 이런 회의에 기꺼이 참석할 것입니다." 효과적인 과정이 있을 때, 게시판은 그 과정에 도움이 됩니다. 게시판이 지속적 개선의 원인은 아닙니다.

시각적 관리로 문제가 감춰지지 않음

게시판의 목적은 3 장에서 배운 대로 시각적 관리를 제공하는 것입니다. 시각적 관리는 도달하고자 하는 곳과 현재 있는 곳과의 격차를 보여주는 방법입니다. 도달하고자 하는 곳은 기준에 의해 제시됩니다. 품질이 기준일 수 있으며,

수행하는 방법, 순서, 요령 등이 기준일 수 있습니다. 생산성 목표나 안전성이 기준일 수도 있습니다. 어떤 종류의 열망이나 목표이건 성취하고자 하는 것일 수 있습니다. 사고율을 절반으로 줄이길 원하거나 생산성을 두 배로 늘리길 원할 수 있습니다. 통계판은 당신이 도달하고자 하는 곳과 실제로 있는 곳을 간단하고 명확한 방법으로 보여줍니다.

어떤 시각적 관리도 이를 위한 것입니다. 예를 들어, 간판 카드도 시각적 관리의 한 형태입니다. 공급자와 고객의 쌍을 생각해 보십시오. 카드가 비어있을 때, 공급자에게 부품제작이나 정보제공을 요청합니다. 기준은 최고 세 단위의 일이 진행되는 것입니다 (그림 6-2 참조). 세 카드가 채워졌을 때, 제작을 멈춰야 합니다. 간판 카드는 다음 단위를 제작해야 되는지에 대한 간단한 예-아니오 를 말해줍니다. 그림 6-2 에서 세 카드가 다 채워졌을 때, 또 다른 부품이 제조되면 바깥에 배치됨을 볼 수 있습니다. 이는 명확하게 기준이 아니며 쉽게 파악할 수 있습니다. **이 경우는 명확한 과도 생산으로 근본적인 낭비입니다.**

시각적 통제를 사용해 어떤 문제도 감춰지지 않음

작업 환경에 사용되며 어떤 직무가 이루어져야 하는지 또한 기준에서 벗어난 것이 있는지 보여줌

그림 6-2. 비어 있는 간판 상자는 생산을 인가하는 시각적 표시이며 이 경우에는 과도 생산임

문제를 보면 왜 일어났는지 질문할 수 있습니다. 첫째로, 왜 일이 쌓여있고 고객에 의해 예상대로 소비되지 않는가? 두 번째는 멈추라는 신호를 분명히 볼 수 있는데도 여전히 생산하고 있다는 것입니다. 간단히 말해 시각적 관리는 어떻게 일이 되어야 하는지, 기준에서 벗어났는지, 기술과 의욕을 가진 사람들이 있는지를 알려주는 의사소통 장비입니다. 그러면 그들이 문제에 대한 조치를 취할 것입니다.

현장그룹 구조

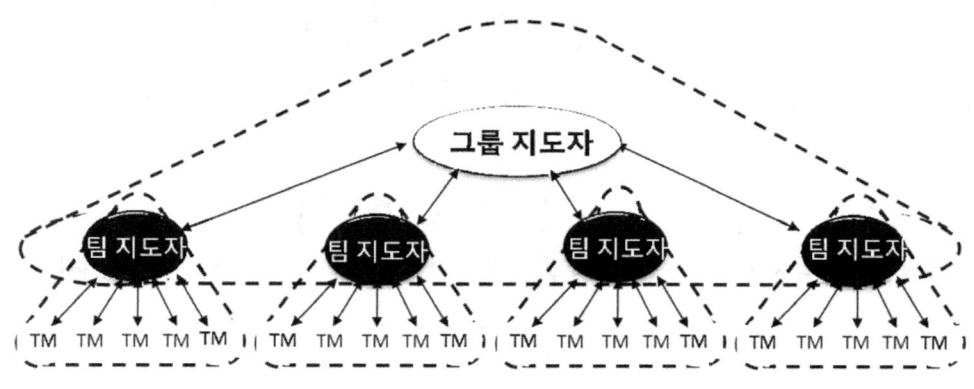

출처: 라이커와 호수스, 도요다 문화
그림 6-3. 그룹 지도자, 팀 지도자와 팀원 사이의 연계

이는 도요다 공장의 전형적인 조직 구조(그림 6-3 참조)인데 세계적으로도 사용되고 있습니다. 도요다 고객 서비스 콜 센터에서도 이를 보았고 엔지니어링에서도 팀 감독관이 자동차 특정부분에 대한 부 관리자가 되는 것도 보았습니다. 공장에서, 특히나 반복적인 공정에서 이는 꾸준하게 지켜집니다. 기본적인 개념은 당신이 몇 명을 관리할 때, 당신이 하는 일이 결과만을 보며 달성이 안 될 때 꾸짖는 것이라면 20 명, 25 명, 30 명이라도 문제 없이 한 사람에게 보고가 가능합니다. 분명한 기준이 있고, 측정할 수 있고 너무 많은 문제가 없고 생산이 제대로 돌아간다면, 감독관은 돌아다니며 생산해내지 못하는 사람들을 체벌할 수 있는데 이는 명령과 통제의 모델입니다.

다른 한 편으로, 린(lean) 개념으로 옮겨서 관리자가 지도자이고 코치이며 문제가 생기는 것을 보고 생길 때마다 문제해결을 도와주길 기대한다면, "평평한" 조직은 별로 효과적이지 않습니다. 도요다는 이상적 지도자와 학생의 비율이 일 대 오 라고 결론을 내렸습니다. 이는 한 지도자 아래 다섯 명의 사람들이 가치 부가적인 일을 하는 것입니다. 이는 많은 사람들을 감독관으로 승진시킨다는 의미가 아닙니다.

도요다 공장에는 "팀 지도자"라고 불리는 역할이 있는데, 잠재적인 지도력이 있는 시간제 제조 직원으로 이루어져있습니다. 그룹 지도자는 잠재력이 있는 팀원들을 찾아서 팀 지도자 훈련에 참가하도록 권장하고 그들이 네 명에서 일곱 명까지 이끌 수 있는 기술이 생길 때까지 상당한 시간 동안 조언을 합니다. 팀 지도자들에게는 보수를 더 주어, 좀 더 일찍 출근해 모든 것이 잘 준비되었는지 확인하도록 합니다. 생산은 시작 신호와 시작되며 순순히 흘러가게 됩니다. 그들은 또한 팀원들이 안돈을 부를 때 제일 먼저 반응하는 사람들입니다. 뒤처져 있거나, 앞서 있거나, 부품이 모자라건, 어떤 이유이든 기준에서 벗어나면 줄을 당기고, 불이 들어오며, 음악이 울리면, 누군가가 도우러 오는 데 대부분의 경우 팀 지도자입니다. 물론 이들은 생산라인에서 일할 수 없는데, 그렇지 않으면 안돈에 응답할 수 없기 때문입니다.

마지막으로, 팀 지도자는 근무가 끝나고 남아서 다음 교대 준비가 되어있는지 확인하고 개선 프로젝트에 대해 일합니다. 또한 안돈이 없을 때에도 개선 프로젝트에 대해 일하거나, 다른 팀원이 프로젝트를 할 수 있도록 그를 대체하기도 합니다. 때때로 어떻게 전부가 일하는데 개선 프로젝트에 대해 일할 여유가 있냐고 질문하는데, 팀 지도자라는 역할이 있으므로 가능합니다.

시각적 관리와 안돈 시스템 보조 개선

안돈 과정을 가능하게 하는 완충장치

때때로 시간 맞추기(JIT) 생산은 무재고로 오해 받습니다. 확실히 한 흐름은 이상적이지만, 현실상 필요에 따라 완충적 재고가 적절히 배치되어 있습니다. 목표는 완충 대 변동입니다. 변동과 완충은 필요 없지만, 변동이 없이는 안돈 시스템도 필요하지 않습니다. 미국 자동차 회사와 일할 때, 그들은 공장에서 린(lean)을 사용했지만, 공장에서 장비를 배치하는 제조 엔지니어에게 린(lean)을 가르치지 않았습니다. 그들은 저희에게 제조 엔지니어들과 일해서 린(lean)에 따라 디자인할 수 있기를 요청했습니다. 저희가 발견할 것 중 하나는 생산 라인을 멈추는 시스템을 피상적으로 이해했다는 것입니다. 도요다 공장 견학에서 보고 팀원이 줄을 당기면 전체 조립 라인이 곧장 멈추는 것으로 가정했습니다.

안돈 줄이 당겨지면, 황색등이 들어오고, 생산라인은 자동차가 다음 스테이션에 고정될 때까지 계속 움직입니다. 그때까지 안돈에 응답한 사람은 줄을 다시 당겨 라인을 움직이게 할 수 있는 재량이 있습니다. 자동차가 다음 영역에 들어올 때까지 누구도 줄을 다시 당기지 않으면, 적색등이 들어오며, 라인이 멈춥니다. 하지만, 전 공장이 멈추는 것은 아닙니다. 실제로 라인의 부분이 멈출 뿐이며, 부분 사이에 적절히 배치된 완충품으로 다음 부분은 완충이 떨어질 때까지 계속 생산 할 수 있습니다.

이 제조 엔지니어들은 라인이 다음 영역으로 계속되는 고정된 위치 라인 멈추기를 이해하지 못했고 라인 부분 사이에 도요다가 배치한 완충 자동차들이 있는 줄 몰랐습니다. 저희는 애매한 상황에 놓였습니다. 문제가 있으면 멈추라고 주창했음에도, 엔지니어들에게, "정신이 있으세요? 문제가 있다고 진짜로 곧장 멈추길 원하세요?"라고 되묻습니다.

"물론이지요, 도요다도 멈추지 않나요?"

"곧장은 아닌데요."

지희가 시스템을 설명하자 미국 엔지니어가 이렇게 응답했습니다, "도요다는 속이고 있네요. 문제가 생기면 멈춘다고 주창하면서 실제로는 그렇지 않다니요. 완충품을 만들다니 그건 진정한 린(lean)이 아니지요."

저는 이렇게 응답했습니다. "진정으로 생각해 보세요. 상식적으로요. 100 개가지 과정이 연결되어 있을 때, 전 직원들에게 아주 작은 문제라도 생기면 줄을 당기라고 하고 즉각 라인이 멈춘다면, 자동차를 제조할 수 있는 가능성이 얼마나 되겠습니까?"

중요한 것은 생산이 멈출 수 있고 지도자들이 안돈을 심각히 여긴다는 것입니다. 라인이 계속 되는 동안 팀 지도자가 쉽게 문제를 다룰 수 있다면, 문제를 제한하고 생산을 계속 하십시오. 그렇지 않다면, 그 부분을 멈추고 완충품이 8 분 에서 10 분

실용적 지침서

정도의 여유를 줄 것입니다. 심각한 문제라서 시간이 더 필요하다면 라인을 멈추게 할 것입니다. 라인을 멈출 필요가 없다면 완충품을 줄이십시오.

지속적 개선이란 매일 조금씩 나아지는 것임

이론적으로 지속적 개선이라 함은 문자 그대로 매초 개선하는 것입니다. 물론, 이는 비현실적입니다. 한 편으로는 사분기에 한 번씩, 엔지니어가 프로젝트를 하러 올 때 개선한다면 이는 지속적 개선이라 보기에는 동떨어져 있습니다. 합리적인 정의로는 조직 내 각 영역에서 매일 무언가를 개선하는 것이라 할 수 있겠습니다.

출처: 도요다 공장
그림 6-4. 지속적 개선 게시판

도요다 공장의 통계판은 한 현장 그룹(그림 6-4 참조)의 주요 수행 지표를 보여줍니다. 이는 7 장에서 언급할 호신간리를 위해 새로 만들어진 판입니다. 판을 잘 들여다보면, 다섯 영역의 통계가 있음을 알아차릴 것입니다: 안전성,

품질, 생산성, 비용, 그리고 인적자원 개발입니다. 특정한 측정은 시간에 걸쳐 변할 수 있습니다. 예를 들어, 어떤 때에는 인적자원 개발을 위한 사기진작 설문조사에 집중할 수 있습니다. 다른 때에는, 한 사람이 네 가지 직무를 배우도록 훈련하는데 집중할 수도 있습니다. 무엇을 개선하려느냐 에 따라 다른 것들을 측정할 수 있습니다.

게시판 상위에는 가장 일반적인 결과측정이 적혀 있습니다. 예를 들어, 안전성이라면, 기록된 사고 수치일 수도 또는 정부에게 보고해야 하는 실지 사고일 수도 있습니다. 아래로 내려갈수록, 통계는 좀 더 구체적이고 과정 자체에 집중됩니다. 사고를 줄이는 가장 좋은 방법은 초기증상 조사과정을 갖는 것이라 판단할 수도 있습니다. 누군가가 증상을 보인다면, 실제로 부상을 당하기 전에 가서 근원을 파악할 수 있습니다. 예를 들어, 사람들의 손목이나 등이 아프다면, 그들이 병원에 수술하러 가기까지 기다리는 대신 즉각 행동할 수 있습니다. 증상을 측정하고 근원을 찾으러 가서 근원이 도구가 잘못 놓여져 있었다거나, 도구를 잡는 방법이 바르지 않았기 때문임을 발견 할 수 있습니다. 도구가 제대로 놓여 있어서 직원들이 일을 할 때, 손목이 중립적인 위치에 있도록 측정하기 시작할 수 있습니다. 모든 일에서 중립적인 위치에 있게 되면 잘 되고 있는 것입니다.

통계판을 따라 일할 때 정보가 높은 단계의 결과에서 상세하고 구체적인 개선과정의 A3 보고서 같은 과정측정으로 옮겨집니다.

린(lean) 사고하는 사람들을 대량으로 만들어 내는 선생을 창출함.

그룹 지도자들은 지원을 받아 작은 사업을 운영함.

매니저들은 팀 지도자들과 팀원들을 개발하는 그룹 지도자들을 개발하도록 훈련 받아야 합니다. 자기개발과 타인개발의 초기 단계에서, 저희는 보통 매니저에게 집중하고 나서 그룹 지도자들을 개발하도록 그들과 함께 일합니다. 그리고 나서 다른 영역으로 전파하기 시작합니다.

실용적 지침서

명확하지는 않지만, 이것이 이상적인 방식입니다. 당신이 선생을 만들면, 그 선생이 학생을 만들고, 그 학생이 다시 선생이 되어 다시 학생을 만드는 일이 반복되는 것입니다. 그럴 때, 많은 사람들을 갖게 되며 새로운 사람들이 고용되면, 많은 선생들이 그들을 바른 문화로 이끌 것입니다.

현장그룹은 많은 과정들을 가지고 있습니다. 당신이 그룹 지도자이고 강철 스탬핑처럼 중장비 영역이라면, 특정한 수의 스탬핑 장비가 있을 것이고 당신 휘하에 있게 됩니다. 당신의 일은 생산을 하고, 고품질을 보장하고, 팀원들의 안전을 생각하며, 장비가 높은 단계로 운영되도록 확인하는 것입니다. 많은 양 대신 적은 양을 만들어야 하기 때문에 스탬핑 기계를 빨리 바꿀 수 있어야 합니다. 이 모두가 그룹 지도자의 책임입니다. 그룹 지도자들은 사실상 이 스탬핑 기계를 가진 작은 사업주입니다

그룹 지도자의 책임들은 다음을 포함합니다:

- 생산
- 고품질 보장
- 안전성
- 높은 단계의 기계 운영
- 빠른 전환
- 높은 사기

그러면 지원 그룹의 역할은 무엇입니까? 예를 들어, 정비 팀의 역할은 무엇입니까? 정비 팀의 역할은 그룹 지도자를 보조하는 것입니다. 그룹 지도자는 정비 팀의 고객이며 정비하는 사람으로서 좋은 서비스를 제공해야 하는데 이 또한 좋은 고객이 필요합니다. 예를 들어, 정비 팀이 그룹에게 예방적인 정지를 매일매일 하도록 요청한다고 합시다, "이 액체 높이를 점검하시고, 필터를 점검하시고 바꾸십시오," 도요타 공장에서 이를 하도록 예상한다면 기계가동시간은 증가할 것입니다. 다른 한편으로 정비 팀이 이를 요청해도 그룹 지도자가 이를 심각히 여기지 않고 그룹을 이끌지 않으면, 기계는 멈출 것이며 정비 팀은 많은 시간을 정비하는데 허비할 것이며, 더 많은 정비공이 필요할 것입니다.

켄터키 주 조지타운에서 오랜 시간에 걸쳐, 주요 수행지표 전부가 개선되었습니다. 매년 다른 단계로 향하는 새로운 도전이 있고, 현장그룹은 대부분 이 새로운 단계에 도달하거나 넘어서며, 그 다음 해에는 또 다른 개선 목표가 주어집니다. 새 생산품을 도입하면, 과정이 중단되고 주요 수행지표가 내려갑니다. 그러면 이들을 제자리로 올려야 하므로 직선적 전진은 아닙니다. 하지만 연초와 비교하면 연말은 일반적으로 더 낫습니다. 그들이 올바른 훈련으로 경영진과 지원그룹으로부터의 적절한 지원 아래 효과적인 현장그룹을 개발했기 때문에 꾸준히 개선하는 것이 가능한 것입니다.

커다란 조직에서 결정적인 다수를 만들기

린(lean)에 대해 알고 있는 공장장이 700 여명의 직원을 거느리며 린(lean)을 원점에서 시작하려 합니다. 많은 감독관들은 구식으로 훈련 받았습니다; 직원들은 지속적 개선에 관여한 적이 없습니다. 효율적인 회의와 일일 개선과 실제 가이젠이 공장에서 일어나며, 어디를 가더라도 활력적인 개선활동을 볼 수 있을 때까지는 얼마나 걸릴까요? 뛰어난 공장장이라면, 2 년에서 3 년안에 초보적인 개선역량을 전 공장에 걸쳐 달성할 수 있을 것입니다. 목표달성을 맡길 수 있는 정도로 그룹 지도자들과 팀 지도자들을 잘 개발하려면 적어도 5 년이 걸립니다.

이는 커다란 책임이며 그룹 지도자들과 팀 지도자들이 한 곳에 머물러 있으리라는 가정하에서 가능합니다. 그들을 개발하고 있을 때, 판매실적이 감소하면 직원삭감을 하라는 요구를 받을 수 있습니다. 누구를 해고할 것입니까? 먼저 해고해야 할 직위는 팀 지도자들인데 생산에 직접적으로 참여하지 않기 때문입니다. 감독관이 필요하긴 하지만, 일대 오의 비율의 팀 지도자들이 필요하진 않습니다. 그 역할이 사라지면, 가이젠은 후진할 것이며, 팀 지도자들이 또한 미래의 그룹 지도자들이기 때문에 승진시킬 잠재적 그룹 지도자들이 없게 됩니다. 모든 것이 해체되며 3 년 내지 5 년의 성장과 하강의 주기를 가진 사업은 항시적으로 불안정한 상태에 놓이게 됩니다. 어떤 시점에 이르면 후진하게 되고, 그리고 나서 다시 전진했는가 하면 후진합니다.

3 년 후에 그 공장장이 승진하여 다른 직위, 다른 공장으로 옮기고, 린(lean)지도자가 무엇인지 이해하지 못하는 사람이 그를 대치한다면, 공장 전체에

실용적 지침서

하락이 오게 됩니다. 당분간, 그룹은 제대로 돌아가겠지만 엔진이 서서히 멈추게 됩니다.

도요다는 장기적으로 생각하며 모든 직위에 걸쳐 자격 있는 그룹 지도자들, 팀 지도자들, 감독관들을 개발하는데 시간을 투자합니다. 미국에서 새 공장을 출시할 때, 그들은 이미 현존하는 공장에 경험 있는 직원들이 많이 있으므로, 현존하는 공장 중의 하나를 새 공장의 모(母)공장으로 삼을 것입니다. 예를 들어, 그들이 미시시피에 도요다 코롤라 공장을 출시할 때, 이미 코롤라를 제조한 캐나다 공장을 모(母)공장으로 삼아 가장 좋은 매니저들과 그룹 지도자들을 선출해 미시시피로 파견했습니다. 이로 말미암아, 장비가 준비되고 실제 생산이 시작되기 전에 즉각적으로 팀 지도자들을 개발하기 시작할 수 있었습니다.

현장 그룹을 보충하는 도요다의 B-노동의 역할

도요다 공장 직원의 분류

A-직원: 가치부가적인 일을 하는 생산 팀원

B-직원: 생산 선에 있지 않은 생산 팀원

C-직원: 지원 직원

D-직원: 경영 팀

도요다는 공장직원들을 에이비시디(ABCD) 시스템으로 분류합니다. A 직원은 가치부가노동을 하는 직원, 자동차를 제조하는 직원들입니다. B 직원은 특정한 가이젠 프로젝트를 하기 위해 생산 선에서 일하지 않는 직원들입니다. 이들은 가치부가적인 노동을 하지 않습니다. C 직원은 정비공들처럼 보조직원들입니다. D 직원은 전체 경영팀입니다. 보통 A 를 좋은 등급으로 D 를 나쁜 등급으로 여기기 때문에 흥미로운 분류입니다. 이 경우에, A 는 가장 중요한 사람들은 가치부가적인 노동을 하는 직원이라는 것입니다. 등급이 낮을수록, 가치를 더할 수 있도록 열심히 일해야 합니다. D 에 속해 있다면, A 직원들이 일을 잘 할 수 있도록 도와야 합니다. 그렇지 않다면 어떤 가치도 더하지 않게 됩니다. 그렇기 때문에 겜바에서 시간을 보내야 하는 것입니다.

B 직원은 가이젠을 위해 생산 선에 있지 않은데 전형적으로 2년에서 3년 동안 과제를 할당 받습니다. 예를 들어, 도요다는 꾸준히 새로운 모델을 출시합니다. 새롭게 디자인된 캠리가 생산에 들어가자마자, 제조 엔지니어링 팀은 벌써 연차 개선에 대해 일하기 시작하며, 2년에 걸친 "성형", 중요한 외형적 변화, 그리고 전형적으로 4년에서 5년후에는 새로운 캠리가 나올 것입니다. 누가 이러한 제작 변화에 책임이 있습니까? 전형적인 공장에서는 엔지니어링입니다. 기업적 차원의 엔지니어링, 생산 엔지니어링, 공장에서의 제조 엔지니어링일 수 있습니다. 그들은 상당히 분주한데 제품을 출시하고 장비를 설정하며 이 모든 것들을 생산이 돌아가는 동시에 하는데, 생산 직원들은 참여하지 않습니다.

도요다의 경우에, B 직원의 한 그룹은 파일럿 팀이라 불립니다. 전체 생산에 들어가기 전에 시험생산을 하는 것입니다. 그들은 다음 새 모델 출시를 위한 시험단계에서 일하고 나서 다시 생산직원이 되는 것입니다. 초기기준을 개발하고, 평준화에 관해 일하고 도구나 장비를 설정합니다. 심지어 새 모델이 단지 진흙 모델로 개념 제시되었을 때도 봅니다. 시간제 제조직원이 일본으로 날아가서 초기 개발 단계일 때, 자동차들을 보고 의견을 제시합니다. "스탬핑하기가 어렵겠는데요. 강철 몸체에 주름이 생길 것입니다. 여기 디자인한 방식 때문에 용접하기가 어렵겠는데요."

이는 개발 과제입니다. 시험 팀에 있은 지 일반적으로 3년 후에, 팀 지도자나 그룹 지도자로 돌아가거나, 다른 특정과제로 옮깁니다.

보통 일반 관리자는 몇 백 명을 휘하에 두고 있는데 특정한 숫자의 B 직원 자리가 있어, 책임지는 가이젠 팀에 사람들을 배치할 수 있습니다. 그들은 스탬핑 공장의 일반 관리자일 수 있습니다. 스탬핑 공장에서 한 엔지니어와 5명에서 8명의 직원이 팀을 이루며 가이젠 프로젝트를 합니다. 생산 가이젠은 생산 팀에서만이 아니라 팀 지도자, 그룹 지도자, 그리고 더 큰 가이젠 활동을 하는 B 직원 팀에서도 참여합니다.

이제 B 직원 팀이 도요다 조지타운공장에서 점차적 가이젠을 통해 혁명적인 변화를 가져 온 예를 고려해 보겠습니다.

실용적 지침서   221

자재흐름의 혁명을 창출함 (미노미 실례)

미노미는 컨테이너 없는 부품을 의미함

*린 지도력을 향한 도요다 방식*에서 켄터키 주 조지타운에 있는 공장에 큰 영향을 끼친 가이젠의 실례를 길게 설명했는데, 이는 몸체를 용접할 때, 미노미, "컨테이너 없이 부품을 움직이는" 시스템을 사용한 것입니다. 일반적으로는 부품을 컨테이너 안에 넣어 둡니다. 부품이 크고 무겁다면, 포크리프트를 사용해 그 컨테이너를 다른 영역으로 이동해야 합니다. 경사지게 놓아서 중력에 의해 부품을 움직여서 쉽게 사용할 수 있도록 할 수도 있습니다. 컨테이너들을 완전히 없애는 혁신이 일본에서 나왔습니다.

그림 6-5. 다나 트럭 부품 공장 – 컨테이너 없이 축 조립부품 전달함 (미노미)

위의 사진은(그림 6-5 참조) 다나 트럭 공장의 미노미를 보여줍니다. 게리 콘비스가 다나에서 최고경영 책임자로 근무할 때, 전직 도요다 직원들을 영입했고 그들은 미노미를 공장에 도입했습니다.

이 경우에, 차축들이 컨테이너 안에 놓여지지 않고 바퀴 달린 컨베이어에 놓인 것을 보실 수 있습니다. 두 번째 사진에서처럼, 자동지침 차량에 의해 조립되는 곳으로 이동하는 것입니다. 부품은 자연스럽게 중력에 의해 흐르게 됨으로 사람의 개입이 필요하지 않게 됩니다.

그림 6-6. 다나에서 컨테이너 없이 축 조립 부품을 자동 지침 차량에 의해 이동함

그러면 직원들의 입장에서의 이점은 무엇일까요? 그 전에는 커다란 컨테이너 안으로 굽혀 부품들을 꺼내야 했습니다. 일반적으로 간판 시스템에서는 적어도 두 개의 상자가 필요합니다. 하나는 대체하러 가져 갔고 대체하는 동안 두 번째 상자에 있는 부품들을 사용합니다. 상자가 커서 1 미터가량이라면, 부품을 가지러 2 개의 상자를 지나 적어도 2 미터를 걸어 가야 합니다. 그리고 조립하는 곳으로 부품들을 가져가야 합니다. 게다가 바닥에 있는 부품을 꺼내도록 굽히는 것은 인체공학적으로 안 좋은 디자인이며, 몸을 상하게 할 수 있습니다. 잘 디자인된 미노미에서는 이런 일들이 생기지 않습니다. 미노미 시스템에서는 직원이 한 곳에 서 있고, 부품이 직원에게로 옵니다. 그리고 항상

실용적 지침서

그 자리로 오기 때문에, 주기마다 시간을 맞추는 기준 직무를 갖게 되는 것입니다.

켄터키 조지타운에서 미노미를 몸체용접에 적용함

게리 콘비스가 도요다 켄터키 공장의 장이었을 때, 그는 일본에 있는 도요다 그룹의 한 회사인 센트랄 모터스에 대해 들었습니다. 그들은 강철 몸체를 전문적으로 만들었는데, 일본에 있는 몸체 공장 중에서 가장 작은 공간에서 놀라울 정도의 종류를 생산합니다.

가장 효율적인 몸체 공장으로 알려져 있어서 게리가 방문했을 때 그는 미노미를 발견하고 아주 놀랐습니다. 그는 켄터키 조지타운에서 미노미를 사용한다면 얼마나 효율적일지 상상하기 시작했습니다. 린 지도자가 아니었다면 곧장 몇몇의 엔지니어들을 보내, "미노미를 곳곳에 설치해야 하니, 어떻게 했는지 알아내어 장비를 주문하고 곳곳에 배치하십시오," 라고 지시했을 것입니다. 게리는 린 사고에서 잘 훈련된 사람이었습니다. 게리가 무엇을 했을까요? 그는 미국에 있는 공장으로 돌아가서 작은 팀을 꾸렸는데, 대부분 B 직원, 시간제 생산직, 정비팀원 그리고 비제이라는 엔지니어 한 사람이었습니다. 비제이는 공장에서 최고인 유명한 엔지니어였습니다. 그는 좀 투박하고 사람들과 어울리지 않았는데, 그래서 게리는 시간제 용접공들과 일하도록 과제를 주었고 그룹을 일본으로 2주 동안 출장을 보냈습니다. 이는 그 자체만으로 큰 일이었는데 얼마나 자주 미국회사가 시간제 직원을 일본으로 출장을 보냅니까?

그들의 일은 센트랄 모터스에 가서 보는 것이었습니다. 충분히 보았다고 느꼈을 때 돌아와서 시험영역에서 무언가를 시도하는 것이었습니다. 첫 번째 단계에서 비제이와 팀은 그들이 본 것에 감탄하여, 그저 복사했습니다. 센트랄 모터스가 사용한 것은 정육점에서 볼 수 있는 갈고리 시스템과 비슷한 것이었습니다. 소나 닭 또는 터키가 갈고리에 의해 컨베이어에 달려 있다고 상상해 보십시오. 닭을 내려서 일할 때, 중력에 의해 다음 닭이 내려옵니다. 이 경우에, 닭 대신 강철 부품이 갈고리에 매달려 있고 이 갈고리들은 좁은 바퀴 달린 컨베이어에 연결되어 있는 것입니다. 직원이 다음 부품을 내리면, 중력에 의해 다음 부품이 내려오는 것입니다. 일단 부품이 다 차면 용접 라인으로 밀면 되니 컨테이너가 필요가 없는 것입니다. 센터랄 모터스에서는 잘 운영되었음에도 불구하고, 켄터키에 적용했을 때에는 실패했습니다.

왜 실패했을까요? 먼저, 매달린 부품들을 움직일 때 서로 부딪혀서 자국이 납니다. 센터랄 모터스에서는 이러한 자국들이 부품들이 용접될 때 고쳐지는데, 용접 시스템에서 공압 정착물이 힘을 가해 부품들을 함께 밀면서 결함을 고치기 때문입니다. 켄터키 조지타운의 공장의 시스템은 그 정도의 힘이 없어서 안 좋은 부품들이 생겼습니다. 두 번째 문제는 부품들이 바람에 의해 움직일 때, 직원들의 손이 사이에 끼어서 부상당하는 안전성의 문제였습니다.

그래서 첫 단계에서 복사하는 것은 통하지 않았습니다. 두 번째 단계에서, 대책을 강구해야 했습니다. 혁신적인 아이디어는 부품을 위에서 잡는 것에서 아래에서, 마치 손가락이 잡듯이, 부품을 안전하게 잡아주는 것으로 개념을 바꾸는 것이었습니다. 그들은 CD를 넣듯이 금속 손가락을 붙여서 부품을 잡도록 했는데, 부품은 좀 더 안정되었고 훌륭하게 일할 수 있었습니다.

흥미롭게도, 세 번째 단계에서는 센터랄 모터스 사람들이 소식을 듣고 방문해서는, "이것이 우리 시스템보다 더 낫습니다."라고 결론을 내렸다는 것입니다. 그리고 일본으로 돌아가 실험에 착수하였습니다. 그들이 발견한 것 중의 하나는 부품을 카트에 싣고 내리는 데 자동화된 로봇을 쓸 수 있다는 것입니다. 로봇은 쉽게 부품을 집어서 집어넣음으로 사람이 스탬핑 기계를 비울 필요가 없게 되는 것입니다. 그리고는 TMMK에서 이를 차용해 스탬핑에서의 노동을 절감할 수 있었습니다. 이제 서로에게서 배우는 것입니다. 일본의 아이디어만 미국으로 가는 것이 아닙니다. 또한 스탬핑도 관련이 되었습니다.

네 번째 단계에서는 켄터키는 다나 사진에서 본 것처럼, 자동 지침 차량(AGV)을 더함으로 스탬핑에서 용접으로의 자재 전달 자동화를 확장했습니다. 부품은 스탬핑 압축기에서 로봇에 의해 제거되고 선반에 놓여지고, 카트에 실려서 용접부서의 정확한 위치로 이동됩니다.

다섯 번째 단계에서, 그들은 도요다가 부품 세트 시스템(SPS)이라 부르는 것을 첨가했는데, 이는 몇 달이 아니라 몇 년에 걸쳐 일어난 일임을 주목하십시오. 이 시스템에서, 부품을 에이(A), 비(B), 시(C)로 개별적 묶음으로 가져오는 대신에 매 생산품이 에이(A), 비(B), 시(C)의 부품이 필요하고 다른 변화가 각 부품에서

실용적 지침서   **225**

필요하다면, 그 한 생산품을 위해 특정한 에이(A), 비(B), 시(C)를 가져오는 것입니다. 예를 들어, 문과 덮개, 덮개를 만드는 작은 부품을 따로따로 카트에 담아 가져오는 대신, 특정한 자동차에 필요한 맞는 덮개, 문 그리고 작은 부품들을 한 카트에 담아 가져오는 것입니다. 팀원은 카트를 가져다가 마치 월마트에서 판매하는 직접 조립하는 가구처럼 조립하는 것입니다.

여섯 번째 단계에서는 자동지침 차량이 모든 것을 대치합니다. 부품 세트를 카트에 넣는 노동이 첨가되긴 하지만 생산성의 이점은 비용을 능가합니다.

이를 공장의 다른 영역으로 확장함으로, 자동지침 차량이 더 많이 필요하게 됩니다. B 직원으로부터 커다란 이익을 보게 되는 때이기도 합니다; 왜냐하면, 아주 실용적인 사고를 가진 시간제 직원이 이런 질문을 했습니다 "왜 자동지침 차량에 돈을 허비합니까? 한 번에 3만 달러나 4만 달러가 드는데. 아주 적은 비용으로 우리가 만들 수 있는데요."

결국, 그들은 용접하는 훈련을 받은 사람들이기 때문에 카트도 용접할 수 있습니다. 그들이 구입하는 것은 작은 움직이는 로봇이며 로봇 안의 컴퓨터 프로그램이 "여기서 멈추시오. 여기서 시작하시오. 비우시오. 거기서 멈추시오. 등등" 이라고 지시하는 것입니다. 한 시간제 직원은 아주 좋은 컴퓨터 프로그래머였는데 이렇게 제안했습니다, "제가 한 번 해보고 싶습니다. 프로그램이 입력되지 않은 컴퓨터 보드를 주시지 않겠습니까?" 그리고 그는 어떻게 해야 할 지를 이해했습니다.

그들의 첫 자동 지침 차량(AGV)이 만들어졌을 때, 큰 자축연을 벌였습니다. 풍선, 음식, 술, 음료수 등을 상상하시겠지요. 직원들이 모두 모였고, 게리 콘비스가 내려와서 카트에 타고 라인을 따라 움직였습니다. 그 후로는, 자동 지침 차량(AGV)을 제작하는데 몇 천 달러면 되어서 아주 큰 이익이었습니다. 팀원들이 직접 손을 대서 일했기 때문에 가능했습니다.

그리고 마지막으로, 일곱 번째 단계에서는 이를 공급처와 연결하는 것이었습니다. 부품을 커다란 상자로 받고 미노미 시스템으로 바꾸었는데, 아예 처음부터, 공급처가 부품을 순서적으로 제공한다면 훨씬 나을 것입니다. 이 또한 시간이 걸리는 진화인 것입니다.

이는 광범위한 단계들입니다. 이 단계들 안에 많은 개별적 가이젠 활동이 있음으로 자동화된 시스템이 올바른 장소에 필요한 만큼을 정확히 배달할 수 있는 것입니다. 직원은 필요한 것만을 카트에서 가져갑니다. 이는 용접공의 생산성을 개선하며 자재 다루는 생산성도 개선됩니다. 또한 신상품을 소개할 때 생산라인 전환에 드는 시간과 비용도 크게 줄일 수 있습니다.

미노미 프로젝트 결과

그렇다면 뛰어난 엔지니어, 비제이에게 보고하는 B 직원들의 작은 팀이 이끈 미노미 프로젝트의 결과는 무엇이었을까요? 40 포크리프트 트럭을 제거했고, 100 라인 직무를 확보하였고, 팀은 고유의 자동 지침 차량 (AVG)을 만들고 프로그램함으로써 전 공장에 걸쳐 비용을 절감했습니다. 이 결과는 절반의 스탬핑 부품에 근거한 것으로 가이젠은 계속 진행되었습니다. 다른 절반에서 그들은 또 다른 100 라인 직무를 확보하였고, 40 개의 포크리프트를 줄였습니다. 지도력 개발도 주요 결과였습니다. 비제이 자신도 이 행동을 이끌면서 지도자로 다시 태어났습니다.

이 단계들이 완성된 후에 비제이와 함께 걸으면서 다른 부분의 용접라인이 각자 다른 단계를 거쳐가고 있는 것을 보았는데, 비교는 아주 놀라왔습니다. 가장 놀라왔던 것은 비제이가 사람들을 누구든지 다 알고 있었고, 누구나 그의 도움을 얻기 위해 그를 부르는 것이었습니다. "비제이, 이 미노미 시스템에 대한 개선 제안이 있어요." 비제이는 걸으면서 이 아이디어들을 적으며 사람들과 인사하고 악수하였습니다. 공장에서 아주 유명인사였는데, 몇 년 전까지만 해도 사람들과 잘 어울리지 못하는 사람이었습니다. 이제 많은 용접공들이 비제이의 팀에 들고 싶어해서 엄중한 요구조건아래 누구를 팀에 넣을 지 선발해야 했습니다.

그들이 비제이의 팀에 들고 싶어하는 이유는 가이젠에서 얻는 놀라운 수준의 훈련과 개발 때문입니다. 이는 게리 콘비스가 실제로 비제이 팀과 매 주 만나서 심각하게 받아들였기 때문에 번창할 수 있었습니다. 6000 명을 거느리는 게리 콘비스가 개인적으로 모든 단계의 변화에 개입했고, 일본에서 이를 보았을 때, 그저 복사하는 실수를 범하지 않았습니다. 가이젠 과정을 정착하여, 실험을 시작하고 시간에 걸쳐 배우도록 했습니다. 처음 보았던 것을 넘어서서 개발하고 혁신했습니다. 이는 가이젠이 실행되고, B 직원의 가치를 보며, 비제이 같은 최고 수준의 지도자를 개발하는 방식을 보여주는 훌륭한 예입니다.

미노미 프로젝트 결과

- 40 포크리프트 제거
    → +40 이상의 포크리프트

- 100 라인 직무 확보
    → +100 이상의 라인 직무

팀은 자동 지침 차량(AGV)을 제조하고 프로그램하여 비용을 2 만 5 천 달러에서 4 천 달러로 줄였고 비제이는 시간제 직원들의 작은 팀을 훈련시키고 개발해 지도자로 성장했습니다.

현장그룹에서 가이젠을 지원하기 위한 기준 직무

버스 노선을 위한 기준 직무

2005 년에, 저희는 허츠가 린(lean)여정을 가도록 지원할 기회가 있었습니다. 저희가 도입한 도구 중의 하나는 허츠 차량 임대소에서 보는 매 직무마다 기준을 세우는 것이었습니다. 내부 변화 대리인을 코칭함으로써 그가 직원들과 함께 일해 매 직무마다 기준직무를 개발하도록 하는 것이었습니다. 미국 내 허츠가 한 서비스 중의 하나는 공항에서 차량 임대소로 가는 버스 서비스를 제공하는 것입니다.

그들은 10 분 이상 기다리지 않는다고 보장했습니다, 그렇게 하기 위해 버스는 시간에 맞춰 떠나고 일정한 시간 안에 노선을 돌아야 했습니다.

228

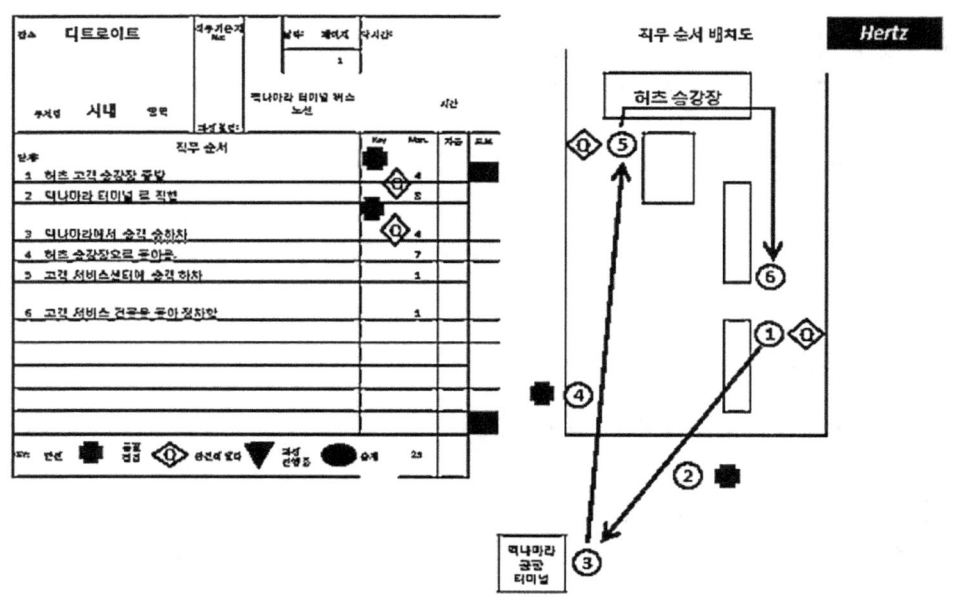

그림 6-7. 디트로이트 맥나마라 공항의 허츠 버스

이는 모든 버스 운전자가 기준 직무를 따를 것을 요했습니다. 이 실례에서, 단계를 보여주는데, 예를 들어, 고객 탑승장 출발, 맥나마라 터미널로 주행(그림 6-7 참조)등 각자가 아주 명확한 단계입니다. 또한 얼마나 걸려야 하는지, 어디에 잠재적인 안전 위험 요소가 있는지, 어디서 점검이 필요한지를 보여주고 배치를 보여줍니다. 이는 전형적인 기준 직무 용지입니다. 노선은 25 분이 걸리며 10 분 보장을 위해서 세 대의 버스가 필요합니다.

훈련을 위해 직무를 분해함

이는 도요다가 직무분해로 부르며 때때로 직무요소 용지라고도 불립니다. 이 문서의 목표는 훈련입니다. 기준 직무서는 무엇을 해야 하는지 대략적으로 보여주지만, 훈련을 위해서는 상세하게 작은 단계로 분해해야 합니다. 작은 단계마다 어떻게 행해져야 하는지를 보여줍니다. 주요 요점과 이유를 포함해야 합니다. 이 실례에서는 버스 운전자들을 훈련하는 도구인 것입니다.

실용적 지침서

Hertz	WORK ELEMENT SHEET			
Area	Date		Typed by:	
	Job		Written by:	
IMPORTANT STEPS	KEY POINTS Safety: Injury avoidance, ergonomics, danger points Quality: Defects avoidance, check points, standards Technique: Efficient movement, special method Cost: Proper use of materials		REASONS FOR KEY POINTS	
Step # 1 Leave Hertz Customer Loading Area	1) Play "talking bus" 2) Check Mirrors 3) Raise bus if lowered 4) Open gate using opener		1) Customer safety, destination, and luggage warning. 2) Watch for customers or traffic. 3) Prevent mechanical problems with bus. 4) Prevent bus delay and damage	
Step # 2 Drive directly to the MacNamara Terminal	1) Obey traffic laws 2) Yellow light stop observance. Brake unless unsafe. 3) Watch for merging traffic 4) Obey speed limit 5) Play "talking bus" as entering the terminal		1) Customer and Driver safety, as well as other traffic. 2) Michigan Traffic Law 3) Customer and Driver Safety. 4) Safety and Michigan Law. 5) Give the customer vital information.	
Step # 3 Drop Off/Pick up Passengers at the MacNamara Terminal	1) Aid Passengers needing assistance 2) Watch for proper luggage placement 3) Watch for approaching customers 4) Close door and activate "talking bus"		1) Customer relations 2) Customer safety 3) Customer service 4) Customer information	
Step # 4 Drive to Hertz Lot	1) Obey Traffic Laws. 2) Yellow light stop observance. Brake unless unsafe. 3) Watch for merging traffic 4) Obey speed limit 5) Play "talking bus" as reaching Point 5 6) Watch for traffic pulling away		1) Customer and Driver Safety as well as other traffic. 2) Michigan Traffic Law 3) Customer and Driver Safety 4) Safety and Michigan Law. 5) Give the customer vital information. 6) Safety of all concerned	
Step # 5 Drop customers off at Customer Service Drop Off Area	1) Visually inspect to ensure all luggage taken off 2) Watch for customer before closing door 3) Watch for pedestrians and vehicles 4) Obey 10 mph Speed Limit		1) Customer does not forget something. 2) Customer safety 3) Safety and Vehicle damage 4) Hertz regulations	
Step # 6 Pull around building to Customer Loading Area	1) Park in Designated Area if 2 buses are in loading area 2) Pull up to the Pick-Up Area as soon as it is open. 3) Lower bus (optional) 4) Leave Bus running		1) Customer relations 2) Customer safety 3) Customer service 4) Customer information	

그림 6-8. 허츠 버스 노선 직무 요소 용지

이는 직무요소 용지 부분을 확대한 것입니다 (그림 6-8 참조). 예를 들어, 허츠 고객 탑승장을 떠나기 전에 "버스방송"을 틀고, 장애자가 탑승해서 입구를 내렸을 경우에 다시 올리고, 문을 엽니다. 각 요점마다 이유가 설명되어 있어서 버스 운전자들을 훈련할 때, 토의 사항으로 사용됩니다. 이는 학생에게 설명하고 보여주고 학생이 시도해 보고, 다시 학생에게 요점을 깊이 설명해주고, 학생이 요점을 설명하면서 다시 시도해보는 반복을 통하여 되는데 "직무지시 훈련"이라 불립니다. 이 훈련은 이차 세계대전시 미국방부에 의해 만들어진 프로그램인 "산업 내 훈련"을 만든 미국인들에 의해 도요다에게 소개되었습니다. 이는 *도요다 재능* (데이비드 마이어와 공동 저술한 저서)에 자세히 설명되어 있습니다.

훈련을 위한 직무 요소 용지

- 기준화된 직무를 더 상세한 요소로 분해함
- 요점을 포함하며 이유를 설명함
    - 품질
    - 안전
    - 요령

그림으로 직무 단계를 시각적으로 설명함

그룹 지도자의 핵심임무는 훈련자가 되는 것입니다. 당신이 그룹 지도자나 팀 지도자라면 사람들이 기준화된 직무를 따르도록 훈련시키고 기준화된 직무를 심사하고 벗어난 것이 보이면 왜 그런지를 질문합니다. 그것이 더 나은 방법이라면 기준에 통합시킵니다. 이로써 실제적으로 지도자들이 가이젠을 통해 가치를 부가하게 됩니다.

실용적 지침서

기준으로부터의 일탈을 하나씩 해결함

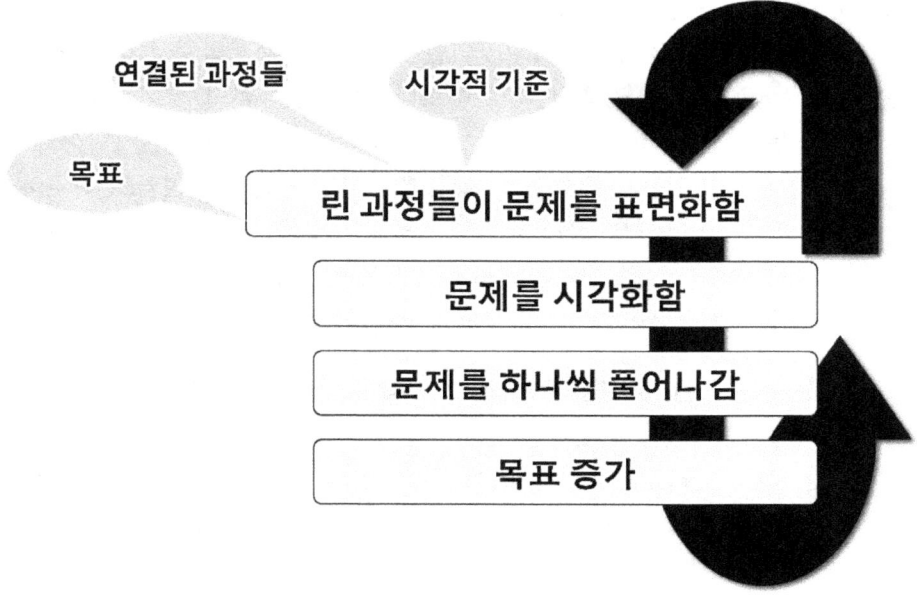

출처: 마이클 베일

그림 6-9. 린 시스템이 기준에서의 변동을 표면화함으로 문제를 하나씩 풀어나갈 수 있음

명확한 기준을 가지고 (그림 6-9 참조), 기준에서의 일탈을 보게 되면 문제는 시각적으로 표면화 됩니다. 문제란 기준직무에서 벗어났음을 의미합니다. 문제가 쌓이기를 기다리지 않고 발생하는 대로 해결할 수 있습니다. 그렇지 않으면 지난 석 달의 통계를 돌아봐야 하는데, 그 석 달 동안 너무나 많은 일들이 생겼을 수 있습니다. 이상적으로는 문제를 다발로 해결하지 않고 하나씩 해결함으로 피디시에이(PDCA)를 더 많이 할 수 있는 기회를 갖게 됩니다. 그러므로 직원들, 그룹 지도자들 그리고 감독관들이 문제 해결을 배우는 기회를 더 많이 갖게 되는 것이기도 합니다.

기준화된 직무의 역할과 책임

이 모든 것은 기준을 개발하고 따르고 개선하는 책임을 맡은 사람들에게 달려있습니다. 누가 책임이 있고 그의 역할은 무엇입니까? 팀원의 주요 역할은 기준을 따르는 것입니다. 기록된 대로 따르나, 개선책을 찾고 낭비를 제거하고 기준을 바꾸는 제안을 하는 것입니다. 도요다에서는 전문가인 엔지니어가 새 생산품 출시 때 초기 기준을 만들면 그 과정에 참가한 시간제 직원들로 이루어진 실험 팀의 역할을 논의 합니다. 전문직원들은 품질이나 생산성 또는 안전에 기술적 영향을 미칠 큰 변화를 점검합니다. 그룹 지도자는 전문 인력이 필요할 때, 영입할 수 있습니다. 추가로 전문직원은 정기적으로 기준화된 직무를 심사합니다.

팀 지도자는 기준화된 직무를 요소 별로 분해한 직무 지시 방법을 사용하고, 팀원들을 가르치도록 훈련하는데 훈련자로서 검증을 받아야 합니다. 또 그들은 직무 요소용지를 만들고 팀원을 감독합니다. 매일 다른 팀원들을 그들이 기준의 모든 요소를 따르는지 감독하고 팀원과 그룹 지도자들과 새로운 직무 기준을 개발하고 개선을 위한 새로운 아이디어를 찾기 위해 협력합니다.

마지막으로, 그룹 지도자는 또한 정식 심사를 통해 기준화된 직무를 감독하는데, 팀 지도자들이 심사한 것을 심사합니다. 그들은 기준화된 직무를 바꾸기 위한 제안을 평가하고 새 생산품 출시와 모든 훈련과 팀원개발과 개선에 관해 협력합니다. 모두가 기준화된 직무에 집중한 역할을 가지고 있습니다.

심지어 감독관과 부 감독관들도 참가합니다. 사무실에 앉아서 하루 종일 회의만 하지 않습니다. 현장으로 가서 기준화된 직무와 직무지시 방법 그리고 그들의 영역에서 벌어지는 가이젠을 점검합니다. 그들은 또한 직원들을 관찰하여 기준을 제대로 따르는지 알 수 있을 정도의 기술도 갖추어야 합니다. 이러한 일들을 정기적으로 하며 그룹 지도자들과 팀원들을 코치하고 기준화된 직무가 정체적인지 개선되고 있는지를 점검합니다.

팀 지도자

- 팀원들이 직무 지시 방법을 사용해 직무 기준화를 따르도록 훈련시킴
- 직무요소 용지 만듦
- 팀원이 직무 기준을 따르는지 감독함

실용적 지침서

- 팀원들과 그룹 지도자들이 새로운 기준을 개발하도록 협력함
- 낭비 제거를 위한 방법 모색

그룹 지도자

- 팀원이 직무 기준을 따르는지 감독함
- 새로운 직무 기준화를 위한 제안을 평가함
- 신 생산품 출시에 협력함
- 모든 훈련과 팀원 개발에 협력함
- 낭비 제거를 위한 방법 모색

감독관/부 감독관

- 직무기준과 직무지시방법이 공장 전체에 걸쳐 따르는지 보장함
- 정기적으로 팀원들이 현장에서 기준을 따르는지 점검함
- 직무 기준 변화를 재검토
-

성명:	제프	GL: (그룹지도자 명)		팀 지도자 명			
				마이크	메리	마크	마가렛
부서:	조립	Key ⊕ 0%					
		◐ 50%					
날짜:	01/01/08	● 100%					
	과정 또는 기술						
1	팀 1 과정			●	⊕	◐	●
2	팀 2 과정			◐	●	⊕	●
3	팀 3 과정			⊕	●	●	●
4	팀 4 과정			●	◐	⊕	●
5	시간 / 출석			●	◐	⊕	●
6	안전성			●	⊕	⊕	●
7	품질 주기			⊕	◐	●	●
8	비용			●	⊕	⊕	●
9	폐기 과정			●	⊕	⊕	●
10	장비에 대한 TPM			●	●	●	●

그림 6-10. 다기능 직원 훈련 용지

직무 기준과 직무 지시 훈련은 누가 어떤 기술을 지니고 있는지에 대한 기록하는데 사용되기도 합니다 (그림 6-10 참조). 다기능 훈련 장은 팀원들을 보여주는데, 그들이 다 채워진 원을 가졌다면 100% 수행 수준을 가지고 있음을 의미합니다. 여러 사람들이 여러 가지 일에서 다른 수준으로 훈련 받았음을 볼 수 있습니다. 이는 당신이 노동요구를 맞추는지 알 수 있는 좋은 도구입니다. 얼마나 많은 사람들이 훈련 받아야 하며 얼마나 많은 사람들이 훈련 받았는지를 볼 수 있습니다. 사람들에게 역할을 할당하는 데 사용될 수도 있습니다. 누군가가 하루 결근한다면 그룹 지도자가 이를 보고 누가 어떤 일을 할 수 있는지 쉽게 알 수 있습니다.

지도자의 기준화된 직무란 무엇인가?

*도요다 방식*에서, 감독관은 선생이며, 선생은 장인처럼 일하며 부하는 도제입니다. 이 특정한 사진(그림 6-11 참조)은 텍사스에 있는 도요다 공장에서 찍은 사진입니다. 이는 경기 침체 때 어떻게 문제 해결을 가르쳤는지를 저에게

실용적 지침서

누군가가 가르치는 장면입니다. 그때는 트럭을 제조하지 않을 때인데도 직원들이 출근했습니다. 그들은 매일매일 새로운 기술을 가르쳤습니다. 다시 말해 조언자의 역할은 당신의 사고방식과 행동방식에 문제제기하고, 과제를 주고 조심스럽게 관찰하고 대부분의 경우에 전혀 피드백을 주지 않고 분투하도록 내버려 두는 것입니다. 마침내, 피드백을 주고 나서 실제적인 과제를 부여합니다.

그림 6-11. 겜바에서 배움

장인-도제 관계는 몇 백 년 전에 아주 흔했으며 도요다에서는 여전히 존재했습니다. 새 일을 할당 받으면, 누군가가 가르치며 보통 상사일 경우가 많습니다. 특별한 프로젝트를 한다면, 도요다 생산시스템에 전문인인 누군가일 수 있습니다. 도제가 장인을 대했듯이 존경을 가지고 대해야 합니다.

예를 들어, 스티브 산 안젤로가 부사장으로 조지타운에 갔을 때, 처음에는 도제에 불과했고 많은 장인들이 그 위에 있었습니다. 그 중의 한 사람이었던 게리 콘비스도 몇 십 년 간의 일반 감독관 자리에 있었지만, 기꺼이 자신을 낮추어 모든 직원들로부터 배웠습니다. 이런 일대일 코칭이 현장에서의 개발을 통한 일을 배우는 방법입니다.

최근에 "지도자 기준 직무"라는 움직임이 린(lean)에서 등장했습니다. 많은 경우에, 이는 단순한 가정에 근거합니다. 지도자들을 겜바에 보내고 질문사항이나 체크 리스트를 주면 린 지도자로 떠오른다는 것입니다. 이론상, 지도자 기준직무는 좋은 개념입니다. 저희가 의미하는 것은 사업과정을 계획하고 통제하는데 현재 최고로 알려진 방식인 반복적인 행동양태입니다.

직무기준은 일의 반복적인 부분임

모든 지도자들의 일 중에 반복적인 부분이 있습니다. 반복적인 부분과 유일한 부분의 비율은 지도자의 수준에 따라 다양합니다(그림 6-12 에서 6-14 참조). 조직의 상부로 올라감에 따라 유일한 상황에 반응하고 적절하게 즉각적으로 대응하는 부분이 많으며, 가치부가적인 팀원들을 이끌수록 반복적인 부분이 많습니다.

예를 들어, 도요다 팀 지도자를 고려해 봅시다(그림 6-12 참조). 라인에서 떠나 안돈에 응답합니다. 팀 지도자는 안돈에 응답하는 데에 관하여 상세하게 훈련 받습니다. 불이 들어오면 무슨 일이 생깁니까? 이제 당신에게 책임이 있습니다- 팀 지도자로서 주목을 받는 순간입니다. 팀원이 단지 줄을 당겨서 문제를 환기시켰습니다. 제일 먼저 무엇을 점검해야 합니까? 반복적인 방식으로 훈련 받겠지만, 실제로 매 상황이 다를 것이므로, 기계적인 반복을 넘어서는 높은 수준의 기술이 필요하게 됩니다.

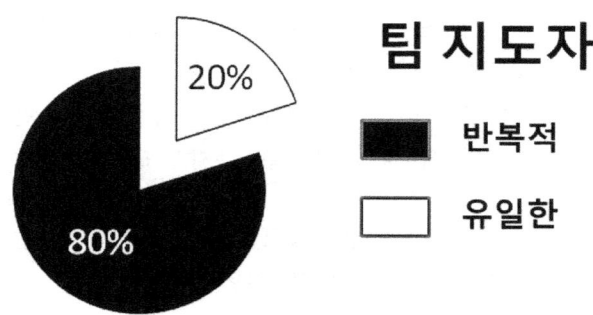

그림 6-12. 팀 지도자의 유일한 직무와 반복적 직무의 이론적 분배

실용적 지침서

부품이 빠졌으면 어떻게 합니까? 팀원이 품질상 하자를 초래했다면 어떻게 합니까? 줄을 두 번째 당겨서 실제로 라인을 멈추게 할지, 차량이 움직이는 동안 문제해결을 할지 어떻게 판단합니까? 문제가 당신이 다룰 정도를 넘어서는 큰 것이어서 도움이 필요하면 어떻게 합니까? 이러한 상황들을 다루는 데에는 정해진 일과가 있습니다.

또한 팀 지도자로서 도구들의 품질이 적당한지를 점검하는 반복적인 일과가 있습니다. 예를 들어, 품질 점검을 할 때, 팀 게시판에 제시된 자료를 수집합니다. 근무교대가 시작되기 전에 점검해야 할 것들이 있습니다. 팀 지도자로서 일찍 출근해서 모든 것이 제대로 설치되어 있어서 라인이 움직이기 시작할 때, 준비가 되도록 해야 합니다. 대략적으로 80%의 일이 반복적이고 20%는 유일한 상황에서 즉각적 대응을 해야 합니다. 기계가 당신이 겪어보지 못한 정도로 고장 났다면, 즉각적으로 반응해야 합니다. 그렇다 할지라도 린(lean)시스템에서는 그룹 지도자가 가까이 있어서 돕게 됩니다.

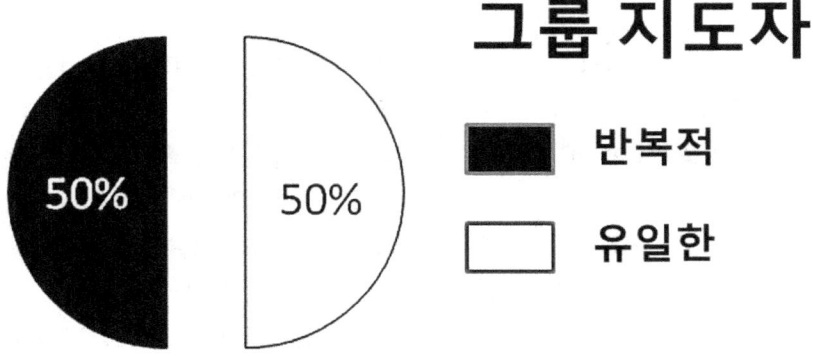

그림 6-13. 그룹 지도자의 유일한 무와 반복적 직무의 이론적 분배

그룹 지도자는 반복적인 일과 그렇지 않은 일이 50 대 50 입니다(그림 6-13 참조). 그룹 지도자는 최일선 라인 감독관입니다. 전형적인 일과는 전 교대근무 그룹 지도자가 남긴 노트를 재검토하는 것으로 시작합니다. 그리고 나서 팀 지도자와 라인을 둘러보며 상황을 보고 생산시작 전에 무엇을 해야 하는지를 논의합니다. 팀원들이 출근하면 반갑게 맞으며 이상한 점이 없는지 살핍니다. 누군가가 결근했다면, 노동량을 다른 그룹 지도자와 조정합니다. 5S 와

보호장비가 착복되었는지를 살피는 점검을 합니다. 그리고 팀 회의, 안전성 토론, 품질 토론 등을 포함하는 하루를 위한 계획을 세웁니다.

생산이 진행되는 동안, 그룹 지도자의 일은 현장을 둘러보며 비정상적인 것들에 반응하는데 치중하는데, 직원들이 기준을 따르는지에 대한 심사나 예방적 정비를 하는 등의 일상적인 것들도 있습니다. 생산이 멈추면, 집계하고, 보고하며 다음 교대 전에 기록하는 등 다양한 문서작업이나 컴퓨터 작업이 있을 것입니다. 이는 가이젠 일정이 잡혔을 때 주로 합니다.

매니저 단계가 올라갈수록, 아마도 20%가 반복적이며, 80%가 상황과 사람들의 요구에 부응하는 것이라 볼 수 있습니다. 지도자 기준 직무에서 말하고자 하는 것은 매니저들도 20%에 해당하는 것을 기준화함으로 생산적으로 이용할 수 있다는 것입니다(그림 6-14 참조). 이는 한 주 활동에서 하루의 일을 상대적으로 반복적으로 할 수 있으며 기준화할 수 있다는 것입니다. 그 동안 사람들이 개선할 수 있도록 코치하는 일과적인 방식을 배울 수 있습니다. 질문은 기준화할 수 있지만, 학생이 개선에 대해 깊이 접근하도록 인도하기 위해 탐색하는 질문을 하기에는 추가적인 훈련이 필요합니다.

다른 부분은, 조언자로부터 오랜 세월에 걸쳐 배워야 합니다. 전술적인 부분은 문서로 그 절차를 적을 수가 없습니다. 전술적인 부분은 많은 다양한 상황을 다룸으로 경험을 통해 배웁니다. 습관적으로 결근하는 직원을 다루는 법, 굉장하게 고장이 나서 공장 전체를 하루 종일 멈추게 한 장비를 다루는 법, 배송을 하지 않은 공급자를 다루는 법 등의 기술을 개발하게 됩니다. 기업 전략을 보조하는 데 필요한 목표를 달성하기 위해 전 부서에 걸친 지도를 할 수 있게 됩니다. 이러한 것들을 여러 번 해 보았을 것입니다. 매 상황이 유일한 것이라 할지라도, 과거에 했던 것과 흡사합니다. 80%의 기술 목록을 개발하고 다른 20%는 상대적으로 반복적이고 특별해서 절차를 적어내려 갈 수 있습니다.

실용적 지침서

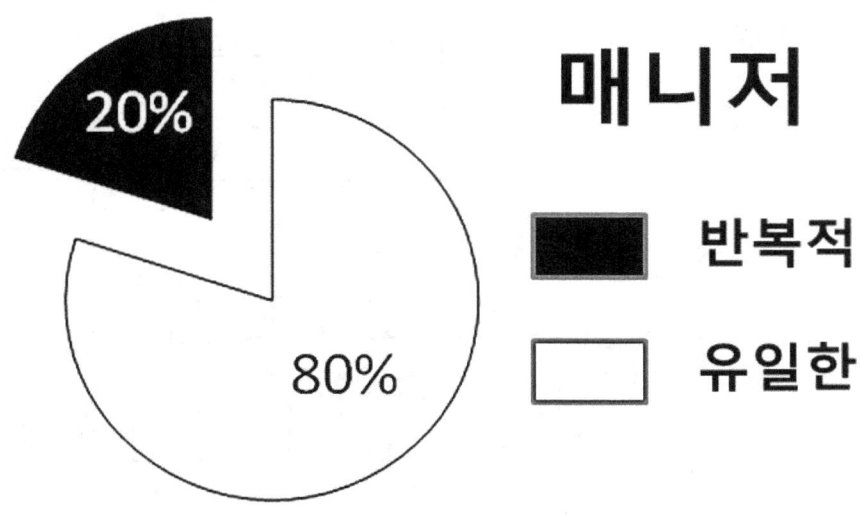

그림 6-14. 매니저의 유일한 직무와 반복적 직무의 이론적 분배

지도자 기준 직무는 겜바에서임

린 지도자의 일상적인 일의 부분은 겜바를 매일 방문하는 것입니다. 공장 매니저의 공장을 둘러보는 일과가 묘사되어 있습니다(그림 6-15 참조). 그들은 위급상황이 있지 않는 한, 이를 매일 반복하는데, 그들이 결정한 영역을 볼 수 있습니다. "오늘은 여기서 깊이 연구해 봐야겠다." "이 현장그룹에서 좀 더 많은 시간을 보내야겠다." 그리고 매일 바꿉니다. 그러면 그들이 가는 곳마다 보아야 할 것이 있는 것입니다.

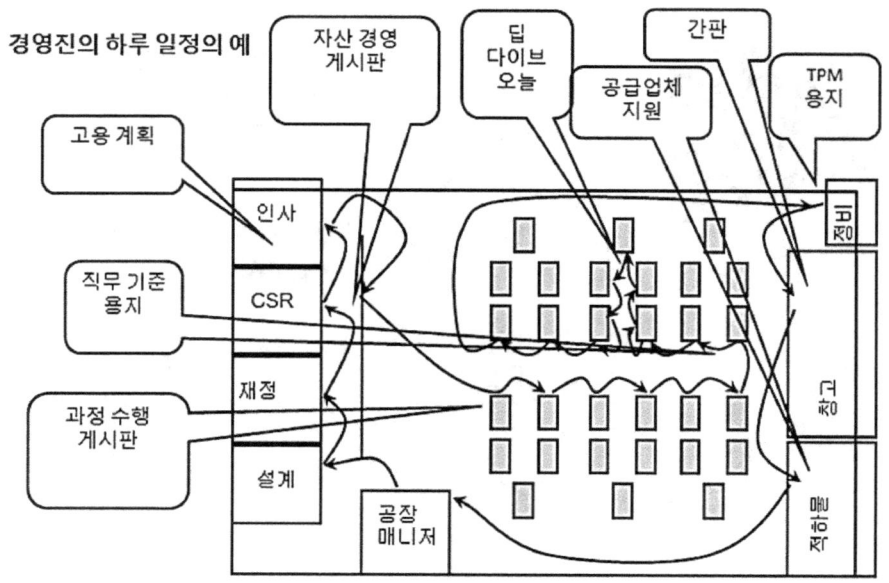

출처: 토니 맥노톤, 전직 도요다 매니저
그림 6-15. 공장 매니저의 일일 겜바의 실례

그들은 방문하는 매 영역마다 집중해야 할 특정한 것을 결정하는데 이는 시간에 따라 바뀝니다. 예를 들어, 인사부에서 처음에는 고용 계획에 집중하여 질문할 수 있습니다. 시각적이고 상태를 볼 수 있다면, 적절한 질문을 하고 사고방식에 문제제기를 하는 것이 용이할 것입니다.

지도자를 위한 기준직무를 문서화하는 것은 아주 유용한데, 이는 지도자가 자연적으로 린(lean)지도자가 되는 첫 걸음일 뿐입니다. 그들이 린(lean)지도자가 되면 문서화할 필요 없이 일을 할 수 있고 공식 직무기준문서가 필요하지 않을 것입니다. 겜바에서 지도자들은 둘러보는 것 이상을 해야 합니다. 체계적으로 과정을 점검하고 사람들을 코치해야 합니다. 면밀히 정의된 기준과 시각적 도구를 이용하여 기준에서 벗어났음을 쉽게 볼 수 있다면 그런 일들이 아주 용이할 것입니다. 둘러보는 데에도 명확한 목표와 계획이 필요합니다. 그렇다면 매니저는 그저 다니면서 무작위로 명령을 내리는 것이 아닌 선생과 코치가 될 수 있는 것입니다.

실용적 지침서

저희가 묘사한 지도자 기준 직무는 일반적인 현장점검입니다-기준 대 실제. 목표는 코칭입니다. 5 장에서 논의한 코칭 카타는 다른 형태의 지도자 기준직무를 제공합니다. 이는 정의된 목표 조건에 집중한 개선 프로젝트를 코치하는 일과를 개발하도록 고안되었습니다. 초점은 코치-학습자 관계이며 일반적 현장점검보다 개선 일과를 개발하는데 더 엄격합니다.

함께 묶기

그림 6-16. 모든 부품이 정돈된 공장

직무기준, 시각적 경영, 지도자 기준 직무는 모두 상호 연관되어 있습니다. 기준은 변화를 줄이고, 높은 수준으로 수행하도록 노력하려는 포부를 제공합니다. 시각적 경영은 기준에서 벗어났음을 쉽게 파악함으로 문제해결을 할 수 있는 도구입니다. 지도자 기준직무는 지도자들을 개발하여 겜바에서 시스템과 사람들을 점검하는 일과를 가질 수 있도록 하는 방법입니다. 이는 기준직무와 시각적 경영에 의존하며 지도자는 사실에 근거하여 명확한 초점을 가지고 코치할 수 있습니다.

이 모든 것이 제자리를 잡은 어떤 공장을 고려해 봅시다. 게시판에 현장 그룹을 위한 모든 주요 문건들이 있고, 팀 지도자가 현장에 있으며(그림 6-16 참조), 많은 시각적 경영이 있음을 볼 수 있습니다.

게시판에는 매 직무마다 기준직무가 붙여져 있고 (그림 6-17 참조), 현 노동 균형 차트, 누가 무엇에 훈련을 받았는지를 볼 수 있는 훈련모형, 그리고 교대마다 기준직무 심사의 경향을 볼 수 있는 경향 그래프가 있습니다. 매니저나 그룹 지도자가 현장 그룹을 코치하기에 아주 값진 게시판입니다.

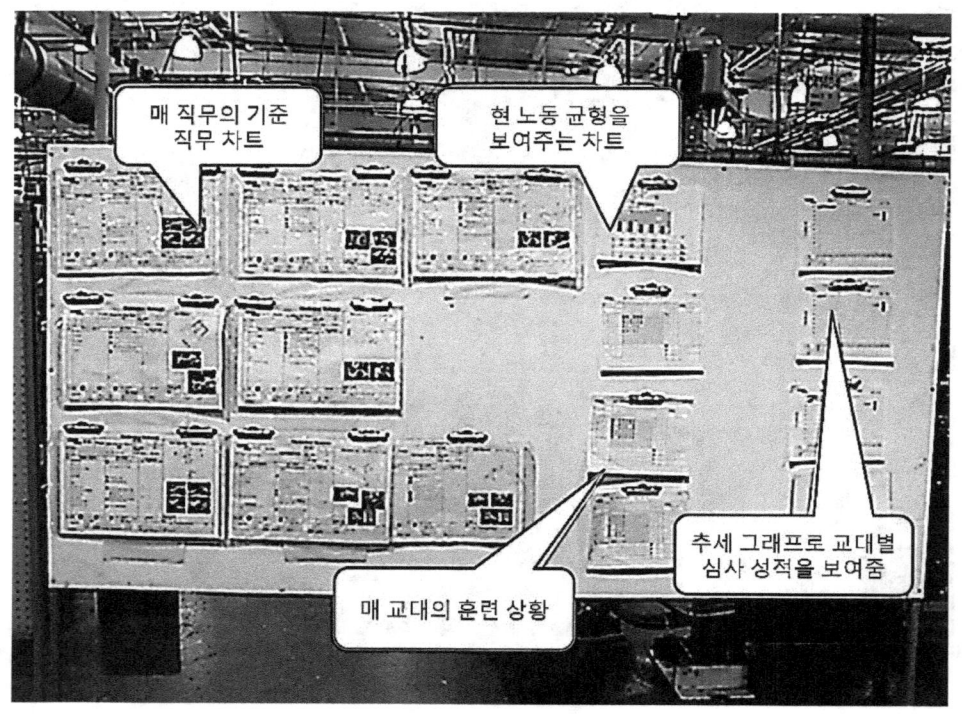

그림 6-17. 시각적 기준 직무 게시판

이는 그룹 지도자와 팀 지도자가 서명해야 할 기준직무장의 확대판입니다 (그림 6-18 참조). 이 경우에, 세 교대가 있고 모두가 여기에 서명해야 합니다. "이에 동의하며 이렇게 이 일을 수행할 것입니다," 라고 말하는 것입니다. 그리고 나서 변화가 있다면 모두가 서명하여 변화에 모두 동의하며 직무지시훈련 방법을 사용해 훈련 받는 것입니다.

실용적 지침서

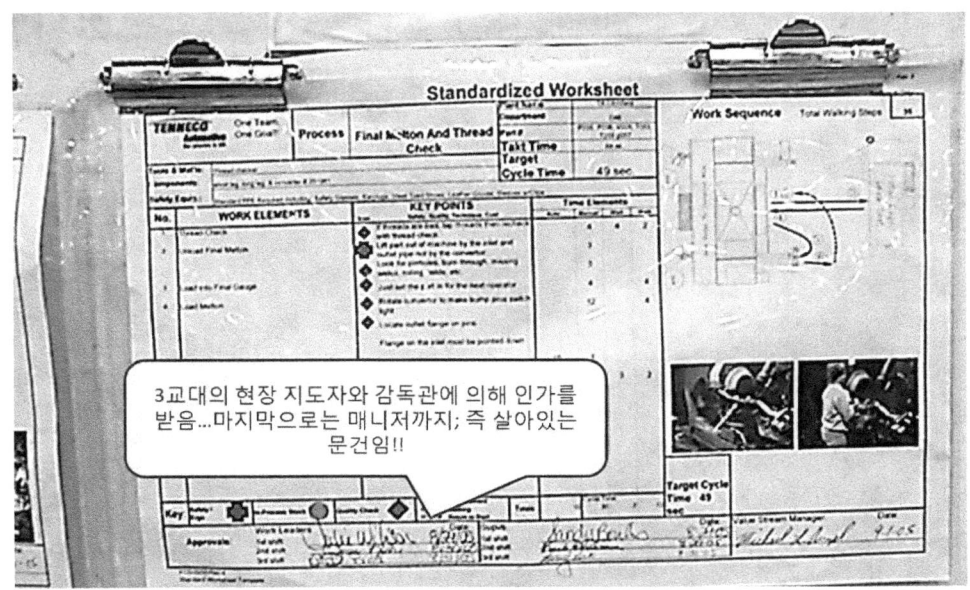

그림 6-18. 기준 직무 용지

그리고 나서, 간단한 심사 카드를 봅시다(그림 6-19 참조). 단순히 예/아니오 질문들이 있음을 주목하십시오. "직무기준이 올바른 장소에 있습니까? 예 또는 아니오?" "현재까지 반영이 되어 있고 승인 받았습니까? 예 또는 아니오?" 이 경우에, 아직 승인 받지 않았습니다. 예를 모두 합산해 전체 점수를 냅니다. 일부러 아주 쉽게 만들었습니다. 5 등급 (1-5 점)으로 할 수 있지만 좀 더 복잡합니다. 기준직무가 올바로 시행되었다면 되었거나 아니면 안 된 것입니다. 올바른 장소에 있었거나, 아닌 것입니다. 승인 받았거나 못 받은 것입니다. 그리고 나서 전체 점수를 그래프로 나타내고 적색, 황색, 녹색 영역을 찾습니다.

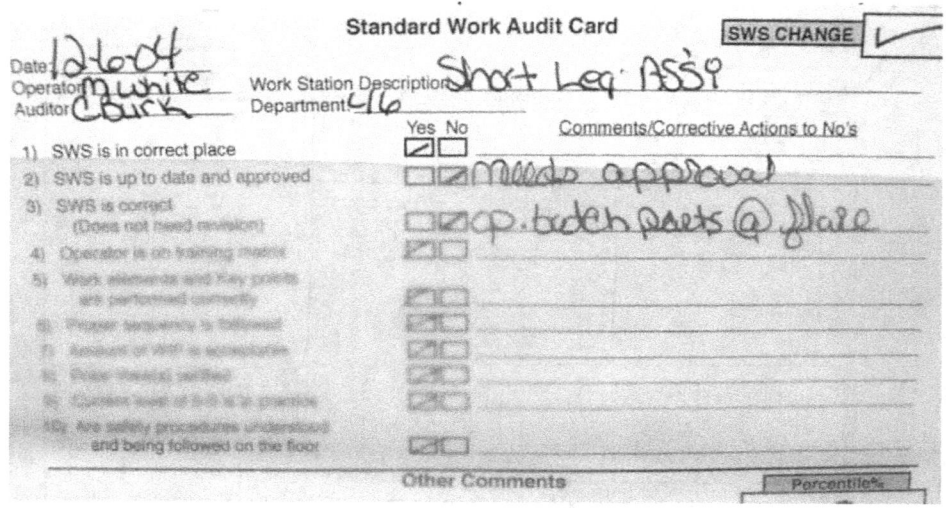

그림 6-19. 기준 직무 심사 카드

당신의 조직의 현 상태는 어떠합니까?

이제 어떻게 일일 가이젠을 당신의 기업에서 할 수 있는 시점까지 도달할 수 있는지를 논의해 봅시다. 주요 요점 중의 하나는 아주 어렵고, 불가능하다고까지 할 수 있는데, 기준이 없을 때까지 체계적으로 과정을 개선하는 것입니다. 문제란 바로 기준에서 벗어나는 것으로 정의되기 때문입니다. 기준이란 이러한 차례로 하는 기준적 직무일 수 있습니다; 5s 에서처럼, 그 도구는 언제나 여기에 배치되어야 합니다; 또는 기술적 품질 기준일 수 있습니다. 예전에는 부서에서 교대마다 10 개의 결함이 있었는데 이제 새로운 기준은 교대마다 5 개의 결함을 원하듯이 기준은 주요 수행 지표에 대한 포부적인 목표일 수 있습니다. 차트 상의 숫자일 수도 있으며 작업진행 재고의 최고 허용 상자 수처럼 물질적일 수도 있습니다.

그리고 팀 전체가-엔지니어, 그룹 지도자, 팀 지도자, 팀원, 매니저- 각자의 역할을 이해해야 합니다. 모두가 기준을 개발, 점검, 정비 그리고 개선하는데 있어서 각자의 역할을 알아야 합니다. 현장 그룹 구조는 많은 가이젠이 일어나는 곳입니다. 특정한 직무 영역의 가이젠은 대부분 현장 그룹의 책임하에 있습니다. 당신의 조직에 적용하여 아래 문장들을 평가하십시오 (그림 6-20 참조).

실용적 지침서

당신의 기업의 일일 가이젠의 현 상태는?

1=치명적인 격차, 2=커다란 격차, 3=어느 정도 심각한 격차, 4=작은 격차, 5=이미 도달했음

1. 일선 감독관과 팀원들이 현장 그룹으로 조직되어 있는가?
2. 직무기준이 있으며 정기적으로 새롭게 하는가?
3. 직무기준이 직원 훈련의 기본인가?
4. 주요 수행지표가 매 현장그룹에게 보여지고 목표 달성에 명확한 책임이 있는가?
5. 프로젝트를 이끄는 것이 팀원들의 지원 아래 진행되는 장기적 가이젠 활동으로 보여지고 있는가?

그림 6-20. 일일 가이젠을 평가하는 질문

1 번에서, 많은 조직들이 그러듯이 현장 그룹이 있음을 단순히 명기했습니다. 지도자와 팀원의 비율이 도요다의 추천처럼 한 지도자당 5 명 내지 8 명일 때만, 높게 평가하십시오. 그렇지 않다면, 팀원을 코치하고 지원할 지도자들이 충분하지 않습니다.

2 번에서는 직무기준이 있고 정기적으로 새롭게 하는지에 대한 것입니다. 있기는 하겠지만, 가는 곳마다 새롭게 하여 가이젠 도구로 쓰이지 않을 수 있기 때문입니다.

3 번에서는 직무기준이 직원 훈련의 기본인지에 대한 것입니다. 요점과 이유가 적힌 직무요소 용지를 마치 직무지시훈련처럼 구조화된 방식으로 전 직원을 훈련하는데 사용하는 것입니다. 이 또한 아마도 적은 경우일 것입니다.

4 번에서는 주요 수행지표가 매 현장그룹에게 보여지고 목표 달성에 명확한 책임이 있는지에 대한 것입니다.

마지막으로 5 번에서 프로젝트를 이끄는 것을 팀원들의 지원 아래 장기적으로 진행되는 작은 규모의 가이젠 행동들의 묶음으로 보고 있는가에 대한

것입니다(미노미 경우에서 본 것처럼). 커다란 목표가 있지만 그 목표에 도달하기 위해 많은 작은 단계를 거치는 것입니다.

이 모든 것에 점수가 아주 높이 나왔다고는 믿지 않습니다. 당신의 조직에 한 영역에서 4점을 주었을 수 있지만, 다른 영역에서는 점수가 낮았다면, 이제 겨우 시작하는 상태입니다.

흥미롭게도, 도요다 공장에서도 일탈이 있습니다. 그룹 지도자들이 얼마나 훈련을 잘 받았는가에 따라 변동이 있습니다. 공장이 주요한 새 모델 도입으로 모두가 장시간 근무하며 정신 없이 생산함으로 많은 큰 혼란이 있었다면 시간에 걸친 변동이 있습니다. 직무기준이 새로와지지않고 직무지시훈련이 절제된 방식으로 사용되지 않으며 가이젠이 진행되지 않는 것을 볼 때, "기본으로 돌아가야 한다"는 이야기를 도요다에서 들을 것입니다.

자신을 평가하고 격차가 어디 있는지 본 후에 여기서 배운 일일 가이젠에 대한 주요요점을 생각해 보시고 어떻게 당신의 조직에 적용할 지를 생각해 보십시오. 모든 조직이 다 다릅니다. 반복적이지 않은 직무의 기준은 상세하지 않아 여기서 본 것 같은 차트를 만들기 어려울 것입니다. 탁(takt) 도 명확히 정의할 수 없습니다. 어떻게 하면 의미가 있으며, 유용하며, 보여질 수 있는 기준을 정의할 수 있을까요? 어떻게 하면 직무기준과 주요 수행 지표를 사용하여 일일 경영 시스템을 만들어서 각 단계의 경영진이 가치부가적인 직무를 개선하는데 관여할 수 있을까요?

7 장

*호신 간리*를 통해 이상을 창출하고 목표를 맞춤

이상과 역량을 창출함

*호신간리*를 건축하는 린(lean)지도력 모델

이제까지 논의한 모든 것들을 실제로 실행했다면, 벌써 자기개발이 되어서 겜바를 통해 견학을 하고 질문을 함으로 코치하고, 과정을 점검하는데 하루 종일 시간을 보낼 것입니다. 시각적 경영이 도처에 있을 것이고 뚜렷한 수치로 과정을 이해하고, 조직 내 지도자들도 그러할 것입니다. 지도자로서의 역할은 다니면서 과정과 사람들을 점검하고 누가 도전적인 과제를 맡을 준비가 되어 있는지, 누가 현 과제를 힘들어 하는지를 알아내는 것입니다. 당신이 지속적으로 문제 해결하는 방식과 목표에 도달하는 방식을 개선함으로 당신의 조직은 점점 더 나아질 것입니다. 그러는 동안, 경쟁자는 이러한 역량이 없기 때문에 점점 더 뒤쳐지게 됩니다.

이렇다면 열반의 경지라고 볼 수 있겠지만, 모델을 배우면서 명심하실 것은 모델을 잘 이해하시고 자기개발, 타인 양성, 사람을 가장 값진 자산으로 여기고 훌륭한 스포츠 코치나 위대한 교향악단 지휘자처럼 훈련을 하는 것이 중요하다는 사고방식을 가지셔야 한다는 것입니다. 교향악단에 있는 모든 악기를 개발함으로 조화롭게 연주할 수 있도록 하는 것입니다.

이제 마지막 부분인 조화롭게 연주하는 것에 대해 논의하겠습니다. 자기개발과 타인 양성에 대해 어느 정도 노력했으니 현악기 부분은 각자가 알아서 연습하면서 점점 나아질 것입니다. 타악기 부분도 그렇게 하고 있습니다. 교향악단의 각 부분이 각자를 개선하며 지휘하는 방식을 개선하는데 제안을 하기도 합니다.

문제는 다 다른 곡을 연주한다는 것입니다. 체로가 바흐를 연주하고 바이올린은 모차르트 소나타를 연주하며, 각 부서가 다른 곡을 연주할 때, 그 결과는 아주 불쾌한 소리일 것입니다.

호신간리 란 무엇인가?

기술과 열정을 갖도록 같은 방향으로 이끌어야 합니다. 그들이 팀이 되고 싶어하고 팀이 될 준비가 되었습니다. 한 곡을 선정해서 이제 다른 방식으로 교향악단과 일해야 합니다. 당신의 역할은 그들을 준비시키고, 그들이 스스로 준비하도록 도와줘서, 적절한 시간에 적절한 음량으로 연주해 하나의 음악을 연주하도록 하는 것입니다.

일본에서는 *호신간리* 라는 용어를 사용하는데, 총체적 품질 관리(TQM)라 불리는 1950년대와 1960년대의 국민적 움직임입니다. 호신은 방향인데 모두가 한 곡을 연주하고 같은 방향으로 움직입니다. 간리는 어떻게 하느냐입니다. 지도력 개발 일 단계에서 세 번째 단계에서 역량을 개발해 왔는데 어떻게 하는지는 알았지만 무엇을 할 지가 필요합니다. 여전히 방향이 필요하며 여전히 사람들을 정렬할 뚜렷한 목표가 필요합니다.

무엇이 먼저인가?

닭이냐 계란이냐 하는 문제입니다. 어떻게 공통의 이상이 없이 개선하는데 집중할 수 있습니까? 한 편으로는, 사람들에게 이상을 주더라도, 그들이 역량이 없다면 더 안 좋은 상태에 봉착할 수 있습니다. 예를 들어, 바이올린 연주자가 형편 없어서 틀린 음계를 연주하고, 드럼 연주자가 틀린 박자로 연주한다면 아무리 지휘자가 노력한다 해도 좋은 음악이 나올 수가 없습니다. 음악인 에서 가짜 지휘자가 기술이 없는 어린이들을 이끌어 훌륭한 음악을 연주하게 하는데 이는 좋은 영화이지만 현실적이지는 않습니다. 다른 한 편으로는, 기술이 뛰어난 음악인들이 있더라도 모두가 다른 곡을 연주한다면, 끔찍한 소리가 나올 것이며, 관객을 만족시키지 못할 것입니다.

그러면 무엇이 먼저입니까? 이상과 뚜렷한 목표와 정렬로 사람들이 집중하도록 하고, 문제 해결 방안을 찾고, 과정을 개선하고 자신들을 개선하는 것입니까?

실용적 지침서

아니면, 사람들을 개선하여 그들이 *호신간리* 에 참여할 수 있는 역량을 갖도록 하는 것입니까?

그림 7-1. 린(Lean) 지도력 개발 모델 (여기서는 4 단계에 집중함)

린(Lean) 지도력 개발 모델(그림 7-1 참조)은 지극히 간단해 보이며 순차적입니다. 인력양성을 먼저 하고, *호신간리* 를 실행합니다. 한가지 배운 것이 있다면, 직선적 세계관은 옳지 않다는 것입니다. 세상은 그보다는 더 복잡하기 때문입니다.

이 장은 네 번째 단계에 집중하는데, 첫 번째에서 세 번째 단계가 완벽하지는 않더라도 어느 정도 진행되었다는 가정 아래서 입니다. 이를 돌고 도는 주기로 생각하고 매 주기마다 피디시에이(PDCA)를 통해 배운다고 생각하십시오. 행하고 점검하고 계획하고 실행하며 개선합니다. 사람들이 개선할 때, 의욕이 생기며 사기가 충만합니다. 어느 시점에서 이들을 공통 이상을 향해 정렬시켜야 합니다. 게다가, 고위경영진에서 이상을 만들고, 모두를 정렬하는 과정을 이끌 것입니다. 완벽한 과정일 필요는 없습니다. 사실상, 처음에는 삐걱거리며 시작할 텐데 결국에 그렇게 해서 새로운 것을 배우기 때문입니다.

정렬된 학습 주기에 집중한 *호신간리*

호신간리 는 정렬에 집중합니다. 개발한 지식과 기술을 정렬하여 모두가 기업을 위해 그리고 고객을 위해 적절한 것을 개선하도록 하는 것입니다. 이는 조화된 집중된 노력입니다. 한 그룹이 안전성에 집중하고 다른 그룹은 고객 만족에 집중하고 또 다른 그룹은 생산성에 집중하는 것을 원하지 않을 것입니다. 고객에게 가치를 전달하고 기업을 돕기 위해 공동 상승 작용을 가져 올 수 없기 때문입니다. 안전성을 전체적으로 얻을 수 없습니다. 생산성을 조금 이루었듯이 안전성도 조금 이루게 될 것입니다.

이것이 이상과 목표를 정렬해야 하는 이유이며 단계를 거칠수록 더 용이해 질 것입니다. 준비가 되어있고 배우고 가르치고 개선하는 데 탁월한 사람들이 있다면, 고삐를 잡아서 집중하는 일만이 필요합니다. 그럴 만한 에너지가 없다면 집중된 개선을 할 수 없을 것입니다. 궁극적으로 논리적인 순차에 따라 이 모든 것이 맞아 떨어질 것입니다. 이를 따라 하면서 학습주기를 따르게 됩니다. 개인적 단계에서 학습주기를 빠르게 반복함으로 빠른 피드백을 갖는 것이 중요한데- 피디시에이(PDCA) 주기가 빠를수록 배우는 것도 빠르고 깊어집니다. 이는 학습주기를 더 크게 만들 것입니다.

처음 복잡한 음악을 배울 때 사용한 과정이 무엇이었는지를 돌이켜 본다면, 일이 걸리는 학습주기처럼 여겨질 것입니다. 그러나, 그 학습주기 안에는 곡을 나누어서 반복 연습했다면, 몇 백 개의 학습 주기가 포함되어 있을 것입니다. 학습 주기는 추상적인 건축입니다. 매 분마다 무엇인가를 의도적으로 시도하고 점검하고 조절한다면 학습주기를 일분 안에 거치게 됩니다. 매 번 음계를 연주할 때마다 십 초의 학습주기를 거치게 됩니다.

요점은 "의도적인 연습"이라는 학습방식이 필요하다는 것입니다. 목적을 알고 무엇인가를 배우려고 의도적으로 시도하려 할 때, 실수를 하여 소리가 원하는 대로 나오지 않는다면, 왜 그런지 알아내서 조절하여 다시 시도하는 것입니다. 이것이 의도적인 연습의 주기입니다. 코치가 실수의 원인을 인지하고 조절하는 것을 도울 수 있습니다.

실용적 지침서

의도적인 연습의 반대는 대충 연주하는 것입니다. 개선되는 것이 없이 연주하면 많은 반복을 통해 더 나은 소리는 내겠지만, 낮은 수준의 연주일 뿐이고 그 보다 더 나아지지는 않을 것입니다.

지도자들이 개선을 이끄는 기술을 개발함으로 *호신간리*를 통한 조화된 개선의 더 높은 단계에 다다를 것입니다. "정책 전개"라고도 불립니다. 이를 배우면 누구나 어서 시작하고 싶어하지만, 상부에서 하부로 실행하고 일 단계에서 사 단계까지 충분히 반복하여 탁월하게 된 예를 찾기가 아주 어렵습니다.

*호신간리*를 경험한 일본 기업들은 일년 주기인 연차계획을 선택합니다. 첫 해에는 아마도 호신간리의 준비가 안 되어 있을 수 있습니다. 첫 해에는 일 단계에서 삼 단계에 집중합니다. 어떤 조직은 호신간리를 시도하기 전에 몇 년간 일 단계에서 삼 단계에 집중합니다. 어느 시점에서 호신간리를 시도할 텐데, 첫 시도임을 명심하시고 남은 경력 동안 계속 개선해야 할 것임을 또한 명심하십시오.

도요다에서의 *호신간리*

공통 사업 목표를 향하여 사람들을 정렬하는 문제

어떻게 기술과 목적의식이 있는 사람들을 공통 이상을 향해 정렬하도록 개발하는가?

이는 오래 된 경영 과제입니다. 희랍 문서에서도 찾을 수 있으리라 장담합니다. 지도자들은 머리를 긁적이며 묻습니다, "왜 사람들이 내가 원하는 것을 열정을 갖지 않고 잘 하지 않을까? 성공하려면 이렇게 해야 한다고 말했음에도 불구하고 따라 하지 않을까? 천연적으로 사람들은 변화에 저항하는 것이 당연하지. 제대로 양육되지 않았고 게으른 것이 분명해." 지도자의 정의는 따르는 자들이 있다는 것입니다. 당신의 이상으로 모두 잘 따라 온다면 천국이나 다름없습니다.

세상의 어떤 최고 경영자에게 이 기회를 제안한다면, 누구나 원할 것입니다. 그리고 나면, 그들에게 어떻게 할지를 묻겠습니다. 그들은 아마도 능변적인 대답을 할 것인데 대부분이 동기 의식과 역량에 대한 간단한 견해에 근거할 것입니다. 예를 들어, 다음과 같이 말할 것입니다, "무얼 원하는지 그들에게 말하고 그들을 자극시키고, 좋은 작업 환경을 구비하고 직원들을 잘 다룰 것입니다. 그리고 그들이 세워진 사업 목표를 달성하도록 종일 일하기를 기대할 것입니다." 훌륭하게 들리기는 하지만, 어떻게 그렇게 할 것입니까? 어떻게 할 지에 대한 대답은 아닌 것입니다. 이는 적절한 환경이 있다고 가정하고, 지도자들이 무엇이 필요한지 안다고 가정하고 사람들이 어떻게 할지를 이미 알고 있다고 가정합니다.

이 저서에 깔린 제안은 개선을 위한 기술이 필요하고 이는 다른 기술을 배우듯이 의도적으로 배울 수 있다는 것입니다. 이는 단지 능력 있는 지도자가 감동적인 연설을 하고 직원들을 잘 다루고 넉넉한 봉급과 안전한 작업환경을 제공하고 목표를 명확히 한다고 해서 일어나는 것이 아닙니다. 계획을 개발하는 구조가 있어야 하고 사람들은 기술 수준과 절제된 훈련, 그리고 매일 수행할 수 잇는 지도력이 있어야 합니다. 간략히 말해, 잘 짜여진 계획이 필요하며 모든 단계에서의 동기 의식과 기술로 집행되어야 합니다. 세상이 너무나 복잡하므로 계획도 정체적이어서는 안 됩니다. 사실상, 계획과 집행은 피디시에이(PDCA)를 통해 지속적으로 진보되어야 합니다.

도요다에서의 *호신간리* 역사

도요다는 *호신간리* 의 여정을 1961 년에 시작했습니다. 일본 주요 기업들은 전체 품질 관리의 부분으로 이미 *호신간리* 를 사용했고 도요다 자동차 기업은 많이 성취했습니다. 도요다 생산시스템은 도요다 내에서 개발되었고, 잘 돌아가고 있었습니다. 그들의 직수 공급자들은 대부분 도요다 생산시스템에서 훈련 받았습니다. 엔지니어들은 새 자동차의 디자인과 출시를 위해 지속적으로 개선하고 있었습니다.

똑똑하고 부지런한 사람들이 있었지만, 도요다의 지도자들은 여전히, "우리는 현대적인 국제 기업이 아니다. 진정한 좋은 지방 기업에 불과하다. 우리가 장기적으로 성공적인 자동차 기업이 되려면, 국제화에 부합할 규모가 필요하다," 라고 깨달았습니다.

그들은 그들의 운영을 현대화할 필요가 있다고 결정하고 아이지 도요다 사장은 두 가지 근본적인 필요를 인지했습니다. 첫 번째로, 그들은 목표를 명확히 할 필요가 있었습니다; 특별히 도요다는 그 당시 품질에 있어서 그다지 경쟁력을 갖추지 못했습니다. 점점 나아지고는 있었지만, 미국 자동차업계와는 격차가 있었습니다.

실용적 지침서

목표를 뚜렷이 함은, 사장으로서 연설을 잘하는 것이 아니라; 현장에서 일하는 사람들에게 일리가 있는 수치적 목표가 필요했습니다. 둘째로, 전 부서에 걸친 협동을 장려하는 경영시스템이 필요했습니다. 수직적으로 명령이 하달되는 것으로는 충분하지 않습니다. 판매, 엔지니어링, 구매, 마케팅이 공동 목표를 인지하고 이를 성취하기 위해 협동해야 합니다. 고객은 개념부터 시작하여 고객에 전달되는 것까지를 포함한 자동차를 구입하는 것이지 독립적인 부서의 서비스를 구입하는 것이 아닙니다.

그저 손을 흔들며, "품질이 필요해요, 더 적은 하자가 필요해요,"라고 말하는 것은 절대로 충분하지 않습니다. 단지 하자와 고객 만족의 목표미달의 책임을 묻는 것은 표면적인 것에 불과합니다. 스탬핑 부서에서는 직원이 이렇게 생각할 것입니다, "그러면 무엇을 해야 하나? 하자 측정이 있고 공장 내에서 얼마나 많은 하자가 발생하는지 알고 얼마나 많은 하자가 고객으로 전달되는지 알고, 그들이 만족하지 않는 것도 안다. 공기 소음이 빠지는 것도 안다. 이 모든 것을 아는데 무엇을 해야 하나? 무슨 일부터 해야 하나?"

하자결과는 너무나 광범위해서 국부적인 단계에서의 사람들을 돕지 못합니다. 그래서 아이지 도요다는 첫 번째 일을 잘 해도 두 번째 근본적인 필요, 전 부서적인 협동을 권장하지 않으면 일이 잘 풀리지 않으리라는 것을 깨달았습니다. 품질, 인사, 정비, 그리고 엔지니어링 모두 함께 품질을 성취하기 위해 협동해야 했습니다. 도요다는 호신간리를 1960년대에 발견했고, 단지 양질을 원한다는 것보다 더 구체적인 목표를 가지고 실행하기 시작했습니다. 그 구체적인 목표는 데밍 상을 받는 것이었습니다. 데밍은 통계과정 관리와 품질을 짓는 원리를 가르치는 품질의 지도자였습니다. 그는 도요다에서 많은 존경을 받았고, 일본에서는 그의 이름을 따서 상을 제정했는데, 아주 받기 어려운 것이었습니다. 아이지 도요다는, "기업으로서 노력을 쏟는 구체적인 목표로서 품질 데밍 상을 받을 것이다," 라고 도전을 던졌고, 그들은 1965년에 이 목표를 달성했습니다.

도요다 *호신간리* -역사

1961: 도요다 자동차는 국제적으로 경합하기 위해 운영을 현대화할 필요를 절감함
　　　아이지 도요다의 두 가지 근본적인 필요:

- 고위 경영진이 목표를 명확히 하고 직원들을 관여(특별히 품질)할 필요.
- 전 부서 협동을 장려하는 경영 시스템.

1965: 품질에 대한 데밍 상을 받음.

1972: *호신간리* 가 현재 실행되기까지 성숙함.

연차 계획을 달성하기 위해 상부에서 하부로 정렬된 시각적 수치

사람들을 정렬시키기 위해 제일 먼저 할 수 있는 일은 상부에서 하부로 정렬된 수치를 현장에 게시하는 것입니다. 이미 현장그룹을 다룬 6 장에서 시각적 수치의 중요성에 대해서 논의한 바 있습니다. 어떻게 현장 그룹이 한 곳에서 만나서, 어떻게 하고 있는지 시각적으로 보고, 개선을 하려 단계별 계획을 세우고, 경영진이 둘러보고 과정과 사람들을 점검해야 하는지에 대해 논의했습니다. 수치는 시작점을 제공합니다. "무엇이 목표인가? 우리가 어디에 있는가? 목표와 현재와의 격차인 적색 선에 있다," 그리고 나면, 코칭을 시작할 수 있습니다.

경기침체 당시, 2008 년 2 월에, 인디아나 주에 있는 도요다 공장을 방문했습니다. 지난 8 년간 트럭, 미니 밴, 대형 SUV 을 제조하며 품질상을 연속으로 받았습니다. 경기침체 동안 석 달간 공장 문을 닫았는데, 트럭 재고가 너무 많았고 시장요구는 너무 적어서, 경기침체가 왔을 때, 60% 가동률로 8-9 개월을 운영했습니다. 그 동안, 그들은 직원들을 해직하지 않고, 공장을 대학처럼 바꾸어 석 달 동안 도요다 생산 시스템을 가르쳤습니다. 그리고 나서, 팀원들은 시간의 절반은 일하고 절반은 배웠습니다.

그들이 집중한 것 중의 하나는 현장 경영개발 시스템을 이용한 *호신간리* 를 가르치는 것이었습니다. 이는 6 장에서 본 바와 같이 사람들이 매일 만나서 문제를 인지하고 매일 가이젠을 작은 피디시에이(PDCA)의 연속으로 하는 것입니다. 그들은 현장그룹에서 간부진까지 정렬된 현장 경영개발 시스템 게시판을 처음으로 소개했습니다 (그림 7-2 참조). 일본에서는 10 년 전에 개발된 것으로, *호신간리* 를 표현하고 도요다 사업실행을 따르도록 조직되었습니다. 놀랍게도, 그들은 처음 본 것 인양 행동했습니다. 왜 많은 품질 상을 받은 훌륭한 공장이 *호신간리*와 현장 경영개발 시스템을 새로운 것 인양 말할까요?

실용적 지침서

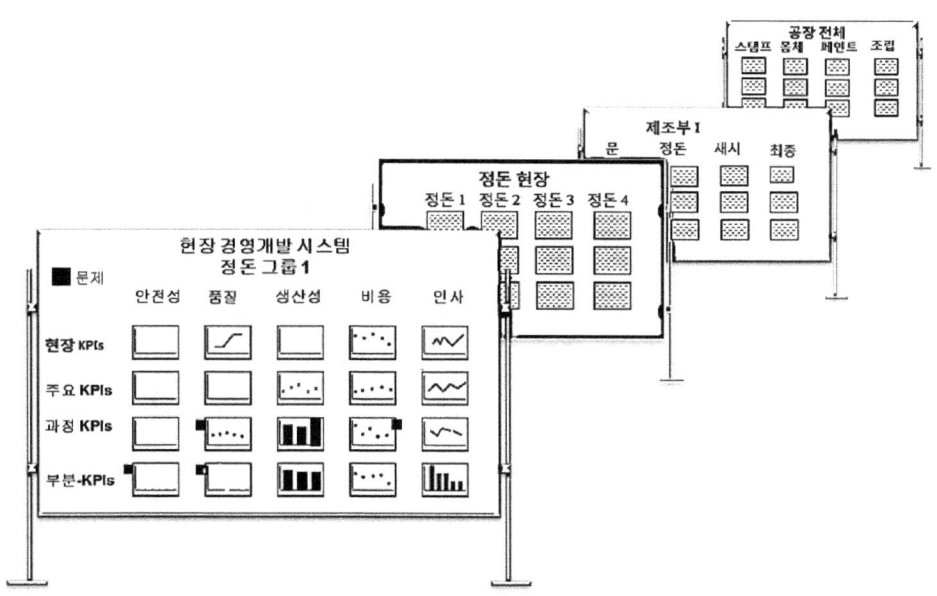

그림 7-2. 간부진 계획에서 현장 수치까지 정렬된 시각적 게시판

대답은 다음과 같았습니다 "저희는 직원들을 가이젠에 관여하도록 해왔습니다. 시간제 직원들 중 어떤 사람은 가이젠에 있어서 감독관보다 더 낫습니다. 많은 차량을 제조하고 장시간 근무하다 보니, 새로운 도구에 대한 훈련을 게을리 했습니다. 저희가 하지 않았던 것은 공장 전체에 진정한 정렬이 있도록 시간을 들여 체계적으로 *호신간리*의 전 과정을 거치지 않았다는 것입니다. 이제는 시간이 있어서 할 수 있습니다."

최근에 현장 경영개발시스템 게시판을 각 현장 그룹마다 설치했습니다 (그림 7-3 참조). 예를 들어, 그룹지도자가 문을 용접하는 부분을 맡고 있다면, 게시판 첫 줄에 안전성, 품질, 생산성, 비용 그리고 인사에 해당하는 주요 수치가 게시되어 있습니다. 이들은 기준 범위로서 몸체부서장의 호신 게시판과 직접 연결되어 있으며, 일반적인 결과입니다.

256　　　모 든 단 계 에 서 린 지 도 자 를 양 성 함

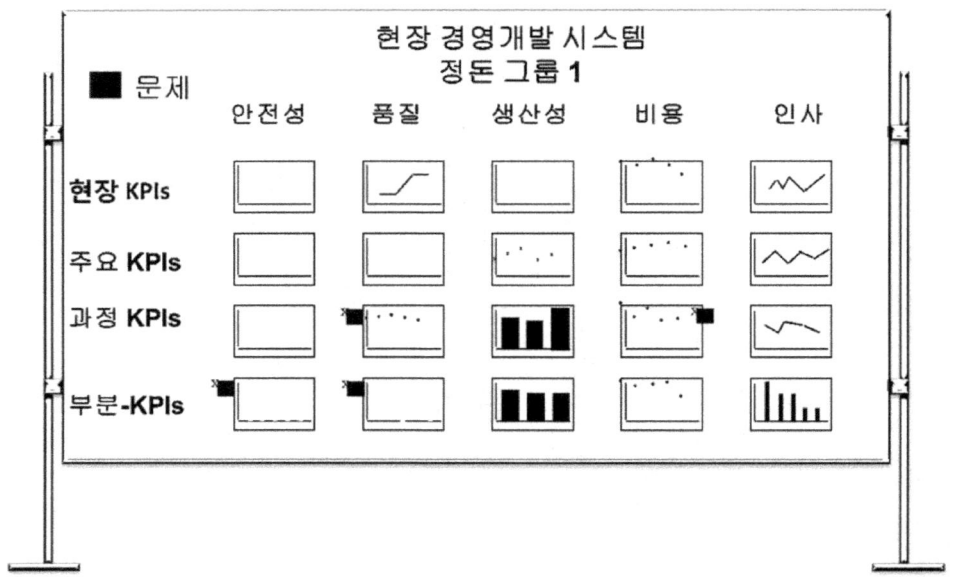

그림 7-3. 현장 경영 개발 시스템 게시판

인디아나 공장은 공장 사장에 의해 정해진 목표에 참가했으며 생산이 중지된 동안의 훈련과 개발에 대한 내부적 목표를 또한 세웠습니다. 강조된 부분 중의 하나는 품질이었습니다. 집중할 시간이 충분했기 때문에 다음 해의 품질 목표를 미리 앞당겨서 일년 일찍 성취하기로 결정했습니다.

맨 위 줄은 공장 전체에서 생산되는 100 차량당 하자를 측정하는 것입니다. 말씀 드렸듯이, 하자는 일반적 결과입니다. 게시판 아래로 갈수록 해석을 해야 합니다. 인디아나 공장에서 발견한 하자 중의 하나는 차량 몸체의 "훼손"이라 불리는 것인데, 차량 몸체의 긁힘, 구부러짐을 칭하는 극적인 용어로, 원인이 몸체 부분이 용접되는 과정에서 발생한다는 것을 발견했습니다. 이제 좀 더 구체적인 주요수행지표인 훼손이 있고 그 하자를 줄이기 위한 목표가 설정되었습니다.

몸체부에는 몸체 훼손과 원인이 된 특정 과정을 인지하는 검열장소가 있습니다. 이에 책임이 있는 현장그룹은 이제 많은 하자를 초래한 과정단계에 집중할 것입니다.

개선 카타를 하는 것과 비슷합니다. 현재 운영 패턴을 주시하고, 다음 목표 조건을 설정하고, 잠재적 장애를 인지하며, 대책으로 실험하기 시작합니다.

피디시에이(PDCA)의 주기에 있는 것입니다. 현장경영개발시스템 게시판의 아래에, 또는 차트에, 또는 칠판에 무엇을 하는지 기록할 수 있습니다. 인디아나의 경우에, 과정단계에 집중할 때는 차트에 기록하고, 훼손을 초래하는 매 과정마다 도요다 사업실행의 8 단계를 거칩니다. 그룹 지도자, 팀 지도자 그리고 팀원들이 도요다 사업실행을 배울 수 있는 첫 기회입니다. 사람들을 개발하는 동시에 *호신간리* 를 하여 품질 개선을 하는 것입니다.

이는 대단한 축복이었습니다… 사람들을 개발하는 시간을 넉넉히 갖는다는. 공교롭게도 이는 판매가 부진해 많은 직원들을 해고한 기업들에게 강연을 할 무렵이었는데, 그들은 이렇게 변명했습니다,” 직원들이 할 일이 아무 것도 없어서요.” 그들에게는 배움은 지불할 가치가 있는 일이 아니었습니다.

사람들을 수평적으로 수직적으로 정렬함

이상적인 상태는 수평적, 수직적 전체의 정렬입니다 (그림 7-4 참조). 호신이 상부에서 하부로 내려가며 매 단계와 대화를 하고 조직위로 올라가며 점검합니다. 이것이 수직적인 것입니다. 수평적인 것은 부서, 장소, 기능에 걸쳐 일어나야 하는 협동입니다.

호신간리 과정은 조직 전반에 걸친 토론을 이끌어내야 하는데, 언제나 명확한 지도자아래에서 가능합니다. 게리는 북미 제조 질서에서 보상수리 삭감을 이끌었는데, 세계 도처의 다른 조직의 지도자들을 끌어내야 했습니다. 수평적 정렬의 제일 좋은 예로 볼 수 있습니다.

심지어 용접의 경우에도, 어떤 현장 그룹도 단독적으로 일하지 않습니다. 스탬핑에서 오는 부품들이 잘못 만들어졌을 수 있습니다. 그래서 잘 용접할 수 없었을 수 있습니다. 억지로 용접하다 보니, 잘 맞지 않아서 시간이 지나다 보면 훼손되었을 가능성도 있습니다.

제가 만약 몸체부의 그룹 지도자라면, 제 영역만 통제가 가능한데, 문제는 스탬핑 부서에서 왔습니다. 궁극적으로, 생산 개발로부터 도움을 받아야 하는데, 한도를 잘못 설정해서 부품이 일반적으로는 맞지만, 어떤 때는 맞지 않기 때문입니다. 어떻게 해야 할까요? 어떻게 다른 기능들에 걸쳐서 수평적으로 정렬되도록 할 수

258 모든 단계에서 린 지도자를 양성함

있을까요? 아마도 문제를 높은 단계로 상승시켜야 할 것입니다. 용접 그룹 지도자가 돌아다니며 다른 부서에서 적절한 사람을 찾아서 그들의 과정과 제품내역을 바꾸도록 납득시키길 바라진 않으실 것입니다.

수평적 정렬은 경영 전체에 걸쳐 일어날 것이며, 수직적 정렬은 현장 경영개발 시스템 게시판에 보이는 단계를 통해 일어날 수 있습니다. 모든 부서의 매니저들은 각자 그 해의 호신간리의 품질 목표가 있어서 자연적으로 어느 정도의 정렬이 있게 됩니다. 몸체 훼손 제거에 집중하도록 새로운 부서간 팀을 제품개발, 스탬핑 또는 용접 팀을 통해 꾸릴 수 있습니다. 이 팀원들은 개인적 호신간리 계획에 덧붙여 다른 부가적 목표를 가질 수 있습니다.

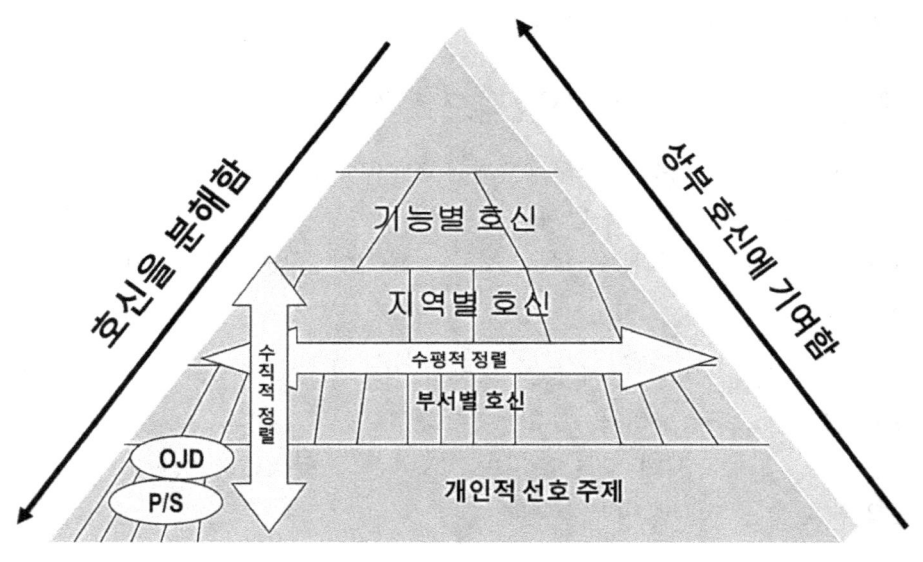

출처: 도요다
그림 7-4. 호신 간리 수평적, 수직적인 정렬

이는 모두가 문제해결에 숙련되어야 함을 의미합니다. 어떻게 문제해결에 숙련될 수 있을까요? 도요다는 이에 대한 간단한 답변을 제시합니다. 일하면서 개발하기(OJD)입니다. 이는 도요다 내에 깊이 뿌리내려 있습니다. 일하면서 개발하기를 통해 코치하면서 도요다 사업실행의 정신과 실행을 따라 한다면, 자연적으로 다른 부서들과 일하여 기업의 목표를 달성하길 원하며 효율적으로 일할 기술도 갖게 될 것입니다.

기업은 품질에 관하여 더 경쟁력을 갖기를 원합니다. 무엇이 필요한지 아는데, 궁극적으로는 전체적인 고객 만족입니다. 이러한 필요는 부서 내, 부서 간 실행으로 분해되어야 합니다. 그리고 부서와 부서간 팀들이 좀 더 작은 규모로 분해해서 실행하고 점검합니다. 점검하고 조정함으로 높은 단계의 호신간리에 기여합니다. 분해하며 하부로 내려가고 점검을 포함한 기여함으로 상부로 올라갑니다. 분해는 모든 계획을 포함하며 이를, 실행한 후에, 이익은 상부로 올라갑니다. 좋은 모델이며 힘이 있는 이상입니다. 완벽한 조직이라면 이런 모습일 것입니다. 진정한 도전은 이러한 이상을 실제로 바꾸는 것입니다.

어떻게 *호신간리* 와 일일 경영이 함께 작용하는가?

도요다에서 *호신간리* 의 연 주기

호신간리 는 십 년간의 이상과 5 년간의 사업계획을 펼치는 데 도움이 되도록 고안된 연(年) 주기입니다. 주기 자체는 광범위하며, 놀라실 필요 없이, 계획, 시행, 점검, 실행을 따릅니다. 석 달 동안 일년을 준비하는 계획을 개발합니다. 도요다의 회계연도는 4 월 1 일이 시작입니다. 사장이 연초에 호신의 높은 단계를 펴는 연설을 합니다. 십 년 간의 이상으로 시작하여, 5 년 계획, 어디쯤 와 있는지, 현 상황, 경쟁회사들의 상황, 직면한 환경문제, 새로운 상황, 이를테면, 올해는 쓰나미, 그러므로 새로운 도전이 제기됩니다. 경쟁자들이 급속도로 차량을 출시하며 앞서갑니다. 무엇이 되었든, 사장은 기업이 직면한 도전들에 대한 그림을 펼칩니다 그리고 말하기를, "이것이 연말까지 이루어야 할 것입니다. 이것이 저희 기업의 연차 계획입니다."

그리고는 지칠 정도로 복잡한, 도요다에서는 일상이 되어버린, 세계 본부 단계에서부터 기능별로 분해하기 시작합니다. 세계적으로 연구 조사장, 판매장, 재정장, 보급장, 품질장, 인사장이 있으며, 그들은 그들의 계획을 분해하여 지역별 기능 그룹에게 할당합니다. 북미가 해야 할 것은 무엇인가? 유럽이 해야 할 것은 무엇인가? 그 다음에 지역 내 개별적 단위로 내려가는데, 기술센타, 판매부, 지역 제조부등입니다. 흘러내려 가며 양방토론을 촉진하는데, 기업의 연 목표 달성을 위해 무엇을 해야 하고 어떻게 해야 하고, 초기 계획은 무엇이고 이를 성취하도록 하는 수단은 무엇인지에 대한 것입니다.

이 모든 것이 계획 단계에서 벌어집니다. 언급한 대로, 1월에 시작하여, 폭포가 흐르듯이 내려가며, 이 모든 양방토론과 이 모든 사고와 계획이 석 달 동안 벌어집니다. 회계연도가 4월 1일에 시작되면 이제 경주의 시작입니다. *호신간리* 계획을 실행하기 시작합니다. 그리고 나면 꾸준한 점검, 꾸준한 행동, 언제나 하는 피디시에이(PDCA)가 진행되고, 반 년 후에 도요타 전 세계적인 공동 점검을 합니다. 그 때에 점검했던 모두가 보고하고 기업은 어디쯤 왔는지를 발견합니다. 이때에 조절할 기회도 있습니다. 예를 들어, 쓰나미와 대지진으로 심각한 부품 부족이 발생한 경우를 들겠습니다. 이는 3월에 발생했고, 그 때까지는 *호신간리* 계획이 대지진과 쓰나미의 영향을 고려하지 않은 채 대부분 확정화된 상황입니다. 이것은 계획 안에 반영되어야 하며 어떤 것들은 제외되어야 합니다.

6 개월을 점검할 때, 현 상황을 반영하고 남은 해 동안 무엇이 필요한지를 알아냅니다. 동시에, 다음 해를 계획하는 과정이 시작됩니다. 지진처럼 중요한 재난이 일어나면, 어떤 것들은 다음 해로 미루어야 함을 의미합니다.

그러므로, 현 상황과 다음 해의 목표를 위해 자료를 수집해야 합니다. 지금까지의 개선을 볼 때 피디시에이(PDCA)의 행동 단계에 있을 수 있는데, 개선이 유지될 수 있도록 안정화할 필요가 있습니다.

도요타의 사람들은 석 달이 이러한 복잡한 계획을 세우는데 결코 긴 시간이 아니라고 동의할 것입니다. 또한 이렇게 말할 것입니다, " 작년 8월부터 호신간리를 생각해 왔습니다. 무엇이 요구될지에 대한 감이 잡혔고, 이미 일하기 시작했습니다."

이것이 연차 *호신간리* 주기가 돌아가는 방식이며, 기업 단계에서 커다란 하나의 계획, 시행, 점검, 실행을 봅니다. 여기 연차 계획이 있고, 실행하고, 성취한 것은 이러하며, 아직 해야 할 것은 이것들입니다. 연차 피디시에이(PDCA) 안에 작은 단계의 피디시에이(PDCA)가 포함되어 있는데, 국가선상에서 공장 별로, 4분기 단계로, 궁극적으로는 현장 그룹에서의 분당의 피디시에이(PDCA)까지입니다. 하자가 있다거나 무언가 잘못 되었다고 파악하면 피디시에이(PDCA)를 통해 고칩니다. 상부에서 하부까지 피디시에이(PDCA) 학습 주기가 포함되어 있습니다.

실용적 지침서

호신간리 와 일일 경영의 결정적 관계

호신간리 는 모든 사람들의 에너지를 오랫동안 개발해 온 절제된 계획과 실행에 집중하며 일일 경영 시스템은, 도요다가 현장 경영개발 시스템이라 부르는 것으로, 현장 그룹이 일일 피디시에이(PDCA)를 운영하도록 인도합니다. 온전한 이익을 얻기 위하여 *호신간리* 와 현장 경영개발 시스템은 서로 협력해야 할 필요가 있습니다. *호신간리* 는 목표의 큰 그림을 제시하며, 일일 경영을 통해 이를 특정한 행동으로 전환하는 것입니다.

첫 질문은, 무엇을 해야 합니까? 입니다. 기업을 위해, 매 부서를 위해, 궁극적으로 매 현장 그룹을 위해 이 질문에 대답할 수 있어야 합니다. 답변의 결과는 목적들을 측정 가능한 작은 목표들로 전환하는 것입니다. 두 번째 질문은 어떻게 해야 합니까?입니다. 목표에 다다르도록 사용해야 할 과정은 무엇입니까? 그러기 위해서는 매일 연습하여 목표를 다다르도록 하는 일일 행동이 필요합니다. 마지막으로, 어떻게 전진하는지, 결과가 무엇인지 알아야 합니다. 그러기 위해서는 주요수행지표와, 다른 수행지표와 지금 수행하는 개별적 과정까지를 매일 재검토하는 과정이 필요합니다. 다시 말하면, 커다란 그림에서 현재 특정 문제 해결하는데 있어서 현미경적인 상세함까지 입니다.

어떻게 해야 할 지와 어떻게 하고 있는 지의 경영은 서로 연관되어 있습니다. 두 번째 단계와 세 번째 단계는 일일 회합을 하고 가이젠을 하며 점검하고 다음 단계를 인지하는 동안 꾸준히 진행되는 것 입니다.

호신간리 와 현장 경영개발 시스템은 현장그룹의 에너지를 동력화함.

무엇을 해야 하나?

(기업-부서-현장그룹)

➔ 호신-목적과 주요시행지표

어떻게 해야 하나?

(과정)

➔ 현장경영-일일 활동

어떻게 하고 있는가?

(결과)

➔ 주요 수행지표, 부 수행지표, 과정 수행지표

호신간리 를 일일 경영과 분리해서 언급했지만 긴밀히 연결되어있습니다. *호신간리* 는 계획과 점검과정을 사장에서 현장직원에 이르기까지 크게 보는 것이고 일일 경영과정은 실제로 매일매일 하는 것입니다. 예를 들어, 현장경영개발 시스템 게시판 앞에 서서, "여기가 약한 점이고 이것이 오늘 일해야 하는 것입니다. 이것이 장비 패널을 설치하는 특정과정의 방법입니다."라고 논의하는 것입니다. 이는 일일 경영에 대한 상세한 논의입니다.

이들을 두 가지 다른 것으로 생각 할 수 있습니다. 약한 일일 경영 시스템으로 *호신간리* 를 이행한 기업들이 목적을 행동으로 전환하는데 들쭉날쭉한 결과를 경험하는 것을 관찰했습니다. 간부진이 강조한 품질에 대해 큰 개선을 한 후에 간부진이 비용절감이 압박을 받아 기급한 사안이 되면 품질은 뒤로 젖혀지게 됩니다. 다른 한 편으로는, *호신간리* 없는 일일 경영은 개선을 유지할 수는 있지만, 극적인 개선을 할 수는 없습니다. 그러나 이 둘을 결합시키면 경향 차트에서 보이듯이(그림 7-5 참조), 아주 좋은 결과를 얻을 수 있습니다. 적다 못해 평평하기까지 한 조정 기간 후에는 커다란 전진이 보입니다. 예를 들어, 하자를 10%줄이기로 결정했다고 합시다. 많은 것을 바꾸어야 합니다. 도구를 바꾸고 직원훈련방법과 공급자와 일하는 방법을 바꾸고, 과정을 바꾸어야 합니다. 제품개발팀에게 피드백을 주어 다음 모델은 쉽게 제조할 수 있도록 해야 합니다.

많은 것들이 바뀌어야 하고 많은 사람들이 일하는 방법을 바꾸어야 합니다. 매일 부서간 새로운 과제에 대한 교통이 있어야 합니다. 이러한 변화가 생긴 후에는 변화한 것을 안정시키고 유지해야 합니다. 매일 개선할 작은 것들을 발견하겠지만, 주요한 도전은 아닙니다.

실용적 지침서

예를 들어, 2010 년까지 일본 엔화가 강세를 보여서, 전문가들이 도요다에게 치명적이라고 진단했습니다. 일본에서 자동차가 너무나 많이 생산되어 수출하고 나면, 이익이 거의 없었습니다. 엔화강세로 손해를 볼 지경이었습니다. 도요다는 희망이 전무하다고 보지 않았습니다. 일해야 한다고 여기고, 3 년 간에 걸쳐 일본에서 비용을 30%만큼 -1 년에 10%씩 절감하는 목표를 세웠습니다. 바꾸기 어려운 고정비용이 있고, 줄일 수 있는 가변비용은 제한되어 있었습니다. 차량에 대한 근본적인 재 디자인으로 돌아갔고 공장 내에서 많은 변화가 있었습니다. 지극히 효율적인 공장에서 30%를 절감하기 위해서는 새로운 사고가 필요했는데 마침내 그들은 달성했습니다. 그 후에 아베 수상이 엔화약세 정책을 도입했을 때, 도요다는 대단한 수익을 올렸습니다.

이는 커다란 변화인데, 매년 할 수 있는 것은 아닙니다. 작은 목표를 가지고 현재를 유지하며, 다음에 오를 큰 산에 대비하는 기간이 있을 것입니다. 다시 말하면, 호신은 이러한 큰 도전을 제기하고, 일일 경영을 이용하여 도전을 성취하고 과정을 안정화하는 많은 작은 변화를 꾀하는 것입니다.

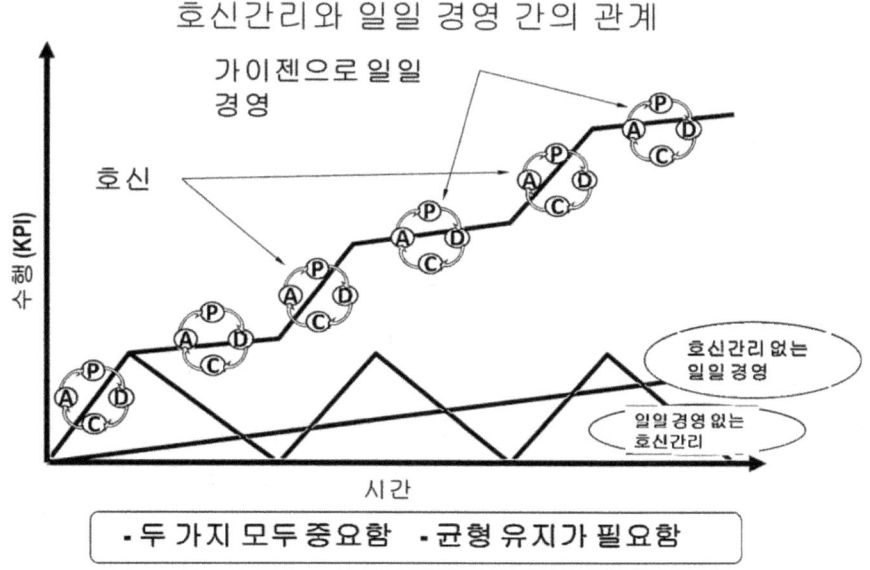

그림 7-5. 돌파와 유지를 위해 호신간리 와 일일 경영이 함께 일함

호신간리 의 원리

호신간리 에 깔린 원리

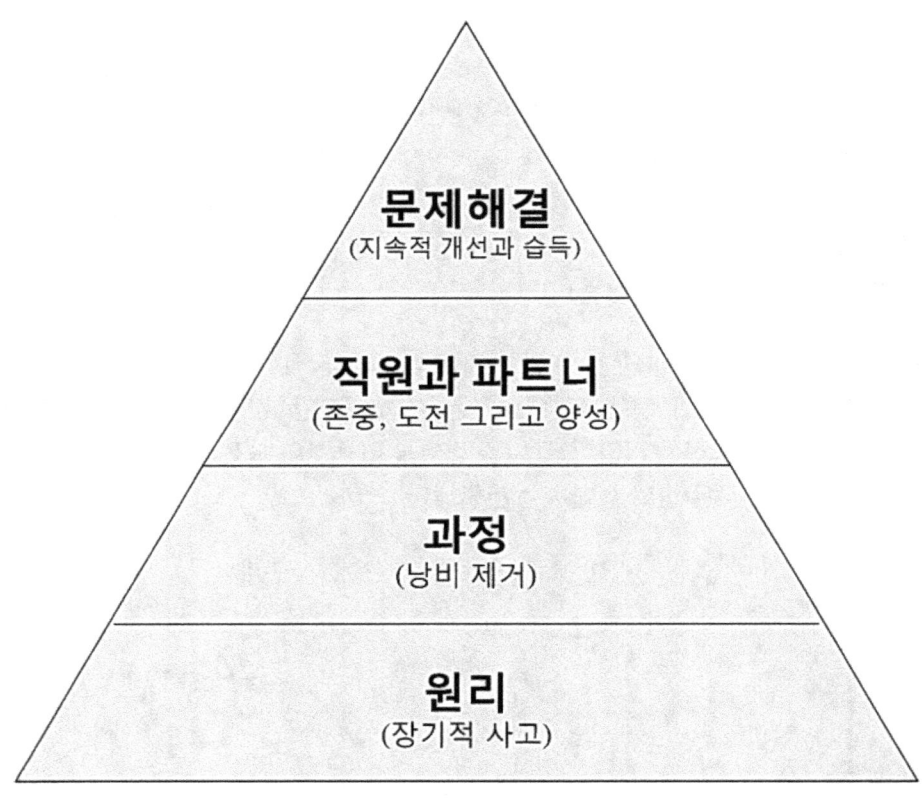

그림 7-6. 도요다 방식 모델.

이제 돌아가서 도요다 방식 모델의 토대인 원리에 대해 논의합시다 (그림 7-6 참조). 원리의 토대는 언제나 가치입니다. 무엇을 믿습니까? 무엇에 자극 받습니까? 무엇이 사업에 중요합니까? 기업에 중요한 것은 무엇입니까? 고객에 대해 무엇을 믿습니까? 직원에 대해 무엇을 믿습니까? 지도력에 대해 무엇을 믿습니까? 이러한 질문에 대한 답변은 도요다의 다섯 가지 가치 – 도전, 가이젠, 겜바로 가서 보기, 팀워크 그리고 존중- 에 대해 논의할 기초를 제공합니다. 그리고 나면 넓은 이상으로 향하는 방향과 초기 단계가 필요합니다. 도요다는 10 년간 세계적 이상을 웹사이트에 올렸습니다. 물론, 10 년의 이상은 아주 일반적일 수 밖에 없는데, 너무나 많은 변화가 일어나기 때문입니다.

실용적 지침서

직원 모두에게서 협력을 받아야 합니다. 만약 오랫동안의 경영방식으로 인해 직원관계가 아주 나쁘다면, 회복하기 시작해야 하며 신뢰를 얻어 *호신간리* 없이 작은 프로젝트부터 일하며, 직원들이 개선을 경험하도록 그리고 설령 실패하더라도 징계가 없음을 믿도록 해야 합니다. 부가적으로, 코칭을 시작하며 지도력 개발 주기를 통해 변화를 꾀하여야 합니다. 결국에는 자기개발인데, 이상적으로는 상부에서 시작하여 하부로 내려가며 모든 단계의 지도자들이 자기개발을 해야 합니다.

- 핵심가치는 토대임
- 미래를 위한 이상으로 시작함 (예. 10 년 이상)
- 전 직원과의 협력

그리고 나면 *호신간리* 의 명확한 목적이 필요한데, 다른 기업들처럼 도요다도 결과를 원했습니다. 사업을 위해 결과가 필요했지만, 그들은 그 이상을 했는데 실제로 과정을 개선하고 안정되지 않은 결과는 유지가 불가능하기 때문입니다. 그들은 들쭉날쭉한 결과를 피하고 반복되는 과정으로 개선을 유지하기를 원했으며 오직 사람들만이 개선할 수 있음을 알았습니다. 사람들이 양성되어서 결과를 점검하고 과정의 어떤 부분이 변화되어야 하는지 알아내고, 변화를 꾀할 수 있어야 합니다.

목적: 과정 개선 X 결과 X 인력양성

진정한 *호신간리* 는 결과를 얻는 것과 비등하게 인력양성에 대한 것입니다. *호신간리* 에 깔린 원리는 일년의 결과를 얻기 위한 것만이 아닙니다. *호신간리* 의 원리는 사업에 필요한 목표를 이용하여 고객만족과 건강한 기업을 지키는 동시에 과정을 개선하고 인력을 양성하는 데에 있는 것입니다. 이 세 가지는 한 번에 일어나야 하며 이 중에 하나라도 일어나지 않는다면, *호신간리* 는 실패한 것입니다. 덧셈이 아니라 곱셈에서처럼 하나가 영이면, 전체가 영인 것입니다.

핵심신조는 좋은 과정은 좋은 결과로 이어진다는 것입니다. 다르게 표현하면, 결과로 시작하여 "이러한 결과를 얻으려면 어떤 일을 해야 하나?"라고 자문하는 것입니다. 이는 간단한 접근으로 이어질 수 있는데 비용삭감만이 중요해서 엔지니어와 검은 띠 보유자가 투자수익에 대한 프로젝트를 하여 결과를 얻으면 만족하는 것처럼입니다. 하지만 도요다는 매 년 좋은 결과를 유지하는 유일한 방법은 반복적이고 정의된 과정들을 가져서 이를 운영하는 사람들에 의해 지속적으로 개선되는 것이라고 믿습니다.

간략하게는, 과정에 대해 일할 때, 일부분은 투자수익을 가져오는 것이고 다른 부분은 사람훈련과 일일 정비처럼 즉각적인 이익을 가져오지 않는 것일 수 있습니다. 장비가 높은 수준으로 작동해야 함을 알기 때문에 이렇게 하는 것입니다. 동기의식을 갖고 일일 가이젠을 함으로 사업을 돕는 사람들이 필요함을 또한 압니다. 매일 게시판을 둘러싸고 회합이 필요함을 압니다. 코치할 줄 아는 팀 지도자와 그룹 지도자가 필요함을 압니다. 원하는 결과를 얻으려면 이 모든 요소가 제자리에 있어서 하기 때문에 매 번 누군가를 훈련시키고 장비 점검을 위해 초과근무를 허용할 때마다 직접적인 수익을 기대하지 않고 이 모든 요소에 관하여 일합니다.

목표에 따른 경영과 *호신간리* 비교

목표에 따른 경영은 명령과 통제가 됨

모든 기업이 어떤 형태이든 목적이 있습니다. 가장 흔한 것은 종종 "목표에 의한 경영"으로 간주됩니다. 이는 측정할 수 있는 목표에 대해 최고 경영진에서 감독관 단계까지 내려가는 논의처럼 보입니다. *호신간리* 처럼 들릴 수 있으나, 비슷한 점은 여기서 그칩니다. 논의는 대부분 배타적으로 진행되며 결과는 보상과 징계로 연계됩니다. 이를 성취하면 보너스를 받으며 승진의 기회가 주어지고, 실패하면 결과를 감수해야 하는 것입니다.

결론적으로, 두려움, 인정 그리고 보상이며 유형적입니다. 유형적인 결과를 달성할 때, 경력에 유형적인 결과가 생길 것입니다. 예를 들어, 지엠이 유행시킨 에이비시(ABC) 시스템이 있습니다. 에이(A)직원은 놀라운 승급과 보너스를 받습니다. 비(B) 직원은 잘 하고 있으며 평균의 승급을 받고, 시(C) 직원은 개선이 필요하며 징계를 받게 됩니다. 2 년 연속 시(C) 직원이라면 해고당하게 됩니다.

어떤 그룹이든 적어도 한 명은 시(C) 직원이며 두 명의 에이(A) 직원이 있고 나머지는 중간입니다. 매니저들은 승자와 패자를 가르도록 강요 받습니다. 이는 목표에 의한 경영 원리에 잘 맞는데, 두려움, 보상 그리고 명확한 목표이며, 그리고는 방치합니다. 알아서 하도록 내버려 두면, 사람들이 동기의식을 갖고 결과를 성취할 것으로 여깁니다.

목표에 의한 경영의 특징을 볼 때, 단기적인 관점입니다. 고위 간부진이 단기적으로 요구되는 결과를 지시하고 점검할 것입니다. 10년간의 기업의 넓은 이상은 생각 안에서 연결되지 않습니다. 아마도 생각 안에서 가장 동떨어진 것입니다. 생각하는 것은: "수치를 맞춰야 하는데 분기말에 마감시한이 되면 이걸로 평가 받을 텐데,"일 것입니다.

목표에 의한 경영의 주창자인 피터 드러커는 최고 경영자들이 지도자로 여긴 사람임을 지적해야 합니다. 그가 이를 묘사할 때는, 참여적인 경영, 대화, 그리고 권한 부여를 포함했습니다. 그 당시엔 호신간리 같았고, 종종 실행되었습니다. 어느 순간에 원래 의도가 실행 가운데 잃어버려졌습니다.

목표에 의한 경영 특징

단기적이며 무원리

"원리가 없다"라고 했을 때, 어떻게 사람들을 이끌고 가치가 무엇인지에 대한 정의된 원리가 없다는 뜻입니다 (그림 7- 참조). 원리를 이렇게 요약할 수 있습니다, "적자생존, 어쨌든 결과 성취, 결과란 단기적으로 달성하도록 이사진, 주주 또는 투자자들에 의해 강요 받은 것임."

결과에 치중한 노력 평가

"오로지 결과만 평가할 것입니다. 어떻게 했는지는 상관하지 않습니다. 그저 끝내십시오. 물론 도덕적인 원칙을 저버리면 안 됩니다. 훔치거나 법을 어기거나 사람들을 위험에 몰아넣으면 안 됩니다. 안전과 도덕은 상관하지만, 그 외에는 규칙이 없습니다. 단지 결과를 얻으십시오."

상부에서 하부로의 지시하는 의사소통

의사소통은 상부에서 하부로입니다. 친절하고 상냥하고 사람들의 염려를 경청할 수 있겠지만, 목표는 목표인 것입니다.

권위 위주

권한의 근거는 정식 권위입니다. 보상과 징계를 할 수 있는 위치에 있습니다. 당근과 채찍을 가지고 있는데 이것이 강력한 도구입니다.

목표에 따른 경영	호신 간리
단기적, 무원리	장기적, 강한 지침 원칙
결과에 치중한 노력 평가	인력 양성에 집중하며 결과와 과정에 관심함
상부에서 하부로 의사소통	상부에서 방향 설정하고 하부에서 정보와 방법을 올려 보냄
지시적임	참여적임
권위 위주	책임 위주

그림 7-7. 목표에 의한 경영과 호신간리 의 비교

호신간리 특징

장기적이며 강력한 지침 원칙

지침 원칙과 장기적 이상이 있습니다. 지침원칙은 고객, 사람, 존중에 대한 것이며 결과에만 염려하는 것이 아니라 과정과 인력 양성에 집중합니다.

결과에 염려하며 과정과 인력양성에 집중함.

호신간리 로 모든 단계에서 인력양성에 집중하며 기본적 신뢰를 개발하고 사람들은 결과를 가져오리라 믿는 특정한 것을 지속적으로 개선하려 일합니다. 만약 틀리다면, 배우면서 재조정해야 하며 이것이 배우는 과정이 되는 것입니다.

상부에서 하부로의 방향 설정

상부는 방향을 정합니다. 기업의 필요는 민주적인 절차에서 나오지 않습니다. 경쟁자에 대한, 새로운 기술에 대한, 미래의 기회에 대한, 기업으로서 가고자 하는 방향에 대한 심도 있는 분석에서 나옵니다. 전략적 계획은 상부에서 나와야 하며, 고위 간부진은 어떤 기업 필요가 성공적이어야 하는지를 결정합니다. 기업의 필요이지 그저 가져서 좋은 것이 아닙니다.

정보와 방법이 하부에서 위로 흐르는 방식을 통한 참여

하부로 지시가 내려갈 때, "아니오, 그렇게 할 수가 없습니다. 절반은 할 수 있어도요,"라는 반응을 얻는 다면, 기업은 원하는 결과를 얻을 수 없을 것입니다. 일단, 상부에서 하부로의 방향이 정해지면, 결과를 얻어야 합니다. 도요다에게는 3년간의 30% 비용삭감의 목표를 15%로 하향 조정한다는 것은 납득하기 어려운 것입니다.

목표를 토론하기보다는 방법을 논의하는데 더 많은 노력을 쏟습니다. "어떻게 해야 하나?" 사용할 방법에 대한 많은 계획이 있습니다. "높은 생산성을 달성하기 위해 의미있는 측정수치는 무엇일까?" 페인트 부서에서는 장비사용시간일 수 있고, 조립부에서는 단위당 노동시간일 수 있고, 판매부라면 판매하는데 걸리는 시간일 수 있습니다.

모두가 관여하는 참여적인 과정입니다. 그들은 능동적으로 참여하며 사고하고, 분석하고, 자료를 연구하고 계획을 제안합니다. 이는, "안돼요. 30%는 너무합니다. 17%로 바꾸어야 한다고 생각합니다,"라며 목표를 막는 의미의 참여가 아닙니다. 조직 전반에 걸쳐 목표를 할당하며 참여하는 것이며 어떻게 해야 하는지에 대해 좀 더 관심을 갖는 참여입니다.

책임 위주

이는 책임위주인데, 상사의 당근과 채찍에 반응하는 것이 아니라 사람들이 목표에 따라 책임을 맡고 노력을 이끄는 것입니다. 도요다에는 조건부 보상이 많지 않습니다. 기업과 공장의 실적에 따른 연 2차례의 보너스가 있습니다. 이는 보편적인 보너스이고, *호신간리* 에 따른 경영진에게 주어지는 개인적 보너스가 있습니다. 거의 해고하지 않으므로 시(C) 직원에 2년 연속 있었다고 하여 해고되지 않습니다. 그들은 억지로 사람들을 분류하지 않습니다. 모두가 훌륭하면 모두가 훌륭한 것입니다. 그들은 내재적인 동기 의식에 주요 관심이 있습니다. "팀의 부분이고 보수를 잘 받고 있으니, 내 직분을 잘하고 기업을 위해 이러한 목표를 성취함으로 직분의 중요한 부분을 해내는 것이다."

급격한 린 변화: 다나 섀시 부품공급자

호신간리 가 현장 단계에서 작은 개선을 이루는 것이라고 여기는 오해가 있는데, 사실이기는 하나 일부분에 불과합니다. 현장직원이 지속적 개선에 참여하기를 원할 것입니다. 공동적으로 기업을 도우도록 정해진 목표를 향해 일하기를 원할 것입니다. 이는 모두 사실이나. 사장에서 현장직원까지 경영질서가 있으며, 각 단계마다 지속적 개선에 관여해야 합니다. 질서로 올라갈수록, 개인이 이끄는 프로젝트의 영역은 점점 커집니다.

도요다에서 대부분의 큰 변화는 고위 간부진 수준에서 일어남을 볼 수 있습니다. 그러한 수준에서는 몇 백명 내지는 몇 천명에 달하는 사람과 많은 장비가 연관되어 있습니다. 낮은 단계에서도 여전히 작은 개선이 진행되며 커다란 목표를 지원함을 또한 주목하십시오. 덧붙여, 제품 계획부처럼 큰 개선 실행을 이끌 수도 있습니다. 그들은 예정조정을 하고 공급자에게 재료정보를 주고, 호신에서 책임영역이 큰 데 여전히 이러한 큰 변화를 착수하는 데에는 현장그룹의 지원을 필요로 합니다.

아마도 *호신간리* 를 뜨거운 감자 전달하듯이 하부로 할당하는 것으로 생각하기 쉽습니다. 먼저, 사장이 갖고, 부사장에게 전달하고, 그가 일반 매니저에게 전달하고, 또 그가 매니저에게 전달하며, 궁극적으로 현장그룹까지 내려가면, 거기서 개선을 하고 개선이 넘쳐납니다. 이러한 모든 층은 책임을 양도하는데, 더 넓은 영역의 개선을 위해 모두가 일해야 하기 때문입니다.

게리가 도요다에서 은퇴했을 때, 이사진에 참여했는데, 그 중의 한 기업이 다나였습니다. 이전에 파산선고를 하고 2007년 경에 회복하기 시작했는데, 마침 경기침체로 미국 가스가격이 두 배로 오를 때였습니다. 다나는 섀시 부품을 자동차와 중장비 트럭 회사들에게 공급하고 있었습니다. 고객의 한 분야는 커다란 상업용 트럭회사들이었고, 자동차 회사 고객들은 작은 승합차 트럭이었습니다.

실용적 지침서　　　　　　　　　　　　　　　　　　　　　　　　　　271

거의 매 주 자동차 분야의 큰 공급자가 파산을 하고 있었습니다. 다나도 너무 크게 몰두해서 피해자가 되었습니다.

게리는 이사진에 있었을 때, 이사진은 이러한 위기에서 벗어나려는 공격적인 계획을 개발하고 있었습니다. 그들은 최고 경영책임자를 고용해서 돌이켜보려 했는데, 마지막 순간에 생각을 바꾸었습니다. 이사진은 게리가 임시 최고 경영책임자로서 일년 동안 일할 것에 동의했습니다. 그는 형편 없이 맞아 터진 기업을 회복하는 일을 받아들였습니다.

이는 진정한 위기여서 다나가 폐사될 수도 있는 상황이었습니다. 파산 11 장에서 회복되도록 채무자, 은행, 사립 주주들로 구성된 위원회에 의해 경영되고 있었습니다. 현금융통이 제대로 되지 않으면 위원회는 기업의 지분을 매각할 권리를 사용할 수 있어서 기업이 붕괴될 수도 있습니다.

다나 요약

- 1904 창사
- 오하이오 주 모미에 위치
- 2009 판매: 5 십억 달라
- 2 만 2 천명의 직원
- 26 개국에 96 주요시설이 있음

이는 커다란 기업이었습니다. 5 십억달러의 판매 실적, 2 만 2 천명의 직원 그리고 26 개국에 96 주요시설이 있었습니다. 2008 년에 그들은 급격한 변화를 모색해야 해야 했습니다. 포드 사의 전 최고재정장이었고 제너럴 모터스에서 일했던 위원장인 존 데빈이 게리를 고용했습니다. 그는 재정적 관점에서 기업을 재조직하는 법을 알고 있었고 이는 관건적이었습니다. 재조직이란 닫을 것은 닫고, 팔 것은 팔고, 공급자를 재촉하고 통합하며, 연금 프로그램을 제한하고 고용 삭감을 의미합니다. 부정적인 면이 있지만, 소형 승합 트럭 분야에서는 품질 기준과 기술적 혁신의 압력이 너무나 커서 단순히 성공으로 곧장 갈 수 없다는 것을 깨닫고 앞서 사고해야 했습니다. 그래도 운영면에서의 탁월함이 있어야 했습니다.

사업을 하려면 기본적인 필요조건입니다. 아주 좋은 제품을 시간에 맞춰 전달하고 재고를 보유하고, 연구개발을 하여 다른 공급자들에게서 받을 수 없는 새로운 기술을 고객에게 전달해야 합니다. 그래서 노동을 구분합니다. 게리의 역할은 운영적인 탁월함과 비용삭감에 집중하는 것이고, 의장의 역할은 재정적 복귀를 이끄는 것입니다. 존 데빈은 조합 계약 재조정, 공장 강화, 봉급 재협상등 전통적인 재조정에 뛰어난 지인을 포드에서 영입했습니다.

그 동안 게리는 도요다에서 알았던 운영적 탁월함에 전문가인 이들을 고용하기 시작했습니다. 도요다에서 훈련 받은 지도자로서, 그는 자연적으로 공장에 가서 겜바를 하며, 주요한 개선을 제안하고 현재의 지도력의 장단점을 분석했습니다.

배경 요약입니다.

2007 년 2 월: 11 장 파산에서 나옴.

2007 년 여름: 미국 가스 가격 폭등으로 다나 판매 감소

2008 년 10 월: 레만 브라더스 위기

2008 년 4 월: 게리 최고경영책임자로 취임.

2008 년 가을: 대 경기 침체로 판매 저조, 설비 미진.

이상을 보시면, 2009 년에 기업이 해산되고, 파산할 것으로 예상하셨겠지만, 사실상, 정반대의 일이 일어났습니다.

기업회생은 전혀 새로운 것이 아닙니다. 회생 전문가들이 있고 기업을 매입해 회생시키는 사립주주들도 있습니다. 전형적으로 재정 경영에 의해 이루어집니다. 무엇을 제거할지를 주로 사고합니다. "이 노동 분야에 이러한 수의 직원들이 있는데, 조사결과 경쟁회사에 비해 30% 더 많은 직원들이 있다는 것을 발견했습니다. 그러므로, 30%의 직원들을 제거해야 합니다." 그러면, 그 그룹의 지도자가 70%의 직원들로 100%의 일을 해낼 것을 기대합니다. 놀랍게도, 사람들은

실용적 지침서

적응하여 뛰어난 품질이나 과정은 아닐 지라도 중요한 일들을 해내기는 합니다. 정신 없이 일하며, 극심한 스트레스를 받으며 발등의 불을 끄기 바쁘지만, 직장을 잃지 않기 위해 무언가를 해내기는 합니다.

다나에서 일했던 사립 주주 중 한 명이 이렇게 설명했습니다: " 이미 문제가 생긴 옛 경영 에서는 새로운 결과를 바랄 수 없습니다." 제일 먼저 하는 일은 간부진을 뒤흔들어서 대부분을 해고하고 새로운 결과를 가져올 수 있는 새로운 팀을 영입하는 것입니다. 그리고는 재 구조를 하는데, 많은 것을 매각하고 문닫으며, 많은 직원들을 해고하고 연금을 없애며 기업을 대량축소하는 것을 좋게 돌려 말하는 것입니다. 이렇게 함으로 원하는 비용삭감을 이루지만, 사람들의 머리 속에 있는 지적 재산은 사라지게 되며, 숙련된 노동력도 사라져서 어떻게 기업을 안정화 할 지가 다음 과제가 됩니다.

불안정한 조직에서 트럭 새시부품을 제조해야 합니다. 조직이 약해졌지만, 적어도 생존했기 때문에 손익 분기점은 아주 낮습니다. 이제 기업을 새롭게 해야 합니다. 낮은 손익 분기점에서 이익을 창출하기 시작하며 새로운 사람들을 고용할 것입니다. 비용이 덜 들고 미숙한 젊은 사람들을 고용할 수 있을 터인데, 에너지가 넘침으로 새로운 도전이 될 것입니다. 이것이 전통적인 회생의 접근인데 탁월한 기업을 창조하는 도요다 방식의 원칙을 모두 어깁니다.

위기 속에서 어떻게 린 지도력을 개발하는가?

어떻게 도요다는 30% 비용삭감이라는 도전 목표를 달성하면서도 꾸준하게 양질의 제품을 전달할 수 있을까요? 지도력을 통해서이며, 지도자들을 개발하는 방법은 그 동안 배워 온 모델을 통해서입니다: 지도자 자기 개발, 타인을 코치하고 개발함, 일일 가이젠의 시스템 개발, 이상과 목적과 수치와 계획을 통한 행동 정렬. 이의 결과는 깊은 지도력 역량을 갖춘 적응하는 조직인데, 매 단계마다, 사람들이 이끌고 가르치고 고유의 개선 프로젝트를 시행하는 역량을 갖추도록 개발했기 때문입니다.

이는 훌륭하기는 하지만, 얼마나 걸리는지에 대한 전형적인 답변은 7 년 내지 10 년이라는 것이며 이를 꾸준히 한다 하여도 기본적 단계일 뿐이라는 것입니다. 그 정도 시간이 흐르면 위기에 처했던 기업은 폐사하고 맙니다. 위기에 처했을 때,

게리와 존 데빈이 팀으로 한 것은 두 길을 한꺼번에 간 것입니다. 존 데빈이 전통적인 재 구조 과정을 이끌 때, 게리는 운영 탁월 과정을 이끌었습니다. 탁월한 운영을 통해, 저축을 할 수 있습니다. 비용문제에 사활이 걸려있다면, 보상수리와 같이 문제를 분해해서 목적을 걸러냄으로 가장 문제가 되는 두 가지를 끄집어낼 수 있습니다. 하나는 비용삭감이고, 다른 하나는 재고 삭감인데 이 특정한 경우에 재고는 현금이기 때문입니다. 갚아야 할 이자가 높기 때문에 현금이 필요한 것입니다. 매 달러를 절약함으로 고리대금업자 같은 이율의 부채를 갚는 것입니다.

다나는 두 가지 길을 택했는데, 도요다 방식 지도력 개발과 재 구조는 서로를 보완했습니다. 강한 의지의 지도자들이 구매와 합병 등의 거래 결정을 했습니다. 예를 들어, 다나는 한 건물에 연구 조사부와 회사 본부가 다른 건물에 위치했는데, 연구조사부를 회사 본부 건물로 옮겨서 절약을 꾀했습니다.

다른 한편으로는, 장기적으로 운영적 탁월함에 관심이 있다면, 지도자들을 양성하길 원할 것입니다. 지도자를 양성하는 첫 단계는, 미래의 지도자들을 인지하는 것입니다. 누가 지속적 개선에 근거한 다나의 미래환경에서 기능을 발휘할 것인가? 지도자들을 훈련, 코칭 그리고 도구로써 장비해야 합니다. 사탕발린 이야기를 하지 않겠습니다. 미래의 지도자들을 인지하는 것은 인지 받지 못한 사람들을 다른 자리로 옮기고, 좌천, 해고, 또는 자진퇴사를 시키는 것을 의미하며 어쨌든 많은 현 지도자들이 떠나기는 합니다. 분명히 보기 좋은 광경은 아닙니다. 사람들을 고려하지 않는다면 정기적으로 청산하고 지도력 역량이 없는 사람들을 제거하는 것이 아주 편리하겠지만, 위기상에서는 필요 불가결한 고통인 것입니다.

그리고 나면, 일일 가이젠을 통해서 운영의 탁월함을 건축하고 계속적으로 지도자들을 개발하는 시점에 이르게 됩니다. 이제 와해된 조직을 받아서 고치는 위치에 있는 것이 아닌 새로운 그룹의 지도력, 지속적 개선을 추진하는 힘있는 지도력으로 기업을 재건하는 위치에 있게 됩니다.

이렇게 평행적인 방식을 택함으로 기업이 회생되며 운영적 탁월함을 계속 건축할 수 있게 되면 이상적입니다. 재 구조와 해고의 기간 동안은 해병대 훈련 캠프 같습니다. 이럴 때, 지도자들이 이전에는 생각도 못한 속도로 기술을 개발하게 되며, 변화된 지도자와 사람들이 되어 나오는 것입니다. 또한 함께 조직을 추스르며 생존하게 됩니다. 평상시에는 갖지 못했던 팀워크의 수준을 갖추게 되며,

강자로 거듭나게 되는 것입니다. 이는 대 경기침체 때에 파산위기까지 갔었던 포드를 회생시킨 알란 물렐리에 의해 놀랍게도 잘 수행된 바 있습니다.

첫해에 다나가 취한 행동: 지도력 양성에 집중함

게리의 몇 십 년간의 도요다 경험은 그가 탁월한 운영 지도력 팀을 만들도록 이끌었습니다. 또한 지역적 단계와 공장단계의 사람들이 그에게 보고하도록 하는 보고 구조가 있었는데, 그룹장의 수를 여섯 명에서 두 명으로 줄였습니다. 그렇게 함으로써 하나의 다나가 하나의 통일된 초점을 갖도록 이끌었습니다. 다나 운영 시스템(DOS)은 도요다 생산 시스템(TPS)을 그대로 본떠왔습니다.

그들은 또한 세계적 주요 수행지표 기준이 필요했는데, 게리는 도요다에서 이를 많이 보아와서 기준적 보고서만 읽어도 기업이 어떤 상태에 있는 지 어떤 단계에서도 파악할 수 있었습니다: 북미 단계, 공장 단계, 부서별 단계까지. 하지만 다나에서는 그렇게 할 수 없어서 반 장님이 된 듯한 느낌을 받았습니다. 이래서는 지도할 수 없다고 생각한 그는 문제 영역을 볼 수 있도록 시각적인 시스템을 만들어야 했습니다.

그리고 그는 다른 도요다 지도자가 하는 것처럼, 지속적 개선의 자원이 외부의 컨설턴트에 의존하지 않고 다나에 의해 내부적으로 소유되고 제시되어야 한다고 결정했습니다. 그는 이미 알고 있었던 사람들에게 내부에 고용되기 전에 검증 받는 기간으로 10 달의 임시계약을 제안했습니다. 대부분 지역 지속적 개선 담당자가 되었으며 프로젝트를 통해 공장 안에서의 경영 지도력 역량을 넓히는 일을 했습니다. 그들은 병목 상태인 부서에서 몇 주간 집중적으로 가이젠을 하여 완전히 돌이키는 일들을 했습니다. 공장장을 포함해 공장의 지도자들이 개인적으로 이러한 실행을 인도했습니다.

다른 공장에서 온 공장 매니저들도 이 실행에 동참했습니다. 크고 급진적인 가이젠을 실행했을 때, 다른 영역의 개선을 다른 공장 매니저들에게 할당하고 처음에 세운 목표의 100%를 성취하기 전까지는 떠나지 않았습니다. 어떤 사람은 일주일간 있었고 어떤 사람은 4 주간 있었는데, 목표를 100% 달성하는 것만이 성공의 척도임을 심어주기 위한 것이었습니다. 아주 혹독한 훈련 캠프로서 경험 풍부한 사람들이 이끌고 코치했습니다.

다나 전 공장들에 걸쳐 첫 해의 운영적 탁월함 실행의 요약이 아래에 제시되어 있습니다(그림 7-8 참조). 이는 다나 운영 시스템 (DOS)의 개발의 기초가 되었습니다.

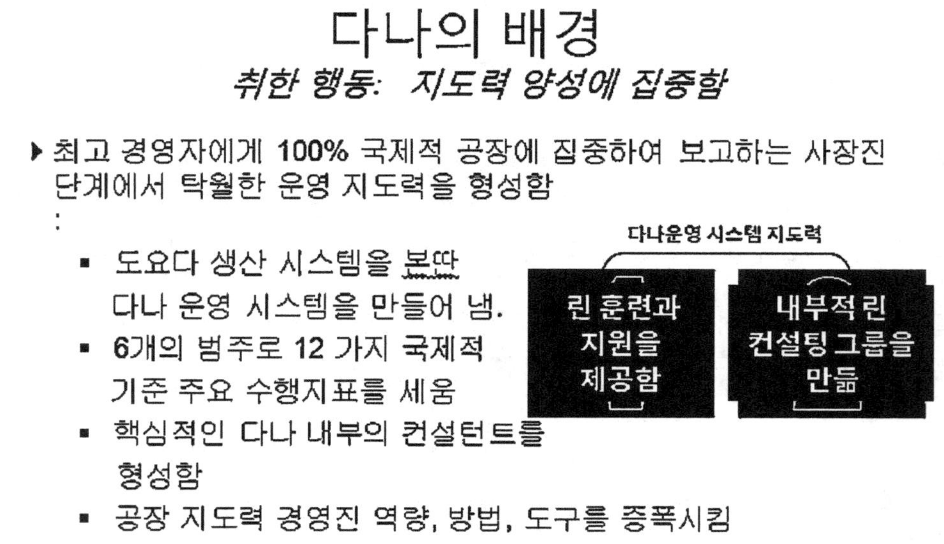

다나의 배경
취한 행동: 지도력 양성에 집중함

▶ 최고 경영자에게 100% 국제적 공장에 집중하여 보고하는 사장진 단계에서 탁월한 운영 지도력을 형성함
- 도요다 생산 시스템을 본따 다나 운영 시스템을 만들어 냄.
- 6개의 범주로 12 가지 국제적 기준 주요 수행지표를 세움
- 핵심적인 다나 내부의 컨설턴트를 형성함
- 공장 지도력 경영진 역량, 방법, 도구를 증폭시킴

다나운영 시스템 지도력
- 린 훈련과 지원을 제공함
- 내부적 린 컨설팅 그룹을 만듦

그림 7-8. 다나의 탁월한 운영의 첫 해 행동

다나 운영 시스템을 착수하는 일곱 단계 과정

다나 운영 시스템은 전체 도요다 생산 시스템이었으나, 문제를 운영하기 좋은 단계로 분해해야 했습니다(도요다 사업 실행에서 하듯이). 첫 단계는 공장과 각 부서가 어떻게 운영되는지를 꿰뚫는 것입니다. 이때 주요 수행지표를 사용하며 각 공장마다 다나 다이아몬드라고 불리는 구역을 세웁니다. 여기에 전 공장의 수치 게시판이 있고 일일 회합이 열리는 곳입니다.

그들은 국제적 교통시스템을 개발하여 주요수행지표가 주요 간부진까지 올라가며 어떤 단계로든 분해할 수 있게 했습니다. 지역 단계에서는 실황 회합을 하며 수행에 대해 논의 합니다. 국제적 단계에서는 대부분이 가상화입니다. 예를 들어, 회생을 위해 임명된 주요 인물은 다나헤 사업 시스템- 강한 기업 전체의 린 프로그램-을 가진 다나헤에서 일했었습니다. 그들은 결과를 가져오는 데에 중점을 두었으며 이 사람도 그렇게 하는 것을 배웠습니다. 매주 목요일 90 명이 넘는

실용적 지침서

매니저들과 일일이 대화하여 지난 주에 무엇이 일어났는지, 무슨 문제를 다루었는지, 무슨 결과를 얻었는지를 파악하고 질문합니다. "기계가 고장나서 생산이 절반으로 떨어졌을 때, 문제가 무엇이었습니까? 왜 그런 일이 발생했습니까?" 이러한 답변이 돌아 올 것입니다: " 고장난 로봇이 있었습니다. 너무 오래 된 로봇이었습니다."

"왜 그 오래된 로봇이 고장났습니까?" 질문을 함으로 전 다나헤 코치는 문제해결과정을 가르쳤습니다. 단지 로봇이 고장났다고 말해서는 안됩니다. 고장나지 말아야 합니다. 정비할 수 있어야 합니다. 이것이 예방정비 프로그램으로 이어질 것입니다. 그는 공장 지도자를 린 지도자로 만드는 코칭을 하고 있었던 것입니다. 매 주 전화통화로 코칭하며 개발과정을 거치도록 했습니다.

공장 매니저는 지역 지속적 개선 챔피언에게 가서 말하기를, "정비에 문제가 있습니다. 전체 생산 정비 프로그램을 개발하는데 동의했지만, 어떻게 해야 할지는 알 지 못합니다. 도움이 필요합니다." 매 사분기마다가 아니라 매 주 이렇게 계속됩니다. 문제해결, 과정 개선, 가이젠 그리고 기본 린 도구에 걸쳐 기준 훈련이 이루어집니다. 이것이야말로, 절제되고 조성된 방식의 문제해결에 필요한 실지적인 기술입니다. 시각적 운영과 시각적 풀(pull) 시스템으로 프로그램을 유지해야 합니다.

다나 운영 시스템의 1 단계 착수

1. 시각적 투명(주요수행지표, 다이아몬드 구역)
2. 국제적 교통
3. 가치 흐름과 개선할 기회를 연구함
4. 셀 안정(흐름, 시각적 운영, 매시간 점검)
5. 팀 지도자들: 낭비 제거, 일하면서 배우기
6. 문제해결 훈련, 과정 개선과 가이젠
7. 개선 유지 (시각적 운영, 풀 시스템)

시각화와 운영기준을 맞춤

어디서 시작합니까? 게리의 관점에서는, 지도자들을 양성하는 것이 우선인 것이 당연합니다. 어떤 지도자들을 우선적으로 합니까? 도요다가 그랬듯이 상부부터 합니다. 상부부터 시작하여, 상부가 책임을 지고 전문인의 지원을 받으며 하부를 코치합니다. 가르치는 주요 목표는 간부진과 공장 매니저 단계이며 공장 매니저는 물론 공장 내의 사람들을 가르치고 양성하도록 예상할 것이며 생산선상에 있는 사람들을 양성하려는 솔선수범이 있습니다.

예를 들어, 생산성 개선으로 사람들이 시간이 남아돌 때, 처음에는 열 명이었지만 급진적인 가이젠으로 세 명만 일해도 된다면, 한 사람을 팀 지도자로 훈련할 수 있습니다. 그들은 다나 운영 시스템 때문에 직장을 잃는 일이 없다는 일반 정책을 고수했습니다. 재정적인 면에서 어느 정도를 해고해야 한다는 지시가 내려오기 전까지 모두가 새 위치에서, 때로는 가이젠 팀에서 일합니다. 이것이 현실입니다. 사업적 생존 필요성과 가이젠 노력에서 하는 것과를 분리하려 노력합니다. 가이젠을 통해 자리를 옮긴 사람들이 반드시 해고되는 것은 아닙니다. 예를 들어, 팀 지도자나 가이젠 역할을 받았다면, 가치를 평가 받은 것이기 때문에 아마도 살아남을 것입니다.

해고와 린이 다른 것이라는 것을 사람들에게 100% 확신시키기 어렵다는 것을 예상할 것입니다. 어떤 이들은, "다나 운영 시스템 때문에 직장을 잃게 되었으니, 린 때문에 잃은 것이다," 라고 말하지만, 또 다른 많은 사람들은 사업 위기의 현실을 이해하고 가이젠으로 그 주에 일곱 자리가 제거되었더라도 여전히 다음 주에 일곱 사람들이 계속 일한다는 것을 감지합니다.

첫 단계는 주요 수행 지표에 근거한 시각적 관점을 가짐으로 간부진 지도력이 수행을 현장 그룹 단계에 관련된 목표로 의사소통하는 것입니다. 게리는 도요다에서 사용했던 주요수행지표를 단순히 적용하고 싶어하지 않았습니다. 이 기업에 맞도록 고치고자 했습니다. 지역 간부진을 소집해서 도전을 주었습니다: "당신 모두가 판단하며 매일 보아야 하는 주요 수행지표에 대해 동의할 필요가 있습니다."

그들은 이러한 범주를 제시했는데,: 안전성, 품질, 효율성, 생산성, 비용 그리고 재고였습니다. 특정수치를 정한 후에 지역별로 한 공장을 선택해서 주요수행지표를 실험했습니다. 실험대상에서 배운 것에 근거하여, 조정을 했습니다(피디시에이). 마침내, 결정이 내려졌고 이를 공고했습니다. "이것들이 세계 각지의 다나 공장의 기준 측정입니다." 실험과 평가가 몇 달에 걸쳐 이루어졌는데, "24"라는 TV 프로그램을 보셨다면 24 시간 안에 세계를 구하고 매 분이 중요한 것처럼 이도 그렇게 빠른 속도로 진행되었습니다.

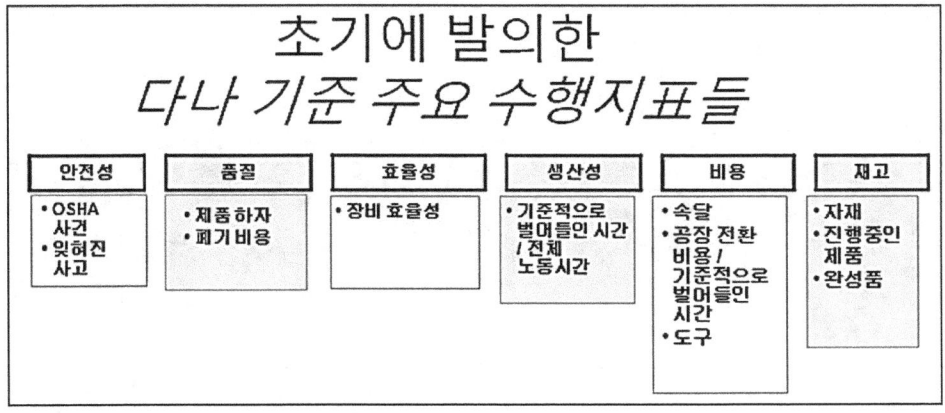

그림 7-9. 다나 세계적 주요수행지표들.

위의 도표에서처럼 (그림 7-9 참조) 줄 쳐진 측정이 기업을 살릴 주요 지표를 강조합니다. 안전과 품질이 필요하며 이를 현저히 개선했습니다. 예를 들어, 폐기 비용이 많은 공장들에서 아주 높았는데, 품질 영역에 자리잡고 있지만, 주요한 비용 삭감의 측정입니다. 장비 효율성은 생산성을 위해 필요합니다. 지표들 간의 많은 연관성이 있는데 주요하게 관심을 갖는 것은 비용입니다. 이는 공장 전환 비용으로 측정됩니다. 원자재나 공장 안으로 영입되는 비용을 제외하고 공장 매니저에 의해 통제되는 비용에 집중합니다. 에너지, 청소비용, 생산 비용, 하자 비용이 모두 공장 전환비용의 부분이며 가이젠의 대상입니다.

전체 공장 전환 비용은 기준 작업 시간으로 나누어져 비교할 수 있게 되는데, 예를 들어, 두 배 이상 생산하는 공장과 절반 크기의 공장을 조정 없이 비용비교를 할 수 없기 때문입니다. 얼마나 생산하는 지와 얼마나 비용이 드는 지를 기준화했습니다. 전환 비용은 주요 초점이며, 재고는 두 번째 주요한 초점입니다. 재고 비용은 부채를 갚는데 사용될 수 있습니다. 게리가 정한 비용과 재고의 목표로 보이지만,

목표 달성을 위해 일하는 동안 지도자들도 린(lean)과 문제해결 과정을 이해하도록 양성되어 갑니다.

일일 주요수행지표가 각 공장마다 추적됨

공용 구역에 결과가 게시됨:

➔ 문제제기를 방송함

➔ 헌신과 소유의식을 장려함

그림 7-10. 다나 다이아몬드 구역.

여기 다나 다이아몬드 구역의 사진이(그림 7-10 참조) 있는데, 게시판과 모든 주요수행지표를 추적하며 아주 시각적임을 보실 수 있습니다. 가까이 들여다 보면, 매일 목표와 실제의 격차를 쉽게 볼 수 있습니다. 공장 단계에서, 어떻게 하고 있는지 매일매일 알 수 있습니다. 주요 부서에서는 또한 교대에 근거하여 볼 수 있습니다. 부서를 방문하면 실제와 계획한 생산을 시간 별로 볼 수 있습니다.

수행은 공장 내 누구나 볼 수 있을 정도로 투명해집니다. 사진에서 볼 수 있듯이, 의자가 없는데, 이는 걸으면서 각자의 책임이 있는 주요 수행지표에 대해

실용적 지침서

보고하기 때문입니다. "오늘 일어난 일은 여기에 있고, 이것이 문제이며, 이것이 대책이며, 내일 일할 것은 이것입니다."

자료는 시스템에 입력되며 게리는 컴퓨터를 통해 기업 전체가 어떻게 하고 있는지 공장 단계, 부서 단계까지 볼 수 있습니다. 측정 수치를 가졌다고 해서 보장되는 것은 아무 것도 없습니다. 공장 견학 시 보여지는 전시에 불과할 수 있습니다. 중요한 것은 자료분석에 근거한 행동입니다. 측정한 것을 점검하고 주요 격차를 찾고, 우선화하며, 대책을 간구하고 이러한 대책들을 시행하며 무엇이 일어나는지를 지켜보는 과정이 필요합니다.

간부진 단계에서는 매 달 공장 전체의 수행을 재검토합니다. 지역적 단계에서는 매주 부사장과 운영장에 의해 재검토되는데 단지 자료를 들여다 보는 것이 아닌 정기적으로 지역공장을 방문합니다. 공장 단계에서는 공장 매니저가 현장을 매일 방문합니다. 매니저가 걸으며 과정을 점검하고 문제가 있는 곳으로 가서 파헤치는 직무 기준에 대해 논의한 바 있습니다. 주요 수행지표는 구역 내에서 가장 방문이 필요한 곳을 지적하는 신호를 제공합니다. 오늘 무엇이 발생했고, 근원이 무엇이고 무엇을 할 것인지, 문제해결을 위한 좋은 사고과정이 있는지, 누가 훈련이 더 필요한지를 보여줍니다. 그러면, 매 교대마다 구역 매니저가 보고하는 사람과 만나며, 다나의 새로운 시간직인 팀 지도자와도 만납니다.

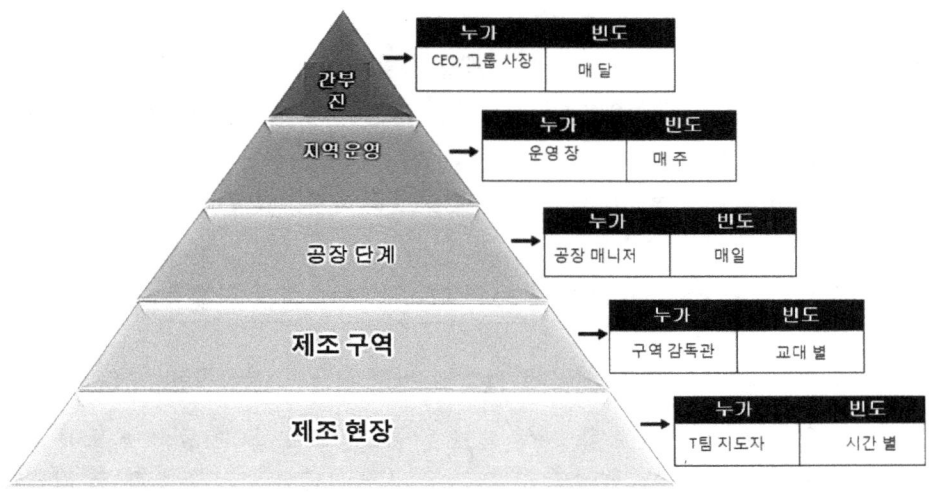

그림 7-11. 책임과 빈도에 따른 기준적 회합.

각 부서마다, 시간 별 진도를 추적했습니다. 매 시간 얼마나 생산해야 하는지를 생산한 것과 비교해서 보여줍니다. 어떤 격차이든 강력한 측정인데, 격차를 볼 때, 시간 별로 문제해결을 할 수 있고 이러한 문제들이 모든 것을 다루기 때문입니다. 품질 문제는 숫자에 영향을 끼칠 것이며, 장비 고장도 영향을 끼칠 것이며, 훈련을 제대로 받지 않은 직원도 영향을 끼칠 것입니다. 문제는 품질, 생산성 그리고 안전성을 폭로할 것입니다. 이 모든 것들이 매 시간 생산해야 하는 양질의 부품을 생산할 때 나타날 것입니다. 매 시간 정확히 계획한 대로 근접함으로 완벽에 접근할 것입니다.

2-5 년: 다나 운영 시스템 실행 지도

첫 해에는 상부에서 하부로 전달하는 방식이어서 단계별 매니저들 간에 대화가 그리 많지 않습니다. 게리가 "이것이 이 구역에서 성취해야 하는 것입니다," 라고 지시했고, 전문가들이 와서 돕기는 했으나, 공장 매니저들이 진행하고 결과에 책임을 졌습니다.

그들은 또한 장차 5 년을 바라보며 다나 운영시스템 지도를 개발하고 실행했습니다. 첫 해는 주로 과정을 안정화하고, 이익을 창출하는 것이었습니다. 주요 시행 지표와 많은 문제 해결로 시작하였습니다. 이는 아주 단기적인 초점이었지만, 훈련캠프 식의 지도력 양성의 기초를 닦았습니다. 5 년 계획이 진행되면서 (그림 7-12 참조) 기업 회생을 위한 단기적 결과에 대한 압박은 줄어들고, 초점은 장기적인 운영 시스템을 개발하는 것으로 옮겨졌습니다. 다나 운영 시스템의 모든 도구들에 대해 직원들을 훈련하고, 기준을 개발하고 전개하기 시작했습니다. 구호는 "기본적인 흐름을 개발하자. 가능하면, 낭비나 재고 때문에 방해 받지 않고 부품이 흘러야 하는 대로 흐르도록 하자," 였습니다.

그림 7-12. 다나 운영 시스템 시행 지도(2-5 년차).

그들은 셀을 만들고, 기준화를 통해 셀을 안정화함으로 고객 요구 속도에 맞춰 꾸준하게 생산할 수 있도록 했습니다. 그리고 나서 그들은 시간 맞추기, 풀 시스템, 부품 자주 전달하기, 그리고 전체 시스템을 풀 시스템으로 만들 준비가 되었습니다. 물론, 이는 이론적 지도이기 때문에 변동이 있을 수 있습니다. 어떤 공장은 2 년

차에 풀(pull) 시스템을 하고 어떤 공장은 첫 해에 하는 등 반드시 순서대로 따를 필요는 없습니다.

안정된 셀 안에서는 개선이 더 상세하게 분해되었습니다. 11 단계 (그림 7-13 참조)가 있는데 가치 흐름 지도를 사용하고, 직무 기준화를 개발하고 부품이 어떻게 전달되는지를 상세히 연구하고 5S 를 사용했습니다. 또한 일일 심사를 통해 과정을 유지했습니다. 게다가 각 단계별로 상세한 것이 많이 있었습니다.

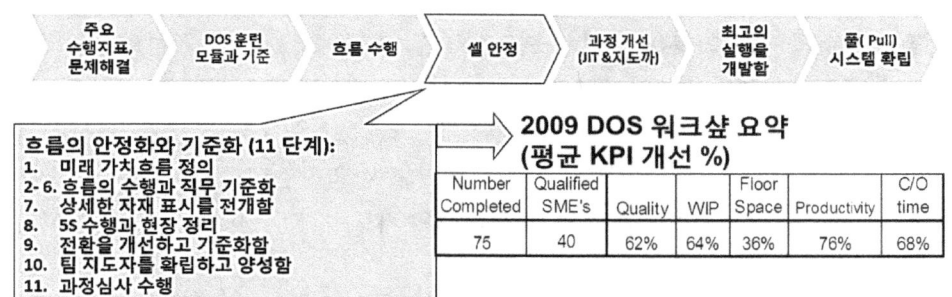

그림 7-13. 다나 운영 시스템 수행의 결과.

계획은 좋지만, 초기 단계에서 어떻게 결과가 나올 까요? 답변은 아주 좋았다는 것입니다. 예를 들어, 2008 년에, 63 일의 재고가 있었습니다. 2009 년까지 40%의 재고를 삭감했습니다. 25 일이 줄어듦으로 2 억 7 천 3 백만 달러가 절약되었습니다. 2010 년까지 몇 억 달러를 또한 절약했습니다.

저돌적인 가이젠 워크샵은 빠른 결과를 얻고 공장 경영진을 빨리 훈련시키는 방법입니다. 공장 경영진은 코치의 도움을 받아 워크샵을 인도합니다. 그들은 2009 년에 많은 가이젠을 실행했는데 75 개를 일년 안에 행했습니다. 공장 경영진은 또한 직원들의 시간을 자유롭게 하여 각 공장마다 다나 운영시스템의 각 모듈의 전문인력을 창출하도록 하였습니다. 직무기준 전문가, 풀(pull) 시스템 전문가, 가치 흐름 지도 전문가가 있었습니다. 공장의 현 직원 중에서 개발해야 했고, 게리는 공장 매니저들로부터 많은 불평을 들어야 했는데, 직원이 너무 흩어져 있어서 그렇게 할 수 없다는 것이었습니다. 그러나, 그들은 해냈고, 과정이 좀 더 안정되고 가늠할 수 있게 되면서, 눈 앞의 화재진압으로부터 계획하는 것으로 전환되었고, 좀 더 편히 공장을 운영할 수 있었습니다.

품질은 비용삭감과 더불어 우선시 되었는데 일년 안에 62%만큼 개선되었습니다. 그들은 공장 내 공간 1/3 을 비웠습니다. 생산성을 76%만큼 개선했습니다. 장비를 전환하는 시간을 줄임으로 작은 일회분 -재고 삭감의 중요한 원천-을 생산할 수 있게 되었습니다. 이러한 수치는 급격한 변화를 반영하는데, 하부에서 제안해서 얻어지는 것이 아닙니다. 이는 상부의 적극적인 지도력과 추진력을 필요로 합니다.

세계적 2009 다나 운영 시스템 노력이 가져온 중요한 결과들

- → -전환 비용 목표 1 억 7 천만 달러 삭감을 초과함 (2010 목표는 2009 년에서 5%를 줄이는 것임-
- → -재고 비용과 재고 보유일수 삭감 목표를 초과함

다나에서 가이젠을 계획하고 유지하는 도구

이러한 여세를 유지하는 주요 도구는 단순히 A3 보고서입니다 (그림 7-14 참조). 이는 많은 단계에서 사용되었고 제조업과 연구조사분야 모두에 사용되었습니다. 여기에 보이는 것은 초기에는 가이젠 팀을 위한 계획 문서이었고 나중에 결과를 얻어서 입력한 후에 높은 단계의 문제해결 A3 문서가 된 것입니다.

실용적 지침서 285

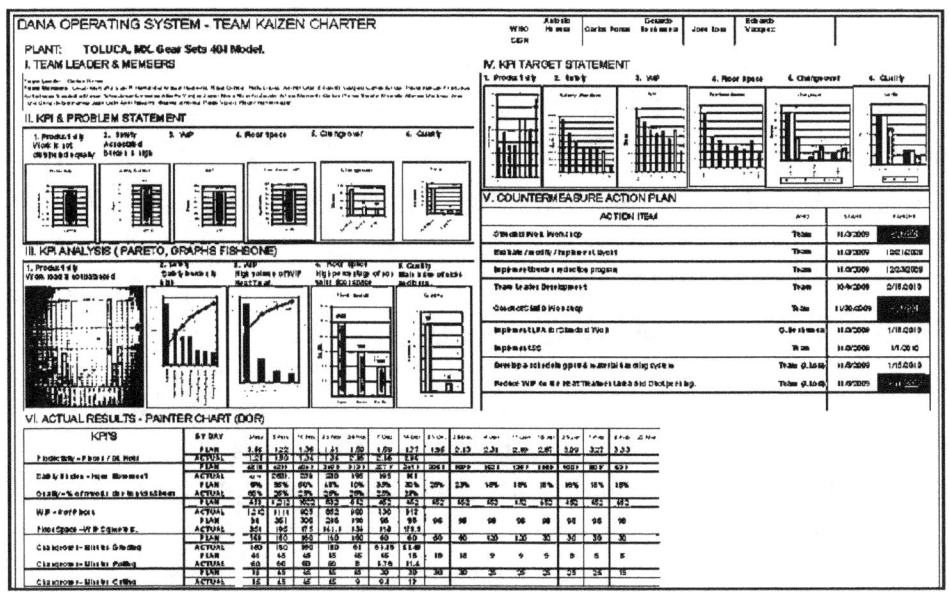

그림 7-14. 다나 운영 시스템 활동 계획과 예상한 결과를 보여주는 A3 제안서

A3 제안서는 또한 공장에서 호신간리의 초보적인 부분으로 사용되었습니다. 예를 들어, 게리가 각 공장 매니저와 재검토할 때, A3 계획을 보기를 원할 것입니다. 예를 들어, 이러한 날짜까지 공장 전환 비용을 5% 줄이기를 기대한다고 말할 것입니다. 의견을 묻는 것이 아니라 기대하는 것을 말하는 것입니다. 그리고 나면, 계획을 세울 것을 요구할 것이며, 그들은 A3 보고서를 개발해야 합니다. 그러면 계획에서 보이는 격차를 훑어가며 검토할 것입니다.

그때 게리는 오하이오 본부에 있고, 그들이 중국에 있다면, A3 보고서를 이메일로 보내고 전화상으로 점검할 것입니다. 그는 대부분의 경우의 방문한 공장을 잘 알기에 계획에서 본 문제를 줄줄이 지적할 것이며, 즉시 게리가 관찰한 것과 동의한 것을 비서가 요약하여 이메일로 전송합니다. 그리고 나면 공장 매니저가 A3 보고서를 고치고 계획을 개선하는데 게리와 탁월한 운영 지도자들이 보아서 좋다고 여길 때까지 그치지 않습니다. 이는 좋은 계획을 갖는 데에 대한 중요성을 가르치는 방법이며 좋은 계획이야말로 피디시에이(PDCA)의 가장 관건적인 부분이기 때문입니다.

가치 흐름 지도는 재고를 줄이는데 강력한 도구입니다. 자재 흐름을 그려냄으로, 시각화시킴으로써 낭비가 명확해지기 때문입니다. 미래 상태 지도도 또 다른 계획서입니다. 손으로 오려내 움직일 수 있게 함으로, 컴퓨터 상에서 하는 것보다 더 효과적입니다. 컴퓨터에 둘러 앉아서 한 사람이 상자를 만들고, 옮기고 다른 사람들은 서서 기다려서는 팀은 팀으로서 효율적으로 일할 수 없습니다. 포스트-잇에 써서 게시판에 붙이는 것이 더 빠릅니다. 나중에, 컴퓨터에 그림을 입력하고, 의사소통에 사용할 수는 있지만, 지도를 개발하는 과정은 직접 손으로 참여하는 과정이어야 합니다.

여세를 유지하기 위해서는 수치를 지키는 감사가 필요합니다. 결과를 전달하지 못하는 지도자들을 코치해야 합니다. 때로는 탁월한 운영 매니저를 대치할 필요도 있는데, 도요다 생산방식을 이미 갖춘 도요다 공급 공장에서는 훌륭했을지 몰라도, 변화에 잘 적응하지 못할 수 있기 때문입니다. 개선이 계속 진행되기 위한 여세를 지키기 위해서는 많은 인적, 과정 조정이 필요합니다.

3 년간의 급진적 변화가 가져온 다나의 결과

2009 년은 그들에게 놀라운 해였습니다. 존 데빈과 그의 비용삭감 전략의 도움으로 35% 생산은 하락했지만, 손익 분기점을 맞출 수 있었습니다. 재고를 청산함으로 2 억 5 천만 달러를 절약하여 부채를 그만큼 갚을 수 있었습니다. 그리고 부채계약을 청산했습니다. 그들은 아주 어려운 목표를 달성했고 재고를 35 일 정도까지 삭감했습니다.

2010 년까지 다나는 재정적으로 탄탄해졌으며, 많은 새 제품을 추가하고 생산품 개발에 비슷한 노력을 쏟았습니다. 새 제품을 기록적인 속도로 생산해냈습니다. 새로운 고객층도 개발했습니다. 게리는 도요다, 니산 그리고 혼다 같은 일본 기업들로부터 그 전에는 없었던 사업관계를 정립하기 시작했는데, 구매부 사람들이 방문하고서는 다나의 놀라운 진전에 인상을 깊이 받았기 때문입니다. 그들은 또한 새 생산품개발과 장비에 투자를 했습니다. 단기적 자금 회전율이 아주 좋아졌는데 인적 자원을 감소하는 대신 린 지도자들을 양성하면서 이루어진 것입니다.

훌륭한 2009 실적

- 생산량 감소를 35% 상쇄하는 행동
- 2 억 5 천만 달러 순가 상승
- 2 억 5 천만 달러 부채 청산
- 부채 계약 청산
- 35 일까지 재고 보유일 삭감

가장 눈에 띄는 성공의 척도는 주가가 1365% 상승한 것입니다! 2009 년에 세계적 부품 공급자로서 가장 높은 주주수익을 올린 것으로 공인 되었습니다. 이 모두가 린(lean) 때문이었다고는 할 수 없습니다. 대부분의 비용 절약은 전통적 비용삭감, 합병, 공장 폐쇄, 대량 해고 등에서 나왔습니다. 탁월한 운영이 기여한 것은 처음의 대폭적인 비용 절약과 현금유통을 원활히 한 것이었습니다. 둘째로, 이러한 믿어지지 않는 비용삭감을 성취한 후에 역량을 개발했습니다. 제조 개발 역량을 건축하고; 전략적 계획 역량을 개발했습니다. 고객에게 더 효과적으로 선전했습니다. 훨씬 적은 비용과 훨씬 적은 수의 직원들을 가지고 더 좋은 제품을 만들어 냈습니다. 모든 것이 더 강해지고 나아졌습니다. 그들은 그들의 지적 역량과 물질적 자산을 파기하지 않았습니다.

2010 년까지 다나는 재정적으로 탄탄해졌고 새 제품과 새로운 고객과 더불어 성장했습니다!

올바른 원리로 함께 성장함

요약하자면, 린(lean) 도구를 벗어나 실지로 지도자들을 양성할 때, 아주 강건한 기초를 건축하는 것입니다. 조직이 역동적이고, 정체되어 있지 않습니다. 풀(pull) 시스템을 설치하고 저절로 잘 운영될 것이라고 기대할 수 없습니다. 지속적으로 조정되고 정비되지 않으면 쇠퇴할 것으로 예상해야 합니다. 지역 지도자들이 계속 추진해야 합니다.

이상 안에 장기적 전략이 제시되어야 하며 사업 계획으로 번역되어야 합니다. *호신간리* 는 모든 지도자들이 정렬되어 있고 측정할 수 있는 목표를 수직적으로 수평적으로 가지며 개선하는 일년 주기를 제공합니다. *호신간리* 의 성공은 잘 개발되어 개선을 이끌 줄 아는 지도자들로부터 옵니다. 장기적 전략은 좋지만 수행될 때만이 유용하므로, 적절한 사람들이 책임을 지도록 특정한 행동으로 분해해야 합니다. 이는 모든 단계에서의 개인적 솔선이 필요하며 개인적 솔선은 지도력에 의해 추진됩니다.

인력양성이 필요한데, 인사부나 지속적 개선부나, 품질부의 권한이 아니라 지도자들의 책임이 되도록 해야 합니다. 이 모든 부서가 보조 역할을 할 수 있지만 궁극적으로는 본인이 직접 상사에게 매일 보고해야 합니다. 만약 상사가 강압적으로 운영한다면, 수치를 맞추기 위해 무슨 일이든 하겠지만, 그 이상으로 개발이 될까요? 열심히 일하고 수치를 조작하는 법을 배우고, 거짓말과 속이는 데는 선수가 될 것입니다. 인력양성에서 원하는 것은 팀을 인도해서 실제 문제를 발견하고 근원에서 문제를 풀어 다시는 문제가 생기지 않도록 하는 것입니다.

사람들에게 공장 내 5% 비용삭감과 같은 과제를 주고 올바르게 일년에 한 번이 아닌 매일, 매주, 매달 코치하고 지원하면 과제를 수행하고 문제를 다루고 해결하면서 성장합니다. 역량에 대한 자신이 생기고 점점 더 깊은 기술을 개발할 것입니다. 그러고 난 후에 *호신간리* 를 통해 전개되는 성공으로 이르는 전략적 지도에 기여할 수 있는 것입니다.

호신간리 는 도전적인 과제를 제공합니다. 전략은 기업 모든 단계에서 전반에 걸쳐 올바른 개선 목표, 올바른 측정, 올바른 계획으로 전환하지 않은 채 도전적인 과제를 주지 않습니다. 이로 얻게 되는 것은:

- 개인적 솔선
- 인력 양성
- 도전적인 과제를 통한 성장
- 성공으로 이르는 전략적 지도에 기여함

게리가 언급한 대로: "경영이란 다수의 사람들이 공동의 목표를 향해 협동하도록 자극시키고 관여하는 것 이상의 역할을 갖지 않습니다; 목표가 무엇인지 정의하고 설명하는 것; 이를 성취하기 위한 길을 공유하는 것; 여정을 함께 가도록 동기부여하는 것; 그리고 장애제거를 함으로써 지원하는 것." 이는 린(lean)

지도력의 좋은 정의인데, 이를 가능케 하는 구조가 *호신간리*, 문제를 분해하여 전개하는 것입니다.

린(lean)이 어떻게 진화하는지 대략 설명했는데 두 가지 길이 있다고 제안합니다. 하나는 원리를 가지고 있습니다; 인력 양성, 지도자 개발, 기술 개발. 다른 하나는 원리 없이, 결과에 치중하는 것입니다. 이는 *호신간리* 원리와 목표에 의한 경영의 차이이기도 합니다. 일반적으로 린(lean) 변화에서 일어나는 것은 더 성숙해짐으로 단계를 거치는 것입니다. 첫 단계는 도구를 적용하는 것입니다 (그림 7-15 참조). 이제 도구에 근거한 린(lean) 접근의 취약점을 누누이 말한 후에 첫 단계가 도구를 적용하는 것이라고 하면, 모순일까요?

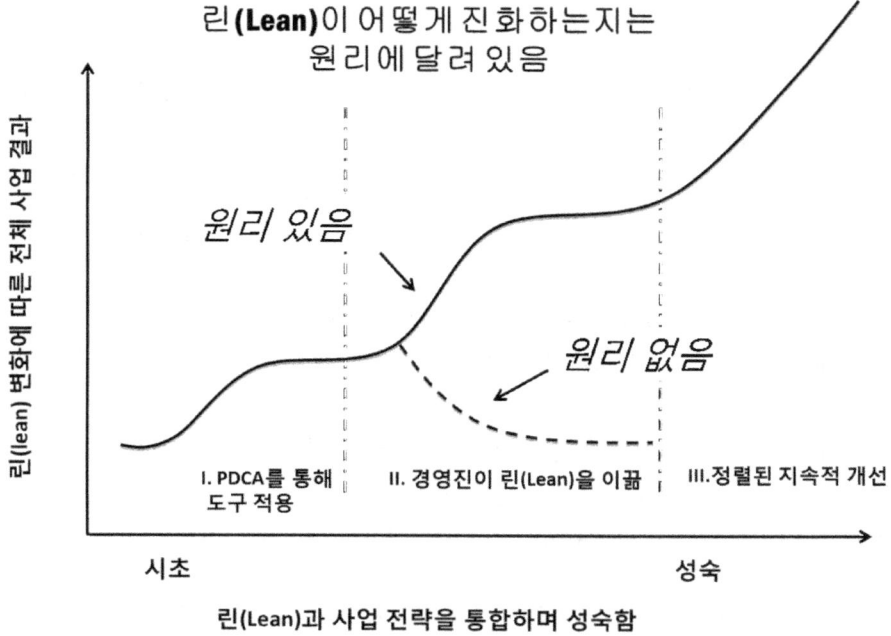

그림 7-15. 린 (Lean)의 진화는 원리에 달려 있음.

답변은 그렇습니다, 첫 단계에서 멈추고 도구 수행에만 치중한다면 모순입니다. 하지만, 도구를 첫 단계의 가르침과 배움으로 적용한다면 모순이 아닙니다. 누군가를 가르치는 과업이 주어졌을 때, 무엇을 먼저 해야 합니까? 악기연주나, 요리하는 법이나, 목수가 되도록 가르치려고 할 때, 처음에는 학생에게 간단하고 반복적인 과업을 주고 제대로 하는 법을 시범으로 보여준 후에 학생들이 시도하는 것을 관찰하고 피드백을 줍니다. 이 단계에서 도구를 사용하는 법을 배우는데 이는 기본적이며 초보적인데 그래야 합니다. 린(lean)을 본 적이 없는 사람들이 대부분인 조직에서 무작정 게시판을 보여주고, 신기하게 모든 도구를 배울 거라고 예상해서는 안 됩니다. 스패너를 쥐는 법부터 배우듯이 가르쳐야 합니다.

첫 단계에서는 "린(lean) 코치"와 선생으로부터 린(lean) 도구를 제대로 사용하는 법을 배우면서 개선 과정을 배웁니다. 이상적으로는 전개하는 사람이 아닌 선생인 컨설턴트를 찾아야 합니다. 내부의 코치일지라도, 다나에서 본 바와 같이 최고 경영진을 보조하는 역할로 시작합니다. 최고 경영진이 책임을 지고, 과정 개선 전문가가 옆에서 보조하고, 매니저들이 중간에서 가장 기본적인 단계를 실행하며 배웁니다.

이 시점에서 지속적 개선의 이상이 있다면, 다음 단계로 넘어가는데, 바로 매니저들이 린(lean)에 책임을 지는 것입니다. 지속적 개선 전문가들이 있고 매니저들이 린(lean) 코치로서 조직 전반에 걸쳐 있는 것입니다. 지속적 개선의 매니저들은 아직 전문가는 아니지만, 여전히 배우며 타인을 개발하는 기술을 구비하고 있습니다. 바라는 것은 많은 매니저들이 린(lean)을 이끌며 그들의 영역에서 좋은 과정과 좋은 작업 방식과 직원들의 참여로 정해진 목표를 향해 가는 것입니다. 여전히 중간 경영진에 의존적인 상태로 볼 수 있습니다. 만약 원리가, "컨설턴트를 고용해서 목표를 할당하고 평가한 후에 당근과 채찍을 사용하자"라는 것이라면 컨설턴트와 전문가들이 주입하는 주사 한 방을 맞은 후에는 다시 그 전으로 돌아가 버리는 경우가 다반사입니다. 많은 사람들이 개선에 책임을 가지고 있을 때, 다음 단계로 갈 수 있는 것입니다.

열반의 경지는 일일 경영 시스템에 도달하여, 누구나 도처에서 목표를 가지고, 매일 개선할 여지를 찾고 변화에 적응하고 광범위한 사업 목표에 부응할 때입니다. 지역적으로, 경영진과 지도력이 기업의 사업 목적에 부응하는 진정한 지속적 개선을 추진하는 것입니다. *호신간리* 같은 도구로 정렬을 얻을 수 없다는 암시입니다. 일 단계와 이 단계를 거치지 않고 삼 단계에 도달할 수 없습니다. 다른 한 편으로는, 일 단계를 거치지만, 시간을 갖고 지도자들을 개발하여 경영진이 이끄는 린(lean)으로 전진하도록 하지 않으면, 도구에 근거한 접근 이상으로 전진할 수 없는 것이기도 합니다.

실용적 지침서

마지막 피드백: 의도적인 연습은 재미있지 않음

린(lean) 지도력 모델의 마지막 재검토

생각하실 것을 많이 제공해 드렸기를 바랍니다. 정보가 너무 많아서 버거울 수 있으나 이는 좋은 현상입니다. 린(lean) 지도력 모델을 단계별로 거쳤고 마지막 단계가 *호신간리* 인데, 마지막 단계는 한 번에 고치는 것이 아니라, 유지할 수 있고 반복되는 과정을 만듦으로 모든 단계에서 목표를 성취하는 능력이 있는 사람들과 진정으로 "목표를 상부에서 하부까지 정렬하는" 것입니다. 그리고 나서 *호신간리* 를 도구로 사용하여 모든 단계에서 대화하는 것입니다.

이상으로 시작했고 이 대화는 상부에서 환경적이고 경쟁적인 분석에 근거하여, 사업 모델과 어떻게 하부로 전개할 지에 대한 전략의 개발에 대한 것입니다. 매 단계마다 토론, 제안, 비판적 피드백, 피드백 조정, 목표와 계획 개발이 있고 반복적으로 분해합니다. 여기까지 하고 나면, 상부가 필요한 것과 정렬한 목표를 모두가 갖게 됩니다. 그들은 어떻게 진행할 지에 대한 현실적이고 사려깊은 계획을 갖고, 실행하기 시작하며 계속적으로 검토하고 조정합니다. 당신의 입장에서는 조직과 당신의 책임하에 있는 것에 대해 고려해 보십시오.

조직의 중간층에 있고 부서를 인도한다면, 기업 전체를 위한 전략적 계획을 개발할 수 없음이 당연합니다. 소화할 수 있는 만큼 섭취해야 하듯이, 통제할 수 있는 한도에서 당신의 이상은 무엇입니까? 어디로 가려 하십니까? 당신의 진북은 무엇입니까? 내년에 실제로 취해야 할 관건적인 단계는 무엇입니까? 그리고 나면 배우면서 조정가능 하려면 어떻게 분해해야 합니까? 상사와 상위 지도자들에게 그들의 이상과 필요에 대해 이야기하는 것도 도움이 될 것입니다.

그리고 나면, 이러한 개선에서 상위 지도자들의 역할은 무엇입니까? 아마도 그들은 당신에게 목표에 의한 경영식의 목표를 줄 수 있습니다. 이제 그러한 목표들을 실행 가능한 계획으로 전환할 것이며, 상사가 놀랄 터인데 아무도 그렇게 하지 않기 때문이며 당신은 돋보일 것입니다. 상부 지도력을 관련시키고 개선을 이루면서 그들을 교육시키는데 최선을 다 하십시오. 그들이 결과를 보아야 하며 또한 개선유지를 위해 필요한 과정을 이해해야 합니다.

마지막 재검토

- 기업 내 상위 경영진의 역할은 무엇인가?
- 당신의 이상은 무엇인가?
- 그 이상을 향한 내년의 가장 관건적인 단계는 무엇인가?

잘못 인도하길 원하지 않습니다. 이는 금방 조직 도처에 정렬된 수치와 지속적 개선이 있도록 뛰어드는 것이 아닙니다. 합리적인 범위에서 당신이 통제할 수 있는 것에 대한 일년의 계획입니다. 다나에서처럼 코치에게 요약 보고하십시오. 코치와 공장 매니저들이 매 주 들리면, "이것이 제 계획입니다," 그리고 나서 "이것이 저번 주에 한 일이고 이것이 다음 주에 할 일입니다," 라고 보고합니다. 얼마나 자주 코치와 만나는 지 모르나 정기적인 만남이 있어야 합니다. 코치가 유용한 피드백을 줄 텐데, 불운하게도 유용한 피드백은 비판적인 피드백입니다. "옳지, 잘한다"라고 하면 기분은 좋게 할지 모르나, 개선으로 인도하지는 않습니다. 비판은 일하여 격차를 줄이게 인도합니다.

당신은 아마도 이렇게 생각할 지 모릅니다, "자기개발을 하는데 라이커는 몇 년이 걸린다고 했는데, 4 단계를 거치는 동안 각 단계가 몇 년이 걸린다면 전부 10 년이 걸리는 여정이다. 하지만 나는 이제 겨우 몇 달 이 코스를 밟았을 뿐이다(www.ToyotaWaytoLeanLeadership.com)." 제가 제안하는 것은 당신의 책임영역 안에서 이 4 단계 모델을 아주 작은 규모로 행하라는 것입니다. 4 단계 모두를 시도하여 무엇을 의미하는지를 이해하고 내년에 다시 하며 계속 반복하는 것입니다. 바라건대, 다른 사람들도 흥미를 가지고 당신으로부터 배우려 할 것입니다. 그렇지 않더라도, 당신은 진보할 것이며 더 큰 범위의 책임을 갖게 될 것이어서 더 폭 넓게 행할 수 있습니다.

의도적인 연습

요즈음 어떻게 기술을 개발하는지에 대한 책이 난무하고 반복적으로 사용되는 주요 문구는 "의도적인 연습" 입니다. 기타를 처음 배울 때, 이에 대해 너무나 많이 들었습니다. 한 두 시간 앉아서 기타를 연습하는 것은 재미는 있지만, 배우는 것이 없습니다.

실용적 지침서

대안으로 기술을 높이기 위해 분투할 수 있습니다. 의도적인 연습이란 무엇에 대해 일하는지를 아는 것입니다. 실수를 하면, 실수를 인지하고 대책을 강구합니다. 예를 들어, 35년 전에 기타를 연주하기 시작했는데, 이제 클라식 기타를 배우는 조직적인 강습을 받고 있습니다. 거의 2년간의 강습 후에 제 강사는 제가 여전히 리듬과 기본적 박자에 문제가 있다는 것을 깨달았습니다. 그는 제게 리듬에 대한 초보적인 책을 가지고 연습하길 지시했습니다. 그리고 나서 어려운 리듬 형태를 연습했는데, 왼 손은 전혀 사용하지 않았습니다. 음악인인 제 아들이 기타 옆을 두드려가며 리듬을 연습하길 제안했습니다. 이것이 의도적인 연습입니다. 재미는 없을 지라도 의도적으로 연습할 때, 점차 나아지는 것입니다.

의도적으로 연습하기 위해 내년에 무엇을 해야 하나?

"의도적인 연습을 통해 4단계에 대해 무엇을 배울 수 있습니까? 경영진에서 일 년간 실행한 예를 주실 수 있습니까?"

기타를 가르치는 것은 쉬운데 한 사람이 한 악기를 연주하는 것이기 때문입니다. 복잡한 조직에서는 지도력 기술을 정의하는 것도 상당히 애매합니다. 많은 학생들이 배워야 하기 때문에 강의실에서 대량 교육하려는 경향이 있지만, 이래서는 진정한 기술을 개발하지 못함을 알고 있습니다.

도요다가 결정한 것은 만약 지속적인 개선을 하는 조직을 원한다면, 의도적인 연습의 가장 좋은 방식은 실제 문제에 대한 문제 해결과정을 개인적 코치의 도움을 받아서 반복적으로 해야 한다는 것입니다. 그래서 도요다 사업 방식을 도입한 것입니다. 자기개발은 당신이 개인적으로 인도할 수 있는 프로젝트에 집중해야 하고, 그 프로젝트를 하면서 팀을 관여시켜야 합니다.

첫 단계는 팀을 인도하며 문제해결을 하는 것입니다. 이틀 안에 해결할 수 있는 문제가 아니라 몇 달이 걸리며 간부라면 더 오래 걸릴 문제일 수 있습니다. 자료를 수집하고, 근원을 찾고 모든 단계를 거치며 변화를 유지하는 것을 인도해야 합니다. 개선 카타(kata)는 이를 의한 한 가지 방법입니다. 할당할 수 있을 정도의 직위에 있을 지라도 린(lean) 지도력 모델에서는 할당하는 것이 아니라 실제로 해야 하고 인도해야 합니다.

개인적으로 팀을 인도하면서 목표를 달성하도록 기술을 개발할 때, 자연적으로 타인을 개발하는 두 번째 단계로 넘어가게 됩니다. 이는 프로젝트를 인도하면서 프로젝트를 함께 하는 사람들을 개발하게 되기 때문입니다. 기술을 한 발 앞서 가며 한 걸음씩 인도하는 것입니다. 코치가 필요한데, 지역 코치를 찾거나 린 지도력 연구소를 통해 얻을 수도 있습니다(www.LeanLeadership.guru). 지인 중 한 사람은 지점에 있었는데 멀리 떨어진 본부에서 코치를 찾았습니다. 그녀는 직접 찾아가서 코치가 되어줄 것을 요청했습니다. 코칭의 대부분은 가상적으로 일어났지만 정기적으로 코치가 있는 곳으로 가곤 했습니다. 코치를 찾고 유용한 피드백을 활용하십시오. 이는 자기개발이라 불리는데 먼저 행동을 취해야 하기 때문입니다.

일 년이 걸린다면, 사분기로 나누어 생각할 수 있습니다. 일사분기에는 프로젝트에 집중하여 자기개발을 하고 타인 개발을 시작할 수 있습니다. 이 사분기에는 타인개발에 집중하며 이제 과제를 할당할 것입니다. 문제인식을 하도록 보조하며 그들이 개선과정을 인도하며 단계를 밟으며 팀을 인도하도록 코칭하는 것입니다. 이제 더 이상 팀을 인도하는 것이 아니라 개인을 코칭하는 것입니다. 삼사분기에는 현장 단계까지 이를 추진하는 것입니다. 주요 수행 지표와 수치 게시판을 인수와 구조에 따라 한 두 부서에 두게 됩니다. 일일 경영 시스템을 정립하여 매일 회합에서 목표와 수치를 점검하며 매일 개선하게 됩니다.

마지막으로, 사사분기에는 목표와 내년 계획을 세우게 됩니다. 아마도 A3 제안 보고서를 개발할 것입니다. 완성할 시간은 없을 수 있지만, 대책을 시행할 수는 있을 것입니다. 내년의 계획, 과제 그리고 개선 목표까지만 A3 보고서에 담을 수 있을 수 있습니다. 내년이 시작될 때, 린(lean) 지도자로서 훈련 받지 않았더라도 상사와 이를 공유할 수 있습니다. 상사는 깊이 인상을 받고 심지어 자극되어 자신도 배우려고 할 것입니다.

이제 각 사분기마다 개발해야 할 기술이 너무나 많습니다. 예를 들어, 겜바로 가서 실제 문제를 보고, 우선화하고 근원분석을 하는 등입니다. 이 모두가 많은 기술을 요합니다. 일년 동안 이를 부하와 같이 하고 나서 일일 경영에 근거하여 반복합니다. 피디시에이(PDCA)를 통해 계속적으로 하는 것입니다. 타인을 코칭하면서 그리고 코치의 도움으로 기술을 정련하는 것입니다.

실용적 지침서

도요다 카타(kata)의 방법으로 배우길 원하신다면 마이크 로더의 웹사이트에 (http://www-personal.umich.edu/~mrother/Homepage.html) 많은 정보가 있으며 유튜브 비디오, 현지 워크샵, 코치, 그의 *개선 카타(kata)* 지침서에 대한 출전이 제시되어 있습니다.

이제 행운을 빕니다. 제가 당신에게 린(lean) 지도자가 되는 법을 가르치리라고는 상상도 하지 못했습니다. 이제까지 제가 한 것이 당신에게 첫 시동을 걸어드려서 평생이 걸리는 여정을 시작하도록 토대를 닦았기를 바랍니다. 시작하실수록 약점을 깨달으실 것이며 배우는 것에는 멈춤이 없다는 사실을 깨달음으로 더더욱 힘을 내실 것입니다. 끝남이 없으며 언제나 기대할 것이 있고, 성취할 다른 단계의 기술이 있습니다. 평생 배움으로 일생이 놀라움의 연속인 것입니다!

- 프로젝트에 집중
- 타인 양성에 집중
- 현장 단계까지 추진함
- 내년 목표 설정

모든 단계에서 린 지도자를 양성함

8 장

전략을 탁월한 운영과 연결시킴: 사이온 실례

모든 개선은 도전으로부터 시작함

보통 사람들이 도요다를 생각할 때, 공장에서 자동차를 조립하는 것을 생각하고 전체 조직을 생각하지 않습니다. 도요다도 다른 복잡한 세계적 조직처럼 부서들이 있는데 판매부가 시작입니다. 판매부에서 고객이 무엇을 원하는지 정의합니다. 제품개발부와 서로 소통하여 적절한 제품이 개발되도록 합니다. 판매부는 자동차를 선전하고 판매하며 제품 통제부와 소통하여, 제조필요와 판매 필요를 모두 충족하도록 일정을 개발합니다.

이 책을 마무리 하면서, 제품 전략과 탁월한 운영 사이의 중요한 연결을 설명하고자 합니다. 판매부의 시각에서 본 신제품의 가치 흐름을 만드는 것으로 설명할 텐데 2005년에 도요다가 미국에 선 보인 사이온을 예로 들겠습니다. 이는 또한 새 브랜드를 개발하는 데에도 도요다가 뛰어난 지도자들이 이끄는 도요다 사업 실행을 따라함을 보여줍니다. 필요를 정의하고, 전략을 개발하고, 그 전략을 린(lean) 제조 시스템과 고객이 원하는 것을 원하는 때에 제조하고 전달하는 병참술에 연결합니다. 사이온이 도요다가 개발한 가장 성공적인 브랜드라고 주장하는 것은 아니지만, 어떻게 전략, 판매 접근 그리고 운영적 특징이 잘 맞아 떨어지는지에 집중하려 합니다.

그림 8-1. 사이온 브랜드 차량; xD, tC, 그리고 xB.

초기 사이온 브랜드의 세 가지 차량을 보실 텐데; 왼쪽으로부터 xD, tC 그리고 xB (그림 8-1 참조)입니다. 그 이후에도 사이온 브랜드는 새로운 차량을 저가차량과 소형 스포츠카를 포함하여, 계속 개발했습니다. 어떤 시각에서 보면 사이온은 실패작이라 여길 수 있는데, 판매량이 급격히 감소했기 때문입니다. 하지만, 사이온은 여전히 중요한 목적을 만족시켰는데, 사이온의 목적이란 무엇이었을까요?

어떤 개선 노력이든 분명한 문제나 도전으로 시작해야 합니다. 간부가, "판매부, 신세대를 이끌 수 있는 새 브랜드가 필요하니 하십시오,"라고 말하는 것으로 시작해서는 안 됩니다. 간부가, "문제가 있는데, 이 문제를 설명할 길을 찾아야 합니다,"라고 말할 수 있을 것입니다. 문제의 내용은 도요다 사업 모델이 평생 고객에 근거한 것입니다. 이는 고객이 처음 차량을 구입할 때도 도요다 제품이고, 결혼하고 자녀를 낳고, 자녀가 장성하여 독립하고, 은퇴하는 등, 삶의 상황이 바뀌어도 여전히 도요다 제품이 고객의 바뀐 필요를 만족해야 한다는 것입니다. 그러려면, 젊은이들이 처음 구입하는 차량이 도요다 브랜드여야 하는데 미국에서는 흔하지 않았습니다. 북미 도요다 구입자의 평균 연령이 너무 높아서, 많은 젊은이들이 도요다를 "부모들이 운전하는 차"로, 심지어 "조부모들이 운전하는 차"로 여긴다는 것입니다.

몇 십 년을 내다보고 미래의 시장점유를 높이기 위해, , 도요다는 도요다 고객 가치 흐름의 초입 연령을 낮춰야 했습니다. 젊은이들이 부모들의 차량과 다르게 여길 수 있는 차량이 필요했습니다. 고위 경영진이 이끄는 도요다 차량 판매부는 연구 조사를 하는 제품 개발부와 협동하여 대책이 새 브랜드를 창출하는 것이라 결론지었습니다. 많은 조사와 토론과 분석 후에 미국의 젊은이들은 도요다를 자신들의 차량으로 여기지 않기 때문에 새로운 브랜드가 필요하다고 결론지었습니다.

다음 단계는 고객 요구에 대한 심도 있는 이해였습니다. 이는 판매부가 미국의 젊은이들이 자신들의 차량에 무엇을 원하는지를 이해하는 강도있는 연구를 해야 했는데, 마치 멘로 이노베이션의 기술 인류학자들이 한 일 과 같았습니다. 도요다의 원리는 단순히 설문조사 자료를 보고 고객이 무엇을 원하는지 안다고 여기지 않는 것입니다. 통계는 전체를 보여주지 않습니다. 개인적으로 가서 사람들을 일상 생활 안에서 보아야 합니다. 바닷가로, 박물관으로, 전시화로, 록 콘서트 등 젊은이들이 가는 곳으로 가서 보고 난 후에 분명한 그림이 나오기 시작했습니다.

배운 것 중의 하나는 미국의 젊은이들은 부모의 차량에서 본 특징들을 좋아했고, 그것이 자신들의 차량에도 있어야 한다고 믿었습니다. 만약 렉서스가 후경 카메라를 보여주면, 그들도 가지길 원했습니다. "아직 젊으니 구입할 경제적인 여유가 없다"라고 여겨지고 싶지 않았습니다. 적당한 가격 선상에서 좋은 특징들을 원했고, 차별성을 선호했습니다. 전화나 의류 등 개인 취향에 맞춰 자라온 세대라서 차량도 자신들에게 유일하게 맞출 수 있는 차량을 원했습니다.

미국의 젊은이들이 차별성을 표현하기 원하면서도 그룹에 소속감을 갖기를 또한 원했습니다. 대다수가 현재 컴퓨터 기술 탓이기도 하지만 고립되었습니다. 사이온은 이상적으로 사람들을 온라인 상이나 현실상이나 함께 묶는 필요를 채울 수 있도록 도와주었습니다. 마지막으로 젊은이들은 부당한 대우를 받는 것을 절대적으로 싫어한다는 것을 알아냈습니다. 친구가 사이온에 좋은 거래를 했다면, 본인도 같은 대우를 받아야 합니다. 젊은이들은 가격흥정을 거부했습니다. 제가 자랄 때는 가격흥정을 하여 차량을 얼마나 싸게 샀느냐가 자랑거리였지만 2005년의 젊은이들은 그것을 부당하고 귀찮은 것으로 여겼습니다.

원하는 것

- 렉서스 특징을 코롤라 가격에 삼
- 차별성을 표현 (예, 모든 것을 취향에 맞춰왔음)
- 그룹 소속감
- 정당한 대우-같은 가격으로 같은 서비스를 받음

원하지 않는 것

- 가격 흥정

사이온 판매-마케팅 접근

이러한 조건에 근거하여, 사이온 브랜드와 주요 특성이 정의되었습니다. 도요다가 취한 접근은 도요다 방식 -팀워크, 절약, 고객이 있는 곳으로 가서 경쟁자들이 어떻게 하는지를 봄-과 일치했습니다. 부사장이 이끄는 다섯 명의 작은 팀이 브랜드를 개발하기 시작했습니다. 다섯 명은 주요 자동차 회사가 브랜드를 처음부터 개발하는데 많은 수가 아닙니다. 전형적으로 사무실이 차려지고 열 두 명 정도가 비서들과 함께 할당되는데, 이 경우는 고작 다섯 명이었습니다. 이 다섯 명이 한 것은 사무실을 떠나서 고객을 찾아가서 고객 요구 사항을 개발하고 사업 모델에 대한 아이디어를 갖기 시작한 것입니다.

주요한 통찰력 주위 하나는 사이온의 책임자인 부사장 짐 렌츠가 브라질을 방문했을 때였습니다. 그는 브라질에서 판매되고 있었던 저가의 기본적 차량인 체비 셀타에 대해 들은 바 있었습니다. 체비 셀타는 많은 선택 사양이 있었는데 인터넷에서 고를 수 있었습니다. 공장에서 제조할 때는 하나의 셀타에 한 가지 형태이지만, 많은 액세서리를 판매처에서 추가할 수 있었습니다. 온라인에서 주문하여 액세서리를 조합함으로 그 차가 유일한 차가 되도록 만들 수 있었습니다.

짐 렌츠는 직접 보고 싶은 마음에 브라질로 날아 갔고, " 이것이 말로 **훌륭한 아이디어다**,"라고 결론지었습니다. 그것이 사이온 제조 병참술이 되었으며

실용적 지침서   301

고개의 요구와 판매부의 브랜드 이상을 직접적으로 연결하였습니다. 그들은 이를 "단순내역"이라 불렀습니다.

짐 렌츠에 따르면, "기본적 모델과 적은 수의 요소로 시작하기로 결정했습니다. 예를 들어, 두 가지 트랜스미션과 두 가지 크기의 엔진이 있습니다. 공장의 입장에서는 변동이 적으므로 효율적으로 차량을 제조할 수 있습니다. 그리고 나서, 캘리포니아로 후송한 후에 고객이 주문하는 대로 판매처로 배송됩니다. 그러면 기본적 바닐라 색 차량은 주문에 따라 부속품들이 추가되며 즉시 판매업자에게로 배송되어 마지막 추가적 부속품을 더합니다."

이는 대량 개인화의 경우입니다. 기본적 바닐라 색 차량에서 고객의 주문에 따라 차량을 만드는데, 이는 특정한 형태의 모델을 필요로 합니다. 일본에 이미 있었던 차량으로 시작하여 신 제품개발의 비용이 들지 않도록 했습니다. 적은 변동으로 차량을 효율적으로 제조함으로 가격을 저가로 하면서도 많은 특징을 갖도록 할 수 있었습니다.

작은 팀(다섯 명) 이 브랜드를 개발함

    고객을 찾아가서 봄으로 사업 모델에 대한 아이디어를 얻음

        주요 통찰력: 브라질의 체비 셀타- 인터넷에서 한가지 형태의 모델을 구입하고 판매처에서 부품을 첨가함

      사이온 제작 모델

        -"단순내역"-일본 공장에서 적은 수의 구성을 가진 기본 모델(색상과 트랜스미션)

        -항구에서 소집하여 주문에 따라 첨가함

고객의 입장에서는, 온라인에서 선택사양을 결정합니다. 아래 표는 초기선택의 몇 가지 예를 보여줍니다. 선택 사양이 확대됨으로 제 3 자가 첨가하는 사양도 가능해졌습니다. 예를 들어, 카본 화이버 엔진 커버는 스포티한 모습을 보여주고; 배기시스템에 첨가함으로 멋있게 보이게 하는 장식; 미등을 여러 가지 색으로 선택할 수 있음. 이 모든 것들이 일본에서 차량이 건너 온 후에 캘리포니아 항구에서 첨가될 수 있습니다.

도요다의 액세서리

외부 액세서리

카본 파이버 엔진 커버	$325
배기시스템 장식	$76
후방 범퍼 장식	$69
후방 스포일러	$423
안개등 세트	$320
카본 화이버 창틀	$299
커스텀 그릴	$215
LED 미등	$375

내부 액세서리

카고 라이너	$119
카고 네트	$65
카고 도버	$259
창틀 조명	$265
시-필라 저장	$129
바닥 매트	$155
스포츠 핸들	$279
사이온 경보 시스템	$469
원격 엔진 시동	$529
대시 아래조명	$299

실용적 지침서

아래의 미션 스테이트먼트는 도요다가 개발한 것이 아닙니다. 사이온 소유자들에 의해 작성되었으며 사업모델을 만든 부분입니다. 어떻게 젊은이들을 공동체 의식을 느끼게 할 것인가에 대한 답변이기도 합니다. 도요다는 새로운 선전회사를 영입해서 잡지, 인터넷 그리고 텔레비전을 넘어 선 마케팅을 했습니다. 이 특정한 광고회사는 협동그룹을 만들고 나라 전반에 걸쳐 이를 장려했습니다. 도요다는 이 중 한 그룹을 자금 지원하여 그들이 만남을 가지고 무언가를 할 수 있도록 보조했습니다.

이 특정 그룹은 이렇게 말했습니다:

미션 스테이트먼트:

사이온 진화(SE)는 사이온 소유자들이 모여 사이온에 대한 그들의 열정을 공유하는 장소입니다. 이는 사이온 소유자들이 사이온 브랜드에 대한 신뢰를 계속적으로 쌓을 수 있도록 하고자 하는 원리에서 나온 것입니다.

➜ 사이온 진화, 진화하도록 추진, 북 캐롤라이너 지부(사이온 소유자 그룹)

이제 고객이 판매를 대신하게 됩니다. 또한 사이온 소유자들이 모이는 큰 행사들이 전국 곳곳에서 열렸습니다. 예를 들어, 도요다는 캘리포니아에 있는 디즈니랜드를 빌려서 사이온 소유자들만 무료로 입장할 수 있도록 했는데, 사이온을 몰고 오는 조건 아래서입니다. 그리고 나서 경품 경매가 이루어지고 사이온 공동체임을 자축했습니다.

초기 판매 접근은 판매상과 가격을 정하는 것이었는데, 사이온 내에서의 순수가격이라 불렸습니다. 어떤 판매상은 다른 가격을 정했는데, 위치에 따른 이유일 수 있습니다. 일단, 가격을 정한 후에는 오일 교환 같은 서비스가 나중에 오더라도 일년 동안 가격이 변하지 않는 것입니다. 누구든지 같은 가격에 같은 서비스를 제공받습니다.

그들은 또한 마케팅을 한 회사에 국한 시키지 않았는데, 젊은이들에게 알맞은 혁신적인 마케팅 접근을 위해서는 전문회사가 필요함을 발견했기 때문입니다. 어떤 회사는 소셜 네트워킹에 뛰어나고, 어떤 회사는 TV 광고에 뛰어나고, 어떤 회사는 행사나 클럽을 만드는데 뛰어나기 때문입니다. 소유자 클럽은 사이온의 지원을 받아 인터넷 선상이나 실제 행사로 소셜 네트워크를 소유자들이 형성했습니다. 어떤 그룹은 음악에 집중하여 컨트리 뮤직이든 록 뮤직에 대해 모일 수 있습니다. 사이온 행사를 하며 한 달에 100 가지 정도까지 네트워킹을 늘렸습니다. 예를 들어, 할로윈 때에 캘리포니아의 노트 베리 농장에서 사이온 소유자들을 위한 특별 행사를 가졌습니다.

순수 가격

- → 판매상이 가격을 정하고 누구나 같은 가격에 같은 서비스를 받음

마케팅 국한 하지 않음

- → 우편, 텔레비전, 라디오, 행사 그리고 인터넷

사이온 소유자들의 클럽

- → 소셜 네트워킹 사이온 행사들을 사이온의 지원 하에 소유자들이 조직함(한 달에 100 가지)
- → 네트워킹과 소속감 증진
- → 지역별로 소유자 행사들을 맞춤(예, 예술 축제) 그리고 일반적 행사 (예, 노트 공포 농장)

고객에게 저렴한 가격으로 많은 가치를 전달하기 위해 사이온을 둘러싼 위계질서를 새로 만들지 않고 기존의 도요다 직원과 부서를 사용하기로 결정했습니다. 처음 시작할 2007 년에, 본부에 19 명 직원과 사용자 그룹과 판매상과 일하는 40 명의 현장 직원이 사이온의 전체였습니다.

기존 도요다 부서와 직원을 사용함

- → 2007 인원 수: 19 명의 본부 직원과 40 명의 현장 직원

실용적 지침서   **305**

일본의 기존 모델을 사용함

→ 예, bB 에서 xB

기존 도요다 판매상 네트워크를 사용함

커다란 봉고차를 타고 다니며 판매상들에게 사이온 브랜드 선전을 했습니다. 이는 필수 조건이 아니라 선택사항이었는데, 미국 내 대부분의 판매상들은 이 기회에 들떠서 젊은이들을 전시장에 데려오는 등 적극 참가했습니다. 현존하는 전시장에 사이온을 전시하는 공간을 마련하고 직원들을 다른 가격 정책에 대해 훈련시키는 등 판매상도 투자를 했습니다.

목적과 결과를 연결함

어떤 결과를 얻었습니까? 이는 초기로 돌아가는 것입니다 첫 해에 모든 목표를 달성했습니다. 젊은이들을 도요다 브랜드로 영입하고자 했습니다. 그 때에 사이온 구매자의 평균 연령 30 세는 자동차 산업 브랜드 중에서 가장 젊었습니다. 구매자의 80%가 도요다를 처음 구입한 사람들이었습니다. 이것이 그들의 첫 도요다 자동차였습니다. 이미 자동차를 소유하고 있었던 사람들은 교환을 했는데, 80% 의 경우가 다른 자동차 회사의 차량을 교환했습니다. 그들은 "끌어들인 고객"을 얻고 있었습니다.

초기에는 4 만대의 판매목표를 달성했습니다. 이익을 올리리라고는 기대하지 않았었지만 이익도 올렸습니다. 사이온 판매는 18 만 대까지 상승했지만, 2013 년까지 6 만 8 천대로 감소했습니다. 신 모델이 2015 년에 도입되었으나, "사이온이 실패한 개념인가?"라는 질문이 맴돌았습니다.

이는 단기적으로 사고하며 전략을 이해하지 못한다면 자연스러운 입니다. 도요다의 관점에서는 같은 방식으로 평가하지 않습니다. 첫 번째로, 처음 몇 년간은 잘 진행되었지만, 근원분석 결과, 모델이 오래 됨으로 판매가 부진함이 명백하게 알려졌습니다. 사이온 브랜드의 신 모델이 필요했습니다. 사이온 차량 개발은 4 년 간의 경기침체 동안 첫 번째 우선 순위가 아니었습니다. 신제품도입의 시간 격차는 문제였지만, 장기적인 문제는 아니었고 브랜드를 죽이는 정도 까지는 아니었습니다.

사이온의 부사장인 마크 템플린은 2007년에 원래의 목적을 이런 식으로 설명했습니다.

> "저희가 중요시 여기는 수치는 판매나 수익이 아닙니다- 그것은 사이온을 보여주지 않습니다 – 사이온은 도요다에게 문을 여는 것을 의미합니다. 신세대에 다가가려 했고 사이온 소유자들의 평균연령이 30 세인데, 이는 산업 내 가장 젊습니다. 사이온 제품을 판매하고 새로운 사업 방식을 배우면서 수익을 올리는 것입니다."

그들은 새로운 사업 방식을 배웠습니다. 예를 들어, 새로운 마케팅을 배웠습니다. 또한 사이온은 도요다 자동차 판매부서들을 많이 자극시켰습니다. 젊은이들과 교통하는 것은 흥미로왔습니다. 젊음의 에너지는 거대한 다국적 기업이 되면서 잃기 쉬운 에너지를 소생시킴으로 기업 전체를 도왔습니다. 명백히 사이온은 더 많은 차량을 판매할 것이며, 그의 임무를 만족시킬 것이지만, 성공의 다른 척도들이 또한 있을 것입니다.

초기의 사이온의 결과들

- → 평균 연령 30 세- 산업 내 가장 젊음
- → 80%의 사이온 소유자들이 도요다를 처음 구입함
- → 80%가 비 도요다 차량을 교환한 끌어 온 고객임
- → 4 년 차에 투자회수와 이익을 올림
- → 그러나 판매가 2007 년에 감소-여전히 성공적인가?

사이온의 전략적 혁신과 탁월한 운영의 관계

이제 모든 면을 고려해 어떻게 지도력과 연관되는 지 재검토합시다. 첫 번째로, 전력적 의도로 시작합니다. 개인취향에 맞고 소속감을 창출하며 젊은 세대를 도요다 시장으로 영입하는 높은 가치 부가적인 자동차의 새로운 브랜드가 그것이었습니다. 이 전략적 의도는 혁신으로 전환되는데, 한 가지 스펙의 기본적

실용적 지침서   **307**

바닐라 색의 모델을 액세서리를 추가함으로 개인화하는 것은 혁신이었습니다. 제너럴 모터스에서 아이디어를 따왔지만, 변형했고, 도요다에게는 혁신이었습니다. 순수가격의 아이디어, 다양한 마케팅 아이디어, 소유자들의 공동체를 만드는 아이디어는 미국의 젊은이들이 정말로 원하는 것에 근거하여 이러한 전략을 성취하기 위한 필요에서 나온 혁신입니다.

이러한 혁신은 탁월한 운영으로 전환되어야 합니다. 짐 렌츠에 따르면: "그리고 나서 저희는 도요다 자동차를 젊은이들에게 전달해야 했습니다. 젊은이들은 특별히 인내가 없습니다. 미국인들도 일반적으로 인내가 없어서 당장 원합니다. 높은 품질을 공장에서 보증해야 할 뿐만 아니라, 액세서리가 첨가되는 항구나 판매상에서도 보증이 되어야 합니다."

린(lean) 개념 중에서 사용되었어야 하는 것은 저스트 인 타임(JIT) 시스템인데 고객이 원하는 대로 항구에서 주문대로 짓고 신속히 판매상에게 전달할 수 있었습니다. 그들은 도요다 생산 시스템을 공장에서 실행하여, 적은 비용으로 높은 품질의 모델을 제조할 수 있었고, 낭비를 제거할 수 있었습니다. 일본에서 캘리포니아로 차량들을 운송하여 개인화하는 것도 혁신이었습니다.

고객의 요구에 계속적으로 순응하기 위한 미래의 모델을 계획해야 했습니다. 도요다에서는 이것이 수뇌 엔지니어 시스템을 통하여 이루어지는데, 수뇌 엔지니어가 판매부와 긴밀히 협동하여 제품개발을 이끌며, 실제 장소에 가서 직접 봅니다. 이 경우에, 실제 장소는 고객이 차량을 사용하는 곳, 예를 들어, 캘리포니아 해변으로 운전해서 가는 경우나 워싱턴에 있는 박물관으로 운전해서 가는 경우입니다. 수뇌 엔지니어는 미국 젊은이들이 어떻게 생활하는지, 어디든지 가서 보고, 판매부와 일하여, 새로운 고객요구조건으로 만들었습니다.

그리고 나서는 도요다 기업 전체가 협동해야 합니다. 이는 아주 작은 그룹으로 판매부, 제조부, 판매상, 연구조사부의 협력을 얻고, 개념을 선전하고 흥미를 유발해야 했습니다. 이로 말미암아, 설득하고 수평적으로 인도하는 역량을 개발하게 되었습니다. 도요다의 모든 부서가 자신이 부서만의 이익이 아니라 기업에 이익이 되는 것에 집중하는 문화를 가져야 했습니다. 제조부에게는 특정한 자동차를 만드는 것이 귀찮을 수 있으나 장기적으로 기업을 돕는 목적을 위한 것이며 도요다 방식의 문화가 이를 증진합니다. 전략적 의도, 혁신 그리고 탁월한 운영 사이의 연결이 그림 8-2 에 그려져 있습니다.

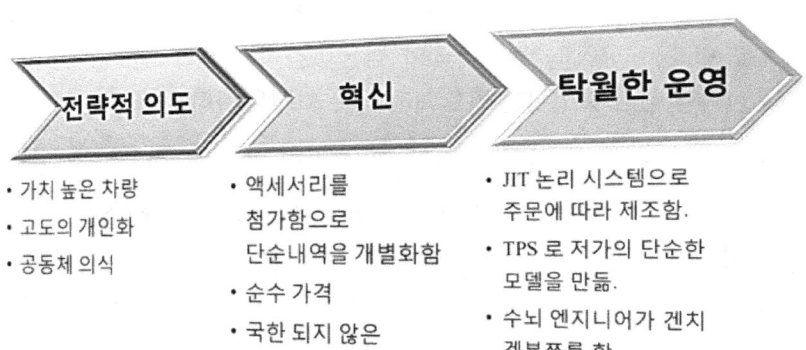

그림 8-2. 전략적 혁신과 탁월한 운영 사이의 관계.

행동 시 도요다 방식 원칙

사이온의 성공을 이끈 도요다 방식의 주요 원칙은 무엇이었습니까? 원칙은 사람 존중에서 시작하는데, 이는 실제로 시간을 들여 그들의 생활방식이 어떠한지, 자동차에게서 무엇을 원하는지, 무엇이 진정 그들을 만족시키는지를 이해하는 것을 의미합니다. 문제해결 방식도 또한 필요합니다. 사이온 브랜드를 창출하는 과정은 도요다 사업실행을 따랐습니다. 분명한 문제의식으로 시작했습니다: 도요다 고객의 이상적인 초입 연령과 현 연령과의 격차. 그들은 상황을 붙잡고 미국 젊은이들을 겐지 겐부쯔, 가서 보기를 통해 이해해야 했습니다. 그들은 폭넓게 대책을 강구했고, 체비 모델처럼 좋은 아이디어라면 어디든 가서, 그것에 근거하여 사업 모델을 창출했습니다.

그들은 장기적으로 사고해야 했는데, 실제로 기업에 이익을 가져다 주지 못할 수도 있는 브랜드 전체를 개발하는 이상한 아이디어를 받아들이는 것을 의미했습니다. 이 특정한 브랜드의 목적은 새로운 고객을 도요다 가족으로 영입하는

실용적 지침서

것이었습니다. 그리고 나서는 지속적 개선의 과정이 필요했습니다. 초기 시스템에서 피드백에 근거하여 변경하고 고객이 원하는 것에 좀 더 가깝도록 변경하는 것입니다. 예를 들어, 2007년에, 판매가 감소했을 때, 근원분석을 하여 문제를 해결해야 했는데, 문제는 주로, "신모델이 필요하다" 였습니다.

이를 위해서는, 기업의 가치를 따르고, 기업을 자신의 개별적 기능이나 부서의 요구보다 먼저 생각하는 특정한 유형의 지도자들이 필요합니다. 이는 이러한 지도자들이 지도력 기술을 개발하는 기회이기도 합니다. 그들은 문제해결, 독창적인 사고, 작은 팀으로 일하기에 대한 기술을 개발했습니다. 수평적인 인도에 대해서도 더 배웠는데 본인이 권한이 없는 다른 부서들, 예를 들어 엔지니어링부, 제조부, 독립적 사업소유자인 판매상들에게도 영향력을 행사하는 것이었습니다.

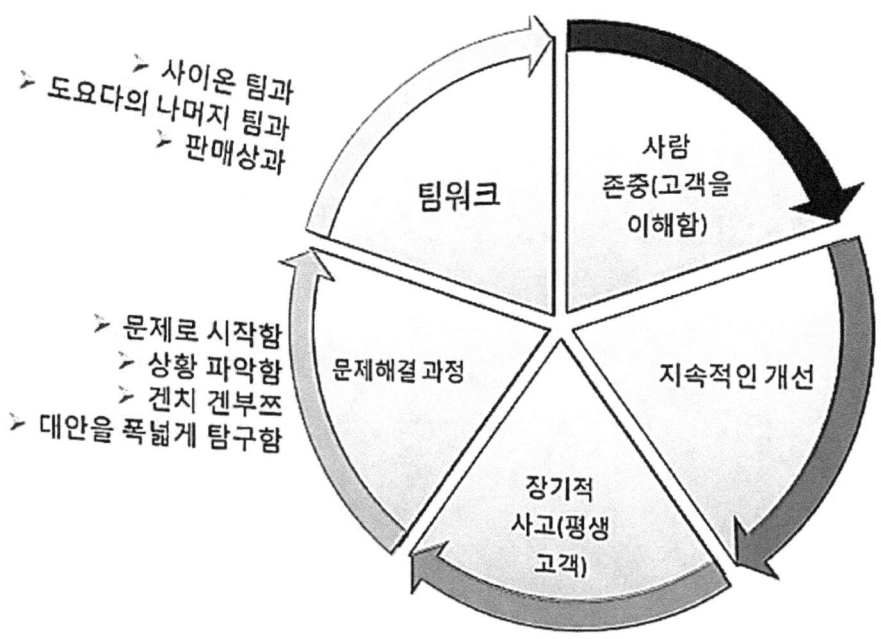

그림 8-3 행동시 원칙.

사이온의 예는 어떻게 이러한 원칙들이 함께 작용하는지에 대한 많은 예 중의 하나입니다(그림 8-3 참조). 이는 린(lean) 지도력의 큰 이상을 보여주는데, 개념에서서부터 제품에 이르기까지, 그리고 판매 이후에도 고객과 계속적으로 연결하는 것까지 보여줍니다. 좋은 전략이나 탁월한 운영 단독으로는 이러한 문제를 해결하는데 충분하지 않습니다. 전략과 탁월한 운영이 직접적으로 연결되어야 합니다.

이로써 이야기의 마지막에 도착했는데, 당신의 린(lean) 지도력을 향한 길고도 흥분된 여정의 이상을 도왔기를 희망합니다. 린(lean) 기업을 개발하는 것은 모든 분야에 영향이 있는 장기적인 과정임이 명백해야 합니다. 이는 단순히 제조부의 일이 아닙니다. 린(lean)의 모든 부분에서 공통인 요소가 있다면, 결정적이고도 독창적인 사고입니다. 이는 본인을 개발함으로 시작합니다. 그리고 계속 배워 가는 동시에 선생이 되는 법을 배우십시오. 이 여정은 절대로 멈추지 않습니다!

실용적 지침서

린(LEAN) 지도자 양성: 추가 독서 목록

이 저서를 통해 많은 저서들을 언급했는데, 좀 더 추구하고자 하는 분들을 위해 추가독서 목록을 추천합니다:

Freddy Balle and Michael Balle, *The Gold Mine: A Novel of Lean Turnaround*, (Cambridge, Mass.: Lean Enterprise Institute, 2005)

Michael Balle and Freddy Balle, *Lead with Respect: A Novel of Lean Practice* (Cambridge, Mass.: Lean Enterprise Institute, 2005)

Jim Collins, *Good to Great: Why Some Companies Make the Leap . . .and Others Don't* (New York: Harper Business, 2001)

Pascale Dennis, *Getting the Right Things Done: A Leader's Guide for Planning and Execution* (Cambridge, Mass.: Lean Enterprise Institute, 2006)

Robert Greenleaf, *The Power of Servant Leadership* (San Francisco: Berrett-Koehler, 1998)

H. Thomas Johnson, *Profit beyond Measure* (New York: Free Press, 2008)

Jeffrey Liker, *The Toyota Way* (New York: McGraw-Hill, 2004)

Jeffrey Liker and David Meier, *The Toyota Way Fieldbook* (New York: McGraw-Hill, 2006)

Jeffrey Liker and David Meier, *Toyota Talent* (New York: McGraw-Hill, 2007)

Jeffrey Liker and Michael Hoseus, *Toyota Culture* (New York: McGraw-Hill, 2008)

Jeffrey Liker and James Franz, *The Toyota Way to Continuous Improvement* (New York: McGraw-Hill, 2011)

Jeffrey Liker and Gary Convis, *The Toyota Way to Lean Leadership* (New York: McGraw-Hill, 2011)

Mike Rother, *Toyota Kata: Managing People for Improvement, Adaptiveness and Superior Results* (New York: McGraw-Hill, 2009)

Peter Senge, *The Fifth Discipline: The Art and Practice of the Learning Organization* (New York: Crown Business, 2006)

Richard Sheridan, *Joy, Inc.: How We Built a Workplace People Love* (New York: Portfolio Hardcover, 2013)

John Shook, *Managing to Learn* (Cambridge, Mass.: Lean Enterprise Institute, 2009)

George Trachilis, *OEM Principles of Lean Thinking*, http://lean101.ca

Taiichi Ohno's *Workplace Management: Special 100th Birthday Edition*, (New York: McGraw-Hill Professional, 2012)

모든 단계에서 린 지도자를 양성함

www.ingramcontent.com/pod-product-compliance
Lightning Source LLC
Chambersburg PA
CBHW052052230426
43671CB00011B/1876